臨床社会心理学の進歩

実りあるインターフェイスをめざして

R. M. コワルスキ
M. R. リアリー　編著

安藤清志
丹野義彦　監訳

北大路書房

THE SOCIAL PSYCHOLOGY OF EMOTIONAL AND BEHAVIORAL PROBLEMS:
Interfaces of Social and Clinical Psychology
by
Robin M.Kowalski and Mark R.Leary

Copyright©1999 by American Psychological Association.
Japanese translation published by arrangement with The American Psychological Association through The English Agency(Japan)Ltd.

This Work was originally published in English under the title of THE SOCIAL PSYCHOLOGY OF EMOTIONAL AND BEHAVIORAL PROBLEMS:Interfaces of Social and Clinical Psychology as a publication of the American Psychological Association in United states of America.

まえがき

　本書を企画することになったきっかけは，編者の1人（コワルスキ）が社会心理学と臨床心理学のインターフェイスの諸問題を扱う科目を設けようと決心した時にさかのぼる。決めたのはいいのだが，テキストを選ぶだんになって，このようなコースで使える適当なテキストがないことに気づき，やる気がいささか萎えてしまったのである。社会心理学と臨床心理学のインターフェイスを扱った本は皆，在庫切れになっていたり，時代遅れになっていたり，扱う範囲が狭すぎたり，逆に総花的にすぎるものだったりで，とにかくピッタリするものがなかった。一方，もう1人の編者（リアリー）のもとには，他の大学で教鞭をとっている教授たちから，10年前に出版したローランド・ミラー教授との共著『社会心理学と不適応行動（邦題：不適応と臨床の社会心理学）』(Leary & Miller, 1986)が手に入らないかという電話がよくかかってきた。この本は，心理的困難の発現，診断，治療に関連する社会心理学の問題を検討するものだったが，この領域の他の本と同様，内容が時代遅れになっており，そもそも在庫がなかった。そして，電話をかけてきた人の中には，コピーしてテキストとして使うことを認めてほしいと願い出る人も何人かいた。彼らもコワルスキと同様に，社会心理学と臨床心理学のインターフェイスにあたる領域の科目を教えようとしていたのだが，テキストとして使えそうな本が限られていたことに頭を悩ませていたのである。

　そこで，この現状をどうしたものか議論を重ねることになった。当初，われわれ2人で執筆することも考えたのだが，最終的には，われわれが編者となり，この領域で活躍している専門家の方々に各章を担当してもらうほうがよいのではないかという結論に達した。本書の目的は，これまで臨床心理学，カウンセリング心理学が扱うとされてきた諸問題に関して，社会心理学がどのようにその理解を助けることができるのか，最新の知見に基づいて検討することである。また，本書は，学部学生，大学院生向けのテキストとしてだけでなく，この領域で行なわれている重要かつ興味深い研究を，研究者や実践家が概観できるように工夫したつもりである。

　多くの情緒的，行動的問題は，その発生・維持・治療いずれに関しても本質的に対人的な側面をもつものであり，この点については大方の心理学者の考えは一致している。心理的問題は対人的過程が原因となって生じたり，持続したりするだけでなく，多くの問題は人間関係の機能不全の中で生じ，また，問題を抱える個人の関係にさらなる困難を生み出すのである。こうした社会心理学的な見方は，生化学的，あるいは生物学的過程が心理的問題の根底にある可能性を否定するものではない。ただ，多くの障害に対人的要因が大きな役割をはたしていることを強調しているのである。極

端な精神病理的ケースを除いて，多くの人々が専門家の援助を求める情緒的，行動的問題は，本質的に，正常な行動パターンの歪曲あるいは誇張，または，不適切な文脈の中で起こる正常な行動なのである（Muddux,1987参照）。

このように，多くの情緒的問題や行動的問題は「正常な」対人過程，まさに社会心理学が研究の対象としてきた過程に根ざしている。しかし，心理学者が長年の間，心理的困難に対人過程が色濃く反映していることを認識していたにもかかわらず，特定の社会心理学の概念や理論を，感情的問題や行動的問題の理解や治療に応用しようとする試みは，1980年代の初期までは非常に少なかった。しかし，その後，社会心理学と臨床心理学の統合を目指す流れは格段の進歩を遂げた。今や，多くの研究者が社会心理学の視点から心理的困難の問題を研究しているだけでなく，大学院のカリキュラムも，しだいに社会心理学と臨床心理学の相互影響の意義について理解を示すようになってきた（そして，実際に社会心理学，臨床心理学，カウンセリング心理学のインターフェイスを反映したカリキュラムを備えた大学院もいくつか出てきた）。しかし，フォーサイスとリアリー（1997）は，この点に関して次のように述べている。

　科学的研究によって得られた知識の上に心理学的実践を位置づける一方で，行動科学者が，サービスを提供する実践家の要求に敏感になるように働きかける努力がなされてきた。しかし，心理学における科学と実践は，それほどしっくりした形で共存しているわけではない（p.187）。

この意味で，心理学における科学と実践がもう少ししっくりいくように，本書の各章が役立つことを願うものである。

本書の構成について議論していたとき，最もむずかしかったのは，どのようなトピックスを含めるべきかということだった。カリフォルニア大学ロサンゼルス校のシェリー・テイラー教授に，精神的健康に関連する領域における社会心理学の貢献をあげてもらったところ，その数は48にも上ったのだが（S.Taylorからの私信，1997.12.23），本書に含めることができたのは，その中の十数個にすぎなかった。幕開けの1章では，社会心理学と臨床心理学のインターフェイスのこれまでの足跡について簡単にまとめてある。基本的な対人過程に関心をもつ心理学者（社会心理学者）と情緒的問題や行動的問題に焦点を当てる心理学者（主として臨床心理学者，カウンセリング心理学者，学校心理学者）との関係は苦難に満ちたものだった。共通の関心が多々あるにもかかわらず，両者の違いが障害となって，なかなか協力体制や研究の統合ができなかったのである。

1980年代には，実験社会心理学において社会的認知——人々が自分自身や社会的環境をどのように認知するか——の研究が盛んになり，研究者たちは人々が社会的情報を認知し，処理する過程について熱心に研究した。第Ⅰ部に含まれる諸章は，社会的認知の研究が情緒的問題や行動的問題に応用された領域について概観している。社会的認知の問題の中で，初期のころに臨床心理学に応用されたのは帰属だった。ベル＝ドランとアンダーソンは2章で，この帰属の問題を扱っている。3章では，ギロビッチ，クルーガー，サビツキーが，いかに自己中心性——自分自身の特有の視点を離れることができない自然な傾向——が，他者のみならず本人の苦痛を生み出すことになるか論じている。社会的比較を扱った4章では，ウッドとロックウッドが，他者と自分を比較することが抑うつや低自尊心とどのように関係するか検討している。
　第Ⅱ部に含まれる3つの章は，自己の問題を扱っている。まず，5章では，デイルとバウマイスターが，自己統制の失敗と精神病理の関係について刺激的な議論を展開している。彼らによると，自己制御の困難が，注意欠陥多動性障害，摂食障害，情緒障害，強迫性障害，薬物乱用など広範囲にわたる問題を引き起こす可能性があるという。人々がしばしばカウンセラーに専門的援助を求めるのは，恥，罪悪感，嫉妬，妬みといった自己意識感情に悩まされるからである。6章においてタグニーとサロベイは，このような厄介な社会的感情が心理的幸福とどのようにかかわるのかを検討している。7章は，自尊心——数多くの心理的問題とのかかわりが指摘されてきた概念——に関する諸研究の再解釈が中心となる。この章でリアリーは，社会心理学や臨床-カウンセリング心理学の理論や研究を基礎にしながら，自尊心の機能について新しい説明を試みている。
　第Ⅲ部は，情緒的問題や行動的問題における対人過程に焦点が当てられる。他者との関係が精神的健康に影響を及ぼすのだとしたら，社会心理学が扱ってきた対人関係の話題は，多かれ少なかれ心理的問題の理解に直接関連することになる。人間の相互作用における根本的な過程の1つとして，日常の会話の中で行なわれる自己開示のやりとりがあげられる。8章では，コワルスキが自己開示の過程を，自己に関する情報を開示することがなぜ，どのようにして心理的幸福を促進するかを中心に議論している。シェパードとクワニックは9章でこの問題を展開させ，他者からどのように評価されるのかという懸念が生み出す感情的問題や行動的問題について検討する。
　心理的困難を生み出す出来事の多くは，友人，家族，配偶者，恋人，会社の同僚，その他自分が所属する集団のメンバーとの関係という文脈で生じる。第Ⅳ部に含まれ

る諸章は，こうした関係が幸福感や苦悩に及ぼす影響を扱っている。10章では，ローズとレイキーが，社会的サポートの統合的レビューを行ない，他者からのサポートの乏しさがなぜ，どのようにして個人の心理的問題を増幅させるのかという視点から切り込んでいる。続く11章では，ミラーが不適応的な関係に目を向け，さまざまな個人的，相互作用的，関係的な問題がわれわれの個人的関係を損なってしまうかについて議論している。12章では，フォーサイスとエリオットが，集団が成員の心理的幸福を高めたり低めたりする過程を分析している。

　本書の最終章では，ハーヴェイ，オマーズ，パウエルズが社会心理学と臨床心理学のインターフェイスの20年の歴史を振り返っている。ハーヴェイは，1980年代，社会心理学と臨床心理学のインターフェイスの揺籃期にこの流れに貢献した人物であり（何よりも，彼は社会-臨床心理学雑誌の最初のエディターだった），この領域についてコメントするのはまさに適任である。

　以上，各章を概観してみたが，その内容が帰属，社会的認知，社会的比較，自己制御，感情，自尊心，自己開示，印象操作，社会的サポート，親密な関係，グループ・ダイナミックスなど，社会心理学で研究されているトピックスを広範囲にカバーしていることがご理解いただけると思う。本書を読まれることによって，いかに人の幸福が他者との相互作用や関係に影響を受けるかについて洞察を深めることができるだけでなく，社会心理学と臨床心理学のインターフェイスの有効性と活力を実感していただけるはずである。

引用文献

Forsyth, D. R., & Leary, M. R. (1997). Achieving the goals of the scientist-practitioner model: The seven interfaces of social and counseling psychology. *The Counseling Psychologist, 25,* 180-200.

Leary, M. R., & Miller, R. S. (1986). *Social psychology and dysfunctional behavior.* New York: Springer-Verlag.

Maddux, J. E. (1987). The interface of social, clinical, and counseling psychology: Why bother and what is it anyway? *Journal of Social and Clinical Psychology, 5,* 27-33.

目 次

まえがき

1章　社会心理学と臨床心理学のインターフェイス：歴史と現状 ……………… 1

1 ── 社会心理学─臨床心理学のインターフェイスの発展の道筋　2
　　1．ジェネラリストの時代(1900-1945)　2
　　2．相互無関心の時代(1946-1960)　3
　　3．パイオニアの出現(1961-1975)　5
　　4．初期の統合(1976-1989)　7
　　5．表舞台へ(1990-現在)　9
2 ── 現状，その1：境界領域のトピックス　10
　　1．社会─認知的過程　12
　　2．対人的過程　13
　　3．パーソナリティ過程　16
　　4．要約　18
3 ── 現状，その2：学際的諸問題　19
　　1．理論とメタ理論　19
　　2．研究に対するアプローチ　21
　　3．大学院教育　22
　　4．専門領域間の接触　23
　　5．心理学的実践　24
4 ── 結論　25

第I部　社会─認知プロセス　33

2章　帰属過程：社会心理学と臨床心理学の統合 ……………… 35

1 ── 帰属とは何なのか　37
　　1．帰属の定義　37
　　2．帰属の次元　38
2 ── 帰属はどのように行なわれるのか：帰属のプロセスモデル　39
　　1．出来事に注目する　39
　　2．出来事を解釈する　41
　　3．即時的な帰属　41
　　4．問題に基づく帰属　43
　　5．動機づけの影響　45
3 ── 結局，帰属とは何なのか　47
　　1．即時的な結果：帰属のプロセスモデル　47
　　2．長期的結果：帰属のプロセスモデルを臨床的問題に応用する　51
4 ── 介入への含意　58
5 ── 要約と結論　59

3章　日常生活の中の自己中心性と対人的問題　72

1 ── 責任と非難の自己中心的な評価　73
　1．「それは公平ではない」：誇張された責任評価の対人的結果　77
　2．「相手は公平に見ていない」：バイアスの歪められた知覚　80
　3．「やっとはっきり見える」：責任配分の歪みを克服する　82

2 ── スポットライト効果：行為と外見の目立ちやすさの自己中心的な評価　84
　1．「わたしは競争者になれたのに」：スポットライト効果と後悔の経験　87
　2．「誰もが考えることは何か？」：スポットライト効果，社会恐怖，偏執症　88

3 ── 透明性の錯覚　90
　1．いっそう悪い状態へ：透明性の錯覚と自己悪化症候群　92
　2．「あなたはわたしが何を考えていたかわかっていたはず」：透明性の錯覚と対人葛藤　94

4 ── 結論，示唆，未解決の問題　97

4章　低自尊心者の社会的比較　106

1 ── 抑うつ者および低自尊心者の社会的比較　107

2 ── 理論的視点　108
　1．自己評価の視点　109
　2．自己高揚の視点　109
　3．自己防衛の視点　110
　4．自己確認 (self-validation) の視点　110
　5．「自己防衛／自己高揚の失敗」の視点　111
　6．自己卑下 (self-depreciation) の視点　111

3 ── 証拠は何か？　112
　1．比較探究の全体的程度に関する研究　113
　2．意見を比較するための特定の対象を含む研究　117
　3．個人属性比較のための特定対象の選択に関する研究　118
　4．社会的比較の効果に関する研究　133

4 ── 結論　144

第Ⅱ部　社会生活における自己　155

5章　自己制御と精神病理　157

1 ── 自己制御の理論　158
2 ── 自己制御の成功と失敗　159
3 ── 自己制御の失敗のパタン　161
4 ── 自己制御理論のまとめ　164
5 ── 自己制御と臨床心理学　165
6 ── 注意欠陥多動性障害 (ADHD) と自己制御　167
7 ── 気分障害（躁うつ）と自己制御　170
　1．躁病エピソード（躁気分）と自己制御　170

2．大うつ病エピソード（抑うつ気分）と自己制御　171
　8 ── 強迫性障害と自己制御　174
　9 ── 摂食障害と自己制御　177
　　　1．神経性大食症と自己制御　177
　　　2．神経性無食欲症と自己制御　178
　　　3．自己制御の力量モデルからみた摂食障害　179
　10 ── 物質関連障害と自己制御　181
　11 ── 結論　183

6章　恥・罪悪感・嫉妬・妬み：問題をはらむ社会的感情　191
　1 ── 恥と罪悪感はどう違うか　191
　2 ── 嫉妬と妬みはどう違うか　194
　3 ── 恥・罪悪感・嫉妬・妬みの対人的側面　196
　　　1．嫉妬と妬みの対人的側面：自己評価維持機能からみた嫉妬と妬み　197
　　　2．恥と罪悪感の対人的側面：関心と動機づけの違い　200
　4 ── 恥・罪悪感・妬み・嫉妬の適応的機能　202
　5 ── 恥・罪悪感・嫉妬・妬みの不適応的側面：どんな時に問題となるのか　205
　　　1．4つの感情と精神病理の関連　206
　　　2．4つの感情が攻撃行動をひきおこすとき　209
　6 ── 恥・罪悪感・嫉妬・妬みの統一理論に向けて　212
　7 ── 結論　213

7章　自尊心のソシオメーター理論　222
　1 ── 自尊心の基本的仮定を検証する　223
　　　1．仮定1：自尊心維持動機　223
　　　2．仮定2：高自尊心の益と望ましさ　225
　　　3．仮定3：自尊心高揚の効果　226
　2 ── 自尊心の基本的仮定を批判する（パラドクス，反証，因果的錯誤）　227
　　　1．仮定1には論理的パラドクスがある　227
　　　2．仮定2には反証がある　228
　　　3．仮定3は因果論的に証明されているわけではない　230
　　　4．自尊心にはどのような機能があるのか　230
　　　5．第2節のまとめ　232
　3 ── ソシオメーター理論　232
　　　1．ソシオメーター理論の基本前提　232
　　　2．ソシオメーター理論から仮定1（自尊心維持動機）を考える　234
　　　3．ソシオメーター理論から仮定2（高自尊心の益と望ましさ）を考える　235
　　　4．ソシオメーター理論から仮定3（自尊心高揚の効果）を考える　236
　　　5．私的な出来事が自尊心を左右するのはなぜか　237
　　　6．第3節のまとめ　239
　4 ── ソシオメーター理論の臨床心理学的な示唆　239
　5 ── 結論：自尊心の基本的仮定を改訂する　241

第III部 対人的プロセス　　　　　　　　　　　　　　249

8章　言い出しがたいことを口にする：自己開示と精神的健康　　251
- 1──自己開示研究の概観　252
- 2──自己開示の肯定的結果　254
  1. 身体的健康と心理的健康　254
  2. 意味と洞察を得る　258
  3. 確認　258
  4. 個人的関係の発展　258
- 3──自己開示の否定的影響　260
  1. 対人的損失　260
  2. 望ましくない印象を与える　262
  3. 自己知覚の変化　263
  4. 感情の制御　263
  5. 境界制御　264
  6. 自己開示の倫理的ジレンマ　265
- 4──自己開示に影響を及ぼす変数　266
  1. 開示内容　266
  2. 開示対象　268
  3. 状況の性質　269
  4. 文化的影響　270
  5. 自己開示における個人差　271
- 5──結論　271

9章　不適応的な印象維持　279
- 1──有能さ　280
  1. 能力が低いという印象を避ける　281
  2. 否定的な印象の主張　290
- 2──好ましさ　297
  1. 不適応的な同調　298
  2. 身体的魅力　304
  3. まとめ　307
- 3──終わりに　308

第IV部 個人的関係　　　　　　　　　　　　　　315

10章　ソーシャル・サポートと心理的障害：社会心理学からの洞察　317
- 1──ソーシャル・サポートと健康との関係　318
  1. ソーシャル・サポートと心理的健康　318

2．ソーシャル・サポートと身体的健康　319
　2──ソーシャル・サポート研究の歴史的発展　320
　　　1．社会的ネットワーク研究とソーシャル・サポート研究　320
　　　2．生活ストレス研究とソーシャル・サポート研究　321
　　　3．ストレス緩衝効果と対処（コーピング）の理論　322
　　　4．ソーシャル・サポートの測定方法の開発　323
　　　5．知覚されたサポートと実行されたサポート　323
　3──ストレス緩衝要因としての視点の隆盛とその他の視点　324
　　　1．基本的欲求を満たすものとしてのソーシャル・サポート　325
　　　2．親密さや愛着それ自体の基本的な重要性　326
　　　3．ストレスおよびストレス緩衝効果へのもう1つの視点：象徴的相互作用論　326
　　　4．なぜストレス緩衝要因としての見方が優勢になったのか？　327
　4──ソーシャル・サポートのプロセスを分解する　329
　　　1．ソーシャル・サポートのさまざまな側面　329
　　　2．ソーシャル・サポートの諸要素間の関係　330
　　　3．異なるプロセスを区別しないことの問題点　331
　　　4．知覚されたサポートと実行されたサポートの関係とその意味　331
　5──知覚されたサポートを分解する　333
　　　1．知覚者とサポート提供者の交互作用　333
　　　2．知覚者の効果　335
　　　3．サポート提供者の効果　337
　6──知覚されたサポートの下位要素は，おそらく，結果変数と異なった関係を示す　337
　　　1．尺度得点と構成概念の関係についての理論的考察　338
　　　2．知覚されたサポートの下位要素と結果変数の関係：実証的研究からの示唆　339
　　　3．知覚されたサポートの下位要素と結果変数の関係についてのモデル　341
　　　4．知覚されたサポートのプロセスを分解することの意味　343
　7──知覚されたソーシャル・サポートと心理的障害をつなぐ社会─認知的なメカニズム　343
　　　1．社会─認知的な視点の特徴　344
　　　2．社会─認知的な視点と概念アクセシビリティ　345
　　　3．知覚されたサポートに関連する概念アクセシビリティ研究　346
　　　4．概念アクセシビリティ研究が意味するもの　349
　8──結論　351

11章　うまく機能していない関係　361

　1──個人的な機能不全　363
　　　1．不安定なアタッチメント　363
　　　2．不適応的な信念　366
　　　3．嫉妬　367
　　　4．孤独感　370
　　　5．抑うつ　371
　2──相互作用的な機能不全　373
　　　1．非言語的コミュニケーション　374
　　　2．性差　375

    3．帰属過程　377
    4．裏切り　379
  3――関係的な機能不全　380
    1．報酬的な相互依存　380
    2．衡平な関係　383
  4――結論　385

12章　集団はメンタルヘルスにどんな影響を与えるか：グループ・ダイナミックスと心理的幸福　397
  1――集団は成員にどんな影響を与えるか　398
  2――集団と孤独　401
  3――集団とソーシャル・サポート　404
  4――社会化の主体としての集団　407
  5――集団ヒステリー　410
  6――社会的アイデンティティと自尊心　412
  7――集団の重要性　414

13章　社会―臨床心理学の過去・現在・未来　423
  1――社会―臨床心理学はどのように発展してきたか？　424
  2――感情的問題を理解するのに，社会心理学は必要か？　427
  3――社会―臨床心理学の研究方法の問題点　428
  4――大学院の教育プログラム：秘められた可能性　430
    1．バンダービルト大学の例　430
    2．アイオワ大学の例　431
    3．テキサス工科大学の例　432
    4．ボール大学の例　432
  5――有望な研究トピック―対人的な喪失体験　433
    1．精神病理と喪失体験　434
    2．日常生活の中の喪失体験　435
  6――社会―臨床心理学のこれから　436
  7――結論　437

邦訳のある引用文献　441

人名索引　443

事項索引　460

監訳者あとがき　464

【編集部注記】
ここ数年において，「被験者」（subject）という呼称は，実験を行なう者と実験をされる者とが対等でない等の誤解を招くことから，「実験参加者」（participant）へと変更する流れになってきている。本書もそれに準じ変更すべきところであるが，執筆当時の表記のままとしている。文中に出現する「被験者」は「実験参加者」と読み替えていただきたい。

1章
社会心理学と臨床心理学の
インターフェイス：歴史と現状

R. M. コワルスキ ＆ M. R. リアリー

　現代の心理学者の中で，その専門領域がどのようなものであれ，社会心理学が臨床心理学やカウンセリング心理学と密接なかかわりをもつということに異論を唱える人はまずいないだろう。心理学の発展の初期のころから，さまざまな理論的背景をもつ心理学者が，対人的な要因が，感情や行動面における問題の発生・持続だけでなく，精神衛生の専門家が携わる診断や治療活動においても重要な役割をはたしていることを認識していた。しかし，確かに一般的なレベルでは対人的過程が心理的問題の理解と治療に関連することは認識されていても，実際に社会心理学と臨床心理学の間に橋を架けようとする試みには，長い間いずれの陣営の研究者もあまり関心を寄せなかった。しかし，何人かの鍵となる研究者の長年にわたる努力によって，社会心理学と臨床心理学のインターフェースが出現し，ここ20年の間に，この領域における理論的，実証的統合が格段の進歩を遂げることとなった。

　本章では，まず社会心理学と臨床心理学の関係を概観するが，それは，本来学問分野や社会のためになるはずの心理学の統合を妨げるような要因だけでなく，専門領域間の橋渡しの注目すべき成功について眺めることになる。社会心理学と臨床心理学の関係の現状を理解するためには，それぞれの学問領域がどのように発展してきたのかを知っておくことが必要である。そこで，まず社会心理学と臨床・カウンセリング心理学がどのような道筋をたどって出会いの地点にいたったのかを概観し，その後，今日のインターフェイスの現状を2つの点から検討することにしたい。1つは，両陣営の交流がうまくいっている領域

とそうでない領域を検討すること，2つ目は，交流の障害となるような社会心理学と臨床心理学の相違を探ることである。

この100年の間に社会心理学と臨床心理学の関係がどのように変化したか，読者の方々におよその感じを掴んでいただくために，まずはその歴史を概観してみよう[★1]。ここでは便宜的に，5つの段階に分けて説明を加えることにする。

1 社会心理学―臨床心理学のインターフェイスの発展の道筋

1. ジェネラリストの時代（1900-1945）

心理学が今日のように細分化されていなかったころには，社会心理学と臨床心理学のインターフェイスはかなり容易に行なうことができた。心理学の大学院教育は現在に比べるとずっと幅広いものであり，たいていの場合，初期のころの心理学者はまずジェネラリストとしての訓練を受け，その後に，スペシャリストへの訓練を受けた。したがって，心理学者の関心やその専門が，現在ならば異なった領域とみなされる複数の領域にまたがることも珍しいことではなかった。当時の心理学者の多くは，ジェネラリストへの志向性をもっていたため，異なる領域の間に結びつきがあることを，後の世代の心理学者に比べるとずっと容易に認める傾向があった。

20世紀の初頭，異常行動の研究と社会心理学の結びつきが明確なかたちで議論されることとなった。1921年，『異常心理学雑誌』が『異常・社会心理学雑誌』に名称変更されたとき，モートン・プリンスは，不適応行動の発現における社会的要因の役割や，正常と異常についての人々の知覚に及ぼす文化の影響を明らかにするために，異常心理学と社会心理学の研究者が緊密な連携のもとに研究を進めるべきだと主張した（Hill & Weary, 1983）。さらに，心理学の初期の段階では，心理療法は精神分析的な視点が優勢だったが，ホーナイ（Karen Horney），アドラー（Alfred Adler），サリバン（Stack Sullivan），フロム（Erich Fromm）など新フロイト派とよばれる人々が，純粋に個人内の心理過程を重視した初期の精神分析を，不適応行動の発現・持続に対人的要因

が重要な役割をはたすことを認める方向に移行させ始めた。

社会心理学と臨床心理学は，いずれもそのルーツを20世紀初頭に求めることができるが，1930年代末期から1940年代初頭にかけて，それぞれ別個の専門領域として登場することになった。共通点がないわけではなかったが，両者は，行動を理解する際の一般的な接近法を異にしていた。社会心理学は，レヴィン（Kurt Lewin）の相互作用論の影響を色濃く受けて，状況的要因の役割を強調し，それがパーソナリティ要因の影響とあいまって人間行動を決定するという立場をとった。これに対して臨床心理学は，アセスメントに（それゆえ，個人差に）焦点を合わせたことと精神分析的な視点の影響を受けたことから，対人的な過程よりも個人内の過程を重要視する傾向があった。さらに，社会心理学は，主として「正常な」人間行動に関心を抱いたのに対して，臨床心理学は，「異常性」を強調した。それでも，両者の境界はそれほど明確なものではなく，一方の専門に属する心理学者が一線を越えて他方の領域へ研究の幅を広げることはそれほどむずかしいことではなかった。

おそらく，社会心理学と臨床心理学の発展に最も大きな影響を及ぼしたのは，第二次世界大戦であろう。戦時中，社会心理学者たちは，戦争遂行に貢献するような応用的問題の研究に焦点を合わせるようになった。市民や兵士の志気，態度変容を生み出す説得法，国際関係といった問題を研究するようになったのである（Cartwright, 1979；Snyder & Forsyth, 1991c）。この応用的問題に対する関心が，社会心理学と臨床心理学の間のもう1つの類似点といえるだろう。したがって，2つの領域がそれぞれ専門化してしまう前は，インターフェイスが容易に存在しえたのである。しかし，第二次世界大戦が終わりを告げると，この状況は一変することになった。

2. 相互無関心の時代（1946–1960）

1940年代中ごろから1960年ごろにかけては，社会心理学も臨床心理学も，互いに相手に関心を抱くことが少ない時代だった。戦後，多くの臨床心理学者は，傷痍軍人病院で精神科医といっしょに仕事をすることになった。彼らは，当時優勢だった精神病理学という医学モデルを採用することによって，行動に対する対人的な要因よりも個人内の要因を強調するようになった。加えて，臨

床の訓練プログラムは，その基礎となる科学よりも実践を重視する傾向があった。こうしたプログラムは，戦後，セラピストの需要増に対処するための急拵えのものだったからである。臨床心理学がアセスメントと実践を志向するようになるにつれて基礎的な研究に対する関心は薄れ，そうした研究においてもしだいに理論的な側面が失なわれていった（Snyder & Forsyth, 1991c）。

これに対して社会心理学は，しだいに実験室内での基礎的研究に傾斜を深めていき，その研究で得られた知見を臨床心理学，カウンセリング心理学，あるいはその他の領域に直接応用しようとすることはほとんど考えないようになった。社会心理学者は方法論的，理論的な側面を洗練することにプライドを抱く一方で，応用的問題に明確に焦点を合わせた研究をあまり評価しないようになった。ヘンドリック（Hendrick, 1983）は，もしレヴィンが1947年に早すぎる死を迎えることがなかったら，彼が強調した「アクションリサーチ」が社会心理学における応用研究への関心を刺激し続け，戦後も臨床心理学との結びつきがより緊密になったことだろうと述べている。

さらに，社会心理学と臨床心理学の認識論や方法論の違いも，両者の間の溝を深める一因になった。社会心理学は特定の行動を研究する際に「マイクロスコーピック」なアプローチを採用したが，これとは対照的に臨床家は全体論的なアプローチを採用した。そして，数量的な分析，実験室的な研究を重視する社会心理学と，質的な分析，フィールドでの研究を重視する実践家とは容易に顔を向き合わせることはなかった（Forsyth & Leary, 1997；Leary & Maddux, 1987）。

皮肉なことに，社会心理学者と臨床心理学者の間の溝が深まった時期に，臨床心理学において博士課程の訓練の科学者−実践家モデル（いわゆるボルダー・モデル）が確立された。このモデルでは，行動科学が臨床心理学の実践にとって重要なものであり，臨床心理学者は同時に科学者と実践家であるべきと規定している（Raimy, 1950）。しかし，大学院のプログラムは臨床心理学の博士課程の学生に研究法や統計を履修することや実証的研究に基づいて博士論文を執筆することを求めたが，この科学者−実践家モデルが，社会心理学などその他の行動科学の領域との結びつきを築く方向に臨床家を刺激することはなかった。

2つの領域がしだいにわかれていった証拠の1つとして，1965年に『異常・社会心理学雑誌』が，『異常心理学雑誌』と『性格・社会心理学雑誌』に分割された（実際に分割されたのは1965年だが，そのきざしは以前からあった）。分割された理由のいくつかは純粋に現実的なものであったが（投稿論文の数が多くなりすぎて1つの雑誌の限界を超えてしまった，など），社会心理学と臨床心理学がそれぞれ専門化，多様化したことを反映した理由もいくつかあった。われわれにとって最も関連が深いのは，2つの領域に共通の関心事があると感じる人々がいたにもかかわらず，『異常・社会心理学雑誌』に掲載されたほとんどの論文は社会心理学，臨床心理学，いずれか一方に焦点を合わせたものであり，両者の統合を試みたものはほとんどなかったという事実である（Hill & Weary, 1983；Snyder, 1997）。

3. パイオニアの出現（1961-1975）

1960年代に入ると，何人かの心理学者が社会心理学と臨床-カウンセリング心理学のリンクについて表だって議論するようになった。社会心理学は，そのころまでに態度変化や社会的影響といった，臨床に関連することが明らかな問題を扱う優れた理論を生み出しており，ちょうど機が熟してきたのである。臨床心理学者も，精神医学から受け継いだ精神病理の医学モデルから距離を置き始めるようになり，また，日常的な適応の問題――しばしばその原因や結果が対人的な側面と密接にかかわる――に関心をもつカウンセリング心理学も下位領域として出現しつつあった。

この初期のころ，臨床的に重要な問題を社会心理学の視点から検討して強い影響力をもった人物が，『説得と癒し』を著わしたフランク（Frank, 1961）である（皮肉なことに，彼は心理学ではなく医学で学位を得ている）。フランクの中心的な主張は，あらゆる心理学的変化というのは，それが心理治療の結果として生じるものであれ，信仰治療（faith healing）や宗教的な回心の結果生じるものであれ，同じような対人的，認知的過程の産物である，というものであった。フランクは，非臨床的な研究，特に社会心理学の研究が，心理治療の実践に強く関連することを示そうとした。フランクの考えに呼応して，ゴールドシュタイン（Goldstein, 1966；Goldstein, Heller, & Sechrest, 1966）を中心

とするグループは，さまざまなトピックス（対人魅力，態度変化，グループ・ダイナミックス，認知的不協和など）についての社会心理学的研究が，個人の心理療法や集団心理療法に密接に関連することを描き出した。

　この時期，社会心理学は，臨床心理学よりもまずカウンセリング心理学のほうに容易に組み込まれていった（Strong, Welsh, Corcoran, & Hoyt, 1992）。たいていのカウンセリング心理学者は臨床心理学者に比べて，精神病理よりも「正常な」適応の問題に関心をもっており，こうした日常的な問題は，重い障害と比べると，社会心理学的な分析によって容易に扱えるからである。初期の努力においては，カウンセリングを社会的影響過程として理解しようというのが1つの統一テーマとなった。このメッセージが最も強力かつ効果的に述べられているのが，ストロング（Strong, 1968）の『カウンセリング―対人的影響過程』と題する論文である。ストロングは，当時の代表的な社会心理学理論であるホブランドら（Hovland, Janis, & Kelley, 1953）の態度変化モデルを応用して，カウンセラー，クライエント，カウンセラーのメッセージの特徴がいかにクライエントの変化に影響を与えるかを明らかにした。ストロングやその他のカウンセリング心理学者は，カウンセリングの理論と実践にとって社会心理学が重要であることを示したのである（Strong et al., 1992によるレヴューを参照）。

　この時期，社会心理学と臨床-カウンセリング心理学のリンクは，心理的症状の中には他者の反応に影響を及ぼそうとする対人的な方略を反映するものがあることが認識されることによって，さらに促進された（Braginsky, Braginsky, & Ring, 1969；Carson, 1969；Fontana & Gessner, 1969；Fontana & Klein, 1968）。この線に沿った古典的研究の1つにブラジンスキー夫妻によるものがある（Braginsky & Braginsky, 1967）。彼らは，統合失調症と診断されて入院している患者が，与えられた目標しだいで，精神病の症状を多く示したり少なく示したりすることを明らかにした。同様にカーソン（Carson, 1969）は，相互作用アプローチをパーソナリティの研究に応用した。彼は，逸脱行動は社会的相互作用の障害によって生じ，心理的困難は個人内の過程よりも対人的過程によって最もよく説明できると考えた。実際，社会的状況における他者の行動と無関係に，行動の異常を概念化することはまず不可能であろう。この

ような理論的，実証的アプローチは，精神病理の特徴のいくつかは，社会心理学的過程および対人行動によって理解されうることを示しているのである。

　フランク，ゴールドシュタイン，ストロング，カーソン，ブラジンスキーら，先駆けとなった研究者が声を大にして自分たちの主張をくり返していたころ，社会心理学は「自信喪失の危機」（Elms, 1975）を経験しはじめていた。社会心理学者たちは，それまで基礎的な実験室研究に重点を置きすぎてきたこと，社会心理学の研究が現実世界で起きている諸問題の解決に結びつかないことに幻滅し，現実の社会や個人に生じている問題に関連したトピックを研究対象とするように方向を変え始めたのである。第二次世界大戦中は，社会心理学が応用的問題に関心を向けるのは当然のことだったが，1960年代になるまで，応用的な社会心理学への動きは今1つ弾みがつかなかった。幻滅を感じた社会心理学者を引きつけた応用的領域の1つが，それまでは臨床心理学が扱うと考えられてきた領域だったのである。

4.　初期の統合（1976-1989）

　1970年代の中ごろまで，社会心理学と臨床心理学から借用した概念に基づいて行なわれた研究の多くは，特定の社会心理学の原理――帰属，対人的影響，自己呈示，態度変化など――を，臨床心理学者やカウンセリング心理学者が関心をもつトピックに応用するというものだった。したがって，インターフェイスの範囲はかなり限定されており，こうした臨床的問題に特別強い関心を抱いている研究者以外には関連が薄かった。

　シャロン・ブレーム（Brehm, 1976）は，その著『臨床実践への社会心理学の応用』において，臨床的問題に対する社会心理学の関連性をより広い視点からとらえ，当時の主要な社会心理学の理論――リアクタンス理論，不協和理論，帰属理論――が心理的問題の理解と治療に貢献しうることを示した。この著作は，特定の理論が臨床的な問題に関連することを示しただけでなく，社会心理学の理論が一般的に有用であることを強く主張していた。ブレームの意図は，こうした問題に関心をもった先達の業績を受け継いでいこうというところにあったのだが，彼女自身は，自分の著作が「恐ろしいほどの無関心」（Brehm, 1991, p. 800）をもって迎えられたと感じていた。しかし，社会心理学と臨床

心理学の関係を促進しようとする雰囲気を生み出したという点で，このブレームの著作が触媒としての役割をはたしたことは疑いえない。

この時期，もう1人強い影響力をもったのがセモア・サラソン（Sarason, 1981a）である。彼は『非社会的心理学および方向を誤った臨床心理学』と題する論文（同様のテーマを扱った本［Sarason, 1981b］もある）の中で，個人の社会的世界を考慮せずに臨床心理学が存在することは不可能であると論じた。彼のことばを借りれば，「現実的な社会心理学を基礎に置いていない臨床心理学は……方向を誤った臨床心理学なのである」(Sarason, 1981a, p. 835)。この論文は，心理学の領域で発行部数が多い雑誌の1つである『アメリカン・サイコロジスト』に掲載されたこともあり，特に強い影響を与えることになった。

新たに出現した社会心理学と臨床心理学のインターフェイスにおける諸研究を概観する目的で編集されたのが，ウエアリとミレルズ（Weary & Mirels, 1982）による『臨床心理学と社会心理学の統合』である。この著作は，インターフェイスにおける諸研究が一堂に会する場所を提供したことだけでなく，この領域の研究に多くの読者の関心を引きつけた点でも重要なものとなった。同様に，リアリーとミラー（Leary & Miller, 1986）やマドウラ（Maddux, Stoltenberg, & Rosenwein, 1987）による著作もこの領域における初期の研究を概観したものであり，そこでは社会心理学の概念や理論が感情的，行動的問題の発現・診断・治療の過程を理解するために応用されていた。

1980年代になると，社会心理学と臨床心理学の橋渡しをする研究は，以前と異なる趣をもつようになった。60年代，70年代の研究は，主としてカウンセリングや心理治療の実践に社会心理学を応用しようとするものだったが，1980年代には，不適応行動の発生・持続に関連する社会的要因に焦点が当てられるようになった（Weary, 1987）。特に積極的に研究が行なわれ実のある結果が生み出されたのが，健康と病気における社会心理学的過程を扱う領域である。健康を理解しそれを促進すること，そして人々が病気や怪我を心理学的に扱うことを援助するためには，社会心理学的な視点が重要な意味をもつ。健康心理学の発展は，こうした認識によるところも大きい（Meyerowitz, Burish, & Wallston, 1986；Snyder & Ford, 1987）。この強調点の変化は，社会心理学者がしだいに臨床的な問題に関心を示すようになったことの原因であ

り，また，その結果でもある。

『異常・社会心理学雑誌』の分割の約20年後，ジョン・ハーヴェイ (Harvey, 1983) が，「社会心理学と臨床心理学の豊かで広範囲にわたるインターフェイスにおける研究を発表する場を提供するために」(Harvey, 1983, p. 1)，『社会・臨床心理学雑誌 (JSCP)』を創刊した。新しい雑誌の多くがそうであるように，JSCPは，社会-臨床心理学を1つの正当な専門領域として具現化し，社会心理学や臨床心理学の既存雑誌になかなか掲載されなかった論文の受け皿となった[★2]。この時期のインターフェイスの状況は，JSCPに頻繁に登場したトピック——帰属，人間関係，自我防衛，感情，健康，自己——に現われている (Snyder, 1988)。また，臨床-社会心理学に対する関心は，他の雑誌に掲載された論文の傾向からもうかがい知ることができる。社会心理学の雑誌において臨床的問題が扱われている論文の数を年ごとに調べた研究によると，社会心理学の主要な雑誌においても，この時期，社会-臨床心理学関係の論文が増加していることが示されている (Leary, Jenkins, & Shepperd, 1984)。

インターフェイスの状況そのものを扱った論文も多数現われた。1980年代，研究者たちはこの領域の問題を調べ，境界を位置づけ，社会心理学と臨床心理学の関係がどのような状況にあるのかを議論し，さらなる統合に向けて力を結集しようとしたのである (Brehm & Smith, 1982；Forsyth & Strong, 1986；Harari, 1983；Harvey, Bratt, & Lennox, 1987；Hendrick, 1983；Langer, 1982；Leary, 1987；Leary & Maddux, 1987；Maddux, 1987；Maddux, Stoltenberg, Rosenwein & Leary, 1987；Weary, Mirels, & Jordan, 1982)。

5. 表舞台へ（1990-現在）

これら1980年代に書かれた論文を読むと，自分たちの主張を伝えようとする力強い調子に驚かされる。彼らは，社会心理学と臨床心理学の関係を密にすることによって得られることが多いと信じ，読者が自分たちの輪に加わるように熱心に勧めた。社会心理学と臨床-カウンセリング心理学の伝統的な見方を捨てきれない読者に，著者たちはあらゆる機会を利用して，2つの研究領域が顔を向き合わせることのメリットを説いたのである。

1990年ごろになると，彼らは，なぜ2つの研究領域を結びつけることに意

味があるのか，いちいち説明する必要を感じなくなった。社会心理学と臨床-カウンセリング心理学のインターフェイスにおける研究や理論が数多く出回るようになり，10年前に比べると，研究者たちが抵抗なく互いの陣営を行き来するようになったからである。社会心理学者は情緒的，行動的問題に積極的な関心を抱くようになり，そのような領域の研究に手を染めても，うしろめたさや，主流から外れいているというような感じをもつことがなくなった。一方，臨床—カウンセリング心理学者は，その関連性はまだ小さいと見る人が多いものの，社会心理学の理論や研究の中に臨床の研究や実践に有用なものがあることを認識するようになった。1990年初頭に，スナイダーとフォーサイス(Snyder & Forsyth, 1991a)によって『社会・臨床心理学ハンドブック』が編集出版されたが，ここには2つの領域を結ぶ論文が40章収められており，800ページにも及ぶ大著となっている。インターフェイスが急速に成熟し，政治的あるいは知的な「革命」と同じように，確立されたメインストリームの一部となったのである。

2　現状，その1：境界領域のトピックス

　社会心理学と臨床心理学のインターフェイスの足跡を辿ったところで，現状に目を向けてみることにしよう。本節では特に，社会心理学の特定の領域における研究が，どの程度，臨床心理学やカウンセリング心理学の理論・研究・実践に影響を与えた（または，与えなかった）かに焦点を当てることにしたい。最初にお断りしておくが，われわれの議論は一方向的，つまり，社会心理学が臨床—カウンセリング心理学に及ぼす影響のみを扱うことになる。しかし，こうした一方向的な扱いをするには十分な根拠があり，この点については本章の最後に触れることにする。また，ここでは社会心理学と臨床心理学のインターフェイスの現状を議論するにあたって，この領域に含まれる現象を以下の3つのタイプに分類することにする (Leary, 1987)。

　〇社会-発現的過程—不適応的な行動や感情の発現，持続，悪化に含まれ

る対人的過程。
○社会-診断的過程—(専門家および一般の人々が行なう) 心理的問題の同定，分類，評価に含まれる対人的過程
○社会-治療的過程—情緒的問題や行動的問題の治療および予防に含まれる対人的過程

　表1-1は，以上3つの過程を列方向に並べ，行方向に社会心理学の諸領域をあげたものである★3（便宜的に，これらの諸領域を社会-認知的過程，対人的過程，パーソナリティ過程の3つのカテゴリーにまとめた）。これらが交わるところに，社会-臨床のインターフェイス領域における個々の内容が多数ちりばめられていることになる。そして，個々の領域について，そこに含まれる社会心理学的過程の理解がどの程度進展したかを評価してみた。もちろん，これはわれわれの主観的な評価であり，異論があって当然である。これらの領域における知識の現状を議論する上での叩き台と考えていただきたい。

表1-1　インターフェイスにおける各領域の進展度

社会心理学的過程	研究のタイプ		
	社会-発現	社会-診断	社会-治療
【社会-認知的過程】			
帰属	◎	○	◎
社会的知覚・認知	◎	○	○
態度	○	×	◎
【対人的過程】			
社会的影響	×	×	◎
自己開示と自己呈示	○	○	○
対人関係	○	×	○
攻撃	○	－	－
向社会的行動	×	－	－
集団過程	×	×	○
【パーソナリティ過程】			
自己	◎	×	○
感情	◎	×	×
個人差	◎	○	◎

◎目覚ましい進展が見られた領域
○ある程度の進展が見られた領域
×進展がほとんど，または全く見られなかった領域
－社会心理学的過程を応用することが困難な領域

1. 社会—認知的過程

　当然のことながら，社会心理学と臨床心理学の間に架かる狭い橋を容易に行き来できたのは，帰属，社会的知覚・認知，態度など社会心理学の中でも特に認知過程に焦点を当てている領域である。実際のところ，心理学における認知革命は，行動を理解する上で認知的アプローチが有効であることを社会心理学者も臨床心理学者も認識することとなった点で，インターフェイスの研究を大いに刺激することとなった。

①帰属

　社会心理学と臨床心理学を結ぶ初期の研究の大部分は，帰属過程を扱うものだった。エイブラムソン，セリグマン，ティーズデイル（Abramson, Seligman, & Teasdale, 1978）は抑うつの問題を帰属の視点から分析して非常に影響力のある理論（学習性無力感理論）を発展させ，これが刺激となって多くの重要な研究が生み出されることとなった。また，帰属理論からの接近は，自分あるいは他者の反応の解釈がその人の心理的苦痛の程度に与える過程を理解することにも適用された（Valins & Nisbett, 1972）。社会心理学の視点を直接治療に応用しようとした研究の多くも，帰属過程を基礎にしたものだった（Murdock & Altmaire, 1991；Rabinowitz, Zevon, & Karuza, 1988）。帰属に関心をもつ研究者はこの他の領域にも積極的に進出したので，今やわれわれは，心理的な問題の発現・診断・治療の基底にある帰属過程について，多くのことを知ることとなった（Bell-Dolan & Anderson, 本書2章）。

②社会的知覚・認知

　社会-発現領域では，数多くの理論や研究が，人の知覚や思考が情緒的問題や行動的問題の発現とどのようにかかわっているかを扱っている（Gilovich, Kruger, & Savitsky, 本書3章参照）。研究者たちは，臨床家や一般の人々が他者の性格や精神的健康について推論を行なう過程にも注目してきた（たとえばCantor, 1982；Kayne & Alloy, 1988；Salovey & Turk, 1991）。臨床的推論が対人知覚の過程と密接にかかわっている以上，対人知覚や対人認知について得られているこれまでの知見は，臨床家がクライエントに対して行なう推論過程の理解に大いに寄与するはずである。

　臨床心理学やカウンセリング心理学は，つねに，心理的変化を生じさせるた

めにはクライエントの思考を変化させることが重要であることを強調してきた。しかし、そのような認知変化が生じる過程にまで研究者の目が向くようになったのは、ごく最近のことである。今では、社会的認知のモデルがクライエントの思考過程を明らかにし、どのようにしたらその過程がうまく機能するかについて手がかりを与えてくれるようになった（Abramson, 1988参照）。

③態度

態度に関する社会心理学の理論や研究が、カウンセリングや心理治療の過程におけるクライエントの態度変化の研究に応用されてきた。前述のように、態度変化に関する社会心理学の理論（認知的不協和理論、リアクタンス理論など）がクライエントの態度変化を理解・促進することに重要な意味をもつことを最初に指摘したのはブレーム（Brehm, 1976）であった。最近では、精緻化見込みモデルがカウンセリング心理学の研究者から注目されている（Cacioppo, Claiborn, Petty, & Heesacker, 1991参照）。

また、研究者たちは、ある態度をもつことが心理的困難にどのような結果をもたらすかを検討した。たとえば、人工中絶に対する態度が、自分自身が中絶手術を受けることになったときの反応にどのような影響を及ぼすか、などである（Conklin & O'Connor, 1995）。人々が抱いている態度が情緒的・行動的問題を悪化も改善もさせるとすれば、態度とが臨床的問題とどのようとかかわるのか、もっと関心を向ける必要がある。

2. 対人的過程

対人的相互作用に関する社会心理学の理論と研究が臨床—カウンセリング心理学に寄与することは明らかである。多くの心理的困難が対人的過程によって生じるだけでなく、臨床場面における出会いそのものも、結局のところ社会的相互作用に他ならないのである。

①社会的影響

前に述べたように、初期のころ、社会心理学の実践への応用の多くは社会的影響に関するものだった（Strong, 1968）。近年でも、効果的な（あるいは効果的でない）カウンセリングや心理治療の根底にある対人的過程について研究が続けられている。しかし、心理的問題の発現や診断に、社会的影響がどのよ

うな役割をはたすのかについてはほとんど注目されてこなかった。長年にわたり，心理学者は社会的影響過程——たとえば，同調や社会化の根底にある過程——が多くの心理的問題の発現に関与していることに気づいていた。しかし，特定の社会心理学の理論を情緒的問題や行動的問題に適用しようとする試みはほとんどなされなかった。

さらに，診断やアセスメントにおいて社会的影響過程がどのように働くかについても注意が向けられることは少なかった。明らかに，クライエントに関する臨床家の判断は，他の人々（一般の人や専門家）が信じていると思われる事柄に影響を受ける。現在，心理アセスメントの多くは専門家のチームによって行なわれているが，これは，1人の専門家のアセスメントが，単純な「情報的影響」によって，あるいは，他のメンバーの判断に同意すべきという直接的な影響によって，かたよってしまう可能性があることを意味している。このような状況のもとで，社会的影響過程が何らかの効果をもつことは明らかであろう。

②自己開示と自己呈示

概念的に類似しているにもかかわらず，自己開示と自己呈示の研究は別々の流れの中で行なわれてきた。自己呈示の視点が臨床心理学に関連していることは，すでに1960年代には認識されていたが（e.g., Braginsky et al., 1969），この領域は何十年にわたり休眠状態を続けてきた。ごく最近になって，研究者たちは再びこの問題に注目し，自分にとって有利になるようなやり方で，他者が自分に対して抱く印象を操作しようとする試みが心理的症状になって現われることがあることを明らかにした（Leary, 1995；Shepperd & Kowalski, 本書9章；Snyder, Smith, Augelli, & Ingram, 1985）。自己呈示の視点は，不安の対人的側面（Leary & Kowalski, 1995；Miller, 1996；Schlenker & Leary, 1982），弁解（Snyder, Higgins, & Stucky, 1983），健康リスク行動（Leary, Tchividjian, & Kraxberger, 1994）や，より直接的に臨床にかかわるアセスメント（たとえば仮病）や臨床的出会い（Kelly, McKillop, & Neimeyer, 1991）の理解に適用されてきた。

自己開示に関心をもつ研究者たちは，それが日常の生活場面であれ治療場面であれ，自分自身に関する情報を開示することが心の痛みや幸福にどのような影響を及ぼすかを追究してきた（Kowalski, 本書8章；Pennebaker, 1997）。

自己開示が精神的健康に望ましい効果を及ぼすかどうかは，自己開示の性質，受け手の特徴，状況による制限など，数多くの要因に依存している。

③対人関係

1980年代，対人関係の研究は，社会心理学における主要な研究トピックの1つになった。多くの研究者が，対人関係が形成・維持され，そして崩壊する基本的過程に関心を抱いたのと同じ時期，特に機能不全的な関係に関心を向けた研究者もいた。彼らは，対人関係の困難そのものに影響を及ぼす要因だけでなく，機能不全的な関係が生活上の諸問題にどのような影響を及ぼすのかを探求した（Bradbury & Fincham, 1991；Miller, 本書11章）。この点で，ソーシャルサポートの過程に関する研究領域は特筆に値する。この領域では，数多くの理論と実証的研究が，ソーシャルサポートと心理的問題の関係を扱ってきたのである（Thodes & Lakey, 本書10章, B. R. Sarason, Sarason, & Pierce, 1990）。

心理的問題を抱える人に対する他者の反応も研究の対象とされてきた。心理的問題は，それを抱える人間に対する他者の反応に影響を及ぼし，今度はそうした反応が人間関係やその個人の心理的困難そのものに影響を及ぼすのである。コイン（Coyne, 1976）が提唱する抑うつの相互作用理論は，こうしたアプローチの好例であり，心理的問題が対人的相互作用や対人関係にどのような影響を及ぼすかが検討されている（Segrin & Dillard, 1992）。

カウンセラーや心理療法家は，以前よりセラピストとクライエントの関係に関心を向けてきた。この関係の性質がカウンセリングや心理治療の効果に重要な意味をもつことを認識していたからである（Goldstein, 1971）。しかし，社会心理学の視点から治療的協調（therapeutic alliance）を検討しようとする試みはほとんどなされなかった。

④攻撃

敵意や攻撃が固有の臨床的問題であることを考えれば，攻撃性の決定因に関する理論や研究が，カウンセラーや臨床家にとってきわめて関連性が強いものであることは当然である。おそらく，最も顕著なものは，性的暴力の対人的な決定因に関する研究であろう。ホワイトとコワルスキ（White & Kowalski, 1998）は，女性に対する男性の性暴力に関して，文脈や発達的要因を重視した統合的視点を提唱した。このモデルは，歴史的，社会文化的要因に加えて，

社会的ネットワーク，二者関係，状況的・対人的変数が，女性に対する暴力の根底にある心理的過程とどのように関係するかを扱うものである（Koss et al., 1994も参照）。

⑤向社会的行動

援助やその他の向社会的行動を扱った研究は，必ずしも社会-発現的過程や社会-診断過程と深い関連があるわけではないが，心理的援助の過程そのものの理解には大いに役立つ。たとえば，社会心理学者は，人々が他者からの援助を求めるか否かを決める要因や，彼らが提供された援助に対してどのように反応するかに関心を抱いてきた（Wills & Depaulo, 1991）。こうした研究が，治療関係に直接関連することは明らかであるが，これらを直接応用しようとする試みはほとんどなされていない。

⑥集団過程

社会心理学と臨床心理学のインターフェイス領域で，最も軽視されてきたのは集団過程の問題である。集団過程が心理的問題の発生や持続にどのような影響を及ぼすかを明らかにしようとした研究は実際皆無だといってよい（ただし，Forsyth & Elliot, 本書12章を参照）。

もっと驚くべきは，心理治療における集団過程への関心が欠如していることである。長年にわたって，集団カウンセリングや集団心理療法は人気の高い治療法であり，臨床の分野ではこれらに関する多くの著作がある。一方，膨大な数に上るグループ・ダイナミックスの理論や研究がこうした問題を扱うことは少なかったし，社会心理学者がこうした治療集団を研究の対象とすることもきわめて稀である。フォーサイスらの努力（Forsyth, 1990［15章］；1991）がなかったら，この領域は事実上まったく探究されることなしに終わることになっただろう。

3. パーソナリティ過程

1980年代，2つの領域にまたがる新しい研究分野は「社会臨床心理学」として知られるようになった。これは，社会臨床心理学雑誌（Journal of Social and Clinical Psychology）が創刊されたことや，初期の著作（Brehm, 1976；Weary & Mirels, 1982）によるところが少なくない。しかし，この領域の多く

の研究が，社会心理学でもなく臨床心理学でもなかったことは興味深い。じつは，多くの研究がパーソナリティ変数やその過程に焦点を当てているのである（Snyder, 1997）。こうした研究は，対象となった変数が人々の社会生活に関連する属性や過程であった点で社会‒心理学的な志向性をもつものだったが，実際に扱っているのは，対人的事象というよりも，個人の認知的，動機的，感情的過程であることは明らかだった。そこで，われわれは，自我防衛，コーピング，感情制御などのパーソナリティ過程や，帰属スタイル，自己意識，否定的感情性の個人差といった，臨床に関連する研究を目のあたりにすることになったのである。

　われわれは，社会心理学と臨床心理学の間に明確な線を引くつもりはない。心理学の下位領域の間の境界は曖昧であり，いかなる行動現象であっても，それを十分に理解するには，状況的要因と性格的要因の双方に注意を向ける必要がある。したがって，社会心理学も性格心理学も重要なのである。われわれが強調したいのは，社会‒臨床心理学という名のもとに行なわれた研究の多くがパーソナリティ過程に関するものであること，そして，そうした研究が自分を社会心理学者というよりも性格心理学者と考えている研究者によって行なわれているという事実である★4。

① 自己

　表1-1を見ても明らかなように，パーソナリティ過程に含まれる3つの領域は，いずれも際だった発展を遂げている。まず，自己の研究は，性格心理学，臨床心理学の中では，長い間，中心的な位置を占めてきた。そして，最近2, 30年は，社会心理学でも再び脚光を浴びるようになった。自己やアイデンティティに関する最近の理論や研究は膨大な数に上っており，それらの多くは明らかに心理的問題の理解と治療と深く関連している。中でも，自尊感情（特に，自我防衛の不適応的な現われと低自尊心），セルフ・ハンディキャッピング，自己効力感，自己確証，自己注意と自己制御に関するさまざまな過程に関する研究は大きな影響を与えた（Dale & Baumeister, 本書5章；Epstein, 1991；Leary, 本書7章；Moore, Britt, & Leary, 1997；Swann, 1997）。

② 感情

　感情に関する研究も，社会‒性格心理学において盛んに行なわれた。こうし

た研究も，臨床に関連した現象に応用可能なものである。研究者は，基本的な感情の過程だけでなく，抑うつ，嫉妬，孤独感，対人不安，恥など，専門家の援助を求める必要に迫られることが多い不快感情について研究を進めてきた（Tangney & Salovey, 本書6章）。これとは対照的に，カウンセリングや心理治療の場における感情の役割に関してはあまり注意が向けられなかった。多くの臨床理論がセラピーにおける感情経験や感情表出に重きを置いていることを考えると，これは驚くべき事態といってよいだろう（Safran & Greenberg, 1991参照）。

③個人差

臨床-カウンセリング心理学においては，個人差はつねに重要なものとみなされてきたが，伝統的に，MMPIなど標準的な検査を用いて精神病理的なパーソナリティを診断，理解することに重点が置かれてきた。この領域は，正常な人々に感情的，行動的問題を引き起こさせるようなパーソナリティ変数があることを明らかにすることで，社会-パーソナリティ心理学のインターフェイス研究者に貢献した。臨床に関連する個人差変数の中で，これまで社会-臨床心理学のインターフェイス領域で注目されてきたものに，特性としての自尊心，抑うつ，対人不安，タイプAパーソナリティ，帰属スタイル，防衛的ペシミズム，否定的感情性，対人的依存，ナルシシズム，孤独感，希望，自己意識などがある。セラピーの効果は，クライエントのパーソナリティによって左右されることがしだいに認識されてきたこともあり，研究者たちは個々の治療アプローチに敏感に反応する個人差変数に注目するようになった。

4. 要約

表1-1を一瞥しただけでも，社会心理学の多くの領域が心理的問題の発現・持続・治療に関するトピックスに応用されてきたのがわかる。ここでは，こうした研究のほとんどが1976年以降に行なわれた点に注目する必要がある。また，この表からは，有益な相互影響が明確には見て取れない領域もあることがわかる。特に，臨床-カウンセリング心理学においてはアセスメントと診断が重要であるにもかかわらず，実践家がクライエントについて決定を行なうために情報を獲得・統合・使用する社会-診断過程に関しては，ほとんど注目され

てこなかった。

3 現状,その2:学際的諸問題

　近年,社会心理学と臨床心理学の関係は確かに大きく変化したが,社会心理学者も臨床心理学者も,互いに相手の専門領域からそこそこ距離をおいて身の安全を守っているように見える。仲よくやっていくべきであることはわかっていてもなぜか疎遠になりがちで,時には互いにあら探しをすることになってしまう親戚と同じように,社会心理学者と臨床心理学者は,学問領域で言えば最も近い親戚にあたる相手に対して互いにアンビバレントな感情をもつ傾向があった。両領域のインターフェイスの重要性を主張してきた人々は,2つの領域の結びつきを促進するためには,互いに相手の領域のジャーナルを読んだり,自分の研究に相手の概念をもち込んでみるようにうながすだけでは不十分であり,事情はもっと複雑であることを認識するようになってきた。インターフェイスに対する障害は,単に不活発であるとか,相手の領域のアイデアを採用することに頑固な抵抗があるとかいうような単純なものではない。

　むしろ,社会心理学者と臨床心理学者は,それぞれの目標,訓練,専門的な世界観の点で根本的に異なっており,それがお互いの研究領域に対して完全に心を開くことを困難にしているのである。社会心理学と臨床心理学の相違についてはすでに詳しい論考があるので,ここでくり返すことはしない(Forsyth & Leary, 1991, 1997;Leary & Maddux, 1987;Snyder & Forsyth, 1991c参照)。しかし,これから示すいくつかの点は,なぜインターフェイスが,多くの人が認識しているほどには進展しないかを理解する上で重要である★5。

1. 理論とメタ理論

　伝統的に社会心理学も臨床心理学も,さまざまな現象を説明するときに,それぞれの領域で生み出された独自の理論を用いてきた。一方の専門領域が別の専門領域の研究者が関心をもつ事柄にまで手を伸ばすことがないのなら,こう

した事情は十分に理解できる。しかし，両者が同じ現象を研究対象としているとなると，首を傾げてしまう。いくつかの例外を除けば，社会心理学者も臨床心理学者も，それぞれの理論的視点に固執してきたのである。この点に関してムーアら（Moore et al., 1997）も，「社会心理学もカウンセリング心理学者も自己過程の研究に多大の努力を費やしてきたが，いずれの領域の研究者も，相手の領域の理論や研究を利用したことはほとんどなかった」（p. 221）と指摘している。

　相手の領域の理論や概念の利用という点に関しては，臨床-カウンセリング心理学者に比べて社会心理学者のほうが消極的だったと指摘する研究者もいる。インターフェイスといっても，概して情報は社会心理学から臨床心理学方向への一方通行だったというのである。その理由の1つは，不適応に焦点を合わせた理論を「正常な」対人過程に応用することのほうが，基本的な対人過程に関する知識を不適応の問題に応用することよりも困難である点に求められるだろう。われわれが，社会心理学に影響を及ぼした臨床心理学の領域をまとめた表をもう1つ作らなかったのも，同じ理由による。社会心理学者が臨床心理学やカウンセリング心理学の領域から理論的視点を借用して自分の研究のために利用しようとした研究は，事実上皆無に等しかったからである。

　確かに社会心理学者は，伝統的に臨床心理学者やカウンセリング心理学者が扱ってきた範囲の現象を数多く研究するようになった。その点で社会心理学は，以前と比べると臨床に対する志向性が格段に高まったといってよいだろう。しかし，臨床に関連したトピックが社会心理学で扱われるようになったのは，社会心理学者が自らの研究トピックの範囲を拡大したことによるものであって，彼らが臨床心理学やカウンセリング心理学の理論や概念を採用していることによるのではない。社会心理学は，臨床心理学やカウンセリング心理学の領域で得られている知見を自らの文献展望に取り込むことが，以前に比べるとずっと多くなった。この点は彼らの功績である。しかし，たいていの場合，目的は社会心理学の概念や理論を検討することにあり，臨床心理学やカウンセリング心理学の理論や概念を吟味することはあまり念頭に置いていないのである。

　理論の統合が不十分であることを嘆くとき，これには単なる狭量な地方根性以上の深い問題が含まれていることを認識する必要がある。フォーサイスとリ

アリー (Forsyth & Leary, 1991, 1997) は，社会心理学者も臨床心理学者も，自分たちが研究する現象の性質に関して暗黙のメタ理論的仮定をもっており，これが，それぞれの理論構成や研究のやり方を決定すると指摘している。たいていの場合明確に意識されてないのだが，このようなメタ理論の違いがあるために，異なる過程を強調する理論をそれぞれに発展させることになるのである。たとえば，社会心理学者は状況的要因や対人的過程を強調する理論を好むが，臨床心理学者やカウンセリング心理学者は性格的要因，個人内の要因を強調する理論を好むことが多い (Forsyth & Leary, 1997)。（これが，臨床心理学者やカウンセリング心理学者が伝統的に，社会心理学よりも発達心理学や性格心理学に由来する理論を好む理由である。）その結果，それぞれの領域の研究者が，互いに相手が採用している視点をさほど有用だとは思わないという状況が生まれているのである。

2. 研究に対するアプローチ

社会心理学者と臨床心理学者は，データの集め方についても好みが異なる。社会心理学者は，方法論的な厳密さ，統制された実験を中心に考えるのがふつうである。一方，臨床心理学者やカウンセリング心理学者はフィールド研究を行なうことが多く，社会心理学者がよく用いるディセプションの手続きを非難する。社会心理学者ができるだけ多くの被験者を集めて実験室的な研究を行なうのに対して，臨床心理学者やカウンセリング心理学者は少ないサンプルを対象にしたフィールド研究を行なうことが多い (Snyder & Forsyth, 1991c)。このように研究の実施の仕方が異なる結果，それぞれの領域の研究者は互いに相手の領域で得られた研究結果に対して少なからぬ疑念を抱くようになっている。臨床心理学者やカウンセリング心理学者は，厳密に統制された実験室で得られた結果が心理的問題や自分たちが行なう心理治療を理解するのに有効かどうか疑問をもっているし，社会心理学者の側も，臨床サンプルを対象にして行なわれる，もとより「ドロドロした」フィールド研究の方法論的厳密さに対して疑いの目を向けてきたのである。

しかし，互いに相手の領域の研究法を疑問視してきたのは確かにしても，双方が相手の方法から得るところもあった。社会心理学者が方法論や統計の面で

専門的知識をもっていることで，実践家にとってはそれが貴重な資源となってきたし，応用場面で遭遇する方法論的問題を臨床研究者がどのように解決するかは，自らそうした応用場面で研究を行なうようになってきた社会心理学者にとって，研究法の面で有効なスキルを磨くことに大いに役立った。さらに，多くの大学院でカリキュラムの学際性を増そうとする取り組みがなされたことから，臨床心理学者が社会心理学から研究のトレーニングを受けたり，逆に社会心理学が臨床心理学者から教えを受けるということが起こり始めた（Harvey, Omarzu, & Pauwels, 本書13章；Weary, 1987）。内的妥当性と外的妥当性が「あちら立てればこちらが立たず」という関係にある，いわゆる実験者のジレンマがつねに存在することを考えると，社会心理学者と臨床-カウンセリング心理学者が基礎的方法と応用的方法を用いて，同じ現象を協同で研究するといった方策も考えられるだろう。

3. 大学院教育

臨床心理学の訓練は，長い間，「科学者-実践家モデル」という理念のもとに行なわれてきた。このモデルは，「理論，研究，実践の相互依存性の重要性を認識する，知識への統合的アプローチ」を唱導するものである（Meara et al., 1988, p. 368）。実際，大学院教育への最初の提言（American Psychological Association, 1947）では，臨床心理学者の教育は，「技術的な目標ではなく，研究と専門的目標に向けられるべきである」（p. 543）と述べられている。大部分の博士課程のカリキュラムは，臨床心理学やカウンセリング心理学の学生に研究法や統計法の基礎教育を提供しているし，社会心理学を含めて心理学の多様な領域の理論や研究が学べるようになっているという点で，多少ともこの目的に適うものにはなっている。

しかし，大学院で社会心理学の科目を履修するというだけで，これらの領域の統合に役立つとは思えない。社会心理学の原理を臨床的問題の理解，アセスメント，治療に応用するという明確な試みなしには，臨床心理学を学ぶ学生は，社会心理学が自分たちのやっている事とかかわりがあると考えることはほとんどないだろう。たとえば，臨床心理学の学生が帰属過程のことを学んでも，不適応的な関係における悪循環の過程に帰属がどのような役割をはたしているか

を検討しなければ，その学生にとってほとんど得るところはない。

　少なくとも臨床心理学やカウンセリング心理学の学生は社会心理学に触れる機会がある，という事実をもってわたしたちは満足すべきなのかもしれない。なぜなら，この逆は，もっとむずかしい状況だからである。臨床心理学やカウンセリング心理学の理論や研究が社会心理学のコースに取り入れられることは稀であるばかりでなく，社会心理学の大学院生に対して臨床心理学やカウンセリング心理学の履修が奨励されることは（許可されることさえも）ほとんどない。加えて，心理的問題を持続あるいは悪化させる社会心理学的過程について研究が実施できるような訓練が学生に対して施される機会もきわめて少ないのである。

　こうした点に対処するために，臨床心理学やカウンセリング心理学の大学院プログラムは，社会心理学に関連する科目，特に臨床に関連した理論や研究を扱う科目を幅広く取り入れるべきであろう。同様に，社会心理学を専攻する学生も，精神病理やアセスメント，心理治療などの科目を履修するように奨励されなければならない。さらに，インターフェイスそのものに焦点をあてる科目が用意される必要もある。このようなコースをもつ大学もあるのだが，たいていの場合，不定期に集中して行なわれる特別セミナーの形態をとっているのが現状である。

　さらに言うならば，われわれは，より統合的，学際的な大学院教育を創出しなければならない。社会-臨床心理学のプログラムの必要性はすでに20年前に叫ばれていたのだが（Harvey & Weary, 1979），当時描かれていた理想が実現しているとは言い難い（Harvey et al., 1987, 本書13章）。しかし，こうしたプログラムが数は少ないものの存在することも事実だし，社会心理学あるいは臨床心理学用のものであっても，研究の面で学生が容易に行き来できるようなプログラムが用意されている場合もある。

4. 専門領域間の接触

　心理学の中で専門化が進んだことによって，それぞれの領域の違いが目立つようになってきた。社会心理学，臨床心理学，カウンセリング心理学は心理学者として共通の専門的アイデンティティをもっているのだが，多くの研究者は，

それぞれの領域の伝統的な境界を越えることに困難を感じている。本を出版したり専門性を維持しなくてはならないというプレッシャーがあるために，多くの研究者は自分が最も慣れ親しんできた領域の研究に精通するのが精一杯で，他の関連領域の研究に目を向ける時間的余裕はほとんどない。学会の大会もそれぞれ別個に開催されるのが常で，さまざまな領域の心理学者を対象にしたもの（たとえばアメリカ心理学会の年次大会）でも，それぞれの専門領域ごとにセッションが別れ，会場となるホテルまで別々になってしまうのが現状である。こうした理由などから，本来顔を向かい合わせるべき両陣営が，お互いにコミュニケーションが円滑に行なえるような専門的接触を確立・維持することがむずかしくなっているのである。

5. 心理学的実践

インターフェイスで肝心なのは，社会心理学の理論や研究が，どの程度心理学の実践を高められるかという点である。社会心理学と臨床心理学を統合することで，心理学者が情緒的・行動的問題をよく理解できるようになれば，それはそれでよいことである。ただ，できうれば，統合的なアプローチによって得られた知識が，心理学の専門家が健全な人々や問題を抱える人々に提供するサービスの質を向上させることに役立つことを願いたいのである。そのためには，臨床心理学に対する社会心理学のインプリケーションを理論的に検討するだけでは不十分である。実践のレベルで，社会心理学の原理に基づいた知識や介入が，カウンセリングや心理治療を向上させ得ることを示す努力が必要とされるのである（Snyder & Forsyth, 1991b）。

多くの実践家は，自分たちの実践の過程では諸研究で得られた知見をほとんど考慮しないこと，むしろクライエントや同僚とのやりとりから得られた知識に頼ることを認めている（Cohen, Sargent, & Sechrest, 1986；Maddux, Stoltenberg, Rosenwein, & Leary, 1987；Morrow-Bradley & Elliott, 1986）。実践的な心理学者の多くが，自分たちとクライエントとの経験が社会心理学の研究といかに深くかかわっているかを理解していないことも，その一因であろう。多くの場合，特定の社会心理学の知見が精神的健康の問題に応用されても，それが論文の形で報告されることは稀である。したがって，実践家がそうした事

実に気がつかないのも当然のことといえる（Ruble, Costanzo, & Higgins, 1992）。

しかし，問題はもっと深いところにある。われわれの考えでは，社会心理学の研究を心理学の実践に応用するという目的には重大な誤りがある。実践家がカウンセリングや心理治療を行なう際に特定の研究知見を考慮すべきだというのは，その研究の目的からすれば見当違いである。心理学者が基礎研究を行なう目的は，仮説の妥当性を検証することである。臨床関連の研究の場合には，この仮説は心理的問題の発現と持続，あるいは，治療法に関するものとなる。もし蓄積された研究の結果が特定の理論や仮説，概念に支持を与えることになれば，（実証的研究そのものではなく）その概念化は実践的な心理学者にとって興味深いものになるはずである。心理学の実践家は社会心理学の基礎的な研究を扱った論文に目を通して，その研究結果を自らの実践に応用すべきだと主張することは現実離れしているというだけでなく，根本的に誤りなのである。

4 結論

社会心理学と臨床‐カウンセリング心理学の間には広範な交流があるべきだと考える人々は，インターフェイスはまだ揺籃期にあり，両陣営が真のインターフェイスについて語るためにはさらなる努力が必要だと考えがちである。一方，インターフェイスを，アイデアを共有し，互いに相手の研究者や実践家の業績を尊重することだととらえる人々は，この領域が成熟しているとまでは言えないまでも，比較的よく発展してきたと考えている★6。

われわれの考えは，両者の中間に位置する。近年，社会心理学と臨床心理学は，互いに強い影響を与え合ってきた。この点，1960年代のパイオニアたちの予想をはるかに上回っているといってよいだろう。この交流は，社会心理学と臨床心理学にとって，もっと一般的に言えば科学としての心理学と実践としての心理学の双方にとって健全な発展だったといえる。社会心理学者は，情緒的問題や行動問題の背後にある社会心理学的過程に注目することによって，自分たちの理論の質を著しく向上させ，カバーする範囲を拡大した。同様に臨

床心理学者やカウンセリング心理学者は，対人的要因が不適応行動に及ぼす影響を十分に認識することによって，また，時には社会心理学が創り出した理論や研究知見を利用することによって，自分たちの視野を広げてきたのである。

この過程で，われわれは皆，心理学のそれぞれの専門領域を分ける垣根はけっして固定されているものではないこと，自分が教えを受けた領域から一歩足を踏み出すことで，自分の研究や実践に資する新鮮な視点が与えられることを，身をもって感じてきた。垣根を超えてさまざまなアイデアが共有されるばかりでなく，そこでの会話は，異なった目標，関心，専門領域をもつ専門家の貢献があってはじめて可能となるような，まったく新しい視点を生み出すのである。

【注】
★1：社会心理学と臨床心理学のインターフェイスについて詳しく知りたい方はリアリーとミラー（Leary & Miller, 1986），スナイダーとフォーサイス（Snyder & Forsyth, 1991a）を参照されたい。
★2：社会心理学の専門誌に論文を投稿したら内容が臨床的だとして不採択になり，同じ論文を臨床心理学やカウンセリング心理学の専門誌に投稿したら，内容がそぐわない，社会心理学の雑誌に投稿すべきだとして不採択になった。自分の研究が社会心理学と臨床心理学の狭間にあるがゆえに，このような欲求不満を経験した研究者も少なくない。
★3：ここにあげたトピックが社会心理学のすべての領域をカバーしているというわけではないが，社会心理学のテキストや専門誌の最近号を見る限り，これらの12のトピックが現代の社会心理学研究の多くの部分を含んでいるといってよい。
★4：同様に，インターフェイス領域の業績の多くは，自分自身を臨床心理学者よりもカウンセリング心理学者と見なしている研究者によるものである。彼らの研究は，臨床ということばを狭くとらえればこれには含まれないが，広義には臨床に含まれると考えられる。したがって，われわれが社会—臨床心理学とよんでいるものは，パーソナリティカウンセリング心理学ということばに置き換えても差し支えない。
★5：われわれは，社会心理学と臨床心理学あるいはカウンセリング心理学を対照させて比較することは，本来的に過剰な一般化であると認識している。それぞれの領域の中でもメンバーの関心は実に多様であり，一方の領域のメンバーが，自分の領域の大多数のメンバーよりも似ているメンバーを他方の領域から見いだすことも容易なのである。しかし，目標，訓練，世界観などに関して両者の相違をいくつか指摘できるし，これらはインターフェイスを理解する上で重要なものと考えられる。
★6：われわれは，社会心理学と臨床−カウンセリング心理学のインターフェイスは，表面に見えるよりもずっと強力に，深いレベルで発展しているとする著者たち（Harvey & Weary, 1991；Snyder, 1988；Snyder & Forsyth, 1991c）の考えに同意する。多くの研究者や実践家が，自分ではそれと気づかずにインターフェイス領域に積極的に参与しているのである。さらに，自分の研究が学際的であると認識している人の場合でも，自分の専門と離れた周辺的なところで仕事をしているとみられるのを恐れて，このような交流をオープンにしたがらないケースもある。

引用文献

Abramson, L. Y. (1988). *Social cognition and clinical psychology: A synthesis*. New York: Guilford.

Abramson, L. Y., Seligman, M. E. P., & Teasdale, J. D. (1978). Learned helplessness

in humans: Critique and reformulation. *Journal of Abnormal Psychology, 87,* 49–74.
American Psychological Association. (1947). Recommended graduate training program in clinical psychology. *American Psychologist, 2,* 539–558.
Beutler, L. E., Clarkin, J., Crago, M., & Bergen, J. (1991). Client–therapist matching. In C. R. Snyder & D. R. Forsyth (Eds.), *Handbook of social and clinical psychology: The health perspective* (pp. 699–716). New York: Pergamon.
Bradbury, T. N., & Fincham, F. D. (1991). Clinical and social perspectives on close relationships. In C. R. Snyder & D. R. Forsyth (Eds.), *Handbook of social and clinical psychology: The health perspective* (pp. 309–326). New York: Pergamon.
Braginsky, B., & Braginsky, D. (1967). Schizophrenic patients in the psychiatric interview: An experimental study of their effectiveness at manipulation. *Journal of Consulting Psychology, 30,* 295–300.
Braginsky, B., Braginsky, D., & Ring, K. (1969). *Methods of madness: The mental hospital as a last resort.* New York: Holt, Rinehart, & Winston.
Brehm, S. (1976). *The application of social psychology to clinical practice.* Washington, DC: Hemisphere.
Brehm, S. S. (1991). On winning battles and losing wars. In C. R. Snyder & D. R. Forsyth (Eds.), *Handbook of social and clinical psychology: The health perspective* (p. 800). New York: Pergamon.
Brehm, S. S., & Smith, T. W. (1982). The application of social psychology to clinical practice: A range of possibilities. In G. Weary & H. L. Mirels (Eds.), *Integrations of clinical and social psychology* (pp. 9–24). New York: Oxford University Press.
Cacioppo, J. T., Claiborn, C. D., Petty, R. E., & Heesacker, M. (1991). General framework for the study of attitude change in psychotherapy. In C. R. Snyder & D. R. Forsyth (Eds.), *Handbook of social and clinical psychology: The health perspective* (pp. 523–539). New York: Pergamon.
Cantor, N. (1982). "Everyday" versus normative models of clinical and social judgment. In G. Weary & H. L. Mirels (Eds.), *Integrations of clinical and social psychology* (pp. 27–47). New York: Oxford University Press.
Carson, R. C. (1969). *Interaction concepts of personality.* Chicago: Aldine.
Cartwright, D. (1979). Contemporary social psychology in historical perspective. *Social Psychology Quarterly, 42,* 82–93.
Cohen, L. H., Sargent, M. M., & Sechrest, L. B. (1986). Use of psychotherapy research by professional psychologists. *American Psychologist, 41,* 198–206.
Conklin, M. P., & O'Connor, B. P. (1995). Beliefs about the fetus as a moderator of post-abortion psychological well-being. *Journal of Social and Clinical Psy-*

chology, 14, 76-95.

Coyne, J. C. (1976). Toward an interactional theory of depression. *Psychiatry, 39*, 28-40.

Elms, A. C. (1975). The crisis of confidence in social psychology. *American Psychologist, 30*, 967-976.

Epstein, S. (1991). Cognitive-experiential self-theory: An integrative theory of personality. In R. C. Curtis (Ed.), *The relational self: Theoretical convergences in psychoanalysis and social psychology* (pp. 111-137). New York: Guilford.

Fontana, A. F., & Gessner, T. (1969). Patients' goals and the manifestation of psychopathology. *Journal of Consulting and Clinical Psychology, 33*, 247-253.

Fontana, A. F., & Klein, E. B. (1968). Self-presentation and the schizophrenic "deficit." *Journal of Consulting and Clinical Psychology, 32*, 110-119.

Forsyth, D. R. (1990). *Group dynamics* (2nd ed.). Belmont, CA: Brooks/Cole.

Forsyth, D. R. (1991). Change in therapeutic groups. In C. R. Snyder & D. R. Forsyth (Eds.), *Handbook of social and clinical psychology: The health perspective* (pp. 664-680). New York: Pergamon.

Forsyth, D. R., & Leary, M. R. (1991). Metatheoretical and epistemological issues. In C. R. Snyder & D. R. Forsyth (Eds.), *Handbook of social and clinical psychology: The health perspective* (pp. 757-773). New York: Pergamon.

Forsyth, D. R., & Leary, M. R. (1997). Achieving the goals of the scientist-practitioner model: The seven interfaces of social and counseling psychology. *The Counseling Psychologist, 25*, 180-200.

Forsyth, D. R., & Strong, S. R. (1986). The scientific study of counseling and psychotherapy: A unificationist view. *American Psychologist, 41*, 113-119.

Frank, J. D. (1961). *Persuasion and healing*. New York: Schocken Books.

Goldstein, A. P. (1966). Psychotherapy research by extrapolation from social psychology. *Journal of Counseling Psychology, 13*, 38-45.

Goldstein, A. P. (1971). *Psychotherapeutic attraction*. New York: Pergamon Press.

Goldstein, A. P., Heller, K., & Sechrest, L. B. (1966). *Psychotherapy and the psychology of behavior change*. New York: Wiley.

Harari, H. (1983). Social psychology of clinical practice and in clinical practice. *Journal of Social and Clinical Psychology, 1*, 173-192.

Harvey, J. H. (1983). The founding of the *Journal of Social and Clinical Psychology*. *Journal of Social and Clinical Psychology, 1*, 1-3.

Harvey, J. H., Bratt, A., & Lennox, R. D. (1987). The maturing interface of social-clinical-counseling psychology. *Journal of Social and Clinical Psychology, 5*, 8-20.

Harvey, J. H., & Weary, G. (1979). The integration of social and clinical psychology training programs. *Personality and Social Psychology Bulletin, 5*, 511–515.

Harvey, J. H., & Weary, G. (1991). Foreword: Maturing of an interface. In C. R. Snyder & D. R. Forsyth (Eds.), *Handbook of social and clinical psychology: The health perspective* (pp. xvii–xxii). New York: Pergamon.

Hendrick, C. (1983). Clinical social psychology: A birthright reclaimed. *Journal of Social and Clinical Psychology, 1*, 66–77.

Hill, M. G., & Weary, G. (1983). Perspectives on the *Journal of Abnormal and Social Psychology*: How it began and how it was transformed. *Journal of Social and Clinical Psychology, 1*, 4–14.

▶ Hovland, J., Janis, I. L., & Kelley, H. H. (1953). *Communication and persuasion: Psychological studies of opinion change*. New Haven, CT: Yale University Press.

Kayne, N. T., & Alloy, L. B. (1988). Clinician and patient as aberrant actuaries: Expectation-based distortion in assessment of covariation. In L. Y. Abramson (Ed.), *Social cognition and clinical psychology: A synthesis* (pp. 295–365). New York: Guilford.

Kelly, A. E., McKillop, K. J., & Neimeyer, G. J. (1991). Effects of counselor as audience on internalization of depressed and nondepressed self-presentations. *Journal of Counseling Psychology, 38*, 126–132.

Koss, M. P., Goodman, L. A., Browne, A., Fitzgerald, L. F., Keita, G. P., & Russo, N. F. (1994). *No safe haven: Male violence against women at home, at work, and in the community*. Washington, DC: American Psychological Association.

Langer, E. J. (1982). The value of a social psychological approach to clinical issues. In G. Weary & H. L. Mirels (Eds.), *Integrations of clinical and social psychology* (pp. 3–5). New York: Oxford University Press.

Leary, M. R. (1987). The three faces of social–clinical–counseling psychology. *Journal of Social and Clinical Psychology, 5*, 168–175.

Leary, M. R. (1995). *Self-presentation: Impression management and interpersonal behavior*. Boulder, CO: Westview.

Leary, M. R., Jenkins, T. B., & Shepperd, J. A. (1984). The growth of interest in clinically-relevant research in social psychology. *Journal of Social and Clinical Psychology, 2*, 333–338.

Leary, M. R., & Kowalski, R. M. (1995). *Social anxiety*. New York: Guilford.

Leary, M. R., & Maddux, J. E. (1987). Progress toward a viable interface between social and clinical–counseling psychology. *American Psychologist, 42*, 904–911.

Leary, M. R., & Miller, R. S. (1986). *Social psychology and dysfunctional behavior*.

New York: Springer-Verlag.

Leary, M. R., Tchividjian, L. R., & Kraxberger, B. E. (1994). Self-presentation can be hazardous to your health. *Health Psychology, 13,* 461–470.

Maddux, J. E. (1987). The interface of social, clinical, and counseling psychology: Why bother and what is it anyway? *Journal of Social and Clinical Psychology, 5,* 27–33.

Maddux, J. E., Stoltenberg, C. D., & Rosenwein, R. (Eds.). (1987). *Social processes in clinical and counseling psychology.* New York: Springer-Verlag.

Maddux, J. E., Stoltenberg, C. D., Rosenwein, R., & Leary, M. R. (1987). Social processes in clinical and counseling psychology: Introduction and orienting assumptions. In J. E. Maddux, C. D. Stoltenberg, & R. Rosenwein (Eds.), *Social processes in clinical and counseling psychology* (pp. 1–13). New York: Springer-Verlag.

Meara, N., Schmidt, L. D., Carrington, C. H., Davis, K. L., Dixon, D. N., Fretz, B. R., Myers, R. A., Pidley, C. R., & Suinn, R. M. (1988). Training and accreditation in counseling psychology. *The Counseling Psychologist, 16,* 366–384.

Meyerowitz, B. E., Burish, T. G., & Wallston, K. A. (1986). Health psychology: A tradition of integration of clinical and social psychology. *Journal of Social and Clinical Psychology, 4,* 375–392.

Miller, R. S. (1996). *Embarrassment: Poise and peril in everyday life.* New York: Guilford.

Moore, M. A., Britt, T. W., & Leary, M. R. (1997). Integrating social and counseling psychological perspectives on the self. *The Counseling Psychologist, 25,* 220–239.

Morrow-Bradley, C., & Elliott, R. (1986). Utilization of psychotherapy research by practicing psychotherapists. *American Psychologist, 41,* 188–197.

Murdock, N. L., & Altmaier, E. M. (1991). Attribution-based treatments. In C. R. Snyder & D. R. Forsyth (Eds.), *Handbook of social and clinical psychology: The health perspective* (pp. 563–578). New York: Pergamon.

Pennebaker, J. W. (1997). *Opening up.* New York: Guilford.

Rabinowitz, V. C., Zevon, M. A., & Karuza, J., Jr. (1988). Psychotherapy as helping: An attributional analysis. In L. Y. Abramson (Ed.), *Social cognition and clinical psychology: A synthesis* (pp. 177–203). New York: Guilford.

Raimy, V. C. (1950). *Training in clinical psychology.* New York: Prentice-Hall.

Ruble, D. N., Costanzo, P. R., & Higgins, T. (1992). Social psychological foundations of mental health. In D. N. Ruble, P. A. Costanzo, & M. E. Oliveri (Eds.), *The social psychology of mental health* (pp. 1–23). New York: Guilford.

Safran, J. D., & Greenberg, L. S. (Eds.). (1991). *Emotion, psychotherapy, and change.* New York: Guilford.

Salovey, P., & Turk, D. C. (1991). Clinical judgment and decision making. In C. R. Snyder & D. R. Forsyth (Eds.), *Handbook of social and clinical psychology: The health perspective* (pp. 416–437). New York: Pergamon.

Sarason, B. R., Sarason, I., & Pierce, G. R. (Eds.). (1990). *Social support: An interactional view.* New York: Wiley.

Sarason, S. B. (1981a). An asocial psychology and a misdirected clinical psychology. *American Psychologist, 36,* 827–836.

Sarason, S. B. (1981b). *Psychology misdirected.* New York: Free Press.

Schlenker, B. R., & Leary, M. R. (1982). Social anxiety and self-presentation: A conceptualization and model. *Psychological Bulletin, 92,* 641–669.

Segrin, C., & Dillard, J. P. (1992). The interactional theory of depression: A meta-analysis of the research literature. *Journal of Social and Clinical Psychology, 11,* 43–70.

Snyder, C. R. (1988). On being where you already are: An invitation to the social/clinical/counseling interface. *Journal of Social and Clinical Psychology, 6,* i–ii.

Snyder, C. R. (1997). State of the interface between clinical and social psychology. *Journal of Social and Clinical Psychology, 16,* 231–242.

Snyder, C. R., & Ford, C. E. (Eds.). (1987). *Coping with negative events: Clinical and social psychological perspectives.* New York: Plenum.

Snyder, C. R., & Forsyth, D. R. (Eds.). (1991a). *Handbook of social and clinical psychology: The health perspective.* New York: Pergamon.

Snyder, C. R., & Forsyth, D. R. (1991b). The interface toward the year 2000. In C. R. Snyder & D. R. Forsyth (Eds.), *Handbook of social and clinical psychology: The health perspective* (pp. 788–806). New York: Pergamon.

Snyder, C. R., & Forsyth, D. R. (1991c). Social and clinical psychology united. In C. R. Snyder & D. R. Forsyth (Eds.), *Handbook of social and clinical psychology: The health perspective* (pp. 3–17). New York: Pergamon.

Snyder, C. R., Higgins, R. L., & Stucky, R. J. (1983). *Excuses: Masquerades in search of grace.* New York: Wiley.

Snyder, C. R., Smith, T. W., Augelli, R. W., & Ingram, R. E. (1985). On the self-serving function of social anxiety: Shyness as a self-handicapping strategy. *Journal of Personality and Social Psychology, 48,* 970–980.

Strong, S. R. (1968). Counseling: An interpersonal influence process. *Journal of Counseling Psychology, 15,* 215–224.

Strong, S. R., Welsh, J. A., Corcoran, J. L., & Hoyt, W. T. (1992). Social psychology and counseling psychology: The history, products, and promise of an interface. *Journal of Counseling Psychology, 39,* 139–157.

Swann, W. B., Jr. (1997). The trouble with change: Self-verification and allegiance to self. *Psychological Science, 8,* 177–180.

Valins, S., & Nisbett, R. E. (1972). Attribution processes in the development and treatment of emotional disorders. In E. E. Jones, D. E. Kanouse, H. H. Kelley, R. E. Nisbitt, S. Valins, & B. Weiner (Eds.), *Attribution: Perceiving the causes of behavior* (pp. 137–150). Morristown, NJ: General Learning Press.

Weary, G. (1987). Natural bridges: The interface of social and clinical psychology. *Journal of Social and Clinical Psychology, 5,* 160–167.

Weary, G., & Mirels, H. L. (Eds.). (1982). *Integrations of clinical and social psychology.* New York: Oxford University Press.

Weary, G., Mirels, H. L., & Jordan, J. S. (1982). The integration of clinical and social psychology: Current status and future directions. In G. Weary & H. L. Mirels (Eds.), *Integrations of clinical and social psychology* (pp. 297–302). New York: Oxford University Press.

White, J. G., & Kowalski, R. M. (1998). Male violence toward women: An integrated perspective. In R. G. Geen & E. Donnerstein (Eds.), *Human aggression: Theories, research, and implications for social policy* (pp. 203–209). San Diego, CA: Academic Press.

Wills, T. A., & DePaulo, B. M. (1991). Interpersonal analysis of the help-seeking process. In C. R. Snyder & D. R. Forsyth (Eds.), *Handbook of social and clinical psychology: The health perspective* (pp. 350–375). New York: Pergamon.

第Ⅰ部

社会―認知プロセス

2章
帰属過程：社会心理学と臨床心理学の統合

D. ベルードラン & C. A. アンダーソン

「なぜパパは僕を怒鳴ったんだろう？」
「なぜ君は妹を押したの？」
「なぜ上司はわたしを昇進させなかったのだろう？」

　因果関係の理解は，人間の経験にとって中心的なものであるようだ（Weiner, 1986）。どうして「なぜ（why）」に焦点が当てられるのだろうか？長年この問題に取り組んできた心理学者や科学哲学者（たとえばHempel, 1966）は，因果関係に関心をもつことが，一般市民にとっても科学者にとっても，いくつかの機能をはたすと主張する。たとえば，因果関係に対する関心によって，人は環境を支配・制御していると感じることができるし，周囲の環境を理解しようとする欲求を満足させることができるのである。因果関係の解釈は，実際にあらゆる関心事について生じる可能性がある（「水の分子である水素原子と酸素原子は，なぜ強く結合するのだろうか？」など）。しかし，より厳密には，帰属は人間に関する出来事について「ふつうの」（日常生活の営みにおいては，科学者でさえふつうである！）人々によってなされる原因についての言明を指している。われわれは，あらゆるタイプの解釈に同一の心理過程が含まれていると考えているが，中でも帰属は，人間行動や，広範囲な臨床的現象を理解する上で特に重要である。これが，以下でさまざまな事例をあげたり議論をするときに，特に帰属というタイプの解釈に限定するゆえんである。

　心理学者は，帰属の問題に強い関心を寄せてきた。事実，実証的研究に裏打

ちされた理論のいくつかが，帰属と思考・感情・行動との間の関係を説明している。帰属理論（たとえば，E. E. Jones & Davis, 1965；Kelly, 1967, 1973；Weiner, 1986）は，人が行なう因果解釈のタイプやそれらがなされる過程，また特定の帰属が後続の認知的・感情的・行動的機能に及ぼす影響を強調してきた。本章の目標は，帰属過程についての研究報告を要約することであるが，すでに多くの優れたレビュー（たとえば，Anderson, Krull, & Weiner, 1996；Kelly & Michela, 1980を参照）が存在していることを考慮すれば，改めてここで網羅的な文献レビューをする必要はないだろう。そこで，本章では目標をもう少し絞って，社会心理学と臨床心理学が帰属研究にどのような貢献をしたか，また，この研究領域が社会的・臨床的実践にどのような意味をもっているのかを検討することとしたい。帰属に関するこれまでの研究は，社会心理学と臨床心理学のインターフェイスのようすをよく表わしている。これは，帰属過程が双方の領域の関心事になっているからである。帰属過程を理解することによって，社会心理学者は対人魅力，攻撃，セルフ・ハンディキャッピングといった現象をよりよく理解できるし，臨床心理学者は抑うつ，シャイネス，夫婦間の不和といった問題をより効果的に説明したり介入することができるのである。

　この目標のために，まず基本的な帰属理論について概観する。その際，特に帰属がそもそも「何」であって，「どのように」行なわれるのかについて検討したい。第二に，人々が日常生活で直面する帰属の過程や所産の結果に焦点を当てながら，いかに帰属理論が重要であるか議論する。これらの結果は，2つの水準で検討される。1つは近接（proximal）（あるいは即時的［immediate］）結果で，これは特定の帰属が思考・感情・行動に及ぼす一時的で，しばしば即時的・短期的効果である。もう1つは遠方（distal）（あるいは長期的［long-term］）結果であり，長期にわたって特定のタイプの帰属をくり返し行なうことが長期的な適応に影響を及ぼすことを指す。最後に，これまでの研究が意味するところと，将来の研究の方向について議論する。

1 帰属とは何なのか

　帰属の過程や，帰属を行なうことの機能ないし影響を理解するためには，まず帰属の構造的特徴を理解しておく必要がある。そこで，この節では，まず帰属の基盤となる個人的特性と状況的特性など帰属に関連する諸特性と，帰属が行なわれる次元について述べる。

1. 帰属の定義

　帰属は，生活におけるさまざまな個人内・個人間の出来事について行なわれる因果的説明と定義することができる。たとえば，ジャックが失業したことを知ったサムは，ジャックは怠け者だという説明を思いつくかもしれない。こうした帰属（あるいは他の帰属）は，何に基づいているのだろうか？　人々の個人的な説明は，「経済は成長期にある」といった具体的な状況についての評価や，「経済の成長期に失業するのは怠け者だけである」といった一般的な個人的信念あるいは原理に基づいている。注目すべきは，これらの原理の的確さは帰属を行なう過程とは関連がないことである。サムの帰属は彼自身の原理の論理的拡張であり，それが「真実」かどうか，正確かどうかとは関係なく，ジャックに対するサムの態度や行動を導くのである。

　このように，人は，解釈や帰属を行なうために，関連する一般的な原理と固有の状況を同定しなければならない。この同定は他者に対してはっきりと示されることもあれば，自分の頭の中だけで暗黙のうちに示されることもある。帰属に関する言明を行なうとき，はっきり言及しなくても聞き手が意味を理解してくれるはずだという前提に基づいて，明確に信条や状況を示さないこともある。たとえば，ウィリー・サットン（Willie Sutton）は，銀行強盗をした理由を尋ねられたとき，「そこに金があったから」と答えた。銀行強盗という行動に対する彼の帰属は，多くの人々の信条や彼自身の状況を前提としている。多くの人は金銭欲に動かされるものだと聞き手が考えていること，サットンもお金に対して同じ気持ちをもっていることなどが暗に仮定されているのである。

　留意すべきもう1つの要因は，帰属は非常に自動的なものから，制御された

注意深く論理的な思考の結果であるものまで多岐にわたるということである。たとえば、帰属の中には本人が意識せずに一瞬のうちに自動的に行なわれるものがあることから、何人かの研究者（たとえばErickson & Krull, 1994）は、それらが帰属過程ではなく、むしろ知覚過程の一部であると考えている。第一印象は、しばしばこうした自動的な性質をもっている。この次元のもう一方の端には、殺人事件の裁判で陪審員が行なう帰属のように、より多くの時間と労力をかけ、明確なかたちで情報を収集・処理するような帰属がある。

2. 帰属の次元

　原因帰属は、いくつかの次元に沿って変化する。関連次元の正確な数についてはまだ議論の対象になっているが、少なくとも3つ、おそらくは5つほどの有効な次元が確認されている（Anderson & Weiner, 1992；Weiner, 1985, 1986）。その中で最も多く研究されてきたのが「所在（locus）」という次元である（Rotter, 1966）。出来事は、内的な原因（たとえば、「わたしは腹が立ったので妹を叩いた」）あるいは外的な原因（たとえば、「妹が意地悪をしたので叩いた」）に帰することができる。そして、いずれの所在に帰属されるかが、その後の情緒や行動に影響を及ぼす（Holtzworth-Munroe, 1992；Moore & Schultz, 1983；Silverman & Peterson, 1993）。たとえば、抑うつと孤独感は、否定的な出来事（試験に失敗することなど）について内的な帰属を行なう一方で肯定的な出来事（職を得ることなど）について外的な帰属をすることと結びついている。攻撃は、知覚された損害について特定の外的帰属を行なうことと結び付いている（「彼はわざとやったのだ！」など）。原因の「安定性」も、運のように時によって変動することが期待される原因（ちょうどよいときによい場所にいた、など）から、時間的な一貫性を示す原因（知能や能力）までさまざまである。帰属の安定性は、成功についての期待や達成動機と関連している（Weiner, 1986）。「統制可能性」は、行為者が別の行動をとることができたかどうかについての判断である。統制可能性は非難の帰属を含んでおり、罪悪感や恥といった感情と結び付いている（Weiner, 1986）。これら3つの次元に加え、何人かの研究者は重要な帰属次元として全体性（原因となる要因が状況を越えてどの程度一貫しているか；Abramson, Seligman, & Teasdale, 1978）

と意図性（行動が意図的なものかどうか；Weiner, 1986）を提唱している。以上の原因次元は，さまざまな領域において，認知的・情緒的・行動的機能をうまく予測できることが明らかにされている。本章の後半で，その具体例をいくつか示す予定である。

2 帰属はどのように行なわれるのか：帰属のプロセスモデル

われわれが提唱する帰属モデルは，アンダーソンら（Anderson et al., 1996）によってより詳細に記述されている。このモデルは，チェンとノヴィック（Cheng & Novick, 1990），ギルバート（Gilbert, 1989），ヒルトンら（Hilton, Mathes, & Trabasso, 1992），クラルとエリクソン（Krull & Erickson, 1995），トロープ（Trope, 1986），ウルマン（Uleman, 1987），そしてワイナー（Weiner, 1985）といった多くの帰属研究者，社会的推論研究者が行なった研究に基づいている。もちろん，これらの帰属モデルの細部は異なっているが，不適応的な帰属を含む臨床的問題を理解し治療する上では，こうした差異はさして重要なものではない。

図2-1は，帰属過程に関するわれわれのモデルを示している。ここに示されているように，この過程が活性化されるには，まず何らかの出来事が生じなければならない。それは，ある種の個人的失敗（配偶者とのけんかなど）かもしれないし，見知らぬ人との短い会話や裁判の冒頭陳述かもしれない。

1. 出来事に注目する

帰属過程が起動するためには，その出来事が注目されなければならない。音の大きさや明るさのような多くの要因が，出来事の注目可能性（noticeability）に影響を及ぼす（James, 1980；Fiske & Taylor, 1991［7章］参照）。サイレンを鳴らしていない覆面パトカーは，サイレンを鳴らし赤色灯を点滅させている通常のパトカーに比べると，あまり注意を引きそうにない。また，見る人の特性も一役買っている。コナン・ドイルのキャラクターであるシャーロック・

第I部 社会―認知プロセス

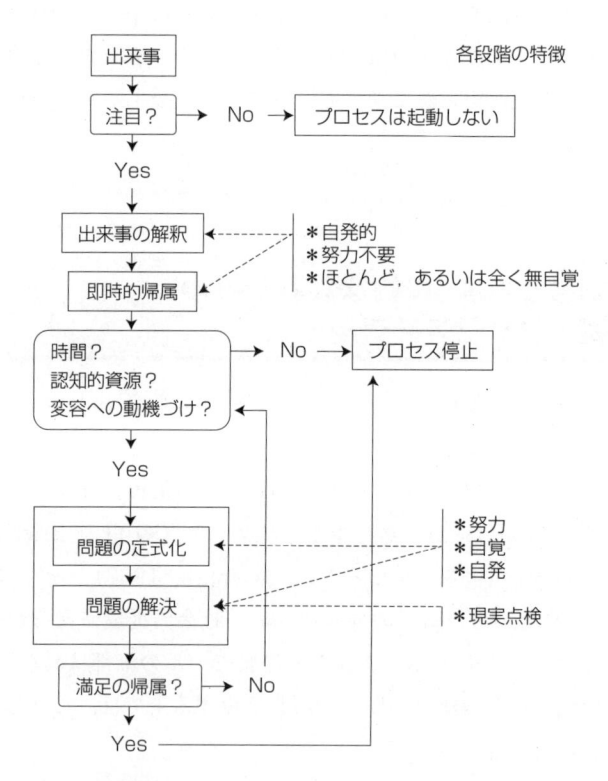

```
出来事
  ↓
注目？ ── No → プロセスは起動しない
  ↓ Yes
出来事の解釈 ┄┄┄┄ *自発的
  ↓              *努力不要
即時的帰属 ┄┄┄┄ *ほとんど，あるいは全く無自覚
  ↓
時間？
認知的資源？ ── No → プロセス停止
変容への動機づけ？
  ↓ Yes
問題の定式化 ┄┄┄┄ *努力
  ↓              *自覚
問題の解決 ┄┄┄┄ *自発
  ↓              *現実点検
満足の帰属？ ── No ┘
  ↓ Yes
```

図2-1 帰属過程 (Anderson, Krull,& Weiner, 1996, P.274)

ホームズは，他の知覚者なら見落としてしまうような細部（あるいは，その欠如）に気づくよう自らを訓練した。同様に，未来のセラピストに向けた臨床治療の訓練では，クライエントの生活や相互作用におけるある種の細部に気づくようにと教えられる。

加えて，知覚者にとっての出来事の重要性が，注目可能性に影響を及ぼす。たとえば，大声で自分の名前を呼ばれれば注意を引きつけられるかもしれないが，自分とあまり関連のない刺激には引きつけられないだろう（Moray, 1959）。最後に，特定の認知的カテゴリの一時的あるいは慢性的な活性化が，出来事の注目可能性に影響を及ぼす。たとえば，成功した後には成功に関連する語の，失敗した後には失敗に関連する語の再認が容易になる（Postman & Brown,

1952)。同様に、警察官（あるいは、その配偶者）は、一般の市民よりも遠方のサイレンに気づきやすい。

潜在的な原因への注目可能性は、それらが出来事の帰属に取り入れられる可能性にも影響を及ぼす。特に、新奇な刺激、視覚的に目立つ刺激、珍しい刺激、目標に関連する刺激は、そうでない刺激に比べて原因としての役割を与えられやすい。たとえば、知覚者は、比較的淡い背景に対して視覚的に目立つ行為者や（McArthur & Post, 1977）、赤い髪をしていたり脚に添え木を当てている行為者（McArthur & Solomon, 1978）、座席位置の関係で目に付きやすい行為者（Taylor & Fiske, 1975）に原因を帰する傾向がある。

2. 出来事を解釈する

知覚者は出来事に気づいた後、それが何かを判定しなければならない。知覚は事実の純粋な符号化ではなく、知覚者による構成（construction）である（たとえば、Neisser, 1976）。人は、他者が自分とまったく同じようには出来事を知覚していないということを理解できないことが多い。ある出来事についての知覚者の解釈が出来事そのものに影響されるのはもちろんのことだが、それに先行する知覚者の心的状態（期待など）も重要な役割を演じる。

人はしばしば見えるはずだと期待しているものを見るが、自分自身の知覚にそうした過程が影響していることに気がつかない。最も重要なのは、社会的な出来事や個人的な出来事には曖昧な要素が含まれているので、解釈のされ方も多様になることである。曖昧な出来事は、利用しやすい（accessible）認知的カテゴリによって解釈されやすい（たとえば、Higgins, 1996）。したがって、知覚者は行為者が白人よりも黒人である場合に、身体的な接触を自分に対する敵意の現われだと解釈しやすく（Sagar & Schofield, 1980）、コブラが存在しているときの顔面表情を恐怖と解釈しやすい（E. E. Jones, 1990）。また、あたたかい感じの人が来るとあらかじめ話しておくと、ゲスト講演者を実際に「あたたかい」と解釈しやすい（Kelley, 1950）。

3. 即時的な帰属

先に述べたように、すばやく自動的になされる帰属も存在する。これらの即

時的な帰属は無意識的であり，ほとんど努力を要せず，ほとんどあるいはまったく自覚を伴わない傾向にある。こうした即時的帰属は，3つの知覚的手がかりに基づいていると思われる。第一に，知覚者は時間的な順序を利用する。あるボクサーがパンチを繰り出し相手がそれをかわすのを見た場合，知覚者は繰り出されたパンチが身をかわした原因であると自動的に推論するであろう。しかし，日常の対人的交互作用では原因と結果の関係はさほど明白ではなく，パースペクティブのような別の要因の影響を受ける。たとえば，人は自分の行動が他者の行動を引き起こすと考えるよりも，他者の行動に対する反応として自分の行動が起きると考える傾向がある (Swann, Pelham, & Roberts, 1987)。第二に，知覚者は時間的，空間的に近接した手がかりを利用する。たとえば，人は友人がなぜ上機嫌なのかを考えるとき，遠い過去の要因よりも，その時のあり得べき事情によって解釈しがちである (Zebrowitz, 1990)。第三に，知覚者は類似性という手がかりを利用する。出来事は，何らかの側面で類似した原因に帰属される。たとえば，人は「大きな」出来事には「大きな」原因が必要だと考えやすい (Taylor, 1982)。また，人は抑制できない号泣や強い抑うつ感情は，日常のささいないらだち事よりも愛する人の死によって起こると考えがちだが，実際には重大な出来事の多くは，一見小さな原因によって引き起こされるのである。類似性手がかりの強い影響力は，治療の方法が疾患の特徴と類似しているさまざまな前科学的な医学理論（赤い石は出血を止める，黄色い薬は黄疸を癒す，など）や，精神分析家が患者の夢の要素と覚醒時の要素の連合を類似性基準によって推測することにみられる (Frazer, 1959；Nisbett & Ross, 1980)。しかし，フロイトでさえ「葉巻がただの葉巻にすぎないこともある」といって，仲間の分析家が類似性基準を濫用することを戒めたといわれている。

　知覚的手がかりにだけでなく，即時的帰属は，個人的な信念や「社会理論 (social theories)」が出来事に対して適用されることによっても生じる (Fiske & Taylor, 1991；[4章])。社会理論に基づく最もシンプルで，おそらく最も自動的なタイプの解釈は，なぜその出来事が起きたのかについての先行知識によってもたらされる。たとえば，高価な競走馬の死を知らされたとき，それ以前に殺傷事件があれば，即座に殺されたのではないかと考えるのである

(Abelson & Lalljee, 1988)。より臨床的な文脈では，自尊心の低い抑うつ的な人々は，失敗フィードバックを受けたとき，自動的に自分の欠点に思いを巡らす傾向がある。異なった文化あるいは下位文化で生活する人々が特定のタイプの結果の原因について異なる直感的な社会理論をもっており，こうした知識構造の差異が，観察された出来事に関して異なった即時的帰属を生みださせることも注目に値しよう。たとえば，合衆国や英国など独立的文化（independent cultures）における知覚者は，出来事の原因を状況的影響力よりも個人へと即座に帰属するかもしれない。彼らの社会理論は，行動を解釈する際には個人的特性が重要であることを示唆しているからである（Dill, Erickson, & Krull, 1994）。これに対して，インド，中国，アフリカ，ラテンアメリカなど相互依存的文化（inter-dependent cultures）における知覚者は，即座に状況的（あるいは集団的）帰属を行なうかもしれない。この場合には，彼らの社会理論が状況的・集団的文脈の重要性を強調するからである（たとえば，Fletcher & Ward, 1988；J. G. Miller, 1984；Shweder & Bourne, 1982；see also the work on implicit theories by Dweck, Hong, & Chiu, 1993）。

　図2-1に示したように，即時的帰属がなされた後，過程の制約がいくつか加わる。もし十分な時間と認知的資源，さらに出来事を検討しようとする動機づけがあれば，より労力を要する解釈の過程が開始される。さもなければ帰属過程は停止し，知覚者は即時的帰属を利用することになる。

4. 問題に基づく帰属

　多くの場合，人々は時間と認知的資源をもっており，当該の出来事をさらに検討しようと動機づけられる。これによって，より資源集約的な「問題に基づく帰属過程（problem-based attribution process）」が行なわれることになる。図2-1は，問題の定式化（formulation）と解決（resolution）という2つの段階によってこれを表現している（Anderson, 1983参照）[★1]。たとえば，深刻な夫婦間の問題に悩む人の多くは，そうした問題の原因を理解するために多大の時間と労力を費やす。このような複雑な解釈の第一段階は，その問題を定式化することである。

①問題の定式化

　この段階は，解釈しようとしている出来事について，さまざまな情報源から情報を収集することを含んでいる。問題の定式化は，指針となる知識構造（Anderson, 1983；Anderson & Slusher, 1986；Abelson & Lalljee, 1988；Read & Miller, 1993も参照），出来事のタイプについての情報を含むスキーマのタイプ，その出来事に関する可能な帰属，可能な帰属を評価するのに必要な情報のタイプ，それらの帰属のあり得べき効果や含意によって制御される。さらに，記憶や周囲の環境の検索，他人に尋ねたり図書館に行くといった，より労力を要する検索手続きによって付加的な情報がもたらされるかもしれない。

　ある出来事に適用される知識構造は数多くあるが，慢性的な個人的要因と一時的な状況的要因が，それらのいずれが選択されるかに影響を及ぼす。たとえば，非常に攻撃的な人は，他者の行動を実際以上に「攻撃的である」と知覚する傾向がある（Dill, Anderson, Anderson, & Deuser, 1997；Dodge, 1985）。同様に，顔を殴られるといった特定の状況的手がかりは，攻撃的な解釈をうながすことになる。何らかの適合基準を満たす，最も利用しやすい指針となる知識構造が，最初に注意を払われやすい。このようにして，同一の出来事の定式化における個人差が生じるのである。知覚者の目標も，どの知識構造が利用されるかに影響を及ぼす。正確さが目標になることもあるが，それ以外の事が目標とされる場合もある。たとえば，時として人々は帰属過程に疲れ，すばやく解釈にたどり着くことに関心を示す。帰属という仕事から自由になることを欲し，解釈の正確さには特に関心を示さなくなるのである。またあるときは，人々は印象管理という目標をもつかもしれない。特定の帰属は，他の帰属に比べ，（自己や他者に対して）望ましい印象を形成・維持させるのである（Kruglanski, 1989による，終結への欲求［need for closure］と特定の終結への欲求［need for specific closure］についての議論を参照）。

　問題定式化の過程がいかに複雑で資源の消費が激しいとしても，その多くは知覚者には意識されない自動的なレベルで生じる。したがって，異なったパースペクティブをもつ人々が同じ帰属生成過程に寄与することは，それが臨床場面であれ裁判場面であれ有益なことである。異なるパースペクティブをもつ人々は異なる方向へのバイアス（すなわち，利用しやすい知識構造）をもって

いるので，1人の人間がなし得るよりもずっと優れた現実点検が行なわれることになるのである。

②問題の解決

この段階では，問題の定式化を通して収集されたさまざまな情報が統合されて「最善の」帰属がなされる。ここでは，問題定式化の段階で思い浮かんだ帰属の可能性と関連情報の間のマッチングが求められる。最もマッチした帰属が，暫定的に採用される（マッチング過程がどのように作用するかについては，L. C. Miller & Read, 1991やRead & Miller, 1993の記述を参照）。

③満足の評価

このあと，少なくとももう1つ判断がなされる（この判断は問題解決の一部として説明することも可能であるが，混乱を避けるために別々に議論する）。知覚者は，その最善の帰属が十分に満足できるものかどうかを決定しなければならない。もしその帰属に満足できなければ，問題解決において思いついた原因の候補の中に情報に十分適合したものがなかったためであれ，解釈に関する他の目標が満たされなかったためであれ，知覚者はその出来事についてさらに検討すべく，問題を制限し，自分の動機づけや能力を再評価する過程をくり返さなければならない。時間と資源，よりよい解釈に達しようとする欲求が十分であれば，その問題についての新たな定式化が試みられる。この際には，別の原因候補が考慮されたり，新たな関連情報が記憶から補填されたり他の情報源から収集されるだろう。あるいは，解釈者は基準を緩めた上で，単純にその過程を再度実行するかもしれない（Abelson & Lalljee, 1988）。いずれにせよ，問題解決過程がもう一度くり返され，最もマッチした帰属が満足できるものかどうか再び吟味される。最終的に，解釈者は満足できる帰属に達するか，何らかの制約がその過程を停止させて即時的帰属を越えて出来事の解釈がなされることはないかのいずれかとなる。

5. 動機づけの影響

動機づけ変数は，明らかに人々が生み出す帰属に影響を及ぼす。ただし，影響の仕方は，初期の帰属研究で提唱されていたものほど単純ではない。われわれは，問題解決を除く各々の段階で動機づけ要因が重要な役割をはたすと考え

ている。われわれの見解では，動機づけ関連変数（欲求の状態や目標）は，しばしば純粋に認知的な過程を通じて影響力をもつ。たとえば，注目の段階では，呈示された刺激に関する自我関与の程度が，それらの刺激に対する知覚的な準備性（すなわち，アクセシビリティ）に影響を及ぼす。

　即時的帰属は一般にアクセスしやすい知識構造によって強く影響を受けるが，ある時点で何がアクセス可能であるかは多くの要因に依存しており，その中には従来から動機的なものとされてきた要因も含まれている。いろいろな人種の人が集まる酒場では，特定の人種集団に対する偏見が，いずれの知識構造がアクセスされやすいかに影響を及ぼす。偶然にちょっと肩が触れた場合でも，その相手が嫌いな人種の人間であれば，わざとぶつかってきたと解釈されてしまうのである（たとえば，Duncan, 1976；Sagar & Schofield, 1980；Dodge & Crick, 1990も参照）。

　動機づけ変数は，問題定式化の段階では指針となる知識構造や関連情報の選択にも影響を及ぼす。たとえば，自我関与の操作は，どのような種類の情報が関連ありとみなされるかに影響を及ぼす（Anderson & Slusher, 1986）。知覚者によって関連していると判断された情報セットが正確に特定されると，それが（問題解決段階で）生成される帰属に反映されるのである（Eisen, 1979；Novick, Fratianne, & Cheng, 1992；Rusbult & Medlin, 1982参照）。

　動機づけ変数は，原則的に2つの選択点（制約と満足）で帰属過程を作動させたり停止させたりする。動機づけ変数は，これら2つのステップのいずれにおいても，新しい帰属が必要かどうかに関する決定に影響を及ぼすのである。もしその出来事についての知識を現状から変えようとする動機づけがなければ，帰属過程は停止する（Kruglanski, 1989参照）。

　要約すると，帰属とは人間に関連した出来事についての原因の解釈である。これらの解釈は比較的自動的な判断から，注意深く熟考された結論まで多岐にわたるが，われわれは，複数の段階からなる同一の基本的過程を経て最初の帰属形成がなされ，時間と資源と動機づけがあれば，より詳細な解釈過程が生じると考えている。この過程の最後では，人はある出来事に対して最善と思われる帰属を手に入れ，その出来事に対して反応するのである。

3 結局,帰属とは何なのか

　帰属が行なわれる過程——すなわち,どのように,またどのような条件下で人は特定のタイプの原因判断をなすのか——を理解することは興味深く,また有益である。しかし,多くの研究者や実践家が帰属の問題を検討する際に最も強い関心をもつのは,帰属を行なうことが帰属者の認知的・感情的・行動的経験にどのような影響を及ぼすかという点である。たとえば,教師は試験の成績に関する生徒の帰属が出席や勉学への動機づけに及ぼす影響に関心をもち,コーチは試合の勝敗に関する選手の帰属が自信や練習の努力に及ぼす影響に関心をもつ。また,セラピストは,妻の行動についてのクライエントの帰属が,その後の夫婦関係にどのような影響を及ぼすのかを知りたがる。帰属モデルの研究者たちは,帰属と帰属者の長期的な機能性との関係だけでなく,直後の一時的な思考,感情,行動との関係についても検討を加えてきた。

1. 即時的な結果:帰属のプロセスモデル

　即時的結果は,特定の出来事やそれに対する帰属への直後の反応と考えることができる。これらの反応は,思考・感情・行動を含んでいる。多くの場合,思考—感情—行動の結合の方向性は多様であるが,これまでの理論や証拠は,帰属過程においては特定の方向の関係であることを支持している。われわれが提唱する帰属のプロセスモデル(アンダーソンとワイナー[Anderson & Weiner, 1992]を改変)は,人が帰属すべき出来事から認知的・感情的・行動的反応へといたる過程を表わしている。出来事から帰属へいたる最初の段階については,すでに議論してきた通りである。このモデルの残りの部分を,以下で論じることにする。

①思考

　解釈的な判断を含む帰属過程は,現在の出来事についての帰属者の思考に関して明示的な(explicit)言明を生み出す。たとえば,「僕は頭がよくないから試験に失敗したんだ」とフレッドが言うとき,彼は試験の点数の原因についての思考を明示している。しかし,帰属は将来の出来事に対する帰属者の信念に

ついて暗黙的な (implicit) 言明をも生じる。たとえば，試験の失敗を能力の欠如に帰属することは，将来再び試験に失敗するだろうというフレッドの信念を暗に示している。サラが同僚の女性との口論の原因を自分の性格に帰属したとすると（たとえば，「わたしは頑固だ」），そのことは，他の人とも同様の口論をするだろうという彼女の信念を含意している。これに対して，外的な帰属（たとえば，「彼女は狭量だ」）は，その同僚は将来も口論をするだろうということを意味している。将来の出来事に対するこのような思考は，成功期待の研究において検討されてきた。

　成功期待は，原因の所在と安定性という2つの帰属次元と関連することが明らかにされている。具体的には，成功期待は外的所在よりも内的所在によって，よりよく予測される。成功を内的に帰属する人は外的に帰属する人に比べて，将来の成功についての期待が高くなる傾向がある。同様に，失敗についての内的帰属のほうが外的帰属よりも，成功予期の低下と結び付いている (Anderson & Weiner, 1992; Rotter, 1966)。しかし，成功・失敗についての外的帰属は，将来の成功・失敗についての期待と一貫して関連しているわけではない。安定的帰属もまた，不安定帰属に比べて，成功期待の大きな変化を生み出す (Weiner, 1986)。成功の安定的帰属は成功期待の増大を導き，失敗の安定的帰属は成功期待の低下を導くのである。一方，成功や失敗についての不安定帰属は，成功期待の変容を一貫して引き起こすことはない。

　これらの関係の双方向的な性質は，成功期待もまた後続する帰属に影響を及ぼすことを示した証拠によって実証されている (Anderson & Weiner, 1992)。たとえば，成功期待の高い文脈では，人は成功経験について安定的帰属を行ない，失敗経験については不安定帰属を行ないやすい。一方，成功期待の低い人は後の失敗について安定的帰属を行ないやすく，成功については不安定帰属を行ないやすい。成功期待の高い人にとっての失敗，成功期待の低い人にとっての成功は，いずれも予期されない結果である。したがって，不安定帰属は当然の帰結であるといえる。しかし，予期される結果について安定的帰属を行ない，予期されない結果について不安定帰属を行なうことが自己永続的 (self-perpetuating) サイクルを作り出し，その結果，変容が困難な自己奉仕的バイアスや自滅的バイアスが形成されることが多い (Anderson & Weiner, 1992;

Harvey & Weary, 1981)。

　このように見てくると，成功期待の潜在的な含意は明らかである。成功を予期し，成功経験によってその予期が確認される人は，失敗を予期する人とは課題へのアプローチが大きく異なる。この帰属—期待のリンクと達成への努力や学習性無力感などの反応との関係については後で議論する。

②感情

　われわれのモデルに従えば，感情は，出来事の後の帰属や成功期待だけでなく，出来事の直接的結果でもあり得る。ワイナー，ラッセルとラーマン (Weiner, Russell, & Lerman, 1978, 1979) は，出来事—感情という直接的な経路は，その出来事が肯定的であるか否定的であるかによって，幸福や悲しみといった一時的感情を生起させることを示唆した。したがって，こうした一時的感情は，環境的事象によって直接的，自動的に生み出される無条件反応と類似したものであり，その出来事についての解釈や帰属には依存しないことになる。しかし，より特殊な感情は，特定の帰属と結び付いている。たとえば，原因の所在は自尊心や誇りと結び付いており (Weiner, 1986)，成功が内的に帰属されると自尊心が高揚し，失敗が内的に帰属されると自尊心が損われる。言い訳や合理化といった失敗の外的帰属は，自尊心の低下を防いでくれる (Snyder & Higgings, 1988)。時間的側面を表わす安定性次元は，希望や恐怖といった時間に基づく感情と関連している (Weiner, 1986；Weiner et al., 1987)。

　統制可能性の次元も，特定の感情反応と結び付いている。たとえば，否定的な出来事の結果が統制可能な原因に帰属された場合，罪の感情が生じることが明らかにされている (Hoffman, 1975；Weiner, Graham, & Chandler, 1982)。否定的な出来事が統制不能な原因（たとえば，知能）に帰属された場合には，恥感情が起こりやすい (Brown & Weiner, 1984)。感情の問題は，他者の統制範囲内だと知覚される原因に帰属された出来事についても検討されてきた。たとえば，否定的な出来事の結果を他者が統制可能な原因に帰属することは，その他者に対する怒りを生み出すのに対し (Averill, 1982, 1983)，統制不能な原因への帰属は哀れみ・共感といった感情を生起させる一方で (Anderson & Weiner, 1992；Weiner et al., 1982)，敵意を低下させることが知られている (Brewin, 1992)。

③行動

　行動は，特定の結果を達成しようとする動機づけや欲求ばかりでなく，帰属，成功期待，感情などさまざまな要因によって予測される。しかし，行動的反応に関する研究の多くは，帰属—情動—行動という連鎖に焦点を当てている。たとえば，怒りを喚起する帰属（出来事が他者の力の範囲内にある原因に帰属された場合）は，一般的には報復や無視を引き起こす。しかし，共感を引き起こす出来事や帰属に対しては，援助の提供というかたちで反応する傾向がある（Betancourt, 1990；Rohrkemper, 1985；Trivers, 1971；Weiner, Perry, & Magnusson, 1988）。罪悪感を引き起こす出来事——否定的な結果が内的かつ統制可能な原因に帰属される場合——には，謝罪と関係改善の試みが起こりやすい（Anderson & Weiner, 1992；Niedenthal, Tangney, & Gavanski, 1994）。しかし，統制不能な原因に帰属されて恥感情が生じた場合にはひきこもり行動が生じる（Anderson & Weiner, 1992；Lindsay-Hartz, de Rivara, & Mascolo, 1995；Tangney, 1995）。所在と安定性の帰属の影響を受ける成功期待は，課題に対する粘り強さに影響を及ぼす。たとえば，学校での失敗を能力の欠如（内的で安定的な原因）に帰属する生徒は，そうでない生徒に比べて簡単にあきらめてしまう傾向がある（Covington & Omelich, 1984；Dweck & Leggett, 1988）。

④まとめ

　帰属のプロセス・モデルは，出来事や人々がそれについて行なう帰属と，その結果として人が経験し，表出する思考・感情・行動の関係を扱っている。帰属の所在・安定性は成功期待と関連し，所在・安定性・統制は他者や帰属者自身の行動についての感情と関連している。成功期待は，その後の課題遂行の質や，課題解決への努力の持続性を予測する。感情は，状況や課題への接近・回避傾向に影響を及ぼす。罪悪感と羞恥心は，それぞれ関係修復とひきこもりに関連しており，哀れみと怒りは他者への援助や無視に関連している。

　われわれは，人間の経験は，本節で示した比較的少数の方向的関係に基づくモデルに上手く適合すると考えている。しかし，人生がそれほど単純ではなく，また厳密に組織化されたものでないことも事実であろう。次節では，臨床心理学の関心事である個人的・対人的問題への帰属モデルの適用を扱う中で，帰属

とその認知・感情・行動的適応との関係がいかに複雑であるかを考えてみることにしたい。

2. 長期的結果：帰属のプロセスモデルを臨床的問題に応用する

臨床心理学者は，帰属のプロセス・モデルの後半部分を構成している問題によく直面する。人々は自分の思考や帰属について語るためにセラピストのもとを訪れるのではない。抑うつ感，不安，孤独感，学校や会社での悩み，人間関係における不満や機能障害を訴えるのである。しかし，帰属のプロセス・モデルによれば，こうした生活上の問題は不適応な帰属によって生じたり悪化したりすると考えられる。そこで，以下の各節では一般的な生活上の問題を，関連する感情的・行動的特徴とともに取り上げ，特徴的な帰属スタイルが同定され得るかどうか検討する。ただし，帰属過程と関連する可能性のある生活上の問題をすべて扱うことは予定していない。他の適応問題については，本書の他の章や，関連図書（たとえば，Anderson et al., 1996；Harvey, Orbush, & Weber, 1992；Weary, Stanley, & Harvey, 1989；Weiner, 1995）が有用な情報を提供しているので，これらをご覧いただきたい。ここでは，帰属に関する理論と研究がどのように応用され得るのか，いくつか例を示すことにする。

①学業成績

たいていの親は，子育ての中のある時期，自分の子どもの学業成績についていろいろと気をもむ。成人（特に親）は，潜在能力を最大限引き出すことの重要性を認識しているが，多くの生徒はこの重要性を理解していないか，学業面での達成に関心がないようである。達成関連の帰属を検討したこれまでの研究は，子どもの達成動機や努力について多くのことを明らかにしてきた。特にドウェック（Dweck）とその共同研究者たち（Dweck & Leggett［1988］のレビューを参照）は，能力を内的かつ不安定である（すなわち，能力は努力のような要因によって変化し得る）とみなす子どもは失敗しても肯定的な気分，やる気，遂行を維持する傾向にあることを示した。しかし，能力が安定的で不変である（たとえば，知能による）とみなし，したがって失敗を内的・安定的・統制不能な原因に帰属する子どもは，失敗すると遂行が悪化したり，すっかりあきらめてしまう傾向がある。帰属の安定性と統制可能性に関するこのような

効果は，あらゆる年齢層の生徒について認められる（たとえば，Covington & Omelich, 1984；Powers, Douglas, Cool, & Gose, 1985；Stipek & Mason, 1987；Wilson & Linville, 1982）。失敗の全体的帰属も，課題から離れる行動を増加させ，粘り強く取り組むことを少なくさせてしまう（Mikulincer & Nizan, 1988）。

成功期待の研究者たちは，否定的な帰属が学業課題に取り組む際の低い成功期待や学習性無力感と関連していることを明らかにすることにより，学業達成の問題についての理解を一歩進めた（Diener & Dweck, 1978）。こうした子どもたちは，失敗することに注意を奪われるばかりで失敗を改善する方策を考えず，再び失敗しそうな学習状況を回避してしまう。当然のことながら，こうした子どもたちの学業成績は子どもたち自身やその周囲の人々を失望させるような水準であることが多く，また，無能感や抑うつといった感情とも関連している。

② 抑うつ

抑うつは，少なくとも一時的には，大多数の人がいつかは経験する感情状態である。抑うつ感情，そしてもっと深刻なケースである抑うつ障害は，悲しい気分，罪悪感や恥感情，自尊心の低さ，動機づけの低さ，社会的ひきこもり，不適切な社会的相互作用と関連している。帰属を含む不適応的な思考も抑うつの特徴であり，事実，これを抑うつの中心的特徴とみなす理論家もいる。たとえば，エイブラムソンら（Abramson et al., 1978）が提唱する抑うつの改訂学習性無力感理論によれば，多くの否定的な出来事を経験し，それらをおもに否定的な帰属によって解釈する場合に抑うつが生じる。すなわち，抑うつ的な人が行なう否定的な出来事や失敗についての帰属は内的・安定的・全体的であり，肯定的な出来事についての帰属は外的・不安定・特殊的になる傾向がある。この理論のその後の拡張（Abramson, Metalsky, & Alloy, 1989）では，否定的な経験と抑うつ的な帰属スタイルが合わさって，将来に関する悲観主義や「絶望的な」抑うつが生じるとされている。したがって，エイブラムソンら（1978, 1989）によれば，本章冒頭の質問の1つ「なぜ上司はわたしを昇進させなかったのだろう？」に答える際，抑うつ的な人は，内的・安定的（能力）・全体的（被雇用者のすべてのスキル）帰属を背景にして「自分が無能な従業員だからだ」と結論づけるかもしれない。さらに，絶望的に抑うつ的な人

は，この種の出来事が将来再び起こると予想することになるだろう。

帰属理論ではないが，ベック（Beck & Clark, 1988；Clark, Beck, & Brown, 1989）が提唱した抑うつの認知理論でも，抑うつの発現と持続に否定的な帰属過程が関与するとされている。ベックは，抑うつ的な人の思考が，破滅化（catastrophization），過度の一般化，個人化，否定的な出来事に対する選択的注意など，多様な認知的誤りによって特徴づけられていることを示した。彼のいう個人化は内的な帰属を行なうことに対応し，過度の一般化は，原因が時と状況を越えて一般化される安定的・全体的帰属と類似している。破滅化と選択的注意という認知的誤りは，失敗や出来事の否定的な側面に焦点を合わせる傾向を指すが，これも否定的な出来事についての全体的帰属との類似性がみてとれる。

帰属スタイルと抑うつに関する研究では，不適応的な過程に関する基礎研究と抑うつの認知理論のいずれともおおむね一貫した結果が示されている。いくつかの研究は，抑うつ的な症状をもつ青年と成人のいずれもが，抑うつ的でない人に比べて，否定的な出来事に対しては内的・安定的・全体的帰属，肯定的な出来事に対しては外的・不安定・特定的帰属をすることを明らかにしている（Blumberg & Izard, 1985；Quiggle, Garber, Panek, & Dodge, 1992；Seligman et al., 1984）。ただし，抑うつを理解する際に，否定的な出来事についての帰属（たとえば，Crocker, Alloy, & Kayne, 1988）と肯定的な出来事についての帰属（たとえば，Benfield, Palmer, Pfefferbaum, & Stowe, 1988）のいずれがより重要な役割をはたしているのかについては，現在の段階では明らかになっていない。抑うつ障害者もこれと同様のパタンを示し，抑うつ症状を伴わない精神障害者や，精神障害を伴わない内科疾患者とは異なっている（Rapps, Peterson, Reinhard, Abramson, & Seligman, 1982；Silverman & Peterson, 1993）。

アンダーソンとアーノルト（Anderson & Arnoult, 1985a）によって提唱された統制可能性という次元は，他の次元に比べてあまり注目されてこなかったが，抑うつの理解に際して有望であると思われる。抑うつ的な人は，一般的に肯定的な出来事と否定的な出来事のいずれに対しても，その原因を比較的統制不可能な要因に求める傾向がある。孤独感や抑うつといった問題に対する帰属

次元の予測力を統計的に比較した2つの研究において，統制可能性に関する帰属スタイルが最も重要であることが明らかにされている（Anderson & Arnoult, 1985a；Anderson & Riger, 1991）。

　実験的研究や縦断的研究を行なう研究者たちは，帰属と抑うつの間の因果関係について検討してきた。われわれのモデルは，不適応的な帰属が抑うつ的な感情や反応を引き起こすことを仮定している。しかし，逆の因果関係，あるいは両者の間に直接的な因果関係がない可能性もある。これまで得られている知見は，否定的な帰属の後に抑うつが発現することを示唆しており，われわれの仮説と一致している。特定の帰属を実験的に誘導して気分の変容を導くほうが，逆に気分を誘導して帰属を変容させるよりも容易であることも明らかにされている（Anderson, 1983；Golin, Sweeney, & Schaeffer, 1981）。縦断的研究でも，不適応的な帰属が抑うつに先行することを示唆する結果が得られている（Metalsky, Abramson, Seligman, Semmel, & Peterson, 1982；Panek & Garber, 1992；Seligman et al., 1984）。

③不安

　不安，中でも対人不安とシャイネスには，社会心理学者も臨床心理学者も大きな関心を寄せてきた。抑うつと同様，軽度の不安は一般的にみられる否定的な気分状態であり，しばしば自尊心・成功期待・達成動機の低さや，回避的な行動スタイルと関連する。不安の場合にも，不適応的な帰属が関与している可能性が指摘されてきた。たとえばベック（Beck, 1986）は，不安者は脅威を受ける危険性と大きさを過大に知覚する一方で，効果的に反応する自分の能力を疑う傾向があると考えた。ベックは特に帰属の問題に関して何か提唱しているわけではないが，前述のように脅威を圧倒的なものとして評価する傾向は，否定的な出来事に対する永続的，統制不能で全体的な帰属が不安の発現と持続に関係していることを示唆するものであろう。他の理論家は，否定的な出来事の統制不能要因への帰属を不安の原因に含めている（たとえば，Cheek & Melchoir, 1990；Hope, Gansler, & Heimberg, 1989）。興味深いことに，シュレンカーとリアリー（Schlenker & Leary, 1982）は，高不安者がよい出来事についても外的で統制不能な帰属を行なうことを示している。

　内的帰属の役割について理論面で一致が見られないことから予想されるよう

に，内的帰属に関する研究の結果はあまり一貫していない。何人かの研究者は，非臨床的なサンプルを用いて，シャイネスと対人不安が失敗の内的帰属や成功の外的帰属と関連していることを見いだした（Anderson & Arnoult, 1985a；Arkin, Appleman, & Burger, 1980；Girodo, Dotzenroth, & Stein, 1981；Teglasi & Hoffman, 1982）。テスト不安や一般的な特性不安も失敗の内的帰属と関連していることが，成人と子どものいずれを対象にした研究において示されている（Diener & Dweck, 1978, 1980；Fincham, Hokoda, & Sanders, 1989；Hedl, 1990；Leppin, Schwarzer, Belz, Jerusalem, & Quast, 1987）。しかし，臨床的な不安障害，特にパニック障害者を対象とした研究では，内的次元に関する効果が得られないことが多い（Brodbeck & Michelson, 1987；Ganellen, 1988；Heimberg et al., 1989）。ただし，ハイムバーグら（Heimberg et al.）の研究では，社会恐怖（social phobia）者は不適応的な内的帰属を示すことが見いだされている。

　全体性と安定性の次元の影響については，臨床的なサンプル，非臨床的なサンプルいずれにおいても一貫して支持されてきた。たとえば，不安やシャイネスは，個人的な失敗に対する安定的帰属と関連している（Fincham, Hokoda, & Sanders, 1989）。パニック障害，広場恐怖，社会恐怖の患者も，低不安者に比べて否定的な出来事を安定的で全体的な原因に帰属する傾向にあった（Brodbeck & Michelson, 1987；Heimberg et al., 1989）。

　抑うつの場合と同様に，統制可能性は，他の帰属次元に比べてあまり関心を払われて来なかった。アンダーソンとアーノルト（Anderson & Arnoult, 1985a, 1985b）は，シャイな人は対人的な失敗について内的かつ統制不能な帰属を行なう傾向があることを見いだした。統制可能性の次元が，特に内在性次元との交互作用が認められる点で重要であることを示す間接的な証拠が，不安の高い子どもが仲間の挑発をどのように解釈するかを検討する研究から得られている。すなわち，多義的な仲間の挑発に直面したとき，不安の高い子どもは，仲間の行動が偶発的に生じたというのではなく，そこに敵意を読みとる傾向が強かった（Bell-Dolan, 1989；Bell-Dolan & Suarez, 1997）。言いかえれば，意図的に行動する仲間は自分の行動を制御できるとみなされ，したがってその出来事は犠牲者の視点からは統制できなかったということになるのである。この

徴として脅威の過大視をあげる理論とも，統制不能な要因への帰属をあげる理論とも一致している。

④関係についての満足

　関係についての満足の研究には，孤独感や友情，夫婦間の満足などの研究が含まれる。孤独感は否定的な感情状態，自分自身に対する慢性的な不満，社会的ひきこもりや無能感を含んでいるという点で，不安や抑うつと類似している。実証的研究でも，孤独感が抑うつと不安の双方と関連していることが明らかにされている（W. H. Jones, Rose, & Russell, 1990；Moore & Schultz, 1983；Yang & Chum, 1994）。したがって，驚くべきことではないが，孤独感の強い人々の帰属は，抑うつ者や高不安者の帰属と類似している。すなわち，孤独感は否定的な出来事に対する内的・安定的・統制可能な帰属と関係しているし（Anderson & Arnoult, 1985a, 1985b；Anderson, Miller, Riger, Dill, & Sedikides, 1994；Anderson & Riger, 1991；Renshaw & Brown, 1993），不安者と同様に他者の行動が敵意に基づくと推測しやすい（Hanley-Dunn, Maxwell, & Santos, 1985）。

　夫婦間の満足に関する研究は，夫婦関係の中で生じる出来事に対する帰属がその関係における幸福感とどのように関連しているかを検討している。夫婦間の不満は，その関係における問題についてパートナーを非難する傾向（Bradbury & Fincham, 1990；Fincham & Bradbury, 1988, 1992；Sabourin, Lussier, & Wright, 1991；Townsley, Beach, Fincham, & O'Leary, 1991），言いかえれば，問題を外的で他者が統制可能な原因に帰属する傾向と関連している。こうした非難的帰属が全体的かつ安定的であることも立証されている（Fincham & Grych, 1991；Sabourin et al., 1991）。

　夫婦間の不満は抑うつと関連しているかもしれないが，抑うつに伴う帰属スタイルと夫婦関係の不満足に伴う帰属スタイルは異なる点に注意していただきたい。抑うつ的な帰属スタイルは自己に焦点づけられた内的・安定的・統制不能な帰属を含んでいるのに対して，関係についての不満の場合には他者に焦点づけられた非難的帰属を含み，そのことがパートナーの否定的な資質を浮き彫りにする一方で肯定的な資質を背景に押しやってしまう（Baucom, Sayers, & Duhe, 1989）。研究者たちは，これら2つの帰属スタイルが異なるものである

ことを明らかにしてきた（Fincham, Beach, & Bradbury, 1989 ; Townsley et al., 1991）。事実，夫婦間の問題をパートナーよりも自分自身に帰属することが抑うつと関連することが示されている（Heim & Snyder, 1991）。

抑うつ，不安，孤独感といった内在化された症状と関連する，自己に焦点づけられた否定的な帰属から，関係における不満にみられるような，他者に焦点づけられた否定的な帰属へ目を向けると，そこで典型的にみられる行動的反応も異なってくるのがわかる。自己に焦点づけられた自己非難的で否定的な帰属はひきこもりや回避反応を伴うが，次節で見ていくように，他者に焦点づけられた否定的な帰属は攻撃的な反応を導くことが多い。

⑤**攻撃**

これまで，なぜ人々が攻撃的，暴力的にふるまうのかを理解するために数多くの研究が行なわれてきた。近年，帰属研究者たちは，人々が行なう帰属が彼らの攻撃を正当化したり持続させる役割をはたすことを示唆している。攻撃は，一般的に若者に多くみられるため，理解の多くは児童期の攻撃性についての研究から得られている。ドッジとその共同研究者たち（Dodge, 1985 ; Lochman & Dodge, 1994）は，攻撃的な子どもはそうでない子どもに比べて，相手の敵意を過大に解釈しやすく，遊び仲間による敵意のない興奮（偶然ぶつかる場合など）でさえ敵意的な意図へ帰属する傾向があることを見いだした。こうした結果は，従来から定義されているような過度に攻撃的な子どもの場合だけでなく，関係性に基づく攻撃を行なう（すなわち，他者の関係を損なうために社会的排除やゴシップなどを利用する）子どもや，主として反応的（reactive）な攻撃を示す子どもの場合にもあてはまる（Crick, 1995 ; Crick & Dodge, 1996）。非行少年も，不適応的な帰属を示すことが知られている。彼らの身体的攻撃性の水準は，社会的失敗（たとえば，目標の達成を妨害する仲間）を統制可能な原因に帰属する傾向と関連しているのである（Guerra, Huesmann, & Zelli, 1990, 1993）。ゲラら（Guerra et al., 1993）は，攻撃性と社会的失敗の外的帰属との間に関係があることも見いだしている。

攻撃的な成人の場合にも，同様の外的で統制可能な帰属が見いだされてきた。たとえば，暴力的な夫は，妻への暴力について外的かつ統制可能な帰属を行ない，自分が暴力をふるうのは妻が悪意をもって否定的な行動をするからだと非

難する傾向があった（Holtzworth-Munroe, 1992；Shields & Hanneke, 1983）。内的な帰属が行なわれる場合，彼らはアルコールによる酩酊のような不安定な原因に言及する傾向があった（Holtzworth-Munroe, 1992；Senchak & Leonard, 1992）。しかし，自らセラピーに訪れた暴力的な夫は自分の暴力について内的な帰属をするというダットン（Dutton, 1986）の報告もあり，セラピーにおける変化を受け入れられるかどうかが帰属と関連していることを示している点で興味深い。

4 介入への含意

　結局のところ，心理学者が帰属とそれに関連する感情的・行動的反応に関心をもつのは，人々の機能と適応を高めることに対してこれらが多くの示唆を与えてくれるからである。もしモデルが正しければ，帰属を変容することによって，一時的な感情（罪悪感，恥ずかしさ，怒りなど）や顕著な気分（怒りっぽさや抑うつ），成功期待，行動的反応（攻撃，ひきこもり，援助など）の変化が導かれるはずである。もちろん，治療者は多くの方向で帰属を変容させることができるはずだが，大部分の治療や研究プログラムは，問題のある気分や行動と関連した帰属の変容に焦点を当ててきた。したがって，否定的な出来事を主として内的・安定的・統制不能であるとみなす傾向にある抑うつ者に対しては，治療は特定の否定的な出来事について外的で不安定な原因を見いだす（たとえば，仲間からの社会的排斥を受けた場合でも，抑うつ的な人は嫌われるのだというのではなく，相手は何か嫌なことでもあったのだろうと推測する）ように，また，彼らを取り巻く出来事に統制可能な側面があること（たとえば，同じような社会的排斥でも，その抑うつ的な人の側の積極的で好ましい行動を通して修正あるいは回避できること）を見いだすように援助することに焦点を当てている。否定的な出来事の原因を他者の意図的（統制可能）で否定的な行動に帰属する傾向がある攻撃的な人に対しては，他者の行動の中には非意図的な性質をもつものがあること（たとえば，高速道路で急に割り込んできたドラ

イバーは，乱暴運転をしているのではなく，単に路上に落ちていたタイヤを避けようとしたのだ），を理解するよう援助したり，否定的な相互作用についていくぶんかは相手と責任を分かち合うように（たとえば，互いに忍耐力に欠けていたので夫婦げんかになった）援助するのである。実際，こうした帰属療法アプローチは，抑うつ（Beck, Rush, Shaw, & Emory, 1979 など）や不安（Freeman & Simon, 1989 ; Kendall, Chansky, Kane, & Kim, 1992），夫婦間の問題（たとえば，Epstein & Baucom, 1989），その他の多くの対人的，個人的問題に対する一部の認知療法の基礎として役立っている。

　概して，このような帰属再訓練プログラムは有望な結果を示してきた。帰属を志向する心理治療の評価研究では，これらが抑うつ（Beck, Hollon, Young, Bedrosian, & Budenz, 1985 ; Kammer, 1983），学業面の機能（Carr & Borkowski, 1989 ; Dweck, 1975 ; Reid & Borkowski, 1987 ; Reiher & Dembo, 1984）のような領域で，不適応な帰属や行動を低減させる効果があることが示されている。治療の構成要素として帰属再訓練を組み込むことが多い認知行動療法は，他の治療法より優れた治療効果をもたらすことが示されてきた（たとえば，Weisz, Weiss, Alicke, & Klotz, 1987）。しかし，これらの治療プログラムの中で帰属再訓練を単独で実施しているものはほとんどなく，それを思考や行動，情動的・身体的反応に対する直接的注意などとともに複合的治療の一部に含めていることが多い点に注意する必要がある。それでも，われわれは不適応的な思考パタンに注目することが介入と変容の成功を決める重要な構成要素であると信じている。

5　要約と結論

　帰属過程は，それが人々の個人的適応，対人関係，仕事の効率，社会的責任と関係があることから，社会心理学者や臨床心理学者から注目されてきた。帰属理論の潜在的な有用性は広範囲にわたっており，12名の陪審員がさまざまな抗弁に対してどのように反応するかを予測しようとする法廷弁護士や陪審コ

ンサルタント，学業不振の生徒たちにやる気を起こさせようと試みる教師，クライエントの抑うつを軽減しようとするセラピスト，コミュニティから寄付を求めるのに最も有効なキャンペーンを企画しようとしている公的基金調達者に関係する。適応的行動を理解し，変容し，動機づけるという点においても，帰属理論は強くアピールする。帰属は帰属者の頭の中にあり，どこに行くにも携行されるという事実は，環境のような外的要因を制御するよりも帰属を変容する方が有望であり，コストもかからないことを示唆している。人々はある環境や文脈から別の環境や文脈へ移動するが，その移動に伴って環境の要求や支持は変化する。努力が成功によって報われるような支持的な環境に子どもを置くことがつねに可能とは限らない。しかし，子どもが成功したときに「自分が努力したからだ」と子どもが考えるように親が導くことができれば，子どもは失敗に直面しても，それに耐えて何とかやり抜くことができるようになるだろう。同様に，従業員はつねに物わかりがよく有能な上司の下にいるとは限らないが，上司からの賞賛は自分の仕事ぶりがすばらしいからだと考え，上司が感情を爆発させてもそれは上司が人との接し方を知らないからだとしておけば，働く意欲や仕事への満足感は高まることになるだろう。このように，人々が適応的な帰属で一杯の「ポータブル」倉庫を作るよう援助することで，彼らが日常生活における多くの困難に立ち向かう備えができるのである。

　現在の帰属理論は有望なものではあるが，帰属研究者たちが十分な研究成果をあげているとは言いがたい。モデルのさらなる改良，特に最も関連のある帰属次元を正確に同定し（状況によって異なるかもしれない），因果の方向性を明確にすることが今後必要とされている。帰属の正確さと適応の関係は，将来注目されるべきもう1つの問題である。極端に不正確な帰属（および帰属スタイル）が長期的に見れば不適応的であることは確かだが，この正確さと適応の間の正の相関関係があらゆる状況にあてはまるのか，不正確さがそれほど極端でないレベルでもあてはまるのか，これらの点についてはまだ明確な答えは得られていない。また，帰属療法もさらなる改良とその効果の検証を続ける価値がある。特に複数の構成要素からなる治療パッケージに組み込まれた場合にどのような貢献が認められるのかという点は重要である。これらの進歩の中心となるのは，心理学のさまざまな領域，および他の学問領域との間の継続的な相

互交流であろう。社会心理学者が他の社会心理学者に語ったり，臨床心理学者が他の臨床心理学者に語ったりというように，「同類」に語ることは容易である。帰属に関する理論や研究，治療法の真の発展は，類を超えて語り合い，相互補完的に知識を集積することによってもたらされるのである。

【注】

★1：図2-1では，何回も循環し得る逐次的過程が示されているが，より複雑な並列的過程を含むかたちで定式化することも可能であろう。われわれはいずれがよいと考えているわけではなく，また現段階では両者を区別するデータもない。逐次的過程で示したのは，その単純さゆえである。

引用文献

Abelson, R. P., & Lalljee, M. G. (1988). Knowledge structures and causal explanation. In D. J. Hilton (Ed.), *Contemporary science and natural explanation: Commonsense conceptions of causality* (pp. 175–203). Brighton, England: Harvester.

Abramson, L. Y., Metalsky, G. I., & Alloy, L. B. (1989). Hopelessness depression: A theory-based subtype of depression. *Psychological Review, 96*, 358–372.

Abramson, L. Y., Seligman, M. E. P., & Teasdale, J. (1978). Learned helplessness in humans: Critique and reformulation. *Journal of Abnormal Psychology, 87*, 49–74.

Anderson, C. A. (1983). The causal structure of situations: The generation of plausible causal attributions as a function of type of event situation. *Journal of Experimental Social Psychology, 19*, 185–203.

Anderson, C. A., & Arnoult, L. H. (1985a). Attributional models of depression, loneliness, and shyness. In J. H. Harvey & G. Weary (Eds.), *Attribution: Basic issues and applications* (pp. 235–280). New York: Academic Press.

Anderson, C. A., & Arnoult, L. H. (1985b). Attributional style and everyday problems in living: Depression, loneliness, and shyness. *Social Cognition, 3*, 16–35.

Anderson, C. A., Krull, D. S., & Weiner, B. (1996). Explanations: Processes and consequences. In E. T. Higgins & A. W. Kruglanski (Eds.), *Social psychology: Handbook of basic principles* (pp. 271–296). New York: Guilford Press.

Anderson, C. A., Miller, R. S., Riger, A. L., Dill, J. C., & Sedikides, C. (1994). Behavioral and characterological attributional styles as predictors of depression and loneliness: Review, refinement, and test. *Journal of Personality and Social Psychology, 66*, 549–558.

Anderson, C. A., & Riger, A. L. (1991). A controllability attributional model of problems in living: Dimensional and situational interactions in the prediction of depression and loneliness. *Social Cognition, 9,* 149-181.

Anderson, C. A., & Slusher, M. P. (1986). Relocating motivational effects: An examination of the cognition–motivation debate on attributions for success and failure. *Social Cognition, 4,* 270-292.

Anderson, C. A., & Weiner, B. (1992). Attribution and attributional processes in personality. In G. Caprara & G. Heck (Eds.), *Modern personality psychology: Critical reviews and new directions* (pp. 295-324). New York: Harvester Wheatsheaf.

Arkin, R. M., Appleman, A. J., & Burger, J. M. (1980). Social anxiety, self-presentation, and the self-serving bias in causal attribution. *Journal of Personality and Social Psychology, 38,* 23-35.

Averill, J. R. (1982). *Anger and aggression: An essay on emotion.* New York: Springer-Verlag.

Averill, J. R. (1983). Studies on anger and aggression. *American Psychologist, 38,* 1145-1160.

Baucom, D. H., Sayers, S. L., & Duhe, A. (1989). Attributional style and attributional patterns among married couples. *Journal of Personality and Social Psychology, 56,* 596-607.

Beck, A. T. (1986). Cognitive approaches to anxiety disorders. In B. F. Shaw, Z. V. Segal, T. M. Vallis, & F. E. Cashman (Eds.), *Anxiety disorders: Psychological and biological perspectives* (pp. 115-136). New York: Plenum.

Beck, A. T., & Clark, D. A. (1988). Anxiety and depression: An information processing perspective. *Anxiety Research, 1,* 23-26.

Beck, A. T., Hollon, S. D., Young, J. E., Bedrosian, R. C., & Budenz, D. (1985). Treatment of depression with cognitive therapy and amitriptyline. *Archives of General Psychiatry, 42,* 142-148.

▶ Beck, A. T., Rush, A. J., Shaw, B. F., & Emory, G. (1979). *Cognitive therapy of depression.* New York: Guilford Press.

Bell-Dolan, D. J. (1989). Social cue interpretation of anxious children. *Journal of Clinical Child Psychology, 24,* 1-10.

Bell-Dolan, D. J., & Suarez, L. (1997, April). *Anxious children's social perceptions: Responses to provocation, peer group entry, and social failure situations.* Paper presented at the biennial meeting of the Society for Research in Child Development, Washington, DC.

Benfield, C. Y., Palmer, D. J., Pfefferbaum, B., & Stowe, M. L. (1988). A comparison of depressed and nondepressed disturbed children on measures of attributional style, hopelessness, life stress, and temperament. *Journal of Abnormal Child Psychology, 16*, 397-410.

Betancourt, H. (1990). An attribution-empathy model of helping behavior: Behavioral intentions and judgments of help-giving. *Personality and Social Psychology Bulletin, 16*, 573-591.

Blumberg, S. H., & Izard, C. E. (1985). Affective and cognitive characteristics of depression in 10- and 11-year-old children. *Journal of Personality and Social Psychology, 49*, 194-202.

Bradbury, T. N., & Fincham, F. D. (1990). Attributions in marriage: Review and critique. *Psychological Bulletin, 107*, 3-33.

Brewin, C. R. (1992). Attribution and emotion in patients' families. In J. H. Harvey, T. L. Orbuch, & A. L. Weber (Eds.), *Attributions, accounts, and close relationships* (pp. 194-208). New York: Springer-Verlag.

Brodbeck, C., & Michelson, L. (1987). Problem-solving skills and attributional styles of agoraphobics. *Cognitive Therapy and Research, 11*, 593-610.

Brown, J., & Weiner, B. (1984). Affective consequences of ability versus effort ascriptions: Controversies, resolutions, and quandaries. *Journal of Educational Psychology, 76*, 146-158.

Carr, M., & Borkowski, J. G. (1989). Attributional training and the generalization of reading strategies with underachieving children. *Learning and Individual Differences, 1*, 327-341.

Cheek, J. M., & Melchior, L. A. (1990). Shyness, self-esteem, and self-consciousness. In H. Leitenberg (Ed.), *Handbook of social and evaluation anxiety* (pp. 47-82). New York: Plenum.

Cheng, P. W., & Novick, L. R. (1990). A probabilistic contrast model of causal induction. *Journal of Personality and Social Psychology, 58*, 545-567.

Clark, D. A., Beck, A. T., & Brown, G. (1989). Cognitive mediation in general psychiatric outpatients: A test of the content-specificity hypothesis. *Journal of Personality and Social Psychology, 56*, 958-964.

Covington, M. V., & Omelich, C. L. (1984). Controversies or consistencies? A reply to Brown and Weiner. *Journal of Educational Psychology, 76*, 159-168.

Crick, N. R. (1995). Relational aggression: The role of intent attributions, feelings of distress, and provocation type. *Development and Psychopathology, 7*, 313-332.

Crick, N. R., & Dodge, K. A. (1996). Social information-processing mechanisms in reactive and proactive aggression. *Child Development, 67*, 993-1002.

Crocker, J., Alloy, L. B., & Kayne, N. T. (1988). Attributional style, depression, and perceptions of consensus for events. *Journal of Personality and Social Psychology, 54*, 840-846.

Diener, C. I., & Dweck, C. S. (1978). An analysis of learned helplessness: Continuous changes in performance, strategy and achievement cognitions following failure. *Journal of Personality and Social Psychology, 36*, 451–462.

Diener, C. I., & Dweck, C. S. (1980). An analysis of learned helplessness: II. The processing of success. *Journal of Personality and Social Psychology, 39*, 940–952.

Dill, K. E., Anderson, C. A., Anderson, K. B., & Deuser, W. E. (1997). Effects of aggressive personality on social expectations and social perceptions. *Journal of Research in Personality, 31*, 272–292.

Dill, K. E., Erickson, D. J., & Krull, D. S. (1994, May). *When do perceivers draw situational attributions for behavior? Effects of stability, majority, multiple targets, and behavior type.* Paper presented at the Midwestern Psychological Association Convention, Chicago.

Dodge, K. A. (1985). Attributional bias in aggressive children. In P. C. Kendall (Ed.), *Advances in cognitive–behavioral research and therapy* (Vol. 4, pp. 73–110). Orlando, FL: Academic Press.

Dodge, K. A., & Crick, N. R. (1990). Social information-processing bases of aggressive behavior in children. *Personality and Social Psychology Bulletin, 16*, 8–22.

Duncan, S. L. (1976). Differential social perception and attribution of intergroup violence: Testing the lower limits of stereotyping of Blacks. *Journal of Personality and Social Psychology, 34*, 590–598.

Dutton, D. G. (1986). Wife assaulters' explanations for assault: The neutralization of self-punishment. *Canadian Journal of Behavioral Science, 18*, 381–390.

Dweck, C. S. (1975). The role of expectations and attributions in the alleviation of learned helplessness. *Journal of Personality and Social Psychology, 31*, 674–685.

Dweck, C. S., Hong, Y., & Chiu, C. (1993). Implicit theories: Individual differences in the likelihood and meaning of dispositional inference. *Personality and Social Psychology Bulletin, 19*, 644–656.

Dweck, C. S., & Leggett, E. (1988). A social cognitive approach to motivation and personality. *Psychological Review, 95*, 256–273.

Eisen, S. V. (1979). Actor–observer differences in information inference and causal attribution. *Journal of Personality and Social Psychology, 37*, 261–272.

Epstein, N., & Baucom, D. (1989). Cognitive–behavioral marital therapy. In A. Freeman, K. M. Simon, L. E. Beutler, & H. Arkowitz (Eds.), *Comprehensive handbook of cognitive therapy* (pp. 491–513). New York: Plenum.

Erickson, D. J., & Krull, D. S. (1994, May). *To be caused or to be inferred: The distinctiveness of inferences and causal attributions.* Paper presented at the Midwestern Psychological Association Convention, Chicago.

Fincham, F. D., Beach, S. R., & Bradbury, T. N. (1989). Marital distress, depression, and attributions: Is the marital distress–attribution association an artifact of depression? *Journal of Consulting and Clinical Psychology, 57,* 768–771.

Fincham, F. D., & Bradbury, T. N. (1988). The impact of attributions in marriage: An experimental analysis. *Journal of Social and Clinical Psychology, 7,* 147–162.

Fincham, F. D., & Bradbury, T. N. (1992). Assessing attributions in marriage: The Relationship Attribution Measure. *Journal of Personality and Social Psychology, 62,* 457–468.

Fincham, F. D., & Grych, J. H. (1991). Explanations for family events in distressed and nondistressed couples: Is one type of explanation used consistently? *Journal of Family Psychology, 4,* 341–353.

Fincham, F. D., Hokoda, A., & Sanders, R. (1989). Learned helplessness, test anxiety, and academic achievement: A longitudinal analysis. *Child Development, 60,* 138–145.

Fiske, S. T., & Taylor, S. E. (1991). *Social cognition* (2nd ed.). Reading, MA: Addison-Wesley.

Fletcher, G. J. O., & Ward, C. (1988). Attribution theory and processes: A cross-cultural perspective. In M. H. Bond (Ed.), *The cross-cultural challenge to social psychology* (pp. 230–244). Beverly Hills, CA: Sage.

Frazer, J. G. (1959). *The new golden bough.* New York: Criterion Books.

Freeman, A., & Simon, K. M. (1989). Cognitive therapy of anxiety. In A. Freeman, K. M. Simon, L. E. Beutler, & H. Arkowitz (Eds.), *Comprehensive handbook of cognitive therapy* (pp. 347–366). New York: Plenum.

Ganellen, R. J. (1988). Specificity of attributions and overgeneralization in depression and anxiety. *Journal of Abnormal Psychology, 97,* 83–86.

Gilbert, D. T. (1989). Thinking lightly about others: Automatic components of the social inference process. In J. S. Uleman & J. A. Bargh (Eds.), *Unintended thought: Limits of awareness, intention, and control* (pp. 189–211). New York: Guilford Press.

Girodo, M., Dotzenroth, S. E., & Stein, S. J. (1981). Causal attribution bias in shy males: Implications for self-esteem and self-confidence. *Cognitive Therapy and Research, 5,* 325–338.

Golin, S., Sweeney, P. D., & Schaeffer, D. E. (1981). The causality of causal attributions in depression: A cross-lagged panel correlational analysis. *Journal of Abnormal Psychology, 90,* 14–22.

Guerra, N. G., Huesmann, L. R., & Zelli, A. (1990). Attributions for social failure and aggression in incarcerated delinquent youth. *Journal of Abnormal Child Psychology, 18,* 347–355.

Guerra, N. G., Huesmann, L. R., & Zelli, A. (1993). Attributions for social failure and adolescent aggression. *Aggressive Behavior, 19*, 421–434.

Hanley-Dunn, P., Maxwell, S. E., & Santos, J. F. (1985). Interpretation of interpersonal interactions: The influence of loneliness. *Personality and Social Psychology Bulletin, 11*, 445–456.

Harvey, J. H., Orbush, T. L., & Weber, A. L. (Eds.). (1992). *Attributions, accounts, and close relationships*. New York: Springer-Verlag.

Harvey, J. H., & Weary, G. (1981). *Perspectives on the attributional process*. Dubuque, IA: Brown.

Hedl, J. L. (1990). Test anxiety and causal attributions: Some evidence toward replication. *Anxiety Research, 3*, 73–84.

Heim, S. C., & Snyder, D. K. (1991). Predicting depression from marital distress and attributional processes. *Journal of Marital and Family Therapy, 17*, 67–72.

Heimberg, R. G., Klosko, J. S., Dodge, C. S., Shadick, R., Becker, R. E., & Barlow, D. H. (1989). Anxiety disorders, depression, and attributional style: A further test of the specificity of depressive attributions. *Cognitive Therapy and Research, 13*, 21–36.

Hempel, C. G. (1966). *Philosophy of natural science*. Englewood Cliffs, NJ: Prentice Hall.

Higgins, E. T. (1996). Knowledge activation: Accessibility, applicability, and salience. In E. T. Higgins & A. W. Kruglanski (Eds.), *Social psychology: Handbook of basic principles* (pp. 133–168). New York: Guilford Press.

Hilton, D. J., Mathes, R. H., & Trabasso, T. R. (1992). The study of causal explanation in natural language: Analyzing reports of the *Challenger* disaster in the *New York Times*. In M. L. McLaughlin, M. J. Cody, & S. J. Read (Eds.), *Explaining one's self to others: Reason-giving in a social context* (pp. 41–59). Hillsdale, NJ: Erlbaum.

Hoffman, M. L. (1975). Developmental synthesis of affect and cognition and its implications for altruistic motivation. *Developmental Psychology, 11*, 607–622.

Holtzworth-Munroe, A. (1992). Attributions and maritally violent men: The role of cognitions in marital violence. In J. H. Harvey, T. L. Orbush, & A. L. Weber (Eds.), *Attributions, accounts, and close relationships* (pp. 165–175). New York: Springer-Verlag.

Hope, D. A., Gansler, D. A., & Heimberg, R. G. (1989). Attentional focus and causal attributions in social phobia: Implications from social psychology. *Clinical Psychology Review, 9*, 49–60.

James, W. (1890). *The principles of psychology* (Vol. 2). New York: Holt.

Jones, E. E. (1990). *Interpersonal perception*. New York: Macmillan.

Jones, E. E., & Davis, K. E. (1965). From acts to dispositions: The attribution process in person perception. *Advances in Experimental Social Psychology, 2,* 219–266.

Jones, W. H., Rose, J., & Russell, D. (1990). Loneliness and social anxiety. In H. Leitenberg (Ed.), *Handbook of social and evaluation anxiety* (pp. 247–266). New York: Plenum.

Kammer, D. (1983). Depression, attributional style, and failure generalization. *Cognitive Therapy and Research, 7,* 413–423.

Kelley, H. H. (1950). The warm–cold variable in first impressions of persons. *Journal of Personality, 18,* 431–439.

Kelley, H. H. (1967). Attribution theory in social psychology. In D. Levine (Ed.), *Nebraska Symposium on Motivation* (Vol. 15, pp. 192–238). Lincoln: University of Nebraska Press.

Kelley, H. H. (1973). The process of causal attribution. *American Psychologist, 28,* 107–128.

Kelley, H. H., & Michela, J. L. (1980). Attribution theory and research. *Annual Review of Psychology, 31,* 457–501.

Kendall, P. C., Chansky, T. E., Kane, M. T., & Kim, R. S. (1992). *Anxiety disorders in youth: Cognitive–behavioral interventions.* Boston: Allyn & Bacon.

Kruglanski, A. W. (1989). *Lay epistemics and human knowledge: Cognitive and motivational bases.* New York: Plenum.

Krull, D. S., & Erickson, D. J. (1995). Inferential hopscotch: How people draw social inferences from behavior. *Current Directions in Psychological Science, 4,* 35–38.

Leppin, A., Schwarzer, R., Belz, D., Jerusalem, M., & Quast, H. (1987). Causal attribution patterns of high and low test-anxious students. *Advances in Test Anxiety Research, 5,* 67–86.

Lindsay-Hartz, J., de Rivera, J., & Mascolo, M. F. (1995). Differentiating guilt and shame and their effects on motivation. In J. P. Tangney & K. W. Fischer (Eds.), *Self-conscious emotions: The psychology of shame, guilt, embarrassment, and pride* (pp. 274–300). New York: Guilford Press.

Lochman, J. E., & Dodge, K. A. (1994). Social-cognitive processes of severely violent, moderately aggressive, and nonaggressive boys. *Journal of Consulting and Clinical Psychology, 62,* 366–374.

McArthur, L. Z., & Post, D. L. (1977). Figural emphasis and person perception. *Journal of Experimental Social Psychology, 13,* 520–535.

McArthur, L. Z., & Solomon, L. K. (1978). Perceptions of an aggressive encounter as a function of the victim's salience and the perceiver's arousal. *Journal of*

Personality and Social Psychology, 36, 1278-1290.

Metalsky, G. I., Abramson, L. Y., Seligman, M. E. P., Semmel, A., & Peterson, C. (1982). Attributional style and life events in the classroom: Vulnerability and invulnerability to depressive mood reactions. *Journal of Personality and Social Psychology, 38,* 704-718.

Mikulincer, M., & Nizan, B. (1988). Causal attribution, cognitive interference, and the generalization of learned helplessness. *Journal of Personality and Social Psychology, 55,* 470-478.

Miller, J. G. (1984). Culture and the development of everyday social explanation. *Journal of Personality and Social Psychology, 46,* 961-978.

Miller, L. C., & Read, S. J. (1991). On the coherence of mental models of persons and relationships: A knowledge structure approach. In G. J. O. Fletcher & F. Fincham (Eds.), *Cognition in close relationships* (pp. 69-99). Hillsdale, NJ: Erlbaum.

Moore, D., & Schultz, N. R. (1983). Loneliness at adolescence: Correlates, attributions, and coping. *Journal of Youth and Adolescence, 12,* 95-100.

Moray, N. (1959). Attention in dichotic listening: Affective cues and the influence of instructions. *Quarterly Journal of Experimental Psychology, 11,* 56-60.

▶ Neisser, U. (1976). *Cognition and reality.* New York: Freeman.

Niedenthal, P. M., Tangney, J. P., & Gavanski, I. (1994). "If only I weren't" versus "if only I hadn't": Distinguishing shame and guilt in counterfactual thinking. *Journal of Personality and Social Psychology, 67,* 585-595.

Nisbett, R. E., & Ross, L. (1980). *Human inference: Strategies and shortcomings of social judgment.* Englewood Cliffs, NJ: Prentice Hall.

Novick, L. R., Fratianne, A., & Cheng, P. W. (1992). Knowledge-based assumptions in causal attribution. *Social Cognition, 10,* 299-334.

Panek, W. F., & Garber, J. (1992). Role of aggression, rejection, and attributions in the prediction of depression in children. *Development and Psychopathology, 4,* 145-165.

Postman, L., & Brown, D. R. (1952). The perceptual consequences of success and failure. *Journal of Abnormal and Social Psychology, 47,* 213-221.

Powers, S., Douglas, P., Cool, B. A., & Gose, K. F. (1985). Achievement motivation and attributions for success and failure. *Psychological Reports, 57,* 751-754.

Quiggle, N. L., Garber, J., Panek, W. F., & Dodge, K. A. (1992). Social information processing in aggressive and depressed children. *Child Development, 63,* 1305-1320.

Rapps, C. S., Peterson, C., Reinhard, K. E., Abramson, L. Y., & Seligman,

M. E. P. (1982). Attributional style among depressed patients. *Journal of Abnormal Psychology, 91*, 102-108.

Read, S. J., & Miller, L. C. (1993). Rapist or "regular guy": Explanatory coherence in the construction of mental models of others. *Personality and Social Psychology Bulletin, 19*, 526-540.

Reid, M. K., & Borkowski, J. G. (1987). Causal attributions of hyperactive children: Implications for teaching strategies and self-control. *Journal of Educational Psychology, 79*, 296-307.

Reiher, R. H., & Dembo, M. H. (1984). Changing academic task persistence through a self-instructional attribution training program. *Contemporary Educational Psychology, 9*, 89-94.

Renshaw, P. D., & Brown, P. J. (1993). Loneliness in middle childhood: Concurrent and longitudinal predictors. *Child Development, 64*, 1271-1284.

Rohrkemper, M. M. (1985). Individual differences in students' perceptions of routine classroom events. *Journal of Educational Psychology, 77*, 29-44.

Rotter, J. B. (1966). Generalized expectancies for internal versus external control of reinforcement. *Psychological Monographs, 80*(1, Whole No. 609).

Rusbult, C., & Medlin, S. (1982). Information availability, goodness of outcome, and attributions of causality. *Journal of Experimental Social Psychology, 18*, 292-305.

Sabourin, S., Lussier, Y., & Wright, J. (1991). The effects of measurement strategy on attributions for marital problems and behaviors. *Journal of Applied Social Psychology, 21*, 734-746.

Sagar, H. A., & Schofield, J. W. (1980). Racial and behavioral cues in Black and White children's perceptions of ambiguously aggressive acts. *Journal of Personality and Social Psychology, 39*, 590-598.

Schlenker, B. R., & Leary, M. R. (1982). Social anxiety and self-presentation: A conceptualization and model. *Psychological Bulletin, 92*, 641-669.

Seligman, M. E. P., Peterson, C., Kaslow, N. J., Tanenbaum, R. L., Alloy, L. B., & Abramson, L. Y. (1984). Explanatory style and depressive symptoms among children. *Journal of Abnormal Psychology, 93*, 235-238.

Senchak, M., & Leonard, K. E. (1994). Attributions for episodes of marital aggression: The effects of aggression severity and alcohol use. *Journal of Family Violence, 9*, 371-381.

Shields, N. M., & Hanneke, C. R. (1983). Attribution processes in violent relationships: Perceptions of violent husbands and their wives. *Journal of Applied Social Psychology, 13*, 515-527.

Shweder, R. A., & Bourne, E. (1982). Does the concept of the person vary cross-culturally? In A. J. Marsella & G. White (Eds.), *Cultural conceptions of mental health and therapy* (pp. 97-137). Boston: Reidel.

Silverman, R. J., & Peterson, C. (1993). Explanatory style of schizophrenic and depressed outpatients. *Cognitive Therapy and Research, 17,* 457-470.

Snyder, C. R., & Higgins, R. L. (1988). Excuses: Their effective role in the negotiation of reality. *Psychological Bulletin, 104,* 23-35.

Stipek, D. J., & Mason, T. C. (1987). Attributions, emotions, and behavior in the elementary school classroom. *Journal of Classroom Interaction, 22,* 1-5.

Swann, W. B., Jr., Pelham, B. W., & Roberts, D. C. (1987). Causal chunking: Memory and inference in ongoing interaction. *Journal of Personality and Social Psychology, 53,* 858-865.

Tangney, J. P. (1995). Shame and guilt in interpersonal relationships. In J. P. Tangney & K. W. Fischer (Eds.), *Self-conscious emotions: The psychology of shame, guilt, embarrassment, and pride* (pp. 114-142). New York: Guilford Press.

Taylor, S. E. (1982). Social cognition and health. *Personality and Social Psychology Bulletin, 8,* 549-562.

Taylor, S. E., & Fiske, S. T. (1975). Point of view and perceptions of causality. *Journal of Personality and Social Psychology, 32,* 439-445.

Teglasi, H., & Hoffman, M. A. (1982). Causal attributions of shy subjects. *Journal of Research in Personality, 16,* 376-385.

Townsley, R. M., Beach, S. R., Fincham, F. D., & O'Leary, K. D. (1991). Cognitive specificity for marital discord and depression: What types of cognition influence discord? *Behavior Therapy, 22,* 519-530.

Trivers, R. L. (1971). The evolution of reciprocal altruism. *Quarterly Review of Biology, 46,* 35-57.

Trope, Y. (1986). Identification and inferential processes in dispositional attribution. *Psychological Review, 93,* 239-257.

Uleman, J. S. (1987). Consciousness and control: The case of spontaneous trait inferences. *Personality and Social Psychology Bulletin, 13,* 337-354.

Weary, G., Stanley, M. A., & Harvey, J. H. (1989). *Attribution.* New York: Springer-Verlag.

Weiner, B. (1985). An attributional theory of achievement motivation and emotion. *Psychological Review, 92,* 548-573.

Weiner, B. (1986). *An attributional theory of motivation and emotion.* New York: Springer-Verlag.

Weiner, B. (1995). *Judgments of responsibility: A foundation for a theory of social conduct.* New York: Guilford Press.

Weiner, B., Graham, S., & Chandler, C. (1982). Causal antecedents of pity, anger, and guilt. *Personality and Social Psychology Bulletin*, 8, 226–232.

Weiner, B., Perry, R. P., & Magnusson, J. (1988). An attributional analysis of reactions to stigmas. *Journal of Personality and Social Psychology*, 55, 738–748.

Weiner, B., Russell, D., & Lerman, D. (1978). Affective consequences of causal ascriptions. In J. H. Harvey, W. J. Ickes, & R. F. Kidd (Eds.), *New directions in attribution research* (Vol. 2, pp. 59–88). Hillsdale, NJ: Erlbaum.

Weiner, B., Russell, D., & Lerman, D. (1979). The cognition–emotion process in achievement-related contexts. *Journal of Personality and Social Psychology*, 37, 1211–1220.

Weisz, J. R., Weiss, B., Alicke, M. D., & Klotz, M. L. (1987). Effectiveness of psychotherapy with children and adolescents: Meta-analytic findings for clinicians. *Journal of Consulting and Clinical Psychology*, 55, 542–549.

Wilson, T. D., & Linville, P. W. (1982). Improving the academic performance of college freshmen: Attribution therapy revisited. *Journal of Personality and Social Psychology*, 42, 367–376.

Yang, B., & Chum, G. A. (1994). Life stress, social support, and problem-solving skills predictive of depressive symptoms, hopelessness, and suicide ideation in an Asian student population: A test of a model. *Suicide and Life Threatening Behavior*, 24, 127–139.

Zebrowitz, L. A. (1990). *Social perception*. Pacific Grove, CA: Brooks/Cole.

3章
日常生活の中の自己中心性と対人的問題

T. ギロビッチ, J. クルーガー, & K. サビツキー

　人々が心理療法家に助けを求める理由はさまざまである。抑うつから解放されたいと思って援助を求める人もいれば，愛する人の死に対処するために，あるいは引きのばし（procrastination），怠惰，過食，拒食傾向といった自分自身の問題を克服するために援助を求める人もいる。しかし，何よりも多いのは対人関係の問題（Veroff, Kulka, & Douvan, 1981），たとえば結婚生活の不満，親戚との葛藤，子どもの反抗といった問題でクリニックを訪れる人である。誰でも欠点はあるし不幸な出来事に直面することもある。しかし，そのような問題が対人関係に支障をきたすとき，人は専門家の援助を求めるのである。

　対人的なストレスや葛藤には多くの原因がある。性格の不一致，価値観の対立，自己利益の相違などである。この章では，ささいではあるが広く認められる対人的葛藤の原因について検討する。その原因とは自分の利益を求めてしまうことではなく，自分自身の視点を超えることが難しいことにある。自分の幸せ（well being）を最大にすることがどの程度重要なことか，その思いは人によって異なるが，誰でも自分が世界の中心にいることは避けることができない。さらに，世界の中心にいることで，人はそこから他のすべてのことを見渡すことができる。そして，その点にこそ，対人的問題の原因がたくさん含まれているのである。2人の人物が世界を異なる目で見るとき，2人に悪気はなくても対人葛藤の芽が存在する。実際，2人の「ものの見方が違う」とか「見解が異なる（don't see eye to eye）」という表現は，両者の関係がうまくいっていないことを意味している。

見解の相違はいくつかの点で問題を引き起こすが，本章ではこの中から3つの問題に焦点を当てる。第一に，世界の中心にいることで，いかに人が他者との共同作業において自分の貢献度や責任を誇張してしまうかを調べる。こうした歪みがあると，人は自分がごまかされているとか，利己的な理由で相手が自分を軽んじていると考えてしまう。第二に，日常的な，あるいは「正常な」自己中心性によって，他者が自分の外見や行動に注目し，評価し，それを覚えている程度を過大評価してしまうことについて検討する。この「スポットライト効果」の影響によって，人は自分にとって最も利益をもたらす行動をとることを控えてしまい，後になって後悔することになる。極端な場合には，スポットライト効果は社会恐怖や偏執症（paranoia）への出発点となってしまう。最後に，自分の内的状態が実際以上に透けて見えて他者に知られてしまうと考える傾向，すなわち「透明性の錯覚」という現象について議論する。この透明性の錯覚は，実際にはさほどではないのに，自分の反応が明確に伝わっているはずと考えてしまうときに対人的な葛藤を引き起こす。また，内面の不安が他者に見抜かれているかもしれないという恐怖心が症状をさらに強めるという悪循環によって，スピーチ不安や吃音を悪化させることもある。

1　責任と非難の自己中心的な評価

　夫婦が互いに家庭での仕事の量が「公平」かどうか評価しようとすると何が起こるだろうか。もちろん，そのためには各人がしている仕事の量，たとえば料理を作ったり，ゴミを出したり，家計をやりくりしたりするのにかかる時間や労力を正確に評価することが必要となる。では，そのような評価はどの程度正確なのだろうか？
　この疑問を最初に提起したのはロスとシコリー（M. Ross & Sicoly, 1979）である。彼らは，何組かの夫婦に，家庭で行なわれるいくつかの協同作業について自分と配偶者の貢献度がそれぞれ何パーセントになるか配分するように求めた。そして，夫婦がそれぞれ自分に配分した比率を足し合わせた。もし双方

の評価が正確ならば，合計は100％になるはずである。しかし，そうはならなかった。ほとんどの協同作業について，夫婦の合計が100％を越えていたのだ。たとえば，夫は犬を散歩に連れ出す時間の70％は自分が行なっていると評価し，その妻は50％を自分が行なっていると報告する。そうすると，合計は120％となる。どんなに元気な犬でもそんなに歩けるはずはない。同様の結果は，少し異なる方法を用いた別の研究でも得られている（Christensen, Sullaway, & King, 1983；Deutsch, Lozy, & Saxon, 1993；Kruger & Gilovich, 印刷中；Thompson & Kelley, 1981）。

　夫婦は，なぜ自分の貢献を過大評価をしてしまうのだろうか。この現象ができるだけ自分の権利を主張したいという欲求からある程度生じていることはまちがいない。結局のところ，自分の貢献を多く割り振るほど将来の利益に対して自分の権利を主張できるのである。また，夫婦の協同作業において自分が主導権を握っていると考えることで，自尊心が高まるかもしれない。だからこそ，配偶者が努力を傾けた事例よりも，自分が貢献した事例を必死に思い出したり，自分の貢献を配偶者の貢献よりも重視したりするのである。実際，失敗よりも成功した場合に自分の貢献を主張するという結果が得られており（Beckman, 1970；Forsyth & Schlenker, 1977；M. Ross & Sicoly, 1979, 研究2），これは明らかに動機づけによる解釈と一致している。

　しかし貢献度の推測が歪むのは，自己利益追求のせいだけではない。夫婦は，貢献度が大きい側が高く評価されるような活動だけでなく，貢献した側が否定的に評価されるような作業についても，自分の貢献を過大に評価する傾向がある。この結果は動機づけられた推論が影響しているという立場からは説明できない。さらに，少なくとも夫婦を対象にした研究では，過大評価の程度と活動の望ましさとの間には弱い相関しかない（Kruger & Gilovich, 印刷中；M. Ross & Sicoly, 1979；Thompson & Kelley, 1981）。

　この現象に影響しているもう1つの重要な変数は，情報の認知的利用可能性における自己中心性バイアス（egocentric bias）である。簡単に言うと，人は自分の貢献を思い出すほうが相手の貢献を思い出すよりもずっと容易だということである。自分が食事の用意をしたり，ネコの世話をしたり，腹を立てたりしたことを思い出すほうが，配偶者がそのような行動をしたことを思い出すよ

りもずっとやさしい。認知的利用可能性の不均衡には多くの理由があることはまちがいない。たとえば，わたしたちはつねに自分の貢献を目撃できる立場にあるが，他者の貢献の場合にはそうではない。わたしたちは自分が居間を掃除したことを忘れることはないが，パートナーはわたしたちが海岸や野球場に出かけたとき，あるいはバレエを観ているときに掃除機をかけているかもしれないのである。観察力が鋭くなければ，パートナーの努力が印象に残ることはないかもしれない。それに，たとえ気づいたとしても，それらを十分に深くコード化することをしない。自分の貢献に関する情報を数多くもっているので，そちらをたくさん想起するという不均衡が生じてしまうのである。

　協同作業への貢献が，計画したり，心配したり，再検討するといった認知的なものの場合もある。これらは，目に見える行動というよりも「気をもむ」ような性質のものである。もちろん，この種の努力の場合，自分と相手の貢献の利用可能性における不均衡は，特に顕著となる。さらに，人が「わたしの配偶者はどのくらい貢献しただろうか」ではなく「自分はどのくらい貢献しただろうか」という枠組みで問題を設定することも，自分自身の貢献を多く想起しやすい理由の1つと考えられるだろう。

　いずれにしても，自分の貢献を思い出しやすいことが，貢献度の判断における自己中心性バイアスを安定して生じさせる。特定の事例の想起しやすさが頻度推定の際に用いられるため（Tversky & Kahneman, 1973），人は自分自身の相対的な貢献度について誇張した見方をしやすいのである。この利用可能性による説明は，いくつかの研究によって支持されている。たとえば，自分と他者の貢献のどちらに注目させるかを教示によって操作すると，それに対応して貢献度の配分に差異が生じる（Burger & Rodman, 1983 ; M. Ross & Sicoly, 1979, 実験5）。また，自分と相手に関して想起される行動の数の差異（利用可能性の指標）は，貢献度の帰属と相関がある（M. Ross & Sicoly, 1979, 実験1 ; Thompson & Kelley, 1981）。さらに，そのような判断をするとき，他者についての情報よりも自分についての情報を利用する（Brawley, 1984 ; Thompson & Kelley, 1981, 実験5）。

　自己中心的に歪められた貢献度の配分が，対人関係に重要な意味をもつとしても驚くことではない。社会的な関係や仕事上の関係では，協同の決定や，調

整された行為が必要となる。そのような努力において自分の役割を過大評価することは，葛藤を生じさせやすい。衡平理論の研究者（e.g., Walster, Walster, & Berscheid, 1978）によれば，人は自分に対しても他者に対しても，貢献（input）と結果（outcome）の間のつり合いを望む。このつり合い，すなわち公平さ（fairness）が，社会的な相互作用や仕事上の相互作用における満足の程度を規定するのである。しかし，人が一貫して自分の貢献を過大評価するならば，自分は分け前以上のことをしているのに他者は分け前相応のことをしていないと感じるかもしれない。残念なことに，そう考えるのは誤りであり，さらに悪いことには誰もが同じ誤りをおかすのである。

ロスとシコリー（1979）を引用して，共著論文の著者順を決定する場合を考えてみよう。

> あなたはもう1人の研究者とある研究プロジェクトに取り組んできたが，その成果を論文にまとめるにあたり，誰が「第一著者」になるべきか（すなわち最終的な論文に大きく貢献したのはどちらか？）という問題が起こってくる。このような場合，2人とも，自分が第一著者になるべきだと主張して当然だと思うことが多いようである。さらに，あなたは（現実は1つしかないはずなので）相手も自分と同じ見方をしているに違いないと確信し，相手は自分を利用しようと企んでいると考えてしまう。そのような心配事は任意の決定規則，たとえば「アルファベット順」——自分の名字の1文字目がアルファベット順の最初のほうにある人が好むやり方——という規則を使うことによって解決されたり避けられたりすることもある（p. 322）。

よくある話，と思われるだろうか。ロス（1981）は，このような論争の歴史的な事例について記述している。たとえば，ジョン・バンティング（John Banting）とフレッド・マクレオッド（Fred Macleod）はインシュリンの発見で1923年にノーベル賞を受賞した。受賞にあたりバンティングは，研究室長であったマクレオッドは助けになるどころか，むしろ邪魔だったと主張した。一方，マクレオッドは自分たちの研究について説明するスピーチのなかでバンティングの名前をあげるのをうまく避けた（Harris, 1946）。

このような論争は，2つの異なる理由から対人不和を作り出す点に注目していただきたい。第一に，人は自分の役割を過大評価するために，自分は十分に評価されていない，認められていないと感じるかもしれない。第二に，もし貢献度の知覚が（第一著者を決定する場合のように）明白になるならば，判断の

ズレが利用可能性の異なる情報を正直に評価した結果から生じうる，という可能性を認識できないかもしれない。その代わり，相手の見方を，受け取って当然と考えているものを受け取ろうとする試みとしてではなく，自分を利用しようとする計算された企みとして解釈してしまうのである。次項では，これら潜在的な葛藤の源について順に議論する。

しかしその前に，貢献度を誇張する結果がすべて悪いものではない，ということを強調しておきたい。うまくいかなかった事の原因についても，夫婦がそれぞれ自分の側の責任を過大評価することを思い出してみよう。この場合，悪い結果をもたらした活動に対して相手の責任を過小評価することになるため，互いに相手に対して好ましい印象をもつかもしれない。現に，否定的な出来事に対して相手の責任を過小評価する（そして自分の責任を過大評価する）ほど，夫婦が自分たちの結婚を幸せだと感じていることが報告されている（Fincham & Bradbury, 1989）。

職場において自分の貢献を過大に評価することにも相応の利点がある。協同して行なった仕事に対して自分が大きく貢献したと感じることは，効力感や統制感を高めるかもしれない。そして，そのような信念は努力や生産性を高めることになるだろう。実際，強力な統制感を保持している人は，困難な課題にも精力的に対応し，長い時間がんばり続ける（Bandura, 1986；Kamen & Seligman, 1986；Seligman & Schulman, 1986）。もっとも，そのような強力な統制感は，否定的な事象に対しても自分の責任を過度に認めてしまうという犠牲を払うことにもなるので，時にはほろ苦いものとなる。会社がビジネスチャンスを逸した責任を過度に感じてしまう重役，研究がうまくいかないことで自分を責め立てる大学院生，チームの敗北の責任を1人で負ってしまうスポーツ選手を考えてみるとよいだろう。

1.　「それは公平ではない」：誇張された責任評価の対人的結果

逸話的な証拠を別にしても，過度に自分の貢献を主張することが重大な対人的結果を引き起こすことが，多くの実証的研究によって支持されている。相応な評価以上を主張する人は人気コンテストではけっして勝てないのである。フォーサイス，ベルガーとミッチェル（Forsyth, Berger, & Mitchell, 1981）は，

実験参加者にグループ討論をさせ，その結果に対する自分の貢献度を配分させ，さらに他のメンバーが自分の貢献度をどのように配分したかについて偽りの情報を与えた。実際にはそのフィードバックは，参加者の何人かが過大な帰属をするように，あらかじめ実験者が構成しておいたものだった。その結果，成功に対して自分の貢献度がいちばん高いと主張したとされた参加者は，自分の貢献を低く見積もったとされた参加者よりも好意をもたれなかった。さらに，この利己的な人物はつき合いにくく，仕事仲間として望ましくないとされた。

結婚生活の話に戻ると，「2人の関係について議論を始める」といった協同作業に対して互いに自分の貢献を主張するほど，結婚における満足度が低くなることが，いくつかの研究で明らかにされている（Fincham & Bradbury, 1989；Thompson & Kelley, 1981）。もちろんこれは相関的研究の結果であり，因果関係については十分注意して解釈しなくてはならない。しかし，少なくとも2つの理由から，貢献度の評価のバイアスが結婚生活への不満を生じさせていると考えられる。まず，衡平理論に従えば夫婦の不満足は不衡平感あるいは不公正感から生じる。したがって，関係を続けていくために自分が相応以上の事をしていると考えたとすると，その人は関係に対して不満をもつことになる。第二に，結婚生活における自分の役割を過大評価すると，実際以上に自分が関係のなかで「支配している」あるいは「尻に敷いている」と信じるようになる。その結果，配偶者に対する過小評価が生じてしまうことになる。夫婦の意思決定において統制感を知覚するほど配偶者に対する評価が低くなるという研究結果はこの主張を支持している（Kipnis, Castell, Gergen, & Mauch, 1976）。

責任配分のバイアスは職場においても問題を引き起こす。従業員は投資（仕事）と結果（給料）のバランスが衡平であると知覚したときに満足を感じるということは，人事管理の基本的な教義である。すべての人に個々の貢献に見合った給料が払われるときに，人は最も幸福を感じるのである。実際，給料の公平さの知覚は，アメリカをはじめ世界のいたる所で労働者の職務満足の最も強力な予測因の1つとなっている（DeConinck, Stilwell, & Brock, 1996；Heneman & Schwab, 1985；Scarpello & Jones, 1996；Singh, 1994）。もちろん，人が仕事上の投資と報酬のつり合いを要求しながら，一方で自分自身の投資を過大評価するならば，自分の給料が公平だとは考えにくいはずである。結果と

して，従業員は給料が十分に支払われておらず，自分が十分に認められていないと感じることになる。

　貢献度の知覚をかたよらせるこの自己中心性は，取引契約や交渉場面でも重要な意味をもつ。フェアな示談を目指している民事裁判の係争者や，買収価格を交渉している企業を考えてみよう。この場合，自分自身の投資ばかりに目が向いてしまうことは，裁判における自分の側の強さや自分の会社の価値を過大評価することにつながる。たとえば，判事や陪審員に影響を与えるために自分の代理人が展開する議論は特に想起しやすいので，本来フェアであるはずの示談内容でも自分の側に有利な評価を主張するかもしれない。そのような信念は，交渉の成立を妨げることにもなるだろう。

　バブコックとロウエンスタイン（Babcock & Loewenstein, 1997）は交渉者が裁判における自分の側の強さについてもっている信念の影響を調べた。そして，係争者が自分の立場の強さを過大評価すると，示談が遅れたり成立にいたらないことが多いことを見いだした。ある研究では，参加者に原告と被告いずれかの役割を割り振り，自動車事故の模擬裁判で示談交渉をするように求めた。すべての参加者は同じ裁判資料（目撃証言や警察の報告書）が与えられ，示談に対する金銭的な誘因を示された。次に参加者は，個別に，かつ匿名の条件で，示談で原告側が受け取るべき相応な額はどれくらいか，尋ねられた。すなわち，中立的立場にいる第三者から見てフェアだと思われる示談額を推定するように求められたのである。

　この研究から，2つの重要な結果が得られた。第一に，原告被告双方とも自分の側の強さを過大評価する傾向があった。利用できる情報はまったく同じであったにもかかわらず，原告側がフェアだとする示談の見積額は，被告側の見積額よりも平均で17,709ドルも高かったのである。第二に，このバイアスの大きさは，示談が成立するかどうかと関係していた。両者が自分の側の強さを過大評価するほど，示談は成立しにくかったのである。バイアスと示談の間の因果関係を明らかにするために行なわれた追試研究では，参加者が裁判資料を読む前に自分の役割（原告か被告か）を知らされる条件と，読んだ後に知らされる条件が設定された。その結果，資料を読んだ後に自分の役割を知らされた被験者は，自分の側の強さを過大評価する傾向も少なく，示談が成立しやすか

った。

　なぜ自分の側の強さの過大評価が示談を妨害するのだろうか。それは，労働者が自分の働きに見合う賃金をもらっていない場合に不満を感じたり，夫婦が互いに相手の貢献が少ないと不満を感じたりするのとまったく同じ理由によると考えられる。公平さ，正確には公平さの知覚が問題なのである。双方が自分の立場の強さを歪めて見ているとしたら，双方がともにフェアだと考える妥協点を見いだすのは困難であろう。この考えに一致して，交渉者は自分がフェアだと考える額よりもわずかに低い場合でさえ，示談をかたくなに拒むことが見いだされている（e.g., Loewenstein, Thompson, & Bazerman, 1989）。

2.　「相手は公平に見ていない」：バイアスの歪められた知覚

　自己中心的に歪められた責任の知覚が日常の社会的関係に悪影響をもたらすかどうかは，明らかになった判断のズレをどのように説明するかによっても決まってくる。この程度が公平だろうとこちらが考えている以上に相手が自分の貢献を主張したとしても，それが単に視点の違いや認知的利用可能性の差異によるものだと考えれば，あまり腹を立てることもない。しかし，自分が優位に立つために意図してやっていると考えたなら，意見の相違に対してそれほど寛大に振舞うことはできないだろう。共著者の過剰な主張が第一著者の地位を得んがための戦略ととられると，その主張が受け入れられることはまずなく，結局は共同研究自体が頓挫してしまうことが多い。

　では，どのようにすれば責任判断のズレを解決できるだろうか。最近，クルーガーとギロビッチ（Kruger & Gilovich, 印刷中）は，一連の研究の中でこの疑問について調べている。ある研究では，これまでの研究と同じ方法で，夫婦に自分と配偶者がそれぞれどの程度貢献していると思うか配分してもらった。ただし，これに一ひねり加えて，配偶者の評定，すなわち相手がどのように貢献度を配分したと思うかも推測してもらった。その結果，夫婦は，遂行することによって評価が高まるような活動については，自分が公平だと考える以上の貢献を配偶者が主張するだろうと正確に予測した。配偶者が「相手を喜ばせるために時間をかけて身だしなみを整えること」に関して自分の貢献を過大評価しても，彼らにとって驚くべきことではなかったのである。この結果は，貢献

度の判断が歪んでいることを，人々がある程度理解していることを示している。ここまでは問題はない。しかし残念なことに，別のデータは，この理解が一部分しか正しくないこと，また正しい場合でもその理由がまちがっていることを示している。

　今述べたように，夫婦は，遂行することによって評価が高まるような活動については，自分が公平だと考える以上の貢献を配偶者が主張するだろうと正しく予測した。しかし，「夫婦げんかのきっかけを作る」といった悪い活動に対しては相手は貢献度を低く見積もる，言い換えれば責任を避けるだろうとも予測したのだが，これは当たっていなかった。つまり，プラスに評価される活動についてはバイアスを正確に予測するが，マイナスに評価される活動については予測を誤ってしまうのだ。言い換えれば，クルーガーとギロビッチ（印刷中）の実験参加者は，純粋な「自己利益追求者（self-interested agents）」——よい活動は自分が貢献したと考え，悪い活動については相手に責任を押しつける——ではなく，強力な「自己利益理論家（self-interest theorists）」——相手がまさにそうすると期待する——だったのである（cf. Miller & Ratner, 1996）。

　参加者は別の点でもまちがっていた。バイアスの方向が正しかった場合でも，その大きさをまちがって推測していたのである。これらの研究において，既婚者は相手が肯定的な活動に対して自らの貢献を主張する程度を過大に評価していた。これは，人種差別事件に対する自称自由主義者と保守主義者の態度を調べたロビンソン，ケルトナー，ワードとロス（Robinson, Keltner, Ward, & Ross, 1995）の研究結果と一致している。この研究では，自由主義者と保守主義者では政治的論争を巻き起こした出来事の解釈が確かに異なっていたが，彼ら自身が考えているほどには異なってはいなかったのである。

　また，人は，自分よりも他者のほうがバイアスを示しやすいと考えているらしい。知りうる限りの客観的な現実に通じているのは自分であり，自分と異なる見方をする人は歪んでいるのだ，と信じている。この「ナイーブな現実主義（naive realism）」（L. Ross & Ward, 1996）は先に述べたロビンソンら（1995）の研究に現われている。自由主義者も保守主義者も，相手の判断のほうが自分たちの判断よりも政治的イデオロギーに影響され利用可能な証拠を反映してい

ないと考えていたのである。このように，人は自分の責任評価は正確であり，他者の判断は正確ではないと信じているようである。わたしたちの研究グループはこの可能性を明らかにするために，参加者にチームメイトとビデオゲームを行なってもらい，いくつかのゲームの結果（獲得得点など）について2人の間の責任配分を求めた。その後，チームメイトおよび公平な観察者がどのように責任配分をすると考えるかも推測させた。その結果，参加者はチームメイトの判断が自分とはまったく異なるだろうと評定した。しかし，中立な観察者は自分と同じように見るだろうと素朴に考えていたのである（Kruger & Gilovich, 1998）。

　ロスは1981年に出版された著書のなかで，責任配分のバイアスについて認識するだけでも「自己中心性の否定的効果」をある程度弱めることができるだろうと指摘した（p. 320）。しかし残念なことに，実証データは，人がこのバイアスをある程度認識できるにしても，その原因や自分自身の影響の受けやすさを理解できないことを示している。実際，人々がバイアスについて抱いている直観は，現実のバイアスより厄介なものなのかもしれない。

3.　「やっとはっきり見える」：責任配分の歪みを克服する

　貢献度配分のバイアスが作り出す日常的な問題を改善する方法がいくつかある。1つの方法は，自分と他者の貢献についての利用可能性が異なる点を是正することである。他者の貢献よりも自分の貢献を想起しやすい点に働きかけることによって，自分の貢献度を過度に見積もることは少なくなるかもしれない。このことを明らかにするために，ロスとシコリー（1979, 実験5）は大学院生に，卒業論文に対する自分と指導教員の貢献度を配分させた。ただし，ある群の学生は自分の貢献度が何パーセントだったかについて回答し，別の群の学生は指導教員の貢献度が相対的に何パーセントだったかについて回答した。2つの質問は内容的には同じであるはずだが，学生の反応は2つの条件でまったく異なっていた。指導教員の相対的な貢献について尋ねられた後者の条件のほうが，自分の貢献度を低く見積もっていたのである。おそらくこの質問の仕方は，もう一方の質問に比べて指導教員の貢献についての記憶を思い起こさせ，その結果，自分の貢献にかたよって思い出すことが少なかったのだろう。

2つめの方法は,貢献度を割り振るときに生じるバイアスを除くのではなく,なぜバイアスが生じるのか,その説明の仕方を変えることである。この方法は「知識は人を解放する」,つまりバイアスについて知ることがその悪影響を少なくするという前提に基づいている。人は一般に相手よりも自分の貢献を過剰に主張する傾向がある,ということを知っていれば,そうした行動は正常なものと見なされ,それほど厄介なものとは見られないかもしれない。さらに,自分の貢献を主張することが名誉を手に入れたいという動機ではなく,単なる認知的バイアスの産物であることがわかれば,冷静に対処することがずっと容易になる。相手に対抗して自分の立場を守ろうとする欲求も小さくなるだろう。結局のところ,このバイアスから生じる対人的葛藤の多くは,バイアス自体というよりも,バイアスについての説明と結びついている。したがって,人が通常保持している感情的な動機的理論を穏やかな認知的説明に置き換えさせることが効果的な介入となるのである。

　最後の介入方法は,貢献度配分のバイアスを小さくしたりその説明の仕方を変えるのではなく,かたよった配分を妨げることを目的とするものである。この方法は継続中の長期的な関係にある人々に対して特に適用しやすいものであり,後になって誰が何をしたのかを評価するときに生じる自己中心性バイアスは克服するのが非常に困難である,という前提に基づいている。そのようなバイアスを避けるには,仕事をどのように配分するのが公平なのかを前もって決めておき,誰がどの仕事をするのかについてあらかじめ合意しておくのがよいのである。このようにすれば,公平さの判断は回想という暗雲の下ではなく,未来に向かう明るい光のなかでなされることになる。この方法は,子どもたちがクッキーを分けるときに薦めるやり方を使うとさらに効果が増す。1人がクッキーを半分に割り,もう1人が好きな方を取るのである。これと同じように,一方が仕事を等しく2つに分けておいて,そのどちらを取るか,まず相手に選択させればよい。この方法を使えば,記憶の利用可能性にズレが生じることはまったくないし,相手は利己的だと互いに糾弾する可能性も避けることができるのである。

2 スポットライト効果：
行為と外見の目立ちやすさの自己中心的な評価

　これまで紹介してきた貢献度（責任）配分の研究は，何が起こったか，あるいは「誰がどれだけしたか」についての評価を扱うものである。このような評価は一般に自己中心的な方向へ歪められており，肯定的結果，否定的結果のいずれについても，客観的に保証される以上の貢献（責任）を主張していた（M. Ross & Sicoly, 1979；Thompson & Kelley, 1981）。しかし，全般的な結果や過程ではなく特定の行為について尋ねたら，何が起こるだろうか。特に，人は他者から自分の行為がどのくらい目立って見えると考えるのだろうか。これに関しては自然な流れとして，自己中心性が貢献度（責任）配分を歪めるのなら，同じように自分の行動がどの程度目立ち他者から利用されるかという評価も歪めるはずだと主張することができるだろう。言い換えれば，人はどうしても自分の行為に目が向いてしまうので，他者の注意も引きつけているはずだと考えるかもしれないのである。

　レストランで1人ぼっちで食事をしている状況を考えてみよう。もしあなたが多くの人々と同じなら，「すべての目――それも友人から除け者にされた奴ではないかと品定めしているような目――が自分の方を向いている」という感覚のために，それはまちがいなく不快な経験となるはずである。実際，多くの人は（周囲の人が自分に注意を向けていようといまいと）理由があって1人でいるということを何としてでも示そうとする。ある人はテーブルに本を広げて仕事場にしてしまい，ある人は目立たぬ奥のほうの席を求め，またある人は（大胆な人の場合だが），目の肥えたレストラン批評家のようにこれ見よがしにメモをとる。また，レストランの中には慈悲深くもひとり客に助け船を出すところもある。家族や友人どうしで来ている客から見えない席に座らせたり，料理人や他のひとり客と話ができるようにカウンターを用意したりするのである（Goffman, 1963）。

　もちろん，ことわざで言う「けがをした親指（sore thumb）」（【訳者注】参照）のような，目立っているという感じは，レストランで1人で食事しているときに限らない。カクテル・パーティで会話する相手が一瞬いなくなったとき，

バスの乗降口で小銭を探してあたふたしたり，行き先を尋ねなければならないとき，髪の毛の寝ぐせがうまく直せない日などは，よくこのように感じる。この感じをさらに味わうために「文献」ではなく文学，トム・ウルフ（Wolfe, 1987）の『虚栄の篝火』という小説からその1節に目を向けてみよう。ある場面で，主人公シャーマン・マッコイはマンハッタンのカクテル・パーティーで会話の相手がいないことに気がつく。

> さて，どうするか？　たちまち彼は，このにぎやかな蜜蜂の巣箱のなかで宿るところがなく，1人きりになった。たった1人！　彼はいま，このパーティ全体がこういった談笑の花束で構成されているのに，そのどれにも加わることができずにいるのは，みじめで無能な社交界の落伍者なんだと痛切に思い知らされた。（中略）彼は先に進んだ……。たった1人だ！　いろいろなことがあるにもかかわらず，彼は社交界での失格者であることを意識し，それが気になっていた……。1人でいたくて1人でいるかのように，自分の好きで1人でざわめきのなかを歩いているかのように見せるには，どうしたらいいのか？（中略）ドアぎわの壁に固定されたアンティークのコンソール・テーブルに，対になったミニチュアの中国式画架が載せてあった。ビロードに切り込みがあり──小さなポケットになっている──名札が差してあった。ディナーの席順のひな形で，それによって，自分の両隣りはだれかがわかるようになっていた。獅子の血筋をひくイェール大出のシャーマンにとっては，これもまた低俗さの見本のように思われた。とはいえ，彼は見た。そうすれば彼は何かしているように見えるし，1人でいるのは席順を調べるためにほかならないと受け取られるだろう。
>
> （『虚栄の篝火（下）』中野圭二訳20〜22頁）

もちろんそのような状況に置かれた多くの人と同様，シャーマン・マッコイは自分の投影しているイメージや「見栄を張る」必要性に適切に配慮することができる。そして，おそらくシャーマンのマンハッタンの社交仲間たちは彼の苦境に気がついただろうし，それに基づいて彼の社会的スキルや性格，地位についてしっかりと判断したことだろう。社会心理学の膨大な研究は，人々が，他者のちょっとした行動からでも属性を推測する強力な傾向があることを示している。すなわち，人は酌量すべき状況的要因があってもそれを適切に考慮せずに，他者の行動の観察からその人がどのような人物なのかという結論まで飛躍してしまいがちなのである（Gilbert & Jones, 1986；Jones & Harris, 1967；L. Ross, 1977；L. Ross, Amabile, & Steinmetz, 1977）。

しかしわれわれは，シャーマンが直面したような状況で，これがあてはまら

ないケースも多いのではないかと考えている。概して、自分が孤立していることに気づいている他者は思ったより少ないかもしれない。孤立していることを否定的に見ている他者はもっと少ないかもしれない。実際、最近の研究は、人はそのような状況では自分の行動を監視することに忙殺され、自分の行動が他者の目にどのように映っているか判断するのがむずかしいことを示している。特に、肯定的、否定的いずれの意味合いをもつ行動でも、人はいっしょにいる他者が自分の行動に気づいたり覚えている可能性を過大評価してしまうようである。

たとえばある研究では（Gilovich, Medvec, & Savitsky, 1998）、参加者は30分の間微妙な話題についてグループ討論を行なった後、1人ひとり個室に移り、自分自身を含め集団全員をいくつかの肯定的次元および否定的次元上で順位づけするように求められた。グループ討論に最も貢献したのは誰か、言いまちがいが最も多かったのは誰か、他者から批判されそうなコメントを最も多く述べたのは誰か、などについて、自分が適切と考える全員の順位と、集団全体が適切と考えていると思う各人の順位を判断するように求められたのである。この方法を用いれば、各参加者について、「他の参加者が自分をどのように見ていると思うか」と「他の参加者が実際にその人をどのように見ているか」を比較できることになる。その結果、自己中心性が明らかに認められた。参加者は、肯定的次元、否定的次元のいずれにおいても、他者から実際よりも高く順位づけされていると考えていた。人は、他者からのまなざしというスポットライトが実際以上に明るく自分を照らしていると信じているようである。

さらにいくつかの研究は、まったく異なる研究パラダイムを用いてこの「スポットライト効果」の存在を明らかにしている。この研究が取りあげたのは、スポットライトを浴びたときにしばしば感じる困惑の感情である（Gilovich, Medvec, et al., 1998）。実験は、およそ以下のような手続きで行なわれた。参加者が実験室に1人でやって来ると、何の説明もなく「このシャツを着てください」と言われ、実験者からポップ・シンガー、バニー・マニロウ（大学のキャンパスではいかがわしさで有名な人物）の大きな写真が胸にプリントされているだぶだぶのTシャツを手渡された。次に、この後の実験はホールの地下にある実験室で別の実験者によって行なわれると説明された。そして、参加者はその地下の実験室の前まで案内され、中にいる別の実験者が後を「引き継ぐ」

ことになっているのでドアをノックするように言われた。

　実験室に入ると，参加者は第二の実験者と質問紙に回答している最中の5人の参加者を目にすることになった。この実験者は5人の参加者の反対側にある椅子を示して，それに座るようにうながした。しかし，参加者がその椅子に座ろうとすると実験者はそれを止めさせ，急に思い直したように，他の参加者はかなり先まで記入がすんでしまっているので，もうしばらく外で待ってもらった方がよいだろうと言った。そして，その通り参加者が外に出ると，すぐに実験者も出てきて，じつはこの研究が偶発記憶に関するものであることが告げられた。具体的には，「まだ部屋の中にいる5人の偶発記憶と，偶発記憶に関するあなたの直感を比較するのがこの実験の目的だ」と説明されたのである。こうして参加者は，自分の髪の色，眼鏡の有無，(いちばん関心のある項目である)Tシャツに描かれていた人物について，5人中何人が正確に想起できるか推測するように求められたのである。

　さて，この実験の結果だが，予想されたように参加者は実際よりも自分(と問題のTシャツ)が目立っていると考えていた。参加者は5人の参加者のおよそ50%がシャツの絵の人物が誰だか気がついているだろうと推測したが，実際に気づいていたのは25%に満たなかった(Gilovich, Medvec, et al., 1998)。つまり，人は自分が考えているほどにはスポットライトを浴びていないことが多いのである。

1.「わたしは競争者になれたのに」：スポットライト効果と後悔の経験

　これまでの人生を振り返って最も後悔していることは何か。このような質問を投げかけると，多くの人は自分がやったことよりも，やらなかったことをまずあげる。大学に行かなかったこと，両親や友人と仲直りしなかったこと，楽器演奏や外国語を習わなかったことなどである。このような事に対する後悔の多くは，失敗するかもしれないという懸念や，他者の目を気にし過ぎて行動しなかったという理由によるようである。「断られるかもしれないし，そんな事になったら皆から笑われそうで，彼女をデートに誘えなかった」「ピアノの先生のリサイタルで演奏するだけの勇気をどうしてももてなかった。それ以来，誰の前でも演奏できない」「機が熟していたのはわかっていたが，他人からど

う思われるか考えると怖かった」等々（Gilovich & Medvec, 1994, 1995；Hattiangadi, Medvec, & Gilovich, 1995）。

　そのような決断にスポットライト効果が働いていることを見いだすのはむずかしくない。人は，自分が失敗したら誰もがそれに気がついて厳しい目で見るだろうと心配するために——心配し過ぎなのだが——行動しないのかもしれない。しかし実際には，これまで見てきたスポットライト効果の研究が示している通り，他者が考えていることについての心配はたいていの場合思い過ごしであり，他者はこちらが考えるほど自分の失敗に気づくことも考えることもないのだ。そして，時が経つにつれて成功していたかもしれないという確信が強まる一方で，他者の反応に対する心配は小さくなる。このことが，行動しなかったことへの後悔の念を引き起こす（Gilovich, Kerr, & Medvec, 1993）。

　そうすると，人は慎重さを吹き飛ばして，できる限り大胆に行動すべきなのだろうか。必ずしもそうとは言えない。現状から離れることを避けたがる傾向，すなわち「不作為バイアス（omission bias）」の存在には十分な機能的理由があるからである（Spranca, Minsk, & Baron, 1991）。現状への固執は，とにかくその決定の時点までは，少なくとも自分の生存に役立ったことになる。しかし，向こう見ずな行動は自分の生存を脅かす。したがって，性急な行動を控えることにはそれなりの利点があることになる。実存的な苦悩や機会を逸したことに対する後悔の念は慎重さに対する当然の代償であり，それはそれでよいのである。

　しかし，スポットライト効果の存在を知ることで，本当はやりたいのだが失敗したときに他者からどう思われるか心配で躊躇してしまう行為を，それまでとは異なる目で見ることができる。スポットライト効果の研究からすれば，このようは状況ではもっと大胆に行動すべき，ということになる。たとえ失敗したとしても，その影響はわたしたちが考えるほど重大なものではない。他者にとって，人の失敗は本人が思うほど重要ではない。たいてい他者は自分のことで忙しくて，他人の失敗に気づくことさえ少ないのである。

2.「誰もが考えることは何か？」：スポットライト効果，社会恐怖，偏執症

　これまでのところ本章では，日常生活の中の対人的困難，たとえばコミュニ

ケーションにおける誤解，傷つけられた気持ち，社会的関係のなかでのぎこちなさ，手に負えないほどの意見の相違などにおいて，日常的な自己中心性がどのような役割をはたしているかに焦点が当てられてきた。しかし，この自己中心性がもっと重大な事態をもたらすこともある。たとえば，これまで述べてきたスポットライト効果を考えてみよう。ほとんどの人は，スポットライトのなかにいると居心地が悪く不快であること，そして他者の評価を恐れるあまり機会を逸してしまうことがあることを認めるだろう。しかし人によっては，他者が自分に注意を向け厳しく評価しているという恐怖感が強くなりすぎることがある。極端な場合，この恐怖は社会恐怖や対人不安障害という麻痺状態に人をいたらしめる。「社会恐怖の本質的な特徴は，困惑を生じさせる社会的状況や遂行状況に対する著しくかつ持続的な恐怖である」(American Psychiatric Associaion, 1994, p. 411)。もちろん，ある遂行状況ではスポットライトが実際に当てられているため，このような恐怖は当然のことかもしれない。しかし，別の状況ではその恐怖は現実の危険性とつり合っていない。恐怖症の人が考えているほどその行為に気づき評価する人は多くないからである。事実，社会恐怖の有効な治療法の1つでは，他者から自分が受けていると思う詮索をより現実的に評価させるというやり方が使われている (Heimberg, 1990)。

　スポットライト効果は偏執症という現象とも明らかに関係がある。フェニングスタインとバナブル (Fenigstein & Vanable, 1992) が指摘したように，自己意識の高まった感覚が偏執症と関係しているという臨床的洞察はクレペリン (Kraepelin, 1915) の初期の理論までさかのぼることができる。フェニングスタインとバナブルは一連の実験で，他者の行動が自分に向けられている程度を過大評価する一見偏執症的な傾向，彼らが「自己標的バイアス (self-as-target bias)」とよんでいる傾向は大学生においてかなり一般的であることを示した (Fenigstein, 1984；Fenigstein & Vanable, 1992)。自己への意識，特に社会的対象としての自己に対する意識は，病的であろうとなかろうと，自分が他者の注意や詮索の中心となっているという心配と絡み合っているように思われる。フェニングスタインとバナブル (1992) のことばを借りれば，「日常的な行動においてごくふつうの人が，偏執症を連想させるような特徴——たとえば，自己中心的な思考，猜疑心，悪意や敵意の憶測，さらには陰謀の意図の読みとり

――を示す」(p. 130)。このように，臨床的な偏執症とこの章での関心の対象である自己中心性バイアスの差異は，質の違いではなく程度の違いであるということができるだろう。

3 透明性の錯覚

　ここまで，人が自分の行動や外見を監視することに思考や注意を向けることで，自分が他者から目立って見えていると考え過ぎてしまうことについて見てきた。しかし目に見えない行動，つまり思考，感情，内的な感覚はどうだろうか。これらも，しばしば注意や思考の対象となる。そうすると，この内的状態に注意を向けることも，他者に対してその状態が明らかとなっている程度についての評価を歪めるだろうか。

　わたしたちはそうであると考える。特に，人は透明性の錯覚，すなわち自分の思考，感情，情動が実際よりも他者に対して明らかになっていると考える傾向をもつと主張したい。多くの人は，他者が「人のこころを読む」ことはできないし，内的感覚を直接知ることはできないことをあるレベルでは認識している。しかし，内的感覚がどの程度他者に明らかであるかを判断しようとするとき，この認識の方向へ十分に修正することができないかもしれない。この過程は当然の帰結として，先に議論したような，他者が自分に注目している程度の過大評価や，他者が自分の内的感覚を見抜く程度の過大評価を生み出す。

　ギロビッチ，サビツキー，メドベック（Gilovich, Savitsky, & Medvec, 1998）はいくつかの実験で，こうした錯覚が生じることを実証している。味覚テストの実験では，参加者は個別に実験室に来て，5つの飲み物を1つずつ味見するところを録画された。参加者の到着前，実験者は5つの飲み物のうち1つを非常にまずいものに作っておき，そのまずい飲み物を他の4つのなかにまぜて置いておいた。そして，味見をする参加者には，この中に1つまずい飲み物があることを話しておいたが，それがどれかは教えなかった（そのまずい飲み物は，味は異なるものの見かけは他の4つとまったく同じだった）。ここで最も重要

なのは，参加者は，そのようすを見ている人にまずい飲み物がどれか悟られないように，自分の反応を隠すよう教示されたことだった。

飲み物をすべて飲み終わった後，味見をした参加者は自分がどれくらい教示どおりにできたと思うか，すなわちどの程度自分の感情を抑制することに成功したか，あるいは，うまく隠そうという試みにもかかわらずまずい飲み物を味見しているときの嫌悪感が「漏れてしまった」と思うかを示すように求められた。具体的には，味見をした参加者は，録画された表情だけをもとに5つの飲み物のうちどれがまずい飲み物であったかを見抜くことができる観察者の割合を評価したのである。また，これとは別に，実際に判定者のグループに味見をした参加者のビデオを見てもらい，まずい飲み物がどれかを当てるように求めた。そして，味見をした参加者自身による感情の漏洩の評定と，観察者がまずい飲み物を見抜く能力とが比較された。

味見をした参加者の評定はどの程度正確だっただろうか。結果は予想された通り，参加者は透明性の錯覚の影響を受けていた。彼らは自分の内的な嫌悪感情が他者に明らかになっている程度を過大評価し，その結果としてまずい飲み物を見抜くことができる観察者の数を過大評価していた。味見をした参加者は，実際に正確に見抜いた観察者の割合の約2倍を予想していたのである。簡単に言えば，参加者の嫌悪感は本人が予想したほど他者には明らかになってはいなかった。自分が考えているほど透明ではなかったのである（Gilovich, Savitsky, et al., 1998）。

他の実験でも同様の結果が得られている。ある研究では，嘘をつくように求められた被験者が実際よりも多くの欺瞞の手がかりを漏らしてしまっていると考え，自分の嘘が他者に見抜かれる程度を過大評価していた（Gilovich, Savitsky, et al., 1998）。別の研究では，起こりうる緊急事態を警戒していた被験者が，自分の心配が実際よりも他者に明らかになっていると考えていた（Gilovich, Savitsky, et al., 1998）。では，この透明性の錯覚は日常的な対人関係の問題をどのように引き起こしているだろうか。わたしたちは問題を引き起こす2つの潜在的な原因に焦点を当てる。その1つは個人の内側にあるものであり，もう1つは対人的なものである。

1. いっそう悪い状態へ：透明性の錯覚と自己悪化症候群

　多くの問題は，それについて悩むことが事態をさらに悪くするという特徴をもっている。このことは他者には知られたくない思考や感情を隠すという問題について特にあてはまるかもしれない。この場合，他者にこちらの内的状態を見抜かれるかもしれないと考えることは，自分の内的状態に過剰な注意を向けさせる結果になる。このようにして，厄介な心配事に過ぎなかったものが，当事者を衰弱させるほどの強迫観念へと螺旋状に進行していくことになる。別の言い方をすれば，自分が問題としている内的感覚が外に漏れているという誤った考えと，その結果生じる注意の焦点化が，この感覚自体の持続と悪化を招くのである。

　公の場で話をすることを予期したときに多くの人が抱く不安について考えてみよう。この不安は，しばしば話し手が考えているほど他者には明らかではないことが示されてきた（Savitsky, 1997）。多くの人にとって，スピーチ不安は大きな心配事であり，重大な悩みの種である。スピーチ不安を抱えている人に対する調査では，恐怖心が強すぎるあまり仕事を変えたり学習が妨害されていると多くの人が報告している（Stein, Walker, & Forde, 1996）。

　しかし公の場で話すことに対する恐怖心は，単に人前で話すことを予期しておびえたり神経質になる以上の要素をもっている。先に述べた調査では，スピーチ不安を抱えている回答者の80％が，話をしている間に「声が震えたり身震いをしたり，その他の不安の兆候を見せてしまう」（Stein et al., 1996, p. 172）ことを心配していると回答している。言い換えれば，自分が他者から不安に見えるかもしれないことに不安を感じると報告している。不安そうに見えることに不安になっているのである。人が透明性の錯覚を示しやすいことからすれば，スピーチ不安がどのようにして自ら悪循環を生み出すか容易に理解できる。スピーチをするときにいく分か不安を経験し，その不安が聴衆に対して明らかになっていると実際以上に信じている。この思考，すなわち自分がどんなに不安を感じているか聴衆が気がついていると考えてしまうことが，皮肉にも話し手をますます不安にさせてしまう。そうすると話し手は，さらに高じた不安も他者に明らかになっていると考えてしまい，またさらに不安が高まる，という具合である。★1

このように，スピーチ不安はストームズとマッコール（Storms & McCaul, 1976）が自己悪化症候群（self-exacerbating syndromes）と名づけたものの一例と考えることができるだろう。彼らによれば，状態の経験それ自体が，その状態を高進させることがありうる。ストームズとマッコール（1976）は試合でのプレーに不安を抱くテニス選手の例をあげている。「彼女のサーブは，理由もなく試合の途中で調子が落ちる傾向にある。彼女は怒り，イライラし，自分の下手さを呪い，残りのセットもダブルフォルトで自滅する」(p. 143)。この場合，彼女が自分の明らかな欠点について考えることは，事態をただ悪化させているだけのように思われる。ストームズとマッコールは，吃音，不眠症，作家のスランプをはじめとして，このような症候群の数多くの事例について検討し，その現象を注意や帰属のメカニズムと結びつけている。ステレオタイプ脅威（stereotype threat）――汚名を着せられている集団メンバーが，その集団に対する否定的なステレオタイプどおりに行動してしまわないかと悩み，心配することによって，皮肉にもそのステレオタイプどおりに行動するようになってしまう現象――もこの過程の1つの現われかもしれない（Steele & Aronson, 1995）。

　わたしたちはこのリストに，公の場で話すことに対する恐怖に加えて，より一般的な対人不安を追加することもできる。対人不安の研究は，スピーチ不安の場合と同様に，対人不安が私的に経験している心理的苦痛が容易に他者にわかってしまうという深刻な心配――そのような心配はほとんど錯覚なのだが（Clark & Arkowitz, 1975；McEwan & Devins, 1983）――によってしばしば特徴づけられることを示唆している（Marks, 1969；Nichols, 1974）。たとえば，恋愛対象としての異性に接近することに対して慢性的にシャイで不安になっている人は，先に述べた螺旋状の過程に悩まされていると容易に想像できる。自分の不安が実際よりも明らかになっていると信じてしまうことで，さらに不安が高まり，結局はそれまでの努力を水泡に帰してしまうのである。

　一般に，不安そうに見えるかもしれないという予期そのものに不安を感じているとき，自分のことが実際以上に他者から透けて見えているという錯覚によってまた不安が高まり，その不安が漏れることをさらに心配し不安が高まるという螺旋状の過程に入り込んでしまう。そして，最終的に不安が「限界点」に

到達し，誰の目から見ても明らかという，まさに最初恐れていた通りの状態を招いてしまうこともある。このように透明性の錯覚は，恐れていた事態を現実のものとさせ，ささいな心配の種を当事者を参らせてしまうほど大きな苦痛に変えてしまうのに一役買っているのである。

2.「あなたはわたしが何を考えていたかわかっていたはず」
：透明性の錯覚と対人葛藤

　透明性の錯覚は，関連するスポットライト効果と同様に，対人関係における葛藤を引き起こす。ここではもう1つ，表情研究の結果について考えてみよう（Savitsky, 1997）。この実験の参加者は6種類の情動のなかから1つを選んでそれを表情だけで示すように求められ，そのようすがビデオに録画された。表情で示した後，どれくらいうまくできたと思うかを尋ねられた。自分が表情によって示した情動を同定できる観察者の割合を予測するように求められたのである。たとえば，自分が示そうとした表情が混乱であって，嫌悪，心配，欲求不満，疲労，困惑ではないことがわかる観察者はどれくらいいるかという具合である。

　次に，前に述べた味見実験と同様に，サビツキー（Savitsky, 1997）はこのビデオテープを観察者に見せ，表出者がそれぞれの事態で伝えようとしている情動を同定するように求めた。そして，観察者の成績と表出者の予測を比較したところ，味見実験と同様に，透明性の錯覚の存在が明らかになった。表出者は表情を通してかなり明確に情動状態を伝えることができたと考えていたが，実際にはそうではなかった。情動表出を読みとる観察者の能力は，表出者の予測に遠く及ばなかったのである。

　これまで紹介してきた味見研究や他の研究では参加者が自分の内的状態を隠そうとしていたのに対して，この結果は，内的状態を伝えようとする場合にも錯覚が生じることを実証している点に注目してほしい。自分自身の情動経験の強さや豊かさは，それを他者に伝えようとしてもうまく伝わらないのかもしれない。ねたみ，動揺，嫉妬といった複雑な情動状態を適切な表情に変えるのはむずかしいということもある。しかし，これらの情動状態は当人には非常にはっきりと感じられるので，人はこの事実を見落としてしまうのかもしれない。

内的状態の明確さと表出行動の明確さは簡単に混同されてしまう。人はよく最初の判断の出発点から適宜調整して推論を行なうが，この修正が十分に行なわれずに推論がかたよることがある（Jacowitz & Kahneman, 1995；Tversky & Kahneman, 1974）。この場合にも，修正が必要であることには気づいていても，内的経験と外的表出のズレを十分に修正することはむずかしいのだろう。その結果，特定の思考や感情，他の内的状態を伝えようとする試みは，本人が考えているほどうまくはいかず，他者に自分が意図した意味をほとんど伝えられないということが起こりうるのである。

　こうした傾向があるということから，ある種の対人的葛藤がなぜ起こるか理解することができるだろう。もう一度，夫婦の例を考えてみよう。これまでの研究は，互いに相手の非言語的コミュニケーションを読みとる能力が結婚生活の満足と相関していることを示している（Gottman & Porterfield, 1981；Kahn, 1970；Noller, 1980）。ここでわれわれは，自分の内的思考や情動をどのくらいうまく伝えているかについての信念も同じように結婚生活の満足感と関係することを指摘したい。自分が送った信号（「うるさい」，「注意を向けてほしい」，「もう決心した」等）の明確さを過大評価する傾向があるとしたら，相手が適切な行動をとらないことは，不機嫌さ，関心の欠如，悪くすると明らかな敵意と解釈されるかもしれない。そしてこのことが，パートナーは無神経であるとか「どうでもいいと思っている」という非難にいたることもある。一般に，自分の気持ちを十分に伝えたと思いこんだり，相手が「こちらの気持ちを汲み取れる」と期待しすぎたりすると，これが誤解の種になりやすい。このように，透明性の錯覚は対人不和の1つの原因であり，特にこの錯覚に陥りやすい夫婦が葛藤を引き起こしやすいのかもしれない。

　コミュニケーションの明確さに対する誇張した感覚が，これ以外の多くの状況においてもさまざまな対人的問題を引き起こしていることはまちがいない。透明性の知覚と関連した意見の不一致は職場において特に認められる。職場では礼儀正しさが重要視されるので，開けっぴろげに自分の気持ちを話すことはない。そのかわりに，遠回しに表現したり「察してくれるはずだ」という考えに頼ってしまう。たとえば経営者は部下に自分の快・不快を十分に伝えていると考えたり，実際にはさほどでもないのに自分の期待を明確に述べていると信

じているかもしれない。このことは，部下の仕事の結果が本当に必要な水準に満たないといった仕事の非効率性を引き起こす可能性がある。さらに，そのことで感情的になって部下を「こっぴどく叱る」ようなことがあれば，部下はその上司を恨んだり，狭量かつ衝動的で，予測しかねる人間だと思うようになるだろう。そうなると，モラールの低下，怠慢，場合によっては意図的なサボタージュさえも生じかねない。

　雇用される側も同様に，会社の方針に対する留保といった自分たちの考えを，上司に十分に伝えることをしないかもしれない。これでは，欠陥がある製品や方針なのにそれが指摘されず，結局は無駄に資源をつぎ込むことにもなってしまう。フィードバックの欠如が会社を窮地に追い込むのである。これは集団思考（groupthink）という現象——集団のなかで事を荒立てたり集団の和を乱したくないため，方針に対する自分の疑問を抑圧してしまう傾向——と類似している（Janis, 1972, 1982；Mullen, Anthony, Salas, & Driskell, 1994）。この有害な過程には，透明性の錯覚も一役買っているように思われる。集団に対して明確に異議を唱えることを避けようとする人は，自分の気持ちをことば以外の手がかりを使って暗に伝えようとする。そして，うまく伝わったはずだと考えてしまうと，本来しなければならないこと，すなわち自分の懸念をはっきりとことばで強く伝えることはもう必要ないと感じてしまうことになる。さらに被雇用者は，実際には単なるコミュニケーションの失敗によって他者が自分たちの忠告を気に留めなかったのに，そのことを彼らの意見，さらには彼ら自身が尊重されていないことを示す暗黙のシグナルと見なすかもしれない。

　透明性の錯覚は，これまでさんざん議論されてきた現代の職場の厄介な問題，セクシャル・ハラスメントにおいても一役買っているかもしれない。ある人物から言い寄られた人が，「関心がない」というメッセージをその人物にはっきり送り返したと信じていたとすると，もう一度誘いを受けたとき，それを嫌がらせと解釈するかもしれない。このことによって誘った側が告発されると，本人は合意の上の戯れと考えているかもしれないので，大きなショックを受けることになる。もちろん，誘いを受ける側のそのような誤解がセクシャル・ハラスメントのすべてのケースに含まれていると主張しているわけではない。野蛮で無神経な性的略奪者が存在するのは確かである。しかし，セックスと魅力

（とその欠如）の問題は，直接話し合うことがためらわれることが多く，そのコミュニケーションは微妙で，間接的で，非言語的なものになりがちである。そうだからこそ，透明性の錯覚が何かと起こりやすい領域なのである。

4 結論，示唆，未解決の問題

　過去30年の心理学の最も生産的な研究領域の1つは，人の日常的な判断の研究であった。こうした研究は，人の判断が体系的なバイアスに陥りやすいこと，その結果，しばしば日常的な経験を誤って評価したり，誤った判断を下したり，怪しげな信念を形成したり，あるいは浅はかな行為を犯してしまうことを明らかにしている（Dawes, 1988；Gilovich, 1991；Kahneman, Slovic, & Tversky, 1982；Nisbett & Ross, 1980）。この章では，他者から自分がどのように見られているかについて人が一般に犯してしまう誤った判断をいくつか取りあげて検討してきた。他者が自分をどのように見ているかを正確に予測することは，本当の意味で他者の視点から自分自身を見ることができないために，容易なことではない。人は自分自身の「生活空間」の中心を占めているが（Lewin, 1951），他者の生活空間のなかではほとんど目立たない。このような各人の視点の違いが，誤った知覚や理解の源泉になっている可能性がある。

　この章では，自己を超えようとする際に人々がよく直面する問題のなかから3つを取りあげて検討してきた。第一に，協同作業における自分の貢献の（少なくとも本人にとっての）顕著さが，いかに自己の貢献度の評価に対して悪意のないバイアスを生じさせるかを議論した。人は，相手が認める以上に自分の貢献を多く割り当てようとする。そして，お互いに，自分はごまかされており，相手が利己的な動機から故意に自分のことを軽視していると考えるために，両者の間に葛藤が引き起こされることを見てきた。第二に，自分の行為や外見を監視することに注意を向けることで，他者から見て自分が目立った存在であると考えすぎてしまうことを明らかにした。人は社会的スポットライトが実際以上に自分を照らし出していると考える傾向がある。このことが自己意識を強め

て心の病を引き起こすこともある。そこまで大きな問題にはならなくても，せっかくのよい機会を逃してしまったり，充実した人生を生きていないという不快な感覚を生じさせる。厄介な場合には，それが高じて極端な社会的引きこもりや社会恐怖へいたることもある。第三に，透明性の錯覚と類似した現象，自分の内的状態が実際以上に他者に明らかとなっているという信念について概観した。このバイアスも自己を超えることの困難さから生じる。自分の内的思考や感情があまりに強烈な経験なので，他者も当然気がついているはずだと考えてしまうのである。相手に自分の意思が伝わっているはずだ考えると，他者の無反応は無神経や関心のなさに帰属されるため，透明性の錯覚は家庭や職場での問題を生じさせることになる。

これら3つの自己中心性バイアスの議論のなかで，われわれはこれらのバイアスがほとんどすべての人の思考に影響を与え，さまざまな日常の対人的問題を生み出すことを強調した。今回は，偏執症と社会恐怖の議論をさらに進めて，正常な社会的相互作用のなかで観察される自己中心性の明白な個人差と，この過剰な自己中心性が作り出す極端な心理状態にはあまり注意を向けなかった。これはそのような極端な人，あるいは病的な条件が存在しないということではない。自己愛（Kernberg, 1975），抑うつ（Ingram & Smith, 1984；Smith & Greenberg, 1981），アルコール依存症（Hull & Young, 1983；Hull, Young, & Jouriles, 1986）など，確かに存在するのである。しかしそのような人や条件を完全に説明するためには，この章で扱った認知的バイアス以外の数多くの原因や条件を分析する必要がある。

わたしたちはまた，自己中心性バイアスの大きさに何らかの発達的傾向が存在するかどうかについても言及することを避けた。この疑問はおそらくスポットライト効果について最もあてはまる。親や高校の先生には明らかなことであるが，思春期の若者は他者からどのように見られているかに強い関心をもっており，あらゆる視線が自分に注がれている，実際に他者から見られていると完全に信じている（Elkind, 1967）。そして，「名誉挽回は無理だ」とか「いっそ死んだほうがましだ」といった非合理的な考えにいたることが多い。実際，多発する思春期の自殺は，面子を失ったという思い込みが生み出す屈辱感が引き金となる（Shaffer, 1974, 1988）。自殺する可能性のある人が，面子を失ったと

現実以上に思いこんでしまっている，言い換えれば，他者は自分の欠点に気がついており，よく覚えており，評価していると考え過ぎてしまっているのだとしたら，それだけスポットライト効果の研究は自殺という現代における危急な問題について語るべき重要な事柄を含んでいることになる（Garland & Zigler, 1993）。

自己中心性における個人差と発達的傾向の問題に加え，これまで議論されてきた自己中心性バイアスが，文化や下位文化による自己の見方の違いによって影響を受けるかどうかという問題がある。本章では，どのような文化においてもほとんどすべての人の判断に認知的バイアスが影響を与えていることを強調した。人の感覚器官は自分の外側に向けられているので，自分が他者からどのように見えているかを正確に知覚するのは，誰にとってもむずかしいことである。しかし，自己がどのように概念化されているか，そして自己がどの程度自らの経験の体制化に影響を与えているかは文化によって異なる（Markus & Kitayama, 1991；Triandis, 1989）。実証的な検討はこれからだが，自己の体制化のされ方の違いが，本章で見てきた自己中心性バイアスの大きさと関係していることは十分に考えられる。たとえば，西洋文化のなかでは強力な自己の感覚と自尊心が注意深く育てあげられる。実際，人類の歴史において現代の西洋世界ほど自律的な自己が啓発され，称えられ，賞賛されたことはこれまでなかったという主張もある（Lasch, 1979）。このことは，貢献や責任配分のバイアス，スポットライト効果，透明性の錯覚といった現象が，特に現代の西欧社会において認められることを意味している。日常の議論や普通の社会化の実践のなかで自己が強調されるとき，強力な自己中心性バイアスの土壌が横たわっているのである。

【注】
★1：実際，このサイクルが動くためには，現実に不安を経験する必要さえない。「うまくやること」，つまり必要なあらゆる認知的プログラムと動作プログラムを動員すること，の単なる必要性から生じる正常な予期的喚起が，不安や自己不信の苦しみとして誤帰属されるかもしれない。すなわち，人はヒューリスティックを用いて，「ドキドキしているのだからわたしはスピーチをすることに対して不安であるに違いない」と推論する可能性がある（Savitsky, Medvec, Charlton, & Gilovich, 1998；Schwarz & Clore, 1983）。そのような感覚が他者に知られているという懸念が本当の不安経験を引き起こし，その不安も他者にわかってしまうと考えるとまたさらに不安が高進する，いう具合に続いていくのかもしれない。

【訳者注】
　一般に "stick out like a sore thumb" という表現で用いられる。本来親指そのものが他の指より大きく目立つ存在であることに加えて，包帯でも巻いていればなおさら目立つということで，「(不都合な面が) ひどく目立つ」という意味をもつ。

引用文献

▶ American Psychiatric Association. (1994). *Diagnostic and statistical manual of mental disorders* (4th ed.). Washington: American Psychiatric Association.

Babcock, L., & Loewenstein, G. (1997). Explaining bargaining impasse: The role of self-serving biases. *Journal of Economic Perspectives, 11*, 109–126.

Bandura, A. (1986). *Social foundations of thought and action: A social cognitive theory.* Englewood, NJ: Prentice-Hall.

Beckman, L. J. (1970). Effects of students' performance on teachers' and observers' attributions of causality. *Journal of Educational Psychology, 65*, 198–204.

Brawley, L. R. (1984). Unintentional egocentric biases in attributions. *Journal of Sport Psychology, 6*, 264–278.

Burger, J. M., & Rodman, J. L. (1983). Attributions of responsibility for group tasks: The egocentric bias and the actor–observer difference. *Journal of Personality and Social Psychology, 45*, 1232–1242.

Christensen, A., Sullaway, M., & King, C. E. (1983). Systematic error in behavioral reports of dyadic interaction: Egocentric bias and content effects. *Behavioral Assessment, 5*, 129–140.

Clark, J. V., & Arkowitz, H. (1975). Social anxiety and self-evaluation of interpersonal performance. *Psychological Reports, 36*, 211–221.

Dawes, R. (1988). *Rational choice in an uncertain world.* San Diego, CA: Harcourt Brace Jovanovich.

DeConinck, J. B., Stilwell, C. D., & Brock, B. A. (1996). A construct validity analysis of scores on measures of distributive justice and pay satisfaction. *Educational and Psychological Measurement, 56*, 1026–1036.

Deutsch, F. M., Lozy, J. L., & Saxon, S. (1993). Couples' reports of contributions to child care. *Journal of Family Issues, 14*, 421–437.

Elkind, D. (1967). Egocentrism in adolescence. *Child Development, 38*, 1025–1034.

Fenigstein, A. (1984). Self-consciousness and the overperception of self as a target. *Journal of Personality and Social Psychology, 47*, 860–870.

Fenigstein, A., & Vanable, P. A. (1992). Paranoia and self-consciousness. *Journal of Personality and Social Psychology, 62*, 129–138.

Fincham, F. D., & Bradbury, T. N. (1989). Perceived responsibility for activities in marriage: Egocentric or partner-centric bias? *Journal of Marriage and the Family, 51,* 27–35.

Forsyth, D. R., Berger, R. E., & Mitchell, T. (1981). The effects of self-serving vs. other-serving claims of responsibility on attraction and attribution in groups. *Social Psychology Quarterly, 44,* 56–64.

Forsyth, D. R., & Schlenker, B. R. (1977). Attributing the causes of group performance: Effects of performance quality, task importance, and future testing. *Journal of Personality, 45,* 220–236.

Garland, A. F., & Zigler, E. (1993). Adolescent suicide prevention: Current research and social policy implications. *American Psychologist, 48,* 169–182.

Gilbert, D. T., & Jones, E. E. (1986). Perceiver-induced constraint: Interpretations of self-generated reality. *Journal of Personality and Social Psychology, 50,* 269–280.

▶ Gilovich, T. (1991). *How we know what isn't so: The fallibility of human reason in everyday life.* New York: Free Press.

Gilovich, T., Kerr, M., & Medvec, V. H. (1993). The effect of temporal perspective on subjective confidence. *Journal of Personality and Social Psychology, 64,* 552–560.

Gilovich, T., & Medvec, V. H. (1994). The temporal pattern to the experience of regret. *Journal of Personality and Social Psychology, 67,* 357–365.

Gilovich, T., & Medvec, V. H. (1995). The experience of regret: What, when, and why. *Psychological Review, 102,* 379–395.

Gilovich, T., Medvec, V. H., & Savitsky, K. (1998). *The spotlight effect in social judgment: An egocentric bias in estimates of the salience of one's actions and appearance.* Unpublished manuscript, Cornell University.

Gilovich, T., Savitsky, K., & Medvec, V. H. (1998). The illusion of transparency: Biased assessments of others' ability to read our emotional states. *Journal of Personality and Social Psychology, 75,* 332–346.

▶ Goffman, E. (1963). *Behavior in public places.* New York: Free Press.

Gottman, J. M., & Porterfield, A. L. (1981). Communicative competence in the nonverbal behavior of married couples. *Journal of Marriage and the Family, 43,* 817–824.

Harris, S. (1946). *Banting's miracle: The story of the discovery of insulin.* Philadelphia: Lippincott.

Hattiangadi, N., Medvec, V. H., & Gilovich, T. (1995). Failing to act: Regrets of Terman's geniuses. *International Journal of Aging and Human Development, 40,* 175–185.

Heimberg, R. G. (1990). Cognitive behavior therapy. In A. S. Bellack & M.

Herson (Eds.), *Handbook of comparative treatments for adult disorders* (pp. 203–218). New York: Wiley.

Heneman, H. G., & Schwab, D. P. (1985). Pay satisfaction: Its multi-dimensional nature and measurement. *International Journal of Psychology, 20*, 129–141.

Hull, J. G., & Young, R. D. (1983). Self-consciousness, self-esteem, and success–failure as determinants of alcohol consumption in male social drinkers. *Journal of Personality and Social Psychology, 44*, 1097–1109.

Hull, J. G., Young, R. D., & Jouriles, E. (1986). Applications of the self-awareness model of alcohol consumption: Predicting patterns of use and abuse. *Journal of Personality and Social Psychology, 51*, 790–796.

Ingram, R. E., & Smith, T. W. (1984). Depression and internal versus external focus of attention. *Cognitive Therapy and Research, 8*, 139–152.

Jacowitz, K. E., & Kahneman, D. (1995). Measures of anchoring in estimation tasks. *Personality and Social Psychology Bulletin, 21*, 1161–1166.

Janis, I. (1972). *Victims of groupthink*. Boston: Houghton Mifflin.

Janis, I. (1982). *Groupthink* (2nd ed.). Boston: Houghton Mifflin.

Jones, E. E., & Harris, V. A. (1967). The attribution of attitudes. *Journal of Experimental Social Psychology, 3*, 1–24.

Kahn, M. (1970). Nonverbal communication and marital satisfaction. *Family Process, 9*, 449–456.

Kahneman, D., Slovic, P., & Tversky, A. (1982). *Judgment under uncertainty: Heuristics and biases*. Cambridge, UK: Cambridge University Press.

Kamen, L. P., & Seligman, M. E. P. (1986). Explanatory style and health. *Current Psychology Research and Reviews, 6*, 207–218.

Kernberg, O. F. (1975). *Borderline conditions and pathological narcissism*. New York: Aronson.

Kipnis, D., Castell, P. T., Gergen, M., & Mauch, D. (1976). Metamorphic effects of power. *Journal of Applied Psychology, 61*, 127–135.

Kraepelin, E. (1915). *Psychiatrie: Ein lehrbuch* [*Psychiatry: A textbook*] (7th ed.). Leipzig, Germany: Barth.

Kruger, J., & Gilovich, T. (in press). "Naive cynicism" in everyday theories of responsibility assessments: On biased assumptions of bias. *Journal of Personality and Social Psychology*.

Lasch, C. (1979). *The culture of narcissism: American life in an era of diminishing expectations*. New York: Norton.

▶ Lewin, K. (1951). *Field theory in social science*. New York: Harper.

Loewenstein, G., Thompson, L., & Bazerman, M. (1989). Social utility and decision making in interpersonal context. *Journal of Personality and Social Psychology, 57,* 426-441.

Marks, I. M. (1969). *Fears and phobias.* New York: Academic Press.

Markus, H. R., & Kitayama, S. (1991). Culture and the self: Implications for cognition, emotion, and motivation. *Psychological Review, 98,* 224-253.

McEwan, K. L., & Devins, G. M. (1983). Is increased arousal in social anxiety noticed by others? *Journal of Abnormal Psychology, 92,* 417-421.

Miller, D. T., & Ratner, R. K. (1996). The power of the myth of self interest. In L. Montada & M. J. Lerner (Eds.), *Current societal issues about justice: Critical issues in social justice* (pp. 25-48). New York: Plenum Press.

Mullen, B., Anthony, T., Salas, E., & Driskell, J. E. (1994). Group cohesiveness and quality of decision making: An integration of tests of the groupthink hypothesis. *Small Group Research, 25,* 189-204.

Nichols, K. (1974). Severe social anxiety. *British Journal of Medical Psychology, 47,* 302-306.

Nisbett, R. E., & Ross, L. (1980). *Human inference: Strategies and shortcomings of social judgment.* Englewood Cliffs, NJ: Prentice-Hall.

Noller, P. (1980). Misunderstandings in marital communication: A study of couples' nonverbal communication. *Journal of Personality and Social Psychology, 39,* 1135-1148.

Robinson, R., Keltner, D., Ward, A., & Ross, L. (1995). Actual versus assumed differences in construal: "Naive realism" in intergroup perception and conflict. *Journal of Personality and Social Psychology, 68,* 404-417.

Ross, L. (1977). The intuitive psychologist and his shortcomings: Distortions in the attribution process. In L. Berkowitz (Ed.), *Advances in experimental social psychology* (Vol. 10, pp. 174-221). New York: Academic Press.

Ross, L., Amabile, T. M., & Steinmetz, J. L. (1977). Social roles, social control, and biases in social-perception processes. *Journal of Personality and Social Psychology, 35,* 485-494.

Ross, L., & Ward, A. (1996). Naive realism in everyday life: Implications for social conflict and misunderstanding. In E. Reed, E. Turiel, & T. Brown (Eds.), *Values and knowledge* (pp. 103-135). Hillsdale, NJ: Erlbaum.

Ross, M. (1981). Self-centered biases in attributions of responsibility: Antecedents and consequences. In E. T. Higgins, C. P. Herman, & M. P. Zanna (Eds.), *Social cognition: The Ontario Symposium* (pp. 305-321). Hillsdale, NJ: Erlbaum.

Ross, M., & Sicoly, F. (1979). Egocentric biases in availability and attribution. *Journal of Personality and Social Psychology, 37,* 322-336.

Savitsky, K. (1997). *Perceived transparency and the leakage of emotional states: Do we know how little we show?* Unpublished doctoral dissertation, Cornell University.

Savitsky, K., Medvec, V. H., Charlton, A. E., & Gilovich, T. (1998). "What, me worry?": Arousal, misattribution, and the effect of temporal distance on confidence. *Personality and Social Psychology Bulletin, 24,* 529-536.

Scarpello, V., & Jones, F. F. (1996). Why justice matters in compensation decision making. *Journal of Organizational Behavior, 17,* 285-299.

Schwarz, N. (1990). Feelings as information: Informational and motivational functions of affective states. In E. T. Higgins & R. Sorrentino (Eds.), *Handbook of motivation and cognition: Foundations of social behavior* (Vol. 2, pp. 527-561). New York: Guilford Press.

Schwarz, N., & Clore, G. L. (1983). Mood, misattribution, and judgments of well-being: Informative and directive functions of affective states. *Journal of Personality and Social Psychology, 45,* 513-523.

Seligman, M. E. P., & Schulman, P. (1986). Explanatory style as a predictor of productivity and quitting among life insurance sales agents. *Journal of Personality and Social Psychology, 50,* 832-838.

Shaffer, D. (1974). Suicide in childhood and early adolescence. *Journal of Child Psychology and Psychiatry, 45,* 406-451.

Shaffer, D. (1988). The epidemiology of teen suicide: An examination of risk factors. *Journal of Clinical Psychiatry, 49,* 36-41.

Singh, P. (1994). Perception and reactions to inequity as a function of social comparison referents and hierarchical levels. *Journal of Applied Social Psychology, 24,* 557-565.

Smith, T. W., & Greenberg, J. (1981). Depression and self-focused attention. *Motivation and Emotion, 5,* 323-331.

Spranca, M., Minsk, E., & Baron, J. (1991). Omission and commission in judgment and choice. *Journal of Experimental Social Psychology, 27,* 76-105.

Steele, C. M., & Aronson, J. (1995). Stereotype threat and the intellectual test performance of African Americans. *Journal of Personality and Social Psychology, 69,* 797-811.

Stein, M. B., Walker, J. R., & Forde, D. R. (1996). Public-speaking fears in a community sample: Prevalence, impact on functioning, and diagnostic classification. *Archives of General Psychiatry, 53,* 169-174.

Storms, M. D., & McCaul, K. D. (1976). Attribution processes and emotional exacerbation of dysfunctional behavior. In J. H. Harvey, W. J. Ickes, & R. F. Kidd (Eds.), *New directions in attribution research* (Vol. 1, pp. 143-164). Hillsdale, NJ: Erlbaum.

Thompson, S. C., & Kelley, H. H. (1981). Judgments of responsibility for activities in close relationships. *Journal of Personality and Social Psychology, 41*, 469–477.

Triandis, H. C. (1989). The self and social behavior in differing cultural contexts. *Psychological Review, 96*, 506–520.

Tversky, A., & Kahneman, D. (1973). Availability: A heuristic for judging frequency and probability. *Cognitive Psychology, 5*, 207–232.

Tversky, A., & Kahneman, D. (1974). Judgment under uncertainty: Heuristics and biases. *Science, 185*, 1124–1131.

Veroff, J., Kulka, R. A., & Douvan, E. (1981). *Mental health in America: Patterns of help-seeking from 1957 to 1976.* New York: Basic Books.

Walster, E., Walster, G. W., & Berscheid, E. (1978). *Equity: Theory and research.* Boston: Allyn & Bacon.

▶ Wolfe, T. (1987). *The bonfire of the vanities.* Toronto, Ontario, Canada: Bantam.

4章
低自尊心者の社会的比較

J. V. ウッド & P. ロックウッド

　友人や家族と離れて暮らすことになる大学1年生は，独りぼっちで落ち込んだ気分になると，元気で人気のあるルームメイトと自分をよく比較する。当人は，自分はなぜ同じようにうまく大学生活に適応できないのだろうと思い巡らすのだが，やはり自分はダメなんだとさらに落ち込むばかりである。これとは対照的に，同僚よりもずっと売りあげを伸ばしていることに気づいた店員は，やる気と自信がぐっと高まる。この2人はどちらも「社会的比較」を行なっていた。つまり，自分を他者と比較していたのである。

　レオン・フェスティンガー（Festinger, L., 1954）は，社会的比較のオリジナル理論において，人には自分の意見や能力を評価する動因があると主張した。すなわち，人がうまく機能するためには，自分の能力や限界について知っておく必要があり，また，自分の意見が正しいのかどうか正確に把握していなければならない。フェスティンガーによれば，この自己比較欲求は，人が客観的基準と自分を比較することにより最もよく満たされるが，そのような客観的基準が使えない場合には，他者と自分を比較するという。この理論の中心的な命題は「類似性仮説」である。これによると，人は自分を類似した他者と比べることを好む。フェスティンガーは，意見と能力の社会的比較過程について考察したが，その後の研究では，身体的魅力，性格特性，情動などあらゆるタイプの個人属性の社会的比較が扱われてきた。

　先の2つの例において，社会的比較は，大学生の場合には不快気分を強め，店員の場合には自信を強めた。社会的比較は，抑うつや自尊心についてもこの

ような役割をはたすのだろうか？　本章ではこの問いを検討する。抑うつと低自尊心という2つの構成概念は重なり合う部分が大きいため，われわれは両者をいっしょにして考察する。抑うつ者は，たとえその寛解期にあっても自尊心が低いことが多く，これら2つの変数の相関はほぼ＋.40から＋.60の間にある。多くの研究が，抑うつ者と低自尊心者が失敗に対して類似の反応を示すこと，非抑うつ者と高自尊心者が同じように自己奉仕バイアスを示すことを明らかにしている（Wood & Dodgson, 1996参照）。なお，以下の各節では便宜的に，抑うつ者と低自尊心者をあわせて「低自負者」（low self-worth people）とよぶこともある。

1　抑うつ者および低自尊心者の社会的比較

　社会的比較過程が低自負者の核心にあるかもしれないと考えるには十分な理由がある。まず，抑うつの主要な特徴は否定的な自己観であり（Beck, 1976），同様に，低自尊心も定義上，否定的な自己観がその主要な特徴とされている。そして，自己評価の一部は社会的比較過程に基づくと考えられているのである。古典的な例が「クリーン氏とダーティ氏」の研究にみられる（Morse & Gergen, 1970）。この研究では，求職者（被験者）がもう1人の求職者（実験協力者）と対面するのだが，その人は身だしなみがよく非常にきちんとした人（クリーン氏）か，乱雑でだらしない人（ダーティ氏）だった。その結果，ダーティ氏といっしょにいた人は，クリーン氏が競争相手だと考えた人よりも自己評価が高かった。こうした一時的影響だけでなく，社会的比較が自己概念に対して，より全体的かつ長期的な影響を及ぼすことも，多くの研究者が指摘している（レビューとしてWood, 1989を参照）。たとえば，ある研究では，児童の自己評価がクラスメートの有能さに依存することが示されている。有能なクラスメートといっしょの児童は，有能でないクラスメートといっしょの児童より向上心が低かったのである（Marsh & Parker, 1984）。こうした研究などからスワローとクイパー（Swallow & Kuiper, 1988）らは，自分にとって不利な

社会的比較は，抑うつ者や低自尊心者の否定的な自己評価を生み出したり，それを維持させている可能性があると論じている。

社会的比較は，抑うつ者や低自尊心者に対して，認知面，情動面でも影響を及ぼすかもしれない。たとえば，自分より優れた他者との比較，すなわち「上方比較」が志気やムードを悪化させるのに対し，自分より劣った他者，不運な他者との比較，すなわち「下方比較」はムードを改善する可能性がある（レビューとして，Major, Testa, & Bylsma, 1991参照）。また，抑うつ者の場合，社会的比較が楽観主義（Gibbons & Gerrard, 1991），希望（Ahrens & Alloy, 1997），動機づけ（Lockwood & Kunda, 1997）の感覚に悪影響を及ぼすこともある。さらに，以下の節で述べるように，社会的比較は抑うつ者や低自尊心者の重要な動機に影響していると考えられる。

社会的比較が抑うつや低自尊心において重要かもしれないという見解に一致して，社会的比較はいくつかの著名な抑うつ理論でも重要な役割をはたしてきた（例：Beck, 1976）。たとえば，アブラムソンら（Abramson, Seligman, & Teasdale, 1978）は，改訂版学習性無力感モデルにおいて，抑うつ者は自分より他者の方が望ましい結果をコントロールできると信じるとき，自尊心の欠如に苦しむと考えた。

2 理論的視点

この節では，社会的比較過程において高自負者と低自負者の違いを6つの視点から検討する。その際，それぞれの視点が社会的比較をどのように動機づけるのか，また，高自負者と低自負者の動機づけの違いが，比較対象の選択や比較に伴う結果の違いに結びつくのかどうか，という点に重点をおく。それぞれの視点について説明した後，これまでの研究で得られている証拠を概観し，どの視点が支持されているかを明らかにする。

1. 自己評価の視点

　前述したように，フェスティンガー（Festinger, 1954）の理論は，自己評価ないし自己査定の鍵を握っているのが社会的比較であることを強調する。ウェアリィ（Weary, G.）は，抑うつ者は多くのコントロール不能な出来事にさらされているため，因果関係を検出したり理解する自分の能力に確信がもてないのだと考えた（例：Weary, Elbin, & Hill, 1987）。そのため，抑うつ者はとりわけ社会的比較への動機づけが高く，また，社会的比較のフィードバックに敏感なのである（例：Weary, Marsh, Gleicher, & Edwards, 1993）。ウェアリィは因果関係に関する不確実性に焦点を当てているが，われわれはこの視点をあらゆるタイプの不確実性に関連するものとして考える。抑うつ者は多くの領域において強い不確実性を経験するようである（Weary et al., 1987参照）。加えて，低自尊心者は高自尊心者に比べ，不確実で不安定な自己概念をもつ（Campbell, 1990）。

　以上から，自己評価の視点は，低自負者が高自負者よりも社会的比較情報を求めており，そうした情報に対してより敏感であることを示唆しているといえる。さらに，低自負者は，不確実性を低減してくれそうな相手との比較にとりわけ関心を示すはずである。

2. 自己高揚の視点

　「自己高揚」も，抑うつ者や低自尊心者に顕著な動機と考えられる。これは，ムードを改善したり，自分のことを肯定的にとらえたり，ストレッサーに積極的に対処しようとする動機である。フェスティンガー（1954）の理論は，正確でかたよりのない自己評価を求めることが社会的比較の背後にあることを強調したが，その後の多くの研究は，むしろ自己高揚機能に焦点を当ててきた。自己高揚の立場を最も明確にしているのはウィルス（Wills, 1981）の下方比較理論である。ウィルスは，一時的な脅威あるいは性格的に自尊心が低いために主観的幸福感が低い場合，人は自分ほど幸運でない他者や自分より劣った他者との比較を求め，こうした下方比較が彼らをより良い気分にさせると考えた。そして，多くの研究がこの理論を支持している（レビューとして，Gibbons & Gerrard, 1991；Wills, 1991参照）。したがって，この視点によれば，低自負者

はとりわけ下方比較を求め，それによって恩恵を受けやすいはずである。

3. 自己防衛の視点

　自己高揚のかわりに，自己防衛を目的とした比較方略が用いられる可能性もある。自己高揚の場合には，人は自分の才能に注意を向けるなどの方略を用いて自己観を高めようとするが，「自己防衛」の場合には，自分の弱点をさらすことを避けようとする（Baumeister, Tice, & Hutton, 1989）。バウマイスター（Baumeister）らによると，低自尊心者は主として自己防衛を求め，高自尊心者は主として自己高揚を求めるという。

　社会的比較の文脈においては，自己防衛の動機は不利な比較（上方比較であることが多い）を避けるか，比較そのものを回避してしまう（例：Brickman & Bulman, 1977；Smith & Insko, 1987）という形態をとる。スワローとクイパー（1990）は，抑うつ者が非抑うつ者よりも社会的比較情報を求めることが少ないのは，比較によって明らかになることに関して抑うつ者が否定的な期待をもつためであると主張した。ここで，低自負者が比較を完全に回避する可能性があるとする自己防衛仮説は，低自負者が特に自分を他者と比較したがると予測する自己評価の視点と対立することに注意していただきたい。

4. 自己確認（self-validation）の視点

　「自己確認」の視点では，自己評価の視点とは異なり，低自負者は自分自身の立場を知っているのだが，その立場について支持を求めていると考える。低自負者がより良い気分を求めていると仮定する点は自己高揚の視点と同じである。しかし，低自負者が他者より優れていると思いたがることを強調しない点で，自己高揚の視点とは異なる。低自尊心者はそのかわりに，自分が他者と似ていると考えることで，仲間といっしょにいることや安心を求めるのである。ウィルス（1981, 1991）も下方比較理論の中で，問題を経験している人が，同じように問題を経験していて自分と同じ水準にいる他者と比較することで，よりよい気分になるかもしれない，と述べている。ウィルスはこうした比較を「水平比較（lateral comparison）」とよんだ。他のいくつかの研究でも，低自負者がその確認のために比較を求める可能性があることが示されている

(Aspinwall & Taylor, 1993；Gibbons & Boney-McCoy, 1991；Locke & Horowitz, 1990）。

5.　「自己防衛／自己高揚の失敗」の視点

　いくつかの抑うつ理論は，自尊心を防衛する動機づけが欠けていることによって低自尊心者が特徴づけられると示唆してきた。社会的比較の文脈で言えば，この見解は，抑うつ者または低自尊心者が，非抑うつ者や高自尊心者の用いるような自己防衛的な比較方略を用いることができないということになる（例：Alloy, Albright, & Clements, 1987；Swallow & Kuiper, 1987）。たとえば，高自負者が不利になるような上方比較を避けるのに対して，低自負者はこれを避けないのかもしれない。

6.　自己卑下（self-depreciation）の視点

　「自己卑下」視点はさらに一歩進んで，抑うつ者や低自尊心者が自分に不利な比較を避けないだけではなく，そうした比較を実際に求めていると考える。彼らは概して機能不全的な，不適応的な社会的比較を行なうとされるのである（例：Beck, 1976；Swallow & Kuiper, 1993）。たとえば，テストに失敗して挽回の機会がないとき，テストで成績が良かった人の情報をわざわざ求めて自分を「しつこくなじる」のである。
　最初に，自己卑下動機を他の動機と区別して明確に定めることは非常に困難だということに注意しておくべきだろう。不適応的な比較のように見えるものでも，実際には他の動機から生じているのかもしれないし，長い目で見れば有益なものでさえあるかもしれない。たとえば，人は自己卑下のために上方比較をするかもしれないが，同時に自己改善を求めているかもしれないし（Wood, 1989），否定的な自己観を確証しようとも，それは自分の世界に安定と明確さをもたらしてくれているのかもしれない（Swann, 1987）。あるいは，自尊心に対する潜在的脅威の源に警戒の目を向けることで，自己防衛しようとしているとも考えられる。
　実際，どのような比較対象が選択される場合でも，それが特定の視点を支持するものと解釈するのは危険である。近年，社会的比較の研究者は，比較の方

向性に関して，徐々に洗練された予測をするようになってきた。バンクら（Buunk, Collins, Taylor, VanYperen, & Dakof, 1990）やメジャーら（Major et al., 1991）を皮切りに，研究者はだんだんと，比較が複合的な効果をもつ可能性を認識するようになってきた。すべての下方比較が自己高揚をもたらすわけではないし，すべての上方比較が自滅的なのではないかもしれないというのである。たとえば，ガン患者は，状態が悪化しつつある他の患者と自分とを比較したとき，自分は運がいいと感じるよりも，不安を感じるかもしれない。同様に，人が優れた他者と自分を同一化するとき，上方比較はその人を意気消沈させるのではなく自己高揚をもたらすかもしれない（Collins, 1996）。研究者は，当該の比較次元で自分が向上するのか悪化するのかに関する本人の期待など，これらの効果を調整する変数を明らかにし始めている（Aspinwall, 1997；Lockwood & Kunda, 1997；Wood & VanderZee, 1997）。この点で，これまでの研究は非常に洗練されてきているのだが，われわれはあえて，それぞれの視点から単純に上方比較，あるいは下方比較の予測を引き出す作業を行ないたい。この分野で実施された大部分の研究がこうした単純な予測を検討するよう計画されていること，ここで用いられた比較の文脈に関する限り，これらの予測はたいてい適切であることがその理由である。

3 証拠は何か？

　これらの理論的視点のうち，どれが実証的に支持されているのだろうか？社会的比較，抑うつ，および低自尊心に関する証拠を概観する前に，注意をしていただきたい点が2つある。第一に，われわれが引用した抑うつ研究のほとんどすべては，臨床的な抑うつ者ではなく，不快気分が強い大学生を対象にして行なわれている。不快気分の学生を対象にした研究が臨床的抑うつの理解に真に寄与するのかどうかについては，白熱した議論が行なわれてきた（例：Coyne, 1994；Vredenburg, Flett, & Krames, 1993）。われわれはこうした参加者を，抑うつ者ではなく「抑うつ傾向者（dysphoric）」とよぶことにする。ま

た，われわれの解釈は臨床的抑うつには必ずしもあてはまらないことを強調しておきたい。同様に，大学生のサンプルにおいて低自尊心者とされた人々でも，一般の人々を母集団とした場合には自尊心尺度の得点の中央値よりも上に位置することになるかもしれない（Swann, 1987）。すべてに否定的な自己観というよりは，高自尊心者よりやや否定的な自己観をもっている程度なのかもしれないのである（Baumeister et al., 1989）。そのため，こうした研究から得られた結論は，一般母集団における低自尊心者に適用することができない可能性がある。

　第二に，アーレンとアロイ（Ahrens & Alloy, 1997）がこの領域の研究について指摘したように，ほとんどの研究は縦断的デザインではなく横断的デザインを用いている。そのため，社会的比較が抑うつ傾向に先行するのか，それともその逆なのかが明確に決められない。抑うつ傾向者と非抑うつ傾向者の社会的比較の間に差異が認められたとしても，社会的比較が抑うつ傾向の原因になっているとは限らない。抑うつ傾向と社会的比較が単に相関しているだけなのかもしれないし，抑うつ傾向から回復する試みとして社会的比較が使われる可能性さえ考えられるのである。われわれはこの証拠のレビューを，比較探求の全体的程度に関する研究，比較対象の選択に関する研究，比較の効果に関する研究に分けて検討することにしたい。

1. 比較探求の全体的程度に関する研究

　上述の理論的視点の多くは，人は社会的比較を行なうものだと暗に仮定しており，抑うつ傾向者や低自尊心者が比較のためにどのような対象を選ぶかについて予測を行なっている。この状況は，社会的比較の文献全般における状況を反映している。人がどの程度社会的比較を行なうかについては，研究が驚くほど少ないのである（Wood, 1996）。しかし，低自尊心や抑うつ傾向に関する2つの視点が，比較探求の全体的程度についても予測を行なっている。自己評価の視点は，低自負者が自分の不確かさを除去するため，特に社会的比較を求めがちであると予測する。自己防衛の視点は，抑うつ傾向者が社会的比較を避けることを示唆していると解釈できるかもしれない（Flett, Vredenburg, Pliner, & Krames, 1987 ; Swallow & Kuiper, 1990）。これら2つの視点は比較対象の

選択についても予測しているが，ここでは，比較探求の全体的程度に関する研究を概観することにしたい。これらの研究は，全体的自己報告測度，全体性の低い自己報告測度，および，実際の比較探求の測度を通じて社会的比較を検討している。

①全体的な社会的比較の自己報告

比較探求の程度について低自負者に自己報告を求めた研究では，自己評価の視点を支持しているものがいくつかある。たとえば，ある研究では，抑うつ傾向の強い年輩女性ほど社会的比較を行なったと報告したこと（Heidrich & Ryff, 1993, 研究1），それが上方比較，下方比較いずれでも見られたこと（研究2）が明らかにされている。同様に，低自尊心の大学生は，高自尊心の大学生に比べて，より多くの社会的比較情報を用いたと報告した（Wayment & Taylor, 1995）。ヴァンダジー，バンク，サンダーマン（VanderZee, Buunk, Sanderman, 1996）の研究では，神経症的傾向の強い人が，より強い社会的比較欲求を報告したことが見いだされている。最近，ギボンズとバンク（Gibbons & Buunk, 1999）は，社会的比較傾向の自己報告測度を開発した。これには，「わたしはいつも，自分が他者と比べてものごとをどう行なっているかに多くの注意を払っている」などの項目が含まれる。アメリカとオランダの複数のサンプルを対象にした調査で，著者らは一貫して，自尊心と社会的比較が負に相関していること，神経症的性格と抑うつの両方が社会的比較と正に相関していたことを見いだしている（その後の分析では，自尊心と抑うつがいずれも社会的比較と相関していたのは，両者がともに神経症的性格と相関していたためであることが示唆されている）。したがって，低自負者がとりわけ社会的比較に関心をもっていると報告する傾向があるのは明らかである。

しかし残念ながら，全体的自己報告測度にはいくつかの問題がある（Wood, 1996）。第1に，この測度は正確さに欠けている可能性がある。レイス，H. T. とホウィーラー（Reis, H. T. & Wheeler, 1991）が社会的相互作用の自己報告測度に関して議論したように，回答者は報告する出来事を選んでいるかもしれない。回答者の記憶は，ムードや新近効果などの要因によって歪められるかもしれないし，過去の経験を全体的印象にまとめあげるのは困難かもしれない。第二の問題は，社会的望ましさに関するものである。すなわち，人はしばしば，

自分が社会的比較を行なっていることを認めたがらない（レビューとして，Wood, 1996参照）。彼らはまた，人の不幸をあざ笑っていると思われることを恐れて，下方比較など特定のタイプの比較をしたことを報告したがらないかもしれない（Wills, 1981）。第三の問題は，比較がほとんど自動的に瞬時に行なわれるため，人はしばしば自分が社会的比較を行なったことに気づかないかもしれないというものである（Brickman & Bulman, 1977；Wood, 1996）。第4の問題は，全体的自己報告測度が，実際の比較ではなく，参加者が自分の社会的比較に対してもつ理論や信念を反映したものではないかというものである。

こうした問題は，高自負者よりも低自負者の比較を多く検出する方向に，自己報告研究にバイアスをかけるかもしれない。たとえば，抑うつ者や低自尊心者は，概して高自負者に比べると社会的に望ましくない形で回答すると思われる（Paulhus, 1991）。そのため，低自負者は高自負者よりも進んで社会的比較を報告するかもしれない。そのうえ，高自負者は自分が独立独歩の人間だという信念をもつため，比較の必要はほとんどないというかもしれないが，低自負者はその不確実性のために，自分がよく比較を求めていると推測するかもしれない。したがって，上に引用された全体的自己報告測度は，おそらく低自負者のほうが社会的比較を行ないがちであることを示していると考えられるのだが，他の要因を反映している可能性も捨てきれないのである。

②全体的でない社会的比較の自己報告測度

あまり全体的でない形の自己報告も，参加者の実際の比較行動ではなく，参加者がもっている理論の影響を受けているかもしれない。ある研究では，大学生を高自尊心群と低自尊心群に分け，社会的比較の対象を選択した直後に，その比較の動機を明らかにするよう求めた。両群とも，あげられた動機を頻度順に並べると以下のようになった。自己評価，共通の絆（「ひとりぼっちや孤立を感じないように」などの項目で測定される），自己改善，自己高揚，利他主義（「相手を助けるため」），自滅（「悪化しているという恐れを確認するため」），である（Helgeson & Mickelson, 1995, 研究2）。このように，低自尊心群の参加者が最も多く記述した動機は自己評価であり，この結果は自己評価の視点を支持していることになる。しかし，自己評価の視点は，低自負者のほうが高自負者より自己評価欲求が強いことを予測するはずだが，自尊心の差はただ1つ

の動機に現われただけだった。すなわち，自滅を選んだ人の数は，高自尊心群より低自尊心群のほうが多かった。これは非常に興味深い結果だが，低自尊心の参加者の真の動機ではなく，彼らが自滅に対して抱いている理論を反映している可能性もある。

同様に，参加者がテストの結果を受け取ったばかりという場面を想像するように求められた研究では，不適応的な態度（例：「少しでも失敗したら，全部失敗したのと同じことだ」）をもつ抑うつ傾向者は，他の学生の得点を見ることに特に関心があると答えた（Swallow & Kuiper, 1990）。この研究は役割演技を用いているので，不適応的な態度をもつ抑うつ傾向者が「自分は多くの社会的比較を求めるだろう」という自分なりの理論をもっていたにすぎない可能性を否定することができない。現実の試験に直面した場合，抑うつ傾向者は比較全般を避けたり，またはある種の比較を避けるかもしれない。

③実際の比較探求の測度

現実場面での社会的比較への関心を扱った数少ない研究（Flett et al., 1987, 研究1と2）で，まさにこうしたことが起きることが明らかにされている。心理学の試験を受けた抑うつ傾向の高い大学生は，試験の成績にかかわらず，抑うつ傾向の低い学生に比べて，他の学生の得点を見る時間が少なかったのである。この結果は，抑うつ者のほうが社会的比較を行ないやすいとする自己評価の見解とは矛盾することになる。参加者が自分自身の試験結果を受け取ったので不確かさを感じることがなく，社会的比較によって自己評価する必要がほとんどなかったという議論もできなくはない。しかし，学生は自分の得点の相対的位置についてほとんど情報を受け取っておらず，したがって社会的比較を行なうことが有益であったはずであることを考えると，そうした可能性はなさそうである。フレットらは，彼らの結果が自己防衛の視点から説明できることを示唆していた。抑うつ傾向者は否定的な期待をもっているため，当惑を感じることや自尊心の低下を避けようとして社会的比較を控えたというのである。しかし，そうすると比較探求の予測において成績と抑うつ傾向の間の交互作用が認められなかった点は納得が行かなくなる。試験の成績が良かった抑うつ傾向者は，比較に関して肯定的な期待をもっていたはずである。

④要約

　比較探求の全体的程度を扱った研究では，高自負者と低自負者の差は見いだされていない（Northcraft & Ashford, 1990）。しかし，これらの研究は概して，自己防衛の視点よりも自己評価の視点に対して裏付けを与えるものであった。全体的な比較の自己報告およびこれに関連する測度を用いた研究は，高自負者と比べ，抑うつ傾向者や低自尊心者がより強く社会的比較を求めており，その目的は自己評価であると報告していることを明らかにしている。しかし，こうした参加者の信念が実際の比較行動に対応しているかどうかを明確にするには，フレットら（1987）のような研究がもっと必要である。

　この領域の研究をする際に，勧めたいことがいくつかある。第1に，実際の比較選択に関する研究では，これらの比較に対する参加者の期待を測定すべきである。抑うつ傾向者が実際に社会的比較情報を強く求めているとすれば，それは不確実性を低減するためではなく，否定的な自己観を確証するためかもしれない（Swann, 1987）。第二に，抑うつ傾向者や低自尊心者が自己評価動機に加えて自己防衛動機をもっているとすると，参加者の比較探求を測定する際にプライベートな場面を設定することで，彼らの自己評価の関心を十分に明らかにする機会が得られるかもしれない。たとえば，フレットら（1987）の実際の比較探求に関する研究では，抑うつ傾向者は，他の学生の得点を見るときに実験者が傍にいたために比較を抑制した可能性がある。彼らは，実験者の注意が自分の得点の相対的位置に向けられるのを避けたかったのかもしれない。

2. 意見を比較するための特定の対象を含む研究

　ここで，比較探求の全体的程度の研究から，特定の比較対象を含む研究に話を移そう。これらの研究のほとんどは個人属性の比較に焦点を当てているが，2つの研究は意見の比較を扱っており，いずれも自己評価の視点に関連するものである。自己評価の視点では，抑うつ傾向者が，自分の不確実性を低減するのに役立つ比較対象に高い価値をおくと予測する。この予測と一致して，ウェアリィら（Weary et al., 1987）は，抑うつ傾向者が，自分と類似の判断を下した対象をとりわけ好意的に評価しがちであることを見いだした。しかし，著者らが指摘しているように，抑うつ傾向者が自分に同意する人を好むのは，そう

した人が彼らの自尊心を強めることを意味しているにすぎないのかもしれない。

同様に，ウェアリィ，マーシュ，マコーミック（Weary, Marsh, & McCormick, 1994）は，抑うつ傾向者は非抑うつ傾向者よりも，自分の意見に最も正確な評価を与えてくれる人，つまり全般的に自分と似ているが，討論される特定の話題については意見が異なる人を討論の相手に選ぶ傾向があることを見いだした（Goethals & Darley, 1977）。この結果は，抑うつ傾向者が非抑うつ傾向者より不確実性の低減に関心をもつという著者らの推論を支持している。しかし，両群の参加者がともに最も多く選択したのは，自分と類似していてかつ意見が同じ対象であった。著者らが指摘しているように，これは自尊心を最も高めてくれる対象である。これらの結果を解釈する際には，使用された測度についても留意しなければならない。討論相手の選択は，社会的比較動機だけでなく，好かれたいとか，和気あいあいと討論したいという欲求も反映しているかもしれない。社会的比較の「より純粋な」測度を用いていれば，抑うつ傾向者の不確実性低減動機に関してもっと明確な結果が得られていたかもしれない。このタイプの測度の問題は，親和性の測度を扱う次のセクションでもう一度検討することにしたい。要約すると，意見次元における特定の比較対象を扱う2つの研究は自己評価の視点を支持しているが，他の解釈の余地も残されている。

3. 個人属性比較のための特定対象の選択に関する研究

次に，能力や性格のような個人属性の次元に関して，参加者が特定の比較対象を選択する研究を見てみよう。これらの研究は，先ほどあげた6つの理論的視点すべてに関係するものである。具体的にいうと，自己高揚の視点は低自負者が特に自分より下位の対象を選択しがちであると予測する。自己防衛の視点は，低自負者が上方比較，都合の悪い比較を避ける傾向があると予測する。これとは対照的に「自己高揚／防衛の失敗」の視点は，こうした自己高揚的，自己防衛的な比較対象の選択を行なうのは，低自負者よりも高自負者の方であると予測する。自己卑下の視点は，低自負者が自分より上位の他者との比較，都合の悪い比較を選択すると予測する。自己評価および自己確認の視点はともに，低自負者が自分と類似した比較対象を選択すると予測する。以下ではこれらの

研究を，用いられた社会的比較の操作的定義—比較評定，選択の自己報告，自己記録された比較日記，比較対象の選択，親和の5つに分けて概観する。

①比較評定研究

　比較評定（comparative rating）測度には2つのタイプがあるが，いずれも何らかの次元において，他者と比べた自分の位置を判断するよう回答者に求めるものである。このうち，「自己対他者評定（self-versus-other ratings）」では，回答者は，ある次元に関して自分を「平均的大学生」のような他者と対照させて評定するよう求められる。「合意測度（consensus measures）」では，回答者はある特徴について尋ねられ，どのくらいの割合の他者がその特徴をもっているかを推定するよう求められる。抑うつ傾向者や低自尊心者が特に選抜されているのでなければ，いずれの測度が用いられた場合でも，人々は概して自分をよく見せる方向に反応する。すなわち，自己対他者評定では，自分が他者よりも優れていると評定し，合意測度では，多くの他者が自分と似ていると判断するのである（Wood, 1989）。自他の類似性を知覚することは，安心感を与え，所属の感覚を強めるものと考えられる（Swallow & Kuiper, 1987）。回答者はまた，その判断が自分に都合がよいものである場合，自分は特別である，あるいは他者とは違うと主張することが多い（例：Goethals, 1986）。

　抑うつ傾向者や低自尊心者が，これら2つの測度において非常に異なったパターンを示すことが多くの研究によって明らかにされている。自己対他者評定が用いられた場合，彼らは非抑うつ傾向者や高自尊心者ほど自分に対して好意的な反応を示さない。諸研究は，彼らが自分を（a）他者より劣っている，（b）他者と類似している，（c）（非抑うつ傾向者や高自尊心者ほどではないが）他者よりも上である，と評定することを示している。同様に，合意測度の場合，抑うつ傾向者は非抑うつ傾向者よりも，他者が自分に似ているとは考えない（レビューとして，Alloy et al., 1987；Swallow & Kuiper, 1993参照）。

　多くの研究者が，このような証拠をウィルス（1981）の下方比較理論に反するものとみなしており，低自負者ではなく高自負者がとりわけ下方比較を行ないがちであることを示唆するものと考えてきた。研究者たちは，比較評定を2つの異なる意味に解釈することでこの結論に達している。1つは，比較評定はその人が事前の社会的比較から引き出した評価を反映したものと考えるもの

である（例：Swallow & Kuiper, 1987）。たとえば，自分より優れた他者との比較を求めている抑うつ傾向の女性は（Ahrens & Alloy, 1997），比較評定において自分が他者より劣っていると評定するかもしれない。対照的に，高自負者は多くの下方比較を求めることで，自分は他者より優れていると評定する結果になるのかもしれない。

比較評定のもう 1 つの解釈には，事前の比較の効果は含まれていない。その代わり，単に他者と比べた自分について判断を下すという行為が「社会的比較」とされる（Alloy et al., 1987）。この意味では，たとえ非抑うつ傾向者が他者の属性が自分の属性とどう異なるかを考えなかったとしても，自分がその他者より優れているという判断をすればそれが下方比較とよばれることになる。ウッド（Wood, 1996）が議論したように，この第二の解釈は，社会的比較の従来の理解とは一致しない。社会的比較は，自分と比較した他者の情報について考慮することを含んでいると考えられていたのである。この第二の解釈は，従来の理解とは対照的に，比較評定が評定者自身の認知的バイアスを反映していると考える。たとえば，自分が他者より劣っていると判断する低自尊心者の傾向は，彼らの自己防衛動機がうまく働かないことを反映しているとみなされる（例：Alloy et al., 1987）。

比較評定は，第一の意味，すなわちそれが真の社会的比較の効果あるいはかたよった社会的比較の効果を反映していると解釈される場合にのみ，社会的比較の古典的定義を含んでいることになる。そこで，われわれはこの意味の比較評定に焦点を合わせることにしたい。ただ残念なことに，いくらこの解釈に限定したとしても，各比較評定の意味を理解しようとするときには 2 つの問題に脅かされる。第一に，研究者はしばしば，社会的比較がその人の過去の比較を正確に反映している可能性があるのに，それらが認知的バイアスを反映していると仮定してきた。高自尊心者はさまざまな次元において本当に多くの人より優れているのかもしれない。したがって，自分は優れているという彼らの評定は，正しいかもしれないのである。

第二の問題はその逆である。すなわち，実際には比較評定が事前の社会的比較を反映していないのに，研究者が反映していると考えてしまうかもしれない。人が比較評定を行なうとき，概して仮定された比較対象について考えていない

こと，その対象を自分と比べて考えることはなおさらないということを示す証拠もある（Diener & Fujita, 1997；レビューとしてWood, 1996参照）。抑うつ者や低自尊心者の場合，これがどういうことを意味するかは容易に理解できる。抑うつ傾向者，そして定義からして低自尊心者は，無価値感や劣等感を経験することが非常に多い。そのため，彼らが他者と比べて自分を好ましくなく評定したとしても，彼らが実際に他者と比較し，それに照らして自己を評定したとは限らない。むしろ，自分の幸福感や自負感，あるいはそうした感情がないことを根拠に評定を行なったかもしれないのである（Wills, 1991；Wood & Taylor, 1991参照）。

したがって，われわれは，特定の比較から切り離された全体的比較評定からは，低自負者がどのタイプの比較を行なうのかという問いに対する明確な回答を得ることはできないと考える。比較評定が実際の社会的比較を明確に反映するのは，回答者が実験室や日常生活で特定の比較情報を受け取った直後に比較評定を行なうときである。ただし，上述した全体的比較評定で得られた成果が魅力的でないとか，抑うつや低自尊心の研究と関連が薄いといっているのではない。研究者が示唆してきたように，他者と比べて自分を好ましくなく評価するというパターンは，抑うつ傾向者の自尊心防衛動機がうまく機能していないことを反映しているのかもしれない。大事なのは，全体的比較評定測度と社会的比較の関係は明確ではない，ということである[★1]。

②比較対象の選択に関する自己報告

前述の全体的自己報告測度に関する問題に留意しつつ，次に自分を誰と比べたかという回答者の自己報告を検討した4つの研究を見てみよう。じつはこれらの研究結果は一致を見ていない。関節炎の患者を対象とした研究は，自己高揚の見解を支持している。すなわち，抑うつ測度と自尊心測度を組み合わせた指標により否定的感情が強い人を選び出したところ，彼らはとりわけ下方比較を好むと報告する傾向があった（DeVellis et al., 1990）。一方，大学生を対象とした研究では，低自尊心者は上方比較を求めており（Wayment & Taylor, 1995），自己卑下の見解が支持されている。自己卑下の見解はコミュニティのサンプルを用いた研究によっても支持されており，神経症傾向の強い人は，より多くの上方比較を報告した（VanderZee et al., 1996）。また，心臓病のリハ

ビリ患者を対象とした研究では，高自尊心者と低自尊心者の間に差は認められなかった（Helgeson & Taylor, 1993）。

③自己記録された比較日記

　ホウィーラーとミヤケ（Wheeler & Miyake, 1992）は，日常生活における社会的比較をとらえる方法を考案した。この方法は，自己報告と比較評定の両方に基づくものだが，それぞれの測定法に固有の問題点をうまく回避するようなやり方が用いられている。具体的には，回答者が日常生活で社会的比較を行なったときにこれを記録してもらい，それぞれの比較事例に関して，誰と比較したか，どのような次元で比較したか，比較前後のムードなどの質問に答えてもらう，というものだった。この測度では，回答者が各社会的比較についてその生起直後に記述するため，上述した全体的自己報告測度に固有ないくつかの問題，すなわち想起のむずかしさ，想起した経験を1つの印象に統合することのむずかしさなどを回避することができる。また，回答者は自分の比較を認識するよう訓練されており，こうした訓練は社会的比較が規範に沿ったものであることを示唆することになるので，自己記録測度は社会的望ましさや比較に対する無自覚といった問題にも影響を受けることが少ないかもしれない。ホウィーラーとミヤケの研究における比較評定の要素は，回答者が各比較の後に，比較対象と比べた自分の位置を評定したという点にある。対象が自分より劣っているという評定は下方比較とされ，対象が自分より優れているという評定は上方比較とされた。この評定測度は回答者が行なったばかりの比較と明確に結びついているわけで，以前に検討した抽象的な比較評定とは異なり，社会的比較を反映しない可能性は低いと思われる。近年，ジョルダーノとウッド（Giordano & Wood, 1997）によって行なわれた研究は，ホウィーラー・ミヤケが用いた測定法の妥当性が高いことを示している。

　ホウィーラーとミヤケ（1992）の結果は非常に興味深いものである。彼らは，自己高揚の視点とは対照的に，高自尊心者が低自尊心者よりも（学業などいくつかの次元において）下方比較を行ないがちであることを示した。脅威を受けている条件（これは否定的なムードによって操作化されている）でさえ，低自尊心者が高自尊心者より下方比較を求めることはなかった。ジョルダーノとウッド（1997）は，ホウィーラーとミヤケによる自己記録法の改訂版を用

いてこれらの知見を追証している。

　低自尊心者が高自尊心者ほどは下方比較を行なわないことを示したことで，これらの結果は自己高揚の視点に異議を唱え，「自己防衛／高揚の失敗」の視点を支持していることになる。同時に，これらの結果を解釈するときには，この測定方法の2つの特色を考慮する必要がある。回答者が下方比較を行なったかどうかは，他者と比較した自分の位置の評定によって決まるが，この評定は彼らがどんな比較を求めたかだけでなく，その比較からどんな結論を引き出したかということも反映している。低自尊心者は下方比較を求めたかもしれないが，比較を行なった後に，結局のところ自分は比較対象よりも優れてはいないと結論づけたかもしれない。

　実際，低自尊心者は比較そのものをまったく求めていない可能性がある。ホウィーラーとミヤケ（1992）は，自分で求めた比較と，たまたま遭遇した相手について行なうことを「強制された」比較を区別しなかった。人は，テレビ，道ですれ違った人など多くの情報源から，自分からは求めていない比較情報を受け取るかもしれない（例：Wood, 1989）。もしかすると，低自尊心者は下方比較を求めているのだが，心ならずも，上方比較を経験しがちなのかもしれない。それにひきかえ，高自尊心者が他者に注意を向けるとき，彼らは自分の方が何らかの面で優れていると結論しやすいのかもしれない。ウッドとジョルダーノ（1998）は，自己記録法を用いてこの考えを検討した。参加者が比較を記録したとき，彼らはその比較が自発的に選ばれたものか強制されたもの（非自発的）かを示し，同時に比較の動機についても報告した。その結果，自尊心と下方比較のあいだの相関は非自発的な比較においてのみ有意であった。つまり，ホウィーラーとミヤケ，およびジョルダーノとウッド（1997）の見いだした自尊心と下方比較の相関は，比較が自発的なものか非自発的なものかによって限定されていた。こうした結果は，高自尊心者は非自発的には低自尊心者よりも多くの下方比較を行なうが，自発的には，高自尊心者も低自尊心者も等しく下方比較を行ないやすいことを示している。

　しかし，自発的に比較を選択するときには，低自尊心者は驚くべき選択をしている（Wood & Giodano, 1998）。低自尊心者は不幸せなとき，自己高揚モデルから予測されるように，特に下方比較を求めやすいわけではなかった。それ

どころか，上方比較よりも下方比較を求めたのは高自尊心者の方だった。低自尊心者は，不幸せなときよりも幸せなときに，自己高揚のために自発的に下方比較を求めたことを報告した。この研究結果については，後でまた触れることにする。

④実験室における対象選択研究

　実験室で行なわれたいくつかの研究では，参加者は一連の潜在的な比較対象を提示され，その中から選ぶように求められた。通常，自負心の影響は，何らかの脅威操作と組みあわせて検討される。このタイプの研究には，古典的な「順位（rank order）パラダイム」が含まれる。このパラダイムでは，参加者はいっしょに参加している約7名のグループの中で自分の得点が真ん中に位置すると信じこまされる。その後，参加者は他の順位にいる参加者1名の得点を見る機会が与えられる。こうした測度を用いれば，参加者がそれぞれ高位，低位，または類似した順位にある他者の得点を見ることを選択するかどうかにより，彼らが上方，下方，類似の比較を選択するかどうかを検討することが可能になる。

　3つの順位研究では，自尊心（Smith & Insko, 1987; Wilson & Benner, 1971），および自尊心と（負に）関連しているとされる「否定的評価への恐れ」（Friend & Gilbert, 1973）とよばれる構成概念の影響が扱われている。このうちの1つの研究では，自負心の主効果が見いだされた。すなわち，低自負心の参加者は最高位の得点を選ぶことが少なかった（Smith & Insko, 1987）。もう1つの研究では，自負心と脅威操作の間に交互作用が見いだされた。すなわち，脅威を受けた低自負心の参加者は，自分より高位の得点を見ることを選ぶことが最も少なかった（Friend & Gilbert, 1973）。3番目のウィルソンとベナー（1971）の研究では，より複雑な交互作用が得られた。これは，自尊心，ジェンダー，テストの妥当性についての確信，および，比較の文脈が公的か私的か（討論相手を選ぶか，他者を観察することを選ぶかによって操作された）の交互作用であった。ただし，自尊心の効果が現われたときには，低自尊心者は高自尊心者よりもつねに下方比較をしていた。

　これらの研究は下方比較理論を支持するものとして引用されてきた（例：Wood, 1989）。低自尊心者が概して高自尊心者よりも下方の比較対象を選択す

るという意味では、確かにそうである。このうち2つの研究では、テストの成績が悪かったと言われたり（Friend & Gilbert, 1973），比較が公の場面で行なわれると言われたりして（Wilson & Benner, 1971）脅威を受けたとき、低自尊心者が下方選択を特に行ないやすいことが示されている。しかし、ホウィーラーとミヤケが指摘したように、これらの研究は低自尊心者が下方比較を好むことを示しているわけではない。彼らはふつう上方比較を行なうのだが、その程度が高自尊心者よりも少し低いのである。したがって、これら2つの研究は自己高揚の視点より自己防衛の視点を支持するものと解釈したほうが適切だろう。低自負者は、特に何らかの脅威を受けている場合、自分に有利な比較対象を選ぶというより、不利になる比較対象を避けたいという気持ちが強くなるように思われる。

　ギボンズ（Gibbons, 1986, 研究1）の研究も、下方比較理論を支持するものとして引用されてきた。しかし、この研究も、自己高揚より自己防衛の視点や自己確認の視点を支持している可能性がある。この研究の参加者は、肯定的または否定的な出来事に関して個人的記述を行ない、次いで、別の参加者によって書かれたとされる個人的記述を読む機会が与えられた。この際、彼らは「非常に否定的」から「非常に肯定的」の範囲にある個人的記述の中から選択することができた。その結果、自分の否定的経験について書いた抑うつ傾向の参加者は、他の群よりも否定的な記述を選んだ。しかし、ホウィーラーとミヤケ（1992）が指摘しているように、抑うつ傾向の参加者が本当に自分より下方の他者との比較を選んでいたのかどうかは明らかでない。この研究では、彼らのベック抑うつ質問紙（Beck Depression Inventory）の得点は非常に高かった（M = 21.6）。このことから考えると、彼らが自分を比較対象より優れているとは思っていなかった可能性がきわめて高い。抑うつ傾向の参加者は自己高揚的な下方比較を行なおうとしたのかもしれない。しかし、それなら、彼らが上方比較を避けることによって自己防衛を求めていた可能性もあるし、自分と類似した比較対象からの慰めを求めていたとも考えられるのである。

　ウッドら（Wood, Giordano-Beech, Taylor, Michela, & Gaus, 1994）による研究も、低自尊心者が自己防衛的であるという考えを支持している。2つの研究において、参加者は自分がもう1人の参加者と比べて成績が悪い、あるいは

成績が良いと信じ込まされた後,さらにその参加者との比較を求める機会が与えられた。その結果,いずれの研究においても,高自尊心の参加者は成績が悪いと言われた条件で比較を求める傾向が強く,低自尊心の参加者は成績が良いと言われた条件で比較を求める傾向が強かった。低自尊心の参加者が失敗後の比較にあまり興味を示さなかったのは自己防衛的であるといえる。自分よりずっと成績の良かった人とまた自分を比較することは,屈辱を重ねることになりかねないからである。

同様の観点から,高自尊心者が失敗後に比較を求める傾向が強いのは,自滅的な動機を反映していると考えられるかもしれない。しかしウッドら(1994)は,高自尊心者が失敗後に比較を行なったのは,その失敗を埋め合わせようとしたためと推測している。じつは彼らの比較測度には,自分ともう1人の参加者が受けるテストを選択することが含まれていた。新たなテストを受けることにすれば,参加者は前のテストでの失敗を覆すことができるかもしれない。ウッドらは,高自尊心者だけがこのやり方で埋め合わせをしたいと考え,また,それが可能であることに自信をもっているだろうと考えた。その後の研究は,この解釈を支持している(例:Wood, Giordano-Beech, & DuCharme, 1999)。

要約すると,比較対象の選択に関する5つの実験室研究は,特に脅威を感じている場合,低自負者が高自負者よりも比較選択において自己防衛的であることを示唆している。これらの研究のうち2つは,自己防衛と自己高揚の区別が明確にできなかったり(Gibbons, 1986),大きなリスクを伴わずに自己高揚ができる選択肢を提示していなかった(自分より成績が良かった参加者との比較しか選択できなかったため;Wood et al., 1994)。しかし,これらの研究のうち3つ(順位研究)では,自己高揚的な比較の選択肢(下位の対象)が用意されていたが,低自負者がこれを選択する傾向は認められなかった。したがって,これらの研究は低自負者が自己高揚よりも自己防衛を求めることを示していることになる。

しかし,このように自己防衛が優位に働くことを示す証拠に反して,実験室における4つの対象選択研究は,低自負者が高自負者ほどには自己防衛的でないことを示している。その中の2つの研究では,都合の悪い比較が期待されるとき(例:彼ら自身の遂行が悪いため),高自負者は全体的な比較探求の程度

が低くなるが，低自負者の場合には低くならないことが明らかにされている（Northcraft & Ashford, 1990；Swallow & Kuiper, 1992）。

　自己防衛は，あるタイプの比較，すなわち都合のよい比較を好むという形を取ることもある。2つの研究は，この点において高自負者が低自負者よりも自己高揚的あるいは自己防衛的であることを示している。その1つ，ピンクレーら（Pinkley, Laprelle, Pyszczynski, & Greenberg, 1988）の研究では，失敗したと信じ込まされた場合，非抑うつ傾向者は，比較によって他者が高得点であることがわかると予想されるときよりも，他者が自分と同様に低得点をとったことがわかると予想されるときに，より多くの比較を求めた。抑うつ傾向者については，同じように失敗した後でも，こうした傾向は見られなかった。同様に，スワローとクイパー（1993, 研究1）では，成績が悪かったと言われた参加者のうち，非抑うつ傾向者は自分より成績が悪かった他者の得点を見ることを選んだが，これとは対照的に抑うつ傾向者は自分と類似した成績の他者の得点を見ることを選ぶことが多かった。

　これらの研究は，高自負者が低自負者よりも自己防衛的であることを示しているわけだが，低自負者もいくらかは自己防衛的であるように思われる。ノースクラフトとアッシュフォード（Northcraft & Ashford, 1990）の研究において，低自尊心の参加者は，悪い遂行の後，私的に比較情報を受け取れるときにだけ，高自尊心の参加者よりも多くの比較を求めていた。前述のスワローとクイパー（1993）の研究でも，非常に私的な場面設定がなされており，抑うつ傾向者が自分と類似した他者の得点を見ることを選ぶ傾向があったことは，非抑うつ傾向の参加者が求めた下方比較ほど自己高揚的ではなかったにしても，自己防衛や自己確認の動機を反映したものである可能性は考えられる。

　しかしなぜ，5つの研究で低自負者の側が自己防衛的であることを示す結果が得られている一方で，4つの研究では高自負者の側が自己防衛的であることが示されているのだろうか？　われわれはこうした違いを生み出す要因を明確にすることはできなかったが，1つだけ，参加者が比較選択を強制されたかどうかという要因は追求してみる価値があるかもしれない。すなわち，低自負者のほうが自己防衛的であることが示された5研究のうち4つでは，実験者は参加者に比較を選ぶことを強制していた。そのため，低自負者のほうが自己防衛

的であるということは，彼らが高自負者ほど上方でない比較対象を選択したという事実に基づいていた（順位研究とGibbons, 1986の研究）。低自負者よりも高自負者のほうが自己防衛的だった4研究のうち3つでは，実験者は参加者に比較対象を選択することを強制していなかった。そして，高自負者が自己防衛的であることは，悪い遂行の後に比較を避けるという事実をもとに判断されていた。したがって，概して高自負者は低自負者より失敗後の自己防衛方略として比較全体を避ける傾向があるのだが，比較を選ぶよう強制された場合には，低自負者のほうが高自負者より比較対象の選択が自己防衛的であるということになる。

　なぜこうなるのだろうか？　まず，低自負者のほうが自己防衛的であることを示した研究において，高自負者は彼らの選択が示しているほどには自己防衛に関心がなかったわけではないかもしれない，という点に注目する必要がある。順位研究において，高自負者は低自負者よりも，自分より上方にある対象をそれほど上方ではない，全体としては自分により類似していると解釈したかもしれない（Collins, 1996参照）。ギボンズ（1986）の研究では，非抑うつ傾向の参加者が他者の比較的肯定的な内容の自己記述を読むことを選んだのは，自分も気分が落ち込みかねないような他者の否定的な内容の話（抑うつ傾向の参加者にとっては自己を確認するものとして経験したかもしれないような話）を避けていたからかもしれない。「強制されない」研究の中で唯一，低自負者が高自負者よりも自己防衛的であることが示されたウッドら（1994）の研究では，前に議論したように，高自負者は自己卑下ではなく，埋め合わせをしようとしていたのかもしれない。このように，比較対象を選択するよう求められた場合には，高自負者が行なう比較選択は見かけほど彼らの自尊心にとって有害ではないのかもしれない。

　高自負者が自己防衛をしていることを示唆している研究では，高自負者は，可能なら比較をしないという選択を行なっているように思われる。自分にとって不都合に決まっている比較に直面したとき，高自負者は比較を求めるより良い方法を知っているが，低自負者は知らないようである。しかし，われわれは，低自負者が失敗後に比較を避けようとしないのは，自己卑下の視点ではなく，「自己防衛の失敗」の視点を支持するものと解釈している。低自負者が失敗後

の比較に興味をもつのは，都合の悪い比較に対する願望を反映するものではなく，自己評価の視点が示唆するように，社会的比較に対するより大きな欲求から生じている可能性がある。この社会的比較欲求が，悪い遂行の後にも低まらないことを単に示しているのかもしれないのである。それどころか，低自負者は自己改善に興味をもっている可能性がある。

最後に，対象選択を扱った2つの研究では，高自負者と低自負者の参加者の反応に違いが見られなかったが，両研究でその方向は正反対だった。オルブライトとヘンダーソン（Albright & Henderson, 1995）は，自分が経験した否定的な出来事について記述した数日後，抑うつ傾向の参加者，非抑うつ傾向の参加者いずれもが下方の比較対象を好むことを見いだした。ここで，下方の比較対象とは，参加者よりも対処がうまくいかないとされた者である。これとは対照的に，ヘルジソンとマイケルソン（Helgeson & Mickelson, 1995, 研究2）は，「関係適性」テストに関する否定的なフィードバックを受けた後，高自尊心者，低自尊心者いずれもが，自分よりも高得点をとった人との上方比較を選ぶことを見いだした。この結果は，両群が自己卑下をしがちであることを示している可能性もあるが，両者とも自己改善のために上方の比較対照を選んだことも十分に考えられる（Wood, 1989）。ほとんどの対象選択研究では，参加者は比較のために他者の得点を選ぶことしかできなかったが，ヘルジソンとマイケルソンの研究では，参加者はテストに対する他者の反応を見ることができた。そのため，参加者は自分の関係適性をどう改善するかを学びたかったのかもしれない。いくつかの研究は，改善の可能性がある場合，上方比較への反応が好意的なものになることを明らかにしている（Aspinwall, 1997参照）。

要約すると，比較対象選択に関する証拠は一貫していない。ほとんどの研究は，確かに高自負者と低自負者の間に違いがあることを示しているのだが，その中には自己防衛の視点を支持するものもあれば，「自己防衛の失敗」の視点を支持するものもある。しかし，低自負者が真に自己卑下を行なったり，自分よりも真に劣った対象を選ぶことで自己高揚を行なうことを示す証拠がほとんどないことははっきりしている。

驚くべきことに，低自負者は，自己高揚を最も必要としないと思われるとき，すなわち成功後に自己高揚を行なうという証拠がある。ウッドら（1994, 研究

1と2）は，低自負者が，特に比較のための機会が「安全」であると思ったとき，すなわち自分の弱点をさらす危険がないと思ったとき，成功後，自分より下方の対象との比較に興味をもつことを見いだした（実験3）。同様にピンクレーら（1988）の研究では，成功した抑うつ傾向の参加者は，相手の得点が高いと期待したときよりも低いと期待したときの方が，より多くの比較を求めた。スワローとクイパー（1992）では，良い遂行の後，抑うつ傾向の参加者は，非抑うつ傾向の参加者と同じくらい多くの比較を求めた。これらの知見は，前述したウッドとジョルダーノ（1998）の自己記録研究と類似している。この研究では，低自尊心の参加者は，不幸せなときよりも幸せなときに，自己高揚のために下方比較を求めると報告していた。こうした結果は，低自負者が成功や幸せに浸ることができるときには，自己防衛を超えて，あえて自己高揚を行なうことを示唆している（Wood et al., 1994）。

⑤親和性の研究

いくつかの親和研究では，参加者が誰と相互作用したいかという選択について検討されている。比較したいという気持ちから他者といっしょにいることを選択するかもしれないという点で，こうした測度は社会的比較動機を反映している可能性がある。上方または下方比較を行なうことへの願望が，優れた，あるいは劣った人といっしょにいたがる傾向につながるかもしれないのである。しかし，親和への関心は社会的比較以外の動機，たとえば魅力やソーシャルサポートの探求などを反映している可能性もある。また，他者を回避しようとする欲求は，比較に対する関心の欠如ではなく，恥ずかしさや当惑を反映しているのかもしれない。また，特定の相手といっしょにいることへの関心は，社会的比較動機だけでなく，その他者への魅力，息のあった議論をしたいという望み，屈辱を避けたいという望みなども反映している可能性がある。このように，親和測度は別のいくつかの解釈を許してしまうという弱点がある（Wood, 1996）。しかし，親和測度が実際に社会的比較動機を反映しているなら，いくつかの対象選択研究で用いられた，ときに無味乾燥で比較的貧弱な文脈よりも現実的で，参加者にとって重要な意味をもつようなかたちでこの動機を反映していることが長所といえるだろう。

3つの研究では，高自尊心者と低自尊心者の間で親和選択測度に差は見られ

なかったが（Helgeson & Mickelson, 1995, 研究2；Helgeson & Taylor, 1993；Smith & Insko, 1987），差が見いだされた研究もある。たとえば，前述のウィルソンとベナー（1971）の順位研究では，公的条件に，参加者が誰と問題を討議したいかという選択が含まれていた。ここでは，低自尊心者より高自尊心者の場合，最高得点をとった人と討議することを選ぶ人が多かった。他の研究でも同様に，低自尊心者は高自尊心者に比べて，下方にいる人といっしょにいることを選んでいた。非抑うつ傾向者は非抑うつ傾向者に会いたがるが，抑うつ傾向者は他の抑うつ傾向者に会いたがる（Rosenblatt & Greenberg, 1988）。ウェンツラフとプロハスカ（Wenzlaff & Prohaska, 1989）は参加者に，他の学生によって書かれたとされる生活上の出来事の記述を読み，それを書いた人にどれくらい会いたいかを評定するよう求めた。その結果，抑うつ傾向の参加者は，災難のために不幸せだった人と最も会いたがったが，非抑うつ傾向の参加者は幸運を経験した人に会いたがっていた。抑うつ傾向者は，抑うつ傾向者を親友にしているようにさえ思われた（Rosenblatt & Greenberg, 1991, 研究1）。

　これらの結果は，低自尊心または抑うつ傾向者の選択が高自負者の選択よりも下方であったという点で，下方比較理論を支持している。しかし，われわれはここでまた，対象選択研究に関して先に確認された2つの問題に遭遇する。ウィルソンとベナー（1971）の研究では，低自尊心の参加者は，高自尊心の参加者よりはやや低いものの，やはり上方比較を選択しているように思える。また，参加者が下方の対象を自分自身と比べて真に下方であると知覚していたかどうかは明らかでない。したがって，低自負者が自己高揚を探求するのかどうか明確に判断することができない。彼らは，自分より優れた人との当惑しそうな，あるいは辛い比較から自分を守っているだけかもしれない。また，低自負者が上方比較を避けているというよりも，類似他者との親和によって自己の確認を求めているという可能性も捨てきれない。

　抑うつ傾向者は，同じように不幸な人といっしょにいたがるだけでなく，否定的内容の話題に焦点を当てることで不幸な討議パートナーを作り出すことさえあるらしい（Kuiper & McCabe, 1985）。この否定的内容の話題に対する関心は，彼らが非抑うつ傾向者と相互作用するときに特に顕著になるようである

(Locke & Horowitz, 1990)。ウェンツラフとビーヴァーズ（Wenzlaff & Beevers, 印刷中）の一連の研究では，参加者は自分がこれから幸せな人，または不幸せな人に面接を行なうと信じ込まされた。彼らはもう1人の参加者に尋ねるための質問項目を選ぶことができ，それらの質問は肯定的な回答を引き出す可能性の強いもの（例：「あなたがいちばん誇るものは何ですか」）と否定的な回答を引き出す可能性の強いもの（例：「あなたが最も寂しいのはいつですか」）が含まれていた。なお，参加者自身は，自分が同じ質問に答えることは期待していなかった。抑うつ傾向の参加者は，これから行なう面接の相手が幸せそうであったとき，とりわけ否定的な質問を選ぶ傾向があった。これは，彼らが，楽しそうな相手に面接して自分に都合の悪い比較をしなければならないのを避けたためか，あるいは自分と同じように不幸な比較相手を求めたためであると思われる。

　親和の効果に関する研究は，抑うつ傾向者が抑うつ傾向者といることを好むという考え方を支持している。ロックとホロヴィッツ（Locke & Horowitz, 1990）の研究では，自尊心の程度に関して同質のペアは異質なペアより，その相互作用に満足していた。非抑うつ傾向者は同じ非抑うつ傾向の他者といっしょのときに，抑うつ傾向者は同じ抑うつ傾向の他者といっしょのときに満足を感じていたのである。同様に，ローゼンブラットとグリーンバーグ（Rosenblatt & Greenberg, 1991, 研究2）では，抑うつ傾向者は，抑うつ傾向者と相互作用した後よりも非抑うつ傾向者と相互作用した後に，不安を感じ，悪いムードになることが明らかにされた。

　前述したように，こうした知見は社会的比較以外の動機を反映している可能性がある。しかし，抑うつ傾向者が非抑うつ傾向者と相互作用をすることで気分が悪化する理由が，楽しそうな人との対比が自分自身の欠点を思い起こさせ（例：「自分はなぜ，あのようにできないのだろう？」），それが苦痛となるからだというのも，非常にもっともらしく思われる。これとは対照的に，相手が自分と類似した抑うつ傾向者なら，自分の否定的感情や態度を確認し，それによって自分が正常であり，正しい反応をしていると考えることができるのである（Rosenblatt & Greenberg, 1991参照）。

　要約すると，親和研究が社会的比較動機を反映する限りにおいて，これらの

研究は，低自尊心者や抑うつ傾向者が，比較選択において，自己防衛または自己確認を求めることを示唆している。彼らは自分のムードとの好ましくない対比を避けるか，類似した他者との比較を通じて自分の感情を確認することを求めるのである。もしかしたら，彼らは自分よりずっと不幸な人といっしょにいることで自己高揚を求めることもあるかもしれない。しかし，これまで使用された測度では，抑うつ傾向者が自分よりも真に下方にある人といっしょにいたがっていることが明確に示されているわけではない。ロックとホロヴィッツ (1990) やウェンツラフとビーヴァーズ（印刷中）の結果は，抑うつ傾向者が仲間の抑うつ傾向者のために特に否定的な内容の話題を探してはいなかったという点で，自己高揚の見解に反してさえいる。彼らは，特に下方の比較対象を作り出す機会を見送っていると考えられるのである。いずれにせよ，親和研究は低自負者がその比較選択において自滅的ではないことを示している。彼らはいいところのない比較を求めることはしないのである。

4. 社会的比較の効果に関する研究

これまで検討してきた理論的視点は，高自負者と低自負者が選ぶ比較対象の違いを予測するだけでなく，比較に対する反応の違いについても予測する。自己評価の視点は，高自負者と比べると低自負者の方が概して社会的比較に影響されやすいと予測する。自己高揚の視点は，低自負者の方がより多く下方比較から恩恵を受けると予測する。自己確認の視点は，低自負者が特に類似他者との比較に満足すると予測する。自己防衛の失敗，および自己卑下の視点は，低自負者が比較に対して否定的な反応をすると予測する。

これらの予測はそれぞれの理論的視点から帰結するものではあるが，ある個人に対する比較の効果は，必ずしもその個人の比較に対する動機を反映しないことに留意すべきである。たとえば，ある人が自己高揚のために下方比較を選択しても，結局のところ比較の後に気分が良くならないこともあるだろう。

①比較の効果に関する全体的な自己報告

いくつかの研究では，社会的比較の効果に関する自己報告が検討されている。前に述べた全体的自己報告の問題を考えれば，これらの知見についても解釈は慎重になされるべきである。いずれにせよ，低自負者が特に社会的比較に影響

されるという自己評価の視点の予測は，ウェアリィら（Weary et al., 1987）によって支持された。この研究では，抑うつ傾向者は非抑うつ傾向者に比べ，受け取った社会的比較情報が自分に大きな影響を与えたと報告していた。

　他の研究では，特定の比較対象に対して自己報告された反応が検討されている。バンクら（1990, 研究1）は，ガンと診断された人に，自分より症状の重い患者を見たとき，どのくらい頻繁に恐ろしい，不安だ，幸運だ，すばらしい，と感じたか，そして自分より症状の軽い患者を見たときに，どのくらい頻繁に，感銘を受けた，慰められた，イライラする，憂うつだ，と感じたかを尋ねた。バンクらによれば，高自尊心の回答者は低自尊心の回答者に比べて，上方比較と下方比較いずれの後でも，悪い気分を報告することが少なかった。同様に，ウェイメントとテイラー（Wayment & Taylor, 1995）によれば，高自尊心の回答者は低自尊心の回答者より，上方，下方，水平のいずれの社会的比較でも，これを自己高揚的であると報告する傾向が強かった。また，ハイドリッヒとリフ（Heidrich & Ryff, 1993）の研究では，高齢の女性の場合，心理的苦悩が少ない人ほど他者との比較に対して良い気分を報告していた。

　これらの知見は，低自負者が高自負者ほど下方比較を自己高揚的だと思わなかった点で，自己高揚の視点と矛盾することになる。しかし，これらの結果を解釈する際に問題になるのは，もともと低自負者が高自負者より悪い気分にあるという点である。したがって，これらの結果が社会的比較に対する高自負者と低自負者の反応の違いを反映しているのか，それとも，もともとある感情の差異を反映しているのか明確に判断することはできない。さらに，これらの結果は，実際の効果ではなく社会的比較に関する回答者の理論を反映している可能性もある。高自負者は，社会的比較を含めてたいていの出来事は自分を良い気分にしてくれると信じているのに対して，低自負者は，比較をしても良い気分にはならないという理論を抱いているかもしれない。

②自己評価

　次に，比較の前後の自己評価とムード測度が含まれる研究を概観する。なお，特に記されているものを除き，以下で述べる研究はすべて実験室研究である。自己評価に関する2つの研究は，同じ比較情報を受け取った後でも，低自負者のほうが高自負者より自己に関して否定的な結論を引き出すことを示してい

る。マクファーランドとミラー（McFarland & Miller, 1994）によれば，「否定性志向」と分類された参加者（ベック抑うつ質問紙と楽観主義尺度の組み合わせに基づく）は，「社会的感受性」を測定するとされた偽テストの得点が30パーセンタイルの位置にあったと言われた後,自分の能力を低く評定し（研究1），より否定的な感情を報告した（研究2）。一方，「肯定性志向」の参加者は，自分の能力を高く評定し（研究1），あまり否定的な感情を報告しなかった（研究2；これらの効果は，標本サイズが大きいと参加者が信じていたときにだけ得られた）。マクファーランドとミラーの第二研究は，否定性志向の人は自分より良い得点の人がどれくらいいるかに焦点を当て，肯定性志向の人は自分より悪い得点の人がどれくらいいるかに焦点を当てることを示唆している。

アーレン（1991）の研究では，参加者はテストにおける自分の得点について，以下のいずれかの結果を知らされた。①別の参加者より良かった，②別の参加者より悪かった，③1人の参加者よりは良くてもう1人の参加者よりは悪かった。その結果，引き続き行なった自己判断において，①と②の条件については抑うつ傾向者も非抑うつ傾向者も違いがなかった。しかし，混在したフィードバック（③の条件）を受けた後，抑うつ傾向者の判断は都合の悪い比較を行なった条件（②）と一致したのに対して，非抑うつ傾向者は都合のよい比較を行なった条件（①）と一致していた。

類似の結果はリュボミルスキーとロス（Lyubomirsky & Ross, 1997,研究1）によっても得られている。この研究では，不幸せな人（事前の集団テストでの自己記述による）は都合の悪い社会的比較に直面すると自己査定を下げたが，幸せな人は下げなかった。ただし，幸せな人と不幸せな人のいずれもが，下方比較の後には自己査定を上昇させていた。これらの効果は性格特性としての自尊心や楽観主義とは関係がなかった。

結果として，同じ社会的比較情報を受け取る場合でも，低自負者は高自負者ほど都合のよい反応をしないよう思われる。この知見は「自己防衛の失敗」視点から見ると，高自負者は自尊心に有利なように比較情報を用いることができるが（Lyubomirsky & Ross, 1997参照），低自負者はこの能力を欠いていることを意味することになるだろう。自己卑下の視点では，この知見は，低自負者が都合の悪い比較情報にさえ飛びつくことを意味するだろう。しかし，これら

の結果は，低自負者が実際に自己卑下に動機づけられていることを意味するものではない。彼らは単に，否定的な自己観に一致するようなやり方で比較に反応しているのかもしれない。実際のところわれわれは，社会的比較が低自負者の自尊心を高めるには，それが自己関連情報に否定的な色合いを添えてしまう低自負者の自然な傾向に逆行するように働かなければならないだろうと考えている。この点で，アーレン（1991）が，少なくとも比較情報が明確で顕著なときには低自負者も下方比較から恩恵を受ける可能性があることを見いだしているのは心強い。

さらに，低自負者が高自負者より，下方比較の後に自尊心（Reis, T. J., Gerrard, & Gibbons, 1993）または自己評価（Aspinwall & Taylor, 1993, 研究2）の改善を経験することを示唆している研究も2つある。このうちアスピンウォール（Aspinwall）とテイラー（Taylor）の研究では，脅威を与えられた低自尊心者が特に下方比較の恩恵を受けることが明らかにされている。この研究では，低自尊心の参加者の中でも，最近学業成績が下がり，かつ，学校でうまくやっていない他の学生について読んだ条件では，上方比較条件や比較なし条件の低自尊心者より，自分が大学生活に適応しており，将来もうまくやっていけると評定していた。高自負者や，成績低下に悩んでいない低自負者は，このような下方比較から恩恵は受けていなかった。

これらの研究は，とりわけ抑うつ傾向者や低自尊心者が下方比較の後に自己評価を向上させやすいという自己高揚の視点からの予測を支持している。しかし，自尊心の程度を統計的に統制した上で幸せな人と不幸せな人の差を検討したリュボミルスキーとロス（1997, 研究1）の研究では，幸せな人が不幸せな人と同様に下方比較に反応しやすかったことにも注目しなくてはならない。なぜ，ある研究では低自負者は高自負者よりも下方比較から恩恵を受けやすいことが明らかにされているのに，別の研究ではこうした傾向が見られないのだろうか。この問題を検討する前に，ムードの研究について見てみることにしよう。

③ムード測度

いくつかの実験室研究では，社会的比較がムードに影響を及ぼすことが明らかにされているが，高自尊心と低自尊心者が比較に対して異なる感情反応を示すという結果は得られていない（Tesser, Millar, & Moore, 1988, 研究1と2；

Wood et al., 1994, 研究 2）。下方比較に焦点を当てた研究では，高自負者，低自負者いずれもが下方比較の後にムードを向上させていた（Tesser et al., 1988, 研究 1；Wood et al., 1994, 研究 2；幸せな人と不幸せな人に関して類似した結果が得られているものとしてLyubomirsky & Ross, 1997, 研究 1 も参照）。同様に，日常における社会的比較の研究でも，ホウィーラーとミヤケ（1992），ジョルダーノとウッド（1997）の研究では，下方比較がムードを改善したものの，こうした比較が特に高自尊心者より低自尊心者に恩恵をもたらすということはなかった。

しかし，先に引用したいくつかの自己評価研究と同様，ムードに関しても低自負者が高自負者よりも下方比較から恩恵を受けていることを示す研究がいくつかある（Aspinwall & Taylor, 1993, 研究 1；Gibbons, 1986, 研究 2；Gibbons & Boney-McCoy, 1991, 研究 1 と 2；Gibbons & Gerrard, 1989；Wenzlaff & Prohaska, 1989；幸せな人と不幸せな人に関する類似した結果については，Lyubomirsky & Ross, 1997, 研究 2 を参照）。非抑うつ傾向者のムードが下方比較後に悪化することを示している研究さえある（Wenzlaff & Prohaska, 1989）。いくつかの研究（幸せな人と不幸せな人についてのリュボミルスキーとロスの研究を数に入れれば，5 つ引用した）では高自負者，低自負者いずれもが下方比較から恩恵を受けているのに，他の（7 つの）研究では低自負者が特に下方比較から恩恵を受やすいことが示されている。なぜ，こうしたことが起こるのだろうか。

まず，自負心の高低による違いを示そうとした研究について詳しく検討しよう。これらの研究は非常に周到に実施されてはいるのだが，低群が高群より下方比較による恩恵を受けやすいことを完璧に検証するための計画，つまり，自負心の高低を，上方比較，下方比較および比較なし条件とクロスさせるという実験計画を用いていたのは 1 つだけだった。しかし，この研究では，ムードへの影響は見られなかった（ただし，前述のように自己評価への効果は得られている；Aspinwall & Taylor, 1993, 研究 2）。いくつかの研究では，上方比較，あるいは比較なし条件が欠けていたために，下方比較が特にムードを改善するのかどうかは明らかにできなかった。したがって，上方比較条件と下方比較条件の両方を含む 2 つの研究で，低自負者のムードがすべての比較条件で向上す

るわけではないことを明らかにしているのは心強い。すなわち，これらの研究は，下方比較の後では，低自負者は高自負者よりもムードを向上させるが，上方比較の後では，低自負者は高自負者ほどにはムードが向上しないか（Gibbons & Gerrard, 1989），悪化することさえある（Wenzlaff & Prohaska, 1989）ことを示しているのである。

しかし，下方比較を行なわなくても，低自負者のムードが結局のところ時間とともに向上した可能性はないだろうか。ことによると，下方比較条件における低自負者のムード向上は「自然寛解（spontaneous remission）」によるものだったかもしれない。低自負者にとっては辛い上方比較に遭遇したときに自然寛解が停止したと考えれば，これによって上方比較条件と下方比較条件の差が得られていた可能性もある。しかし，比較前と比較後のムード査定の時間間隔がほんの数分だったことを考えると，ムードや脅威を導入した直後など比較前のムードが極端に低くなっていると考えられる場合を除いて，この自然寛解による説明はあまり妥当性がないと思われる。脅威やムードの導入は，実際いくつかの研究で行なわれている。これらの研究には，自然寛解による説明を決定的に排除できるはずの比較なし条件が含まれていないのだが，そのうちの3研究では，次善の策がとられ，比較前のムードを統制した共分散分析が実施されていた（Gibbons & Boney-McCoy, 1991, 研究1と2；Gibbons & Gerrard, 1989）。さらに，ウェンツラフとプロハスカ（1989）は，比較の前に脅威や否定的ムードの導入を行なわずに，上方比較条件と下方比較条件の差を見いだしており，この結果は下方比較そのものが低自負者のムードを向上させたことを示唆している。

低自負者における下方比較後のより大きなムード向上が，統計的なアーティファクトによるという可能性はあるだろうか（Wheeler, L. との私信，1997年7月）。たとえば，低自負者とは対照的に，高自負者はもともとムードが肯定的なので，そこからさらに高まる余地がないのかもしれない。ウェンツラフとプロハスカ（1989）の研究では，1.0から10.0にわたるムード尺度において，比較前における非抑うつ者のムードの平均値は8.5だったが，抑うつ者のムードの平均値は5.5だった。このように非抑うつ者のムードが高いということから，彼らのムードが比較後に向上することがなく，悪化するか同じ水準に止ま

ることが説明されるかもしれない。そこでわれわれは，先に引用した研究論文からムード得点の範囲と平均値をすべて調べてみた。予想されるように，ほぼすべての研究において，比較前の高自負者と低自負者のムードは有意に異なっていた。しかし，高自負者はムード尺度上でさらに得点が高まる余地があるように思われた（Aspinwall & Taylor, 1993；Gibbons & Boney-McCoy, 1991参照）★2。

したがって，ムード尺度自体が高自負者のムード改善を押さえつけることはないようだが，ムードの変動可能性がムード次元によって異なる可能性は考えられる。つまり，悲しいムードを和らげる方が，幸せな人をさらに幸せにするよりも簡単かもしれないのである。リアリィら（Leary, Haupt, Strausser, & Chokel, 1998）による最近の研究は，この可能性を支持している。4つの研究において，肯定的評価は状態自尊心（state self-esteem）とムードを向上させるが，評価の肯定性がある点まで達してしまえば，自尊心もムードもそれ以上は向上しないことが見いだされている。特性自尊心（trait self-esteem）が状態自尊心と同じように働くなら，この結果は，下方比較は低自負者のムードや自己評価を向上させるが，高自負者の場合には気分が良すぎるために下方比較によってほとんど向上しない，ということを示唆することになろう。もしそうなら，それはアーティファクトというより，高自負者が下方比較から恩恵を受ける可能性に制限を課すという，ムードの興味深い性質と考えることができるだろう。

同時に，この可能性は興味ある問いを提起している。高自負者が下方比較から恩恵を受けないのは，高自負者が幸せなムードにあるからなのだろうか。それとも，恩恵を受けるのを妨げるような何かが，高自負者自身にあるのだろうか。言い換えれば，高自負者は沈んだ気分にあるときのほうが，下方比較から恩恵を受けやすいだろうか。

この問いについて検討するには，高自負者のムードを悪化させ，それによって彼らが下方比較の影響を受けやすくなるかどうかを見ればよいことになる。高自負者と低自負者の差が得られたいくつかの研究には，否定的なムードや脅威の導入によっておそらく参加者のムードが悪化させられた条件が含まれていた。「おそらく」，と言ったのは，これらの研究には（a）否定的ムードや脅威

の操作がない（導入のみ）か，(b) 中性的な条件がないために，否定的ムード条件や脅威条件における高自負者のムードが通常よりも低かったのかどうかチェックができないからである（Aspinwall & Taylor, 1993の研究2では高脅威群と低脅威群［実験的に操作されてはいない］を比べているが，ムードの効果は見られなかった）。脅威なし条件がなければ，これらの脅威や否定的ムードの導入が高自負者のムードを低自負者のベースラインの水準まで下げたかどうかはわからない。（予想されるように，これらすべての研究において，否定的ムード条件や脅威条件における高自負者のムードは，同じ条件の低自負者のムードよりも有意に良かった。）

　これらの研究は，われわれが提起した問いを理想的な形で扱ってはいないし，そのように計画されたものでもなかったが，示唆的ではある。具体的に言えば，これらの研究は，高自負者のムードが悪化させられたとき，低自負者とは異なり高自負者のムードは下方比較によって向上しなかったことを示している（Aspinwall & Taylor, 1993, 研究1；Gibbons & Boney-McCoy, 1991, 研究1と2；Gibbons & Gerrard, 1989）。おそらく例外はリュボミルスキーとロス（1997）の第二研究である。この研究も，低自尊心者や抑うつ傾向者ではなく，幸せな人と不幸せな人を対比させていた。この研究によれば，遂行について否定的なフィードバックを受け取った幸せな人は，もう1人の参加者の遂行が自分よりさらに悪いという情報に慰めを得たようであった。同じ幸せな人でも下方比較情報を受け取らなかった人のムードが低下したのに対して，下方比較情報を得た彼らのムードは低下しなかったのである。さらに，この研究では，脅威にさらされた不幸せな人が特に下方比較から恩恵を受けやすく，実際にムードを向上させていたことが示されている。したがって，この研究は自尊心や抑うつ傾向を対象とした他の研究の結果とも一致していることになる。特に参考になるのは，脅威を与える研究の中で上方比較条件を含むものである。これらの研究では，高自負者のムードは下方比較の後ではなく上方比較の後に向上することが見いだされている（Aspinwall & Taylor, 1993, 研究1；Gibbons & Gerrard, 1989）。これらの研究は，高自負者のムードを向上させることは確かに可能だが，それは上方比較による場合だけであることを示している。

　われわれは先に，高自負者が下方比較から恩恵を受けないのは，高自負者が

幸せなムードにあるからなのか，それとも恩恵を受けるのを妨げるような何かが高自負者自身にあるからなのだろうか，という疑問を呈示したが，これに対する最終的な答えは今後の研究に委ねるしかないようである。しかしわれわれは，少なくともある条件のもとでは，高自負者が上方比較に対するほど簡単には下方比較に反応しないこと，また，高自負者が低自負者ほど簡単には下方比較に反応しないという二点については慎重に結論づけることができるだろう。

　ギボンズとボーニー・マッコイ（Gibbons & Boney-McCoy, 1991），アスピンウォールとテイラー（1993）は，否定的ムードまたは脅威の導入を含む研究に関して刺激的な解釈を行なっている。低自負者のムードや自己評価を下方比較の後に向上させるには，否定的ムードあるいは脅威の導入が組み合わされなければならない，というのである。しかし，ギボンズ（1986）やT. J. レイスら（1993），ウェンツラフとプロハスカ（1989）の研究は，脅威やムードの導入がなくても，低自負者が下方比較に対して都合のよい反応をする可能性を示している[★3]。さらに，先に引用されたいくつかの研究は，高自負者が下方比較から恩恵を受けることも確かにあることを示している。したがって，下方比較が役立つために，低自負および直前のムード悪化という「ダブルパンチ」（Aspinwall & Taylor, 1993）が必要でないのは明らかである。しかし，ダブルパンチはこれらの恩恵を生じやすくするのだろうか。あいにく，これらの研究のほとんどは真の脅威なし条件を含んでいなかったため，脅威の役割をはっきりと決めることができない。否定的ムード条件あるいは脅威条件におかれなかった参加者は，肯定的ムード条件（Aspinwall & Taylor, 1993, 研究1）か「押し上げ（boost）」とでもよべる条件（Gibbons & Boney-McCoy, 1991, 研究1と2）のいずれかにおかれていた。そのため，脅威（または否定的ムード）条件が下方比較を特に有益なものにしたかどうかは明らかでない。もしかしたら，押し上げ（または肯定的ムード条件）は，いつもは低自負者にとって有益かもしれない下方比較を不要なものにしてしまったのかもしれない（Aspinwall & Taylor, 1993参照）。真の脅威なし条件と思われるものを含む唯一の研究において，アスピンウォールとテイラー（研究2）は，脅威にさらされた低自負者に関して自己評価への影響を見いだしたが，ムードへの影響は見いだせなかった。さらに，これらの研究において脅威にさらされた低自負者が

受ける下方比較の特別な恩恵は，簡単に検討したように，これらの研究で用いられた比較の次元に限定されるということも考えられる。このように，下方比較の恩恵が低自負者やムードの急な悪化に苦しむ人に特に生じやすいという結論を確信をもって導くには，さらに研究を重ねる必要がある。

④要約

この領域には研究結果が不思議と一貫しない点がいくつかあり，これらを明らかにするためにはさらなる研究が必要である。たとえば，脅威が重要なのはいつか，ムードへの影響と自己評価への影響が対応しないことがあるのはなぜか，効果が時々互いに対応しないのはなぜか，などに関する研究である（Aspinwall & Taylor, 1993, 研究2；Gibbons & Gerrard, 1989；T. J. Reis et al., 1993；Lyubomirsky & Ross, 1997, 研究2も参照のこと）。しかしわれわれは，少なくともある条件のもとでは，低自負者が特に下方比較から恩恵を受けやすく，高自負者が特に上方比較から恩恵を受けやすいと結論づけることができる。これらの結果は，自己高揚の視点と一致している。

なぜ，低自負者が高自負者より下方比較から恩恵を受けているように見える研究と，そうでない研究があるのだろうか。考慮すべき1つの要因は，自己関与性（Tesser et al., 1988）など比較次元の性質である。ジョルダーノとウッド（1997）の研究では，比較に対する感情的反応において抑うつ傾向者と非抑うつ傾向者の間に全体的な差異は見いだされなかったが，抑うつ傾向者の場合，自己関与度の高い領域において上方比較の影響を特に受けやすいことが示されている。たとえば，親しい関係に努力を費やす「関係志向的な（sociotropic）」人は，対人関係がうまくいっている他者との比較を特に苦痛に感じていた。特筆すべき点として，高自負者と低自負者の間にムードまたは自己評価の差があった研究のほとんどが，大学生活に悩んでいるか，大学生活にうまく適応している他の大学生との比較を用いているのに対し，高自負者も下方比較から恩恵を受けていることを見いだした研究は，遂行のような他のタイプの次元を用いていることが多い（例：Wood et al., 1994）。

遂行やその他の次元は高自負者，低自負者いずれにとっても重要かもしれないが，他の学生の対処のようすが含まれる比較は，自分自身適応に困難を覚えている学生にとって最も関連性が強いように思われる。適応に困難を覚える学

生というのは，おそらく抑うつ傾向が高かったり自尊心が低かったりするだろう。他者の対処のようすを含む比較というのは，高自負者と低自負者が，下方比較と上方比較からそれぞれ異なった解釈を引き出す格好の材料でもある。高自負者は，幸せで順調な上方の比較対象を自分と同一視したり，自分と類似していると考えるだろう（Collins, 1996）。そして，自分もその比較対象と同じくらいの適応レベルを維持できると推論するかもしれない。そうなれば，彼らは上方比較によって元気づけられることになるだろう（Aspinwall, 1997参照）。アーレンとアロイ（1997）が示唆しているように，高自負者とは対照的に，抑うつ傾向者は自己観が否定的で動機づけも低いために，上方の比較対象の成功に接したときに，自分には達成不可能であると考えてしまうかもしれない。そのかわりに，低自負者はホームシックの学生や学力向上に不安をもつ学生と自分を同一視するかもしれない。

　実際，何人かの著者が，低自負者が下方比較から引き出す特別な恩恵は，ある部分，彼らが下方の比較対象と類似していることから生じる可能性を指摘している（Aspinwall & Taylor, 1993；Gibbons & Gerrard, 1991）。ストレス条件におかれた人にとって，同じような問題を経験している他者と共通の絆を分かち合うことは，自分の感情の正しさを確認し，異常だという感じをもたなくてすむことから，その人にとって大きな慰めとなることだろう（Wills, 1981）。この考えはギボンズとボーニー・マッコイ（1991）の研究によって支持されている。彼らは2つの研究で，高脅威条件の低自負者が下方比較から最も恩恵を受けるだけでなく，他のどの群よりも下方の比較対象に対して自分との類似性を知覚することを見いだした。

　この論理をさらにもう一歩進め，類似性がそれほど重要であるなら，そもそも下方比較など必要ないのではないか，と論ずることができるかもしれない。低自負者にとって最も有益なのは，自分と同じ境遇の他者を見つけることなのかもしれない。これらの研究には，低自負者のムードや自己評価を向上させるのに，水平比較が下方比較と同様に効果的である可能性を排除する証拠は何もない。もし今後の研究で，比較対象との類似性が低自負者の気分を向上させる鍵であることが示されれば，関心の焦点は自己高揚の視点から自己確認の視点へと移ることになるだろう。

4 結論

　高自負者と低自負者の社会的比較を扱ったこれらの研究において，どの理論的視点が支持されているのだろうか。ほとんどの視点には，少なくともそれを支持する証拠があり，同様にそれに反する証拠もある。高自負者も低自負者も，われわれが特定した社会的比較のための動機をすべてもっているように思われる。したがって論点は，それぞれの動機が前面に出てくるのはどのような状況か，ということになる。

　この問題が諸研究によってどのように明らかにされてきたかを検討するために，まず，比較の効果に関する研究を要約しよう。低自負者が社会的比較情報に対して特に敏感であることに関しては示唆的な証拠があり（Lyubomirsky & Ross, 1997参照），これは自己評価の視点を支持するものである。低自負者がこうした傾向を見せるのは，低自負者の自己概念に明瞭さや確かさが欠けているためかもしれない（例：Campbell, 1990）。残念ながら，低自負者の感受性には，社会的比較情報を否定的に解釈する傾向や，社会的比較情報の都合の悪い面に焦点を当てる傾向が伴うようである。その意味で，低自負者は社会的比較情報を解釈する段階で自己防衛に失敗しているように思われる。一方，高自負者は自分に有利になるよう，より選択的に比較情報を用いているのかもしれない。

　しかし，いくつかの証拠は自己高揚の視点を支持している。少なくとも低自負者が脅威にさらされ，下方比較対象と問題を共有しているような場合には，低自負者はとりわけ下方比較から恩恵を受けやすいようである。低自負者が特に恩恵を受けることを指摘した研究には，下方比較がきわめて顕著で明確である例が含まれている。比較情報を否定的に解釈する低自負者の傾向を考えれば，彼らの気分を高揚させるためには，下方比較情報は明確かつ一様でなければならない。残念なことに，日常生活には概して，ただ1人の顕著で劣った他者がいるのではなく，優れた他者と劣った他者が混在しているのである。

　先に述べたように，比較の効果は比較の背後にある人々の動機を反映していない可能性がある。たとえば，低自負者は心から自己高揚をしたがっているの

だが自分に都合よく社会的比較を解釈することがむずかしいのかもしれない。そこで，ここでは比較選択の研究を重点的に扱うことにしたい。自己報告や討論パートナーの選択を含む研究は，自己評価の視点に関して興味深い証拠を提供している。概して低自負者は高自負者よりも社会的比較，特に不確実性を低減するのに役立つ比較？に関心を示すのである。そうなると，自己評価の視点についてもっと説得力のある証拠が必要となろう。とりわけ有益なのは，自己報告や親和タイプの測度を含まない選択研究や，不確実性低減の測度を含んでいる比較効果の研究である。

　現在のところ，低自負者が真に下方比較を求めているという，自己高揚の見解に対する支持はほとんどない。このように証拠が欠如していることの原因は，使用された測度にあるのかもしれない。これらの測度では，比較対象が参加者自身よりも劣っているかどうかがはっきりしないことがある。しかし，いくつかの研究は，低自負者が上方比較を求めたり（すなわち，順位研究），高自負者ほど下方比較をしないことさえある（すなわち，自己記録研究）と明らかにしており，これらは自己高揚の視点と矛盾することになる。

　さらに，低自負者が実際に都合の悪い比較を求めるという自己卑下の見解を支持する研究もほとんどなかった。ただし，低自負者が時々自己防衛に失敗することを示す証拠はあった。つまり，失敗後にまったく比較をしないことを選べるときにも，高自負者とは異なり，低自負者はやはり比較を行なったのである。「自己防衛／高揚の失敗」の視点のさらなる証拠は自己記録研究からも得られており，高自負者のほうが低自負者より下方比較を行ないやすいことが示唆されている。

　しかし，実験的証拠の大部分は，低自負者が自尊心に役立つ比較を選択する，という見解に有利になっている。比較対象選択研究では，低自負者が高自負者の選ぶ比較対象ほど上方ではない対象を求めることが示されている。これらは低自負者が真に下方比較を行なっていることを示しているわけではないのだが，基本的にはウィルス（1981）の下方比較理論と一致する結果である。われわれは，これらの研究が自己防衛の視点を支持するものと解釈している。親和研究は，低自尊心者または抑うつ傾向者が，比較選択において自己防衛か自己確認のいずれかを求めることを示唆している。彼らは自分のムードとの好ま

しくない対比を避けるか，類似した他者との比較を通じて自分の感情を確認しようとするのである。ウィルスの理論では，人は劣った他者より類似他者との比較を通じて慰めを得ることがあるとされるが，これらの知見も，こうしたウイルスの考えと一致している。

要約すると，低自負者は特に社会的比較に関心をもっているが（自己評価の視点を支持），彼らの比較選択は自己防衛と自己確認の欲求によって影響されているように思われる。彼らはしばしば，自分よりずっと優れた他者との屈辱的な比較を避けることで自己を防衛し，自分と類似した他者との比較によって慰めを得るのである。先に述べたように，下方比較から受ける恩恵でさえ，低自負者が下方比較対象よりも優っていることより，その対象と共有する類似性から生じている可能性がある。

自己防衛や自己確認が低自負者の比較選択を導く主要な動機であることを確かめるには，もっと多くの研究が必要とされるのは明らかである。とりわけ有益なのは，参加者が自分の比較に何を期待しているのか，また，自分の受け取った比較をどのように解釈しているのかに注目した研究だろう。しかし，現在のところ，証拠が示唆しているのは，低自負者の比較は，考えられるうち最も自己高揚的ではないかもしれないが，彼らの自尊心に役立つものが選ばれている，ということである。

低自負者は，ときには高自負者よりも下方比較の恩恵に浴するのに，自己高揚的な比較を求めているように見えないのはなぜだろうか。低自負者が自己高揚に対して，高自負者ほど優先順位を与えないということも考えられる。低自負者は劣っていると感じることに慣れている。低自負者は自己高揚欲求が比較的弱いために，高自負者よりも他の動機，たとえば自己評価動機や自己改善動機などの影響を受けやすく，そのために都合の悪い比較をすることがあるのかもしれない。もう1つの可能性は，低自負者も自己高揚を欲しているのだが，否定的な期待を抱いているためにそれができないというものである。彼らは，真に自分より劣った人などいないのではないか，自分も悪くなって下方の対象と同じようになってしまうのではないか，など恐れているのかもしれない（Aspinwall, 1997；Wood & VanderZee, 1997）。低自負者が自己防衛的であることを考えると，明確で安全な機会，すなわち落胆する可能性がまったくない

機会が訪れれば，彼らも非常に自己高揚的な比較を求めることになるだろう（Wood & Giordano, 1998；Wood et al., 1994）。

　われわれは，低自尊者の社会的比較選択が自己防衛や自己確認の性質をもつと結論づけたが，それが必ずしも適応的なものだといっているわけではない。最終的には，これらは自滅的である可能性もある。自己防衛という道筋をとることで，低自尊者は自尊心を押しあげる可能性のある都合のよい比較を行なう機会を失ってしまうかもしれない（Wood et al., 1994）。さらに，抑うつ傾向者が他の学生が書いた明るい内容の話を読むことを避けたり（Gibbons, 1986），より幸せな人といっしょにいることを避けたりしてしまうと，結局は自分のムードを向上させたり，より良い対処の仕方を他者から学ぶ機会を失ってしまうことになる。同病相憐れむという状況は短期的には気休めになるかもしれないが，窮状から脱する役には立たないかもしれない（Rosenblatt & Greenberg, 1991参照）。低自尊者には，不幸せな話題に焦点をあわせることで哀れな比較対象をつくりあげてしまうという願望があるように見えるが，そうすることで，彼らがよく経験している社会的拒絶をさらに引き起こしてしまう可能性もある（Wenzlaff & Beevers, 印刷中, 実験4）。したがって，最終的には，自己防衛や自己確認の方略が，低自尊者の否定的ムードや無能感，社会的孤立を持続させてしまうかもしれないのである。

　　　※本章の草稿について有益なコメントをいただいた諸氏，リック・ギボンズ，ロビン・コヴァルスキー，マーク・レアリィ，ステファン・スワロー，ギフォード・ウェアリィ，リチャード・ウェンツラフに感謝します。トニー・アーレン，リサ・アスピンウォール，トム・ウィルスのコメントには特に謝意を表明します。

【注】
★1：われわれはまた，他者の評価を下げる過程に関連して自尊心や抑うつ傾向を扱った文献をレビューしていない。他者蔑視に関する研究は魅力的であり，自尊心の維持（例：Crocker, Thompson, McGraw, & Ingerman, 1987）や抑うつの持続（Pelham, 1991）に対して多くの示唆を与えてくれるはずである。しかし，社会的情報を自己と比べて考慮するという意味では，これらが真に社会的比較を反映しているかどうか明らかではでない。
★2：この節で引用したいくつかの論文において，著者らは，おそらく査読者の批判に応えてだと思うが，「平均への回帰」によって低自尊者のムードの向上を説明できるかどうか検討している。われわれは，この可能性はあまりないだろうと考える。これらの研究では，集団で実施されたテストで抑うつ傾向や自尊心得点が極端だった人が参加者として選ばれていたのは事実である。しかし，これらの得点に寄与するあらゆる測定誤差は，比較前から比較後への回帰ではなく，数週間後，実験室で実施された比較前得点に関してのみ平均への回帰を生じさせたはずである。ことによると，これらのケースにおいて平均への回帰が意味するのは，本文で述べら

れた自然寛解の可能性かもしれない。自然寛解は,測定誤差に何ら関係するものではなく,真のムード変化である。
★3:ギボンズの研究では,すべての参加者は比較を経験する前に選んだ出来事について個人的記述を行なった。抑うつ傾向の参加者が非抑うつ傾向の参加者より否定的な出来事を書いたことも可能性としては考えられるが,これらの記述の中にある感情について評定者が行なった判断からは,そのような差異は認められなかった。この結果は,彼らが下方比較の前に脅威にさらされていたり,あるいは特に否定的な状態にあったわけではないことを示している。

引用文献

Abramson, L. Y., Seligman, M. E. P., & Teasdale, J. (1978). Learned helplessness in humans: Critique and reformulation. *Journal of Abnormal Psychology, 87,* 49–74.

Ahrens, A. H. (1991). Dysphoria and social comparison: Combining information regarding others' performances. *Journal of Social and Clinical Psychology, 10,* 190–205.

Ahrens, A. H., & Alloy, L. B. (1997). Social comparison processes in depression. In B. P. Buunk & F. X. Gibbons (Eds.), *Health, coping, and well-being: Perspectives from social comparison theory* (pp. 389–410). Mahwah, NJ: Erlbaum.

Albright, J. S., & Henderson, M. C. (1995). How real is depressive realism? A question of scales and standards. *Cognitive Therapy and Research, 19,* 589–609.

Alloy, L. B., Albright, J. S., & Clements, C. (1987). Depression, nondepression, and social comparison biases. In J. E. Maddux, C. D. Stoltenberg, & R. Rosenwein (Eds.), *Social processes in clinical and counseling psychology* (pp. 94–112). New York: Springer-Verlag.

Aspinwall, L. G. (1997). Future-oriented aspects of social comparisons: A framework for studying health-related comparison activity. In B. P. Buunk & F. X. Gibbons (Eds.), *Health, coping, and well-being: Perspectives from social comparison theory* (pp. 125–165). Mahwah, NJ: Erlbaum.

Aspinwall, L. G., & Taylor, S. E. (1993). Effects of social comparison direction, threat, and self-esteem on affect, self-evaluation, and expected success. *Journal of Personality and Social Psychology, 64,* 708–722.

Baumeister, R. F., Tice, D. M., & Hutton, D. G. (1989). Self-presentational motivation and personality differences in self-esteem. *Journal of Personality, 57,* 547–579.

▶ Beck, A. T. (1976). *Cognitive therapy and the emotional disorders.* New York: International Universities Press.

Brickman, P., & Bulman, R. J. (1977). Pleasure and pain in social comparison. In J. M. Suls & R. Miller (Eds.), *Social comparison processes: Theoretical and em-*

pirical perspectives (pp. 149–186). Washington, DC: Hemisphere.
Buunk, B. P., Collins, R. L., Taylor, S. E., VanYperen, N. W., & Dakof, G. A. (1990). The affective consequences of social comparison: Either direction has its ups and downs. *Journal of Personality and Social Psychology, 59*, 1238–1249.
Campbell, J. D. (1990). Self-esteem and clarity of the self-concept. *Journal of Personality and Social Psychology, 59*, 538–549.
Collins, R. (1996). For better or worse: The impact of upward social comparisons on self-evaluations. *Psychological Bulletin, 119*, 51–69.
Coyne, J. C. (1994). Self-reported distress: Analog or ersatz depression? *Psychological Bulletin, 116*, 29–45.
Crocker, J., Thompson, L. L., McGraw, K. M., & Ingerman, C. (1987). Downward comparison prejudice and evaluations of others: Effects of self-esteem and threat. *Journal of Personality and Social Psychology, 52*, 907–916.
DeVellis, R. F., Holt, K., Renner, B. R., Blalock, S. J., Blanchard, L. W., Cook, H. L., Klotz, M. L., Mikow, V., & Harring, K. (1990). The relationship of social comparison to rheumatoid arthritis symptoms and affect. *Basic and Applied Social Psychology, 11*, 1–18.
Diener, E., & Fujita, F. (1997). Social comparisons and subjective well-being. In B. P. Buunk & F. X. Gibbons (Eds.), *Health, coping, and well-being: Perspectives from social comparison theory* (pp. 329–357). Mahwah, NJ: Erlbaum.
Festinger, L. (1954). A theory of social comparison processes. *Human Relations, 7*, 117–140.
Flett, G. L., Vredenburg, K., Pliner, P., & Krames, L. (1987). Depression and social comparison information-seeking. *Journal of Social Behavior and Personality, 2*, 473–484.
Friend, R. M., & Gilbert, J. (1973). Threat and fear of negative evaluation as determinants of locus of social comparison. *Journal of Personality, 41*, 328–340.
Gibbons, F. X. (1986). Social comparison and depression: Company's effect on misery. *Journal of Personality and Social Psychology, 51*, 140–148.
Gibbons, F. X., & Boney-McCoy, S. (1991). Self-esteem, similarity, and reactions to active versus passive downward comparison. *Journal of Personality and Social Psychology, 60*, 414–424.
Gibbons, F. X., & Buunk, B. P. (1999). Individual differences in social comparison: The development of a scale of social comparison orientation. *Journal of Personality and Social Psychology., 76*, 129–142.
Gibbons, F. X., & Gerrard, M. (1989). Effects of upward and downward social comparison on mood states. *Journal of Social and Clinical Psychology, 8*, 14–31.

Gibbons, F. X., & Gerrard, M. (1991). Downward comparison and coping with threat. In J. Suls & T. A. Wills (Eds.), *Social comparison: Contemporary theory and research* (pp. 317–345). Hillsdale, NJ: Erlbaum.

Giordano, C., & Wood, J. V. (1997). *Social comparisons in everyday life: The roles of personality styles and dysphoria.* Manuscript in preparation, University of Waterloo.

Goethals, G. R. (1986). Fabricating and ignoring social reality: Self-serving estimates of consensus. In J. M. Olson, C. P. Herman, & M. P. Zanna (Eds.), *Relative deprivation and social comparison: The Ontario Symposium* (Vol. 4, pp. 135–158). Hillsdale, NJ: Erlbaum.

Goethals, G. R., & Darley, J. M. (1977). Social comparison theory: An attributional approach. In J. M. Suls & R. L. Miller (Eds.), *Social comparison processes: Theoretical and empirical perspectives* (pp. 259–278). Washington, DC: Hemisphere.

Heidrich, S. M., & Ryff, C. D. (1993). The role of social comparison processes in the psychological adaptation of elderly adults. *Journal of Gerontology: Psychological Sciences, 48,* 127–136.

Helgeson, V. S., & Mickelson, K. D. (1995). Motives for social comparison. *Personality and Social Psychology Bulletin, 21,* 1200–1209.

Helgeson, V. S., & Taylor, S. E. (1993). Social comparisons and adjustment among cardiac patients. *Journal of Applied Social Psychology, 23,* 1171–1195.

Kuiper, N. A., & McCabe, S. B. (1985). The appropriateness of social topics: Effects of depression and cognitive vulnerability on self and other judgments. *Cognitive Therapy and Research, 9,* 371–379.

Leary, M. R., Haupt, A. L., Strausser, K. S., & Chokel, J. L. (1998). Calibrating the sociometer: The relationship between interpersonal appraisals and state self-esteem. *Journal of Personality and Social Psychology, 74,* 1290–1299.

Locke, K. D., & Horowitz, L. M. (1990). Satisfaction in interpersonal interactions as a function of similarity in level of dysphoria. *Journal of Personality and Social Psychology, 58,* 823–831.

Lockwood, P., & Kunda, Z. (1997). Superstars and me: Predicting the impact of role models on the self. *Journal of Personality and Social Psychology, 73,* 91–103.

Lyubomirsky, S., & Ross, L. (1997). Hedonic consequences of social comparison: A contrast of happy and unhappy people. *Journal of Personality and Social Psychology, 73,* 1141–1157.

Major, B., Testa, M., & Bylsma, W. H. (1991). Responses to upward and downward social comparisons: The impact of esteem-relevance and perceived control.

In J. Suls & T. A. Wills (Eds.), *Social comparison: Contemporary theory and research* (pp. 237-260). Hillsdale, NJ: Erlbaum.

Marsh, H. W., & Parker, J. W. (1984). Determinants of student self-concept: Is it better to be a relatively large fish in a small pond even if you don't learn to swim as well? *Journal of Personality and Social Psychology, 47*, 213-231.

McFarland, C., & Miller, D. T. (1994). The framing of relative performance feedback: Seeing the glass as half empty or half full. *Journal of Personality and Social Psychology, 66*, 1061-1073.

Morse, S., & Gergen, K. J. (1970). Social comparison, self-consistency, and the concept of self. *Journal of Personality and Social Psychology, 16*, 148-156.

Northcraft, G. B., & Ashford, S. J. (1990). The preservation of self in everyday life: The effects of performance expectations and feedback context on feedback inquiry. *Organizational Behavior and Human Decision Processes, 47*, 42-64.

Paulhus, D. L. (1991). Measurement and control of response bias. In J. P. Robinson, P. R. Shaver, & L. S. Wrightsman (Eds.), *Measures of personality and social psychological attitudes* (pp. 17-59). New York: Academic Press.

Pelham, B. (1991). On the benefits of misery: Self-serving biases in the depressive self-concept. *Journal of Personality and Social Psychology, 61*, 670-681.

Pinkley, R. L., Laprelle, J., Pyszczynski, T., & Greenberg, J. (1988). Depression and the self-serving search for consensus after success and failure. *Journal of Social and Clinical Psychology, 6*, 235-244.

Reis, H. T., & Wheeler, L. (1991). Studying social interaction with the Rochester Interaction Record. In M. P. Zanna (Ed.), *Advances in experimental social psychology* (Vol. 24, pp. 270-312). San Diego, CA: Academic Press.

Reis, T. J., Gerrard, M., & Gibbons, F. X. (1993). Social comparison and the pill: Reactions to upward and downward comparison of contraceptive behavior. *Personality and Social Psychology Bulletin, 19*, 13-20.

Rosenblatt, A., & Greenberg, J. (1988). Depression and interpersonal attraction: The role of perceived similarity. *Journal of Personality and Social Psychology, 55*, 112-119.

Rosenblatt, A., & Greenberg, J. (1991). Examining the world of the depressed: Do depressed people prefer others who are depressed? *Journal of Personality and Social Psychology, 60*, 620-629.

Smith, R. H., & Insko, C. A. (1987). Social comparison choice during ability evaluation: The effects of comparison publicity, performance feedback, and self-esteem. *Personality and Social Psychology Bulletin, 13*, 111-122.

Swallow, S., & Kuiper, N. A. (1987). The effects of depression and cognitive vulnerability to depression on judgments of similarity between self and other.

Motivation and Emotion, 11, 157-167.

Swallow, S., & Kuiper, N. A. (1988). Social comparison and negative self-evaluations: An application to depression. *Clinical Psychology Review, 8,* 55-76.

Swallow, S., & Kuiper, N. A. (1990). Mild depression, dysfunctional cognitions, and interest in social comparison information. *Journal of Social and Clinical Psychology, 9,* 289-302.

Swallow, S., & Kuiper, N. A. (1992). Mild depression and frequency of social comparison behavior. *Journal of Social and Clinical Psychology, 11,* 167-180.

Swallow, S., & Kuiper, N. A. (1993). Social comparison in dysphoria and non-dysphoria: Differences in target similarity and specificity. *Cognitive Therapy and Research, 17,* 103-122.

Swann, W. B., Jr. (1987). Identity negotiation: Where two roads meet. *Journal of Personality and Social Psychology, 53,* 1038-1051.

Tesser, A., Millar, M., & Moore, J. (1988). Some affective consequences of social comparison and reflection processes: The pain and pleasure of being close. *Journal of Personality and Social Psychology, 54,* 49-61.

VanderZee, K. I., Buunk, B. P., & Sanderman, R. (1996). The relationship between social comparison processes and personality. *Personality and Individual Differences, 22,* 551-565.

Vredenburg, K., Flett, G. L., & Krames, L. (1993). Analogue versus clinical depression: A critical reappraisal. *Psychological Bulletin, 113,* 327-344.

Wayment, H. A., & Taylor, S. E. (1995). Self-evaluation processes: Motives, information use, and self-esteem. *Journal of Personality, 63,* 729-757.

Weary, G., Elbin, S., & Hill, M. G. (1987). Attributional and social comparison processes in depression. *Journal of Personality and Social Psychology, 52,* 605-610.

Weary, G., Marsh, K. L., Gleicher, F., & Edwards, J. A. (1993). Depression, control motivation, and the processing of information about others. In G. Weary, F. Gleicher, & K. L. Marsh (Eds.), *Control motivation and social cognition* (pp. 255-287). New York: Springer-Verlag.

Weary, G., Marsh, K. L., & McCormick, L. (1994). Depression and social comparison motives. *European Journal of Social Psychology, 24,* 117-129.

Wenzlaff, R. M., & Beevers, C. G. (in press). Depression and interpersonal responses to others' moods: The solicitation of negative information about happy people. *Personality and Social Psychology Bulletin.*

Wenzlaff, R. M., & Prohaska, M. L. (1989). When misery loves company: Depression, attributions, and responses to others' moods. *Journal of Experimental*

Social Psychology, 25, 220-233.
Wheeler, L., & Miyake, K. (1992). Social comparison and everyday life. *Journal of Personality and Social Psychology, 62*, 760-773.
Wills, T. A. (1981). Downward comparison principles. *Psychological Bulletin, 90*, 245-271.
Wills, T. A. (1991). Similarity and self-esteem in downward comparison. In J. Suls & T. A. Wills (Eds.), *Social comparison: Contemporary theory and research* (pp. 51-78). Hillsdale, NJ: Erlbaum.
Wilson, S. R., & Benner, L. A. (1971). The effects of self-esteem and situation upon comparison choices during ability evaluation. *Sociometry, 34*, 381-397.
Wood, J. V. (1989). Theory and research concerning social comparisons of personal attributes. *Psychological Bulletin, 106*, 231-248.
Wood, J. V. (1996). What is social comparison and how should we study it? *Personality and Social Psychology Bulletin, 22*, 520-537.
Wood, J. V., & Dodgson, P. G. (1996). When is self-focused attention an adaptive coping response? Rumination and overgeneralization versus compensation. In I. G. Sarason, B. R. Sarason, & G. R. Pierce (Eds.), *Cognitive interference: Theories, methods, and findings* (pp. 231-259). Hillsdale, NJ: Erlbaum.
Wood, J. V., & Giordano, C. (1998). *Downward comparison in everyday life: Self-enhancement models, the selective affect-cognition priming model, and the distinction between voluntary and involuntary comparisons.* Unpublished manuscript, University of Waterloo, Waterloo, Ontario, Canada.
Wood, J. V., Giordano-Beech, M., & DuCharme, M. (1999). Compensating for failure through social comparison. *Personality and Social Psychology Bulletin., 25*, 1370-1386.
Wood, J. V., Giordano-Beech, M., Taylor, K. L., Michela, J. L., & Gaus, V. (1994). Strategies of social comparison among people with low self-esteem: Self-protection and self-enhancement. *Journal of Personality and Social Psychology, 67*, 713-731.
Wood, J. V., & Taylor, K. L. (1991). Serving self-relevant goals through social comparison. In J. Suls & T. A. Wills (Eds.), *Social comparison: Contemporary theory and research* (pp. 23-49). Hillsdale, NJ: Erlbaum.
Wood, J. V., & VanderZee, K. I. (1997). Social comparisons among cancer patients: Under what conditions are comparisons upward and downward? In B. P. Buunk & F. X. Gibbons (Eds.), *Health, coping, and well-being: Perspectives from social comparison theory* (pp. 299-328). Hillsdale, NJ: Erlbaum.

第 II 部
社会生活における自己

5章
自己制御と精神病理

K. L. デイル & R. F. バウマイスター

　自己制御（self-regulation）とは，自分の行動を変えたり維持したりすることである。たとえば，衝動を押さえたり，誘惑に抵抗したり，思考をコントロールしたり，感情を変えたりすることである。自己制御と似た語に「自己コントロール」がある。この2つの語はここでは区別しないで用いることにする。自己制御を調べることは，人間の行動を理解するためには非常にたいせつである。その重要性に社会心理学者が気づいたのは1980年代になってからであった。臨床心理学者は早くからその重要性に気づいてはいたが（たとえばKanfer & Karoly, 1972），自己制御のメカニズムについてよく理解していたわけではない。そのため，自己制御と精神病理の関連が論じられるようになったのは，ごく最近のことである。最近では，自己制御についての基礎研究も多くなってきている。この章では，はじめに最近の自己制御理論を紹介し，それをいろいろな精神病理に適用してみたい。

　自己制御と関係のある問題はたくさんある。現代の西欧社会を悩ませているほとんどの社会問題には，自己制御の失敗が含まれている（Baumeister, Heatherton, & Tice, 1994）。たとえば次のような問題である。アルコールおよび物質乱用，暴力，十代の妊娠，退学，常用癖，危険なセックス，ギャンブル，クレジット・カードの負債と濫用，摂食障害，貯蓄の失敗，幼児虐待，配偶者虐待，老人虐待，離婚，運動不足や身体的な不健康などである。さらに，抑うつや強迫のような精神病理についても，自己制御の失敗と関係がある。精神病理の中心に自己制御の失敗があるといっても過言ではない。

1 自己制御の理論

　自己制御によって人の行動には個人差があらわれる。たとえばダイエットを考えてみよう。おいしそうな食物を前にすれば空腹の人は食べてしまう。しかし，ダイエットをしている人は自己制御によって食べるのを我慢する。このように，ふつうある刺激は一定の反応を自動的に引き出してしまうものだが，自己制御によって，人の反応はそれぞれに異なってくるのである。

　自己制御の理論はいろいろなものがあるが，そのルーツは「満足遅延」の研究にある（たとえばMischel, 1974）。この研究では，「目の前の小さい報酬」か「遅延するが大きい報酬」のいずれかを子どもに選ばせる。この場合，合理的なのは大きい報酬を選ぶことなのだが，それを選ぶと子どもはすぐ満足を得たいという誘惑を自己制御しなければならない。最近の研究によれば，4歳の時に満足遅延能力が高かった子どもは，成長してから社会的にも学業的にも成功していたという（Mischel, Shoda, & Peake, 1988；Shoda, Mischel, & Peake, 1990）。

　自己制御の理論が大きく進歩したのは，システム理論が取りいれられてからである（Carver & Scheier, 1981；Powers, 1973）。システム理論の特徴はフィードバックの考え方である。カーバーとシャイアー（1981）は，サーモスタットの原理によって，自己制御を説明する。この過程はTOTEとよばれる。これは，test（テスト），operate（操作），test（テスト），exit（出口）の頭文字をとったものである。人は，つねに自分の状態を基準と比較している。もしそれに到達していなければ，（ちょうどサーモスタットがヒーターのスイッチを入れるように）自分を変化させて，望ましい状態に引きあげる。この比較を不一致がなくなるまでくり返す。基準と一致すればこのループから抜け出る。たとえば，ダイエットをしている人は，自分の体重をいつも測定し，今の体重と基準（理想の体重）を比較している。そして，その不一致を減らそうと節食を続けるのである。もし体重が理想体重まで減れば，ダイエットをやめるだろう。

　自己制御は，「自動的な制御」と，「コントロールされた制御」（意図的に制御すること）に分けられることがある。この区別によって自己制御の理論はさ

らに進歩した（たとえばBargh, 1982）。工学の用語でいうと，自動的な制御は，効率的であり，ほとんど心理的資源を使わないが，硬直的であり融通性に欠ける。コントロールされた制御は，非効率的であり，心理的資源を浪費するが，非常に柔軟性がある。自己制御で大事なのはコントロールされた制御のほうである。自動的な制御は，コントロールされた制御の影響を受けることも多い。コントロールされた制御の効率が悪いと，自己制御の効率は悪くなる。コントロールされた制御の効率がよいと，自己制御は多様になり行動も適応的になる。

2 自己制御の成功と失敗

■ **自己制御がうまくいくための3つの条件**　自己制御がうまくいくためには，①基準，②モニタリング，③力量の3つが必要である（Carver & Scheier, 1981）。どれが欠けても自己制御は失敗する（Baumeister et al., 1994）。第一に必要なことは，「基準」をもつことである。基準とは，「そうあるべきだ」という規範・目標・理想・価値などのことである。もし，基準がなかったり，あるいは複数の基準があって互いに対立したりしていたら，自己制御は方向性を失って失敗するだろう。

　第二に必要なことは「モニタリング」である。自分と基準を比較するためには，自分に注意を向けなければならない。こうした自己知覚は自己制御には不可欠である（Carver & Scheier, 1981）。このため，自己知覚を減少させると（たとえば，アルコールの酩酊など；Hull, 1981），自己制御は失敗しやすい。逆に，モニタリングを入念にこまかくおこなうと，自己制御は成功しやすい。たとえば，ダイエットでいうと，体重測定をしっかり行なったり，カロリー摂取の記録を長期的につけることなどである。

　第三に必要なことは，自己制御を実行していく「力量」である。たとえ基準が明確でモニタリングがうまくいったとしても，自分をコントロールする力がなければ自己制御はうまくいかない。自己制御を実行するには「力」が必要である。ちょうど，筋肉が運動するためにはエネルギーが必要なのと同じである。

自己制御とはいろいろ衝動に打ち勝つことであるが，そのためには，衝動を上回る力量が必要である（Baumeister & Heatherton, 1996, Baumeister et al., 1994）。自己制御の力量には個人差もあるし状況によっても違う。それに応じて自己制御が成功するかどうかも決まってくる。

■**自己制御の力量モデル**　自己制御の「力量」というのは，前述のTOTEモデルにおける「操作」に対応する。カーバーとシャイアー（1981）は「操作」について明らかにしなかったが，われわれの研究グループは，これについていろいろなことを明らかにした。そして，「自己制御の力量モデル」を提案している。ここでは，それを簡単に紹介したい。

　自己制御の力量モデルは，自我消耗の研究において実証された。自己制御の行為を何回も繰りかえすと，自己制御は成功するようになるのだろうか，それとも失敗するようになるのだろうか。自己制御の力量モデルによれば，自己制御をすると，心理的な資源が一時的に使い尽くされるので，それ以後は自己制御をしようとしてもうまくいかなくなると予測される。ちょうど，激しい運動をしたあと，筋肉が疲れてしまうようなものである。それ以外のモデルで考えると別の予測もたつ。たとえば，もし自己制御が認知的スキーマのように働くというモデルからすると，自己制御を行なうとスキーマが形成されるので，その後の自己制御は促進されると予測される。他方，もし自己制御がスキルであるというモデルからすると，スキルが大きく変化しない限り，自己制御はほとんど変化しないと予測される。

　こうした予測のどれが正しいのかを調べるため，ムラベンらは，2つの自己制御の課題を連続して行なわせる実験を行なった（Muraven, Tice, & Baumeister, 1998）。その結果，自己制御の効果は2番目の課題で弱まることを見いだした。たとえば，ある実験では，第一課題は，白熊のイメージを思い浮かばないように我慢する課題である。こうしたイメージを抑制する課題は，ウェゲナーら（Wegner, Schneider, Carter, & White, 1987）が思考抑制で用いたものである（これについては第7節と8節で詳しく述べる）。第二課題は，ギャグのビデオを見ながら，笑うのを我慢する課題である。実験の結果，第一課題を行なうと，第二課題での我慢の能力を弱めることがわかった。別の実験においては，第一課題は衝撃的なビデオを見て不快な情動をコントロールする

ことであり，第二課題は身体的な持久力テストであった。ここでも，第一課題を行なうと，第二課題の持久力を低めるという結果が得られた。

　これらの結果は，自己制御の力量モデルを支持する。第一の自己制御課題を行なうと，心理的な資源を消費してしまうため，第二の自己制御課題ではその資源が使えなくなってしまうためと考えられる。第一課題と第二課題では，ともに共通した心理的な資源を使っているのだろう。ちょうど筋肉が疲労すると力がなくなってしまうようなものである。自己制御も，力量を使いはたしてしまうと，回復するまでは，力がなくなってしまう。

　また，バウマイスターら（Baumeister, Bratslavsky, Muraven, & Tice, 1998）は別の実験を行なっている。ここでは，認知的不協和研究（Linder, Cooper, & Jones, 1967）の手続きを用いて，第一課題が第二課題に及ぼす影響を調べた。第一課題は，自分の信念と一致する行動（具体的には，授業料値上げに反対する学生が，値上げ反対のスピーチをする）か，自分の信念と一致しない行動（授業料値上げに反対する学生が，値上げ賛成のスピーチをする）のいずれかである。このどちらかを自由に選択させる条件と，選択なしに強制的に行なわせる条件を設けた。第二課題は別の自己制御の課題である。その結果，第一課題でどちらかを選択させる条件の被験者は，第二課題での自己制御能力を弱めた。これに対し，第一課題で選択なしに強制的に行なわせる条件の被験者は，第二課題での自己制御能力を弱めなかった。つまり，第二課題の自己制御を弱めるのは，第一課題の行動そのものではなく，どちらかを選ぶという行為である。自己制御の力量（資源）は，何かを選ぶといった意志的な機能にも利用される。この点から，われわれは，こうした実験のことを，自己制御の消耗の研究とはよばずに，自我の消耗（ego depletion）の研究とよんでいる。

3　自己制御の失敗のパタン

　次に，自己制御の失敗について考えてみよう。

■制御不足と制御ミス　　自己制御の失敗は，「制御不足」と「制御ミス」の

2つに分けられる（Baumeister et al., 1994；Carver & Scheier, 1981）。「制御不足」とは自分の行動をコントロールできないことである。たとえば，ダイエットをしている人が，誘惑に逆らえず，脂肪分の多いものを食べてしまうようなことである。これはよくある失敗である。一方，「制御ミス」とは自分の行動をコントロールすることはできても，思い通りの結果を得られないことである。たとえば，うつ病の人が，気分を高めようとしてお酒を飲んではみたものの，逆にいっそう気分が落ち込んでしまうといったことである。

■**黙認**　一般に，自己制御がうまくいくかどうかは，①衝動がどれだけ強いかと，②それを抑える自己制御の力がどれだけあるか，という2つの要因による。2つの要因のバランスによって成否が変わってくる。しかし，時には，自己制御の能力をもっているのに，それを使わないで，自己制御をやめてしまうこともある。これも自己制御の失敗の1つの形である。このことをバウマイスターらは黙認（acquiescence）とよぶ（Baumeister et al., 1994；Baumeister & Heatherton, 1996）。自己制御が不可能な状況になれば誰でも自己制御をやめるが，たとえ可能な状況においても自己制御をやめてしまうことがある。自己制御に耐えきれなくなり，自己制御できないことを自分自身で許してしまう。いちど自己制御をやめると，再び自己制御しようとしてもできなかったり，むしろ積極的に自己制御をやめてしまうこともある。たとえば，禁酒している酒飲みが，ストレスに耐えきれず，禁を破って一杯の酒を飲んでしまったとしよう。そうなると，再び禁酒しようとせず，進んでどんどん酒を飲んでしまうというようなことがよくある。

■**ストレスや不快感情**　ストレスや不快感情があると，自己制御を失敗させる大きな原因になる（Baumeister et al., 1994）。これはなぜだろうか。ムラベンとバウマイスターはこのことを前述の力量モデルから説明する（Muraven & Baumeister, 1997）。つまり，ストレスや不快感情は，自己制御のための資源（力量）を消耗させてしまうからである。考えてみれば，精神病理があると，それだけでストレスや不快感情をもたらす。したがって，精神病理をもっている人は，そのストレスや不快感情によって，自己制御の資源を使いはたしてしまうだろう。こうしたことがあるので，精神病理がある場合は自己制御がむずかしくなるといえる。

■未来を見通す力　　自己制御とは，目の前の衝動を抑えて，将来の成功を勝ち取ることである。たとえば，ダイエットとは，目の前の食べ物による快楽を我慢して，将来の健康や美容を保つために行なうのである。目の前の衝動にとらわれてしまうと，自己制御は失敗する。自己制御がうまくいくためには，目の前の衝動にとらわれることなく，将来のことを見通すことが必要になる。こうした未来を見通す能力（transcendence）が必要である。すなわち，目の前の状況から超越して，今どのようなことをすれば将来はどうなるのかを正しく評価できる能力である。こうした能力がないと，目の前の衝動にとらわれて，自己制御はうまくいかない。

■注意のコントロール　　自己制御には「注意」が大きな役割をはたす。たとえば，ダイエットをしている人は，冷蔵庫に豚の写真をはりつけて，自分の注意を喚起しようとする。カーバーとシャイアーは『注意と自己制御』という本の中で，このことを理論化した（Carver & Scheier, 1981）。一連の行動系列が進めば進むほど，それを停止させるのはむずかしくなる。そこで，行動系列の早いうちに，注意を向けておくと，問題行動を止めやすいわけである（Baumeister et al. 1994）。注意をうまくコントロールできないと，自己制御もうまくいかない。

■雪だるま効果　　ひとたび自己制御が失敗すると，いろいろな要因が働いて雪だるまのようになり，自己制御が崩壊していくことがある。これをマーラット（Marlatt, 1985）は破禁自棄効果（abstinence violation effect）とよんでいる。これは，たとえば禁酒していたアルコール依存症者が，何らかのきっかけでひとたび酒を飲んでしまうと，「一線を越えてしまった」と自棄的になり，酒を飲み続け，アルコール依存に逆戻りしてしまうことである。こうした現象は，アルコール依存症者だけでなく，麻薬などの物質依存症者や摂食障害の人にもみられるし，もっと広く自己制御の失敗一般にみられるものである。きっかけはささいな失敗である。たとえば，ダイエットの場合，一枚のクッキーを食べてしまったというようなことである。クッキー一枚のカロリーはごくわずかである。しかし，最初の一枚を食べてしまったということで，それが二枚目となり，三枚目となり，やがて袋が空っぽになるまで食べてしまう。こうしてダイエットは挫折する。このように，小さな誤りが重大な誤りへとエスカレー

トする。こうした要因を理解することは，自己制御のメカニズムを知るうえで重要である。そこで，こうした失敗のパターンを示すために，バウマイスターら（1994）は，逸脱促進パターン（lapse-activated patterns）という用語を作った。逸脱促進パターンは次のようなプロセスからなっている。①最初の失敗を合理化する，②予期したような悪い結果は起こらないと気づく，③耽溺の快楽にひたる，④注意のコントロールに失敗する，⑤目標行動のモニタリングをやめてしまう。

4 自己制御理論のまとめ

　以上述べてきた自己制御の理論をまとめておこう。自己制御とは自分の行動をコントロールすることである。自己制御は「自動的な制御」と「コントロールされた制御」とに分けられ，通常は後者によっている。自己制御は衝動を抑制することで行なわれる。自己制御には，①自分と基準を比較し，②自分を基準に近づけるように操作し，③基準に到達するまで比較をくり返す，といったプロセスがある。こうしたプロセスはフィードバックのループをなしている。

　自己制御の失敗には，制御不足と制御ミスがある。制御不足がおこるのは，基準がない場合，基準どうしが矛盾している場合，モニタリングに失敗した場合，望ましい操作を実行できなかった場合である。制御ミスとは，自分の行動をコントロールすることはできても，思い通りの結果を得ることができないことである。

　われわれは自己制御の「力量」モデルを仮定している。自己制御を行なうためには「力量」すなわち心理的な資源が必要である。自己制御のためにこの力量を利用すると，一時的に消耗してしまう。この力量は訓練によって強められる（Muraven, Baumeister, & Tice, 1999）。ストレスや不快感情があると，そのために力量が使われてしまい，自己制御のための力量がなくなってしまう。

5 自己制御と臨床心理学

■**精神病理と自己制御**　適応的な生活を送るためには，自己制御の能力はたいせつである。臨床心理学者も社会心理学者もこのことを認識していた。たとえば，マダックスとルイスによると「心理的不適応は，効果のない不適切な自己制御である」（Maddux & Lewis, 1995；p. 39）。自己制御の失敗は，精神病理の症候とみなされている。精神障害の診断基準にもとりあげられてきた。たとえば，アメリカ精神医学会（American Psychiatric Association, 1994）が作成した「精神疾患の分類と診断の手引き」（Diagnostic and Statistical Manual of Mental Disorders, IVth Edition；以下DSM-IVと略す）には，自己制御の失敗が多く取りあげられている。また，「全般性不安障害」の診断基準として，心配事を自己制御できないことという項目がつけ加えられた（Clark, Smith, Neighbors, Skerlec & Randall, 1994）。自己制御の失敗は，心理的不適応の全般的な症候としてあらわれる（DeWaele, 1996；Strauman, 1995）。また，幼児期の脱抑制障害（Newman & Wallace, 1993），性嗜好異常（Levine, Risen, & Althof, 1990），強迫性障害（Stein & Hollander, 1993）などにおいては，自己制御の失敗が障害の中心的な役割をはたしている。

■**心理療法と自己制御**　心理療法が成功するためには，自己制御能力が必要である。事実，自己制御と臨床心理を扱った論文の多くは，治療について論じている。グルーバーによると，発達障害のある子どもは，自己制御の能力に問題があるため，心理療法から援助を得る能力が低い（Gruber, 1987）。シーバウらは，学習障害のある生徒に自己制御の訓練を行なったところ，学業成績を高めることができた（Seabaugh & Schumaker, 1994）。また，行動夫婦療法では，はじめは配偶者の決める行動変化を目標として治療するが，治療が進んでくると，自分で決める行動変化を目標とすることができるようになる（Halford, Sanders, & Behrens, 1994）。一般に，心理的治療を成功させる要因は，目標を設定し，その過程をモニターする能力である。これらはすなわち自己制御の能力である。

■**感情制御と力量モデル**　自己制御と臨床心理の関係を考えるに当たって重要なのは感情制御（emotion regulation）というテーマである。われわれの力量モデルは，感情制御のいろいろな側面をよく説明できるし治療への示唆も与えてくれる。そこで，この節の残りでは，感情制御について扱うことにしたい。

　感情制御とは，感情的な経験やその表出をうまくコントロールすることである。感情制御の失敗は，いろいろな精神病理において中心的な役割をはたしている。グロスらによると，メンタルヘルスにおいて感情制御は不可欠な要素である（Gross & Munoz, 1995 ; p. 151）。感情制御がうまくいっていると，職場で注目され，対人関係も良好であり，自分に満足感をもつ。それに対し，感情制御の失敗は，感情障害・物質使用障害・学業不振・夫婦関係の困難・育児困難などをひきおこす（Gross & Munoz, 1995）。抑うつ的な気分から逃れようとして失敗することについては，第7節の思考抑制のところで論じよう。

　われわれの力量モデルによれば，感情制御をおこなうと，心理的資源（力量）を消費してしまうので，別の領域の自己制御ができなくなる。この予測を調べるために，ムラベンらは，被験者に2つの課題を続けて行なわせる実験を行なった（Muraven et al., 1998）。第一課題は，衝撃的な映画を見て，その感情を増幅したり抑制したりする感情制御課題である。第二課題は，身体的な持久力を試す自己制御課題である。その結果，第一課題の感情制御は，第二課題の自己制御力を弱めた。つまり，感情の制御のために力量を使ったので，自己制御の力量がなくなったのであろう。同じく，バウマイスターら（Baumeister et al., 1998）の実験によると，感情（喜びまたは悲しみ）を抑圧すると，次の認知的課題の成績を低めた。この結果も力量モデルと一致する。また，この結果は，感情を抑圧することは認知的には有害であることを示している。ただし，感情を抑圧することには適応的な意義もある（たとえば，近親相姦から立ち直るためにそれを否認することなど）ので，感情の抑圧や制御がその後の行動にどんな影響を与えるかについて，もっと研究が必要である（Cole, Michel, & Teti, 1994）。

　以上のように，感情制御を行なうと，力量を消費してしまうので，自己制御の力はなくなってしまう。このような力量モデルを心理療法にあてはめてみると，次のような示唆が得られるだろう。つまり，何かを変える場合，1回に1

つずつ変えていくことが賢いやり方である。たとえば，抑うつの時，自信をつけようとして新しくダイエットを始めるのは賢明でないだろう。なぜなら，すでに抑うつ感情を制御することに力量を使っているので，さらにダイエットを行なっても失敗する可能性が高いからである。失敗するとかえって抑うつ感情を強めてしまうだろう。

　以下の節では，いろいろな障害をとりあげて，自己制御の役割や治療的示唆について論じていきたい。

6　注意欠陥多動性障害（ADHD）と自己制御

　自己制御の臨床研究で最も興味深いのは，注意欠陥多動性障害（Attention Deficit/ Hyperactivity Disorder）である。以下，これをADHDと略すことにする。ADHDの基本的な症状は，衝動性，多動性，注意維持の弱さである（Barkley, 1997）。

　バークリはADHDの神経心理学研究をレビューし，ADHDのモデル（【訳者注】参照）を提案している（Barkley, 1997）。バークリによれば，ADHDは

【訳者注】
　バークリのADHDのモデルは，以下のような3段階からなる（Barkley, 1997）。

```
            ┌─────────────────────┐
            │　　行動的抑制の障害　　│
            └─────────────────────┘
                       │
      ┌────────────────────────────────────┐
      │　　　　　　　実行機能の障害　　　　　　│
      │ ①非言動的　②言語的　③動機づけ・感情・覚醒　④再構築　│
      │  作業記憶　 作業記憶　の自己制御　　（情報の分析と統合）│
      └────────────────────────────────────┘
                       │
            ┌─────────────────────┐
            │　注意と運動のコントロール障害　│
            │　　（自己制御の障害）　　　　│
            └─────────────────────┘
```

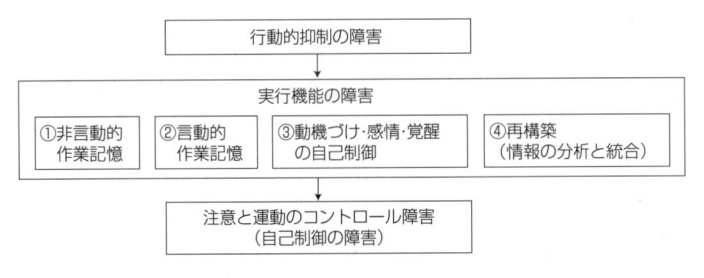

図5-1　バークリのADHDモデル

参考文献：バークリー　1999　集中できない子どもたち—注意欠陥多動性障害　日経サイエンス，1999年1月号，18-25.（石浦章一訳）
近藤文里　2001　注意欠陥／多動性障害　講座臨床心理学第三巻　異常心理学Ⅰ　東京大学出版会

「行動的抑制の障害」→「実行機能の障害」→「注意と運動のコントロール障害」といった過程を経て発現する（【訳者注】の図を参照）。行動的抑制とは，①すぐに強化の得られる行動を抑制すること，②現在進行している行動を止めること，③余計な刺激を無視することなどをさしている。こうした行動的抑制が正常に機能してはじめて，いろいろな「実行機能」が育っていく。実行機能とは，①非言語的作業記憶，②言語的作業記憶（ことばを内在化させる能力），③動機づけ・感情・覚醒の自己制御，④再構築（情報の分析と統合）の4つをさしている。こうした実行機能が育ってはじめて，注意と運動をコントロールする力が出てくる。こうして自己制御が可能になる。

　ADHDをもつ子どもは，「行動的抑制」に障害があるために，4つの「実行機能」がうまく育たない。その結果，「注意と運動のコントロール障害」が生じる。ADHDはまさに自己制御の障害といえるのである。

　バークリのADHDのモデルと，われわれの自己制御理論にはかなり共通点がある。バークリはADHDの障害として以下の4点をあげるが，それらはまさに第3節で述べた自己制御の失敗パターンと同じである。①直接的な行動と遅延的な行動が対立していること，②目標に向けた行動の実行ができないこと，③「自動的な制御」と「コントロールされた制御」に分けると，後者ができないこと，④自己制御の資源を使いはたしてしまっていること。この4つについて，1つひとつみていこう。

　第一に，行動的抑制が最も必要になるのは，直接的行動と遅延的行動の結果が食い違うような場面であろう。このような場合は，現在進行している行動をやめて，自分の行動や状況を把握し，これからどう行動するかを決定しなければならない。決定したら，新たな目標に向かって行動を再開するわけである。こうしたプロセスは，われわれの用語で言えば，第3節で述べた「未来を見通す力」に当たる。

　第二に，ADHDでは行動的抑制だけではなく，新たな目標に向かう行動の再開の能力も障害されている。シャカーらは，広汎性のADHD群，状況性のADHD群，対照群を対象として，行動抑制と行動再開を調べた（Schachar, Tannock, Marriott, & Logan, 1995）。その結果，広汎性のADHD群では，行動抑制と行動再開の障害が最も強かった。

このような行動再開能力は，バークリのモデルでは，実行機能にあたる（【訳者注】の図を参照）。ADHDでは，目の前にあることだけにとらわれてしまい，再構築（情報の分析と統合）ができない。また，計画を立てるのにたいせつなのは言語的作業記憶（ことばを内在化させる能力）である。ことばを内在化させることができれば，行動を組織的に変化させることができるようになる。ADHDではこうした再構築や言語的作業記憶がうまく機能していない。実際に，ADHDをもつ子どもは，前もって予測したり計画を立てる能力を測る課題，たとえばウィスコンシン・カード分類課題などでは成績が低い（Barkley, 1997）。われわれのモデルでも，目標に向けた行動の実行を重視する。この点でバークリのモデルと一致する。

第三に，自己制御を「自動的な制御」と「コントロールされた制御」に分けると，ADHDでは後者の能力が低い。実際，ADHD群と健常対照群を比べると，コントロールされた制御の課題では成績の差があったが，自動的な処理の課題では差がなかった（Borcherding et al., 1988）。前述のように，自己制御において重要なのはコントロールされた過程のほうである。ADHDをもつ子どもは自己制御の力がないため，自己制御を要する課題では成績が低くなる。

第四に，ADHDでは，行動的抑制を必要とする遅延課題の成績は低下するとバークリは述べている。成績が低いのは，退屈・注意散漫・忍耐力の低さによるだろう。こうした退屈や注意散漫による有害な効果は，ADHDにおける注意のコントロールの低さと関連するものである。このことはわれわれの理論では注意のコントロールにあたる。バーバーらによると，ADHDをもつ子どもは，同じ課題を繰りかえすとしだいに努力しなくなる（Barber, Milich, & Welsh, 1996）。

また，われわれの力量モデルはADHDの治療に示唆をもたらす。たとえば，ADHDの治療にあたって，努力して自己制御するように指示することは，一時的に資源（力量）を消費させることになり，むしろ行動を悪化させてしまうのではなかろうか。したがって，治療計画では，長い目で結果をみるようにすることがたいせつであろう。また，一時的に「悪化」することもあるということを親子に教えておくことも有効であろう。現在，われわれの研究室では，自己制御の力量モデルを子どもにも応用できるかどうか調べているところである。

なお，ADHDには，不注意優勢型と多動性衝動性優勢型と混合型という3つのサブタイプがあるが，バークリのモデルはおもに後二者についてのものであり（Specker, Carlson, Christenson, & Marcotte, 1995），不注意優勢型については説明しない。

7 気分障害（躁うつ）と自己制御

DSM-Ⅳの気分障害の項目をみると，うつ病性障害，双極性障害，他の気分障害という3つの診断名があげられている。こうした障害の本質は，気分の症状（躁気分と抑うつ気分）である。DSM-Ⅳではこうした気分の症状のことを，それぞれ「躁病エピソード」と「大うつ病エピソード」と名づけている。この節では，この2つに分けて，気分障害と自己制御の関係についてみていきたい。

気分障害と自己制御の関係をみると，①自己制御失敗が気分障害の結果として生じる場合と，②自己制御失敗が原因となって気分障害が生じる場合の2通りが考えられる。この節では，最初に①について簡単に述べ，主として②について詳しくみていくことにする。

1. 躁病エピソード（躁気分）と自己制御

DSM-Ⅳによると，躁病エピソードの症状は，躁気分（気分が異常に持続的に高揚し，開放的または易怒的になること），注意散漫（distractibility），目標志向活動の増加などである。こうした症状をみると，これまで述べてきた自己制御の失敗と関連している。たとえば，注意散漫は，注意のコントロールが低いことに対応する。また，目標志向活動の増加は，制御ミスに対応する。なぜなら，躁病エピソードでは，確かに自分の行動をコントロールすることはできているが，結局は自滅的な結果となることが多いからである。このように，自己制御失敗が気分障害の結果として生じている。

これら2つの症状を考えてみると，注意散漫は自己制御が弱いということであり，目標志向行動の増加は自己制御が強いということである。これは一見矛

盾するようであるが，われわれの力量モデルではうまく説明できる。つまり，心理的な資源（力量）は限られているので，ある領域で自己制御を行なうと，別の領域では自己制御できなくなるということを示している。

2. 大うつ病エピソード（抑うつ気分）と自己制御

DSM-Ⅳによると，大うつ病エピソードの症状は，抑うつ気分，怒りのコントロール困難，集中力困難，焦燥感，易疲労性，無価値感，思考力減退などである。こうした症状にも，これまで述べてきた自己制御の失敗と関連しているものがある。たとえば，抑うつ気分や怒りのコントロール困難は，制御不足に相当する。また，集中力困難という症状は，注意のコントロールが低いことに対応する。さらに，制御ミスもみられる。不適切で効果のない方法で抑うつに対処した結果，抑うつが強まるようなことも多い。たとえば，気分を高めようとしてお酒を飲み，いっそう気分が落ち込んでしまうといったことである。このように，自己制御失敗が気分障害の結果として生じている。

逆に，自己制御の失敗が原因となって気分障害が生じる場合もある。抑うつ理論ではおもにこちらが議論されてきた。

■**自己注目スタイル理論**　　抑うつ感情が生じるのは，自分の基準に合わない出来事がおこった時である（Strauman, 1995）。こうした場合，自己制御がおこなわれる。自己制御とは，前述のように，自分をモニタリングし，基準と現状のズレをなくすために自分を変えることである。こうした自己制御が抑うつを生み出すメカニズムについて考えたのが，ピズンスキーとグリンバーグの自己注目スタイル理論である（Pyszczynsksi & Greenberg, 1987）。彼らによると，基準と現状のズレをなくせないことへの不適応反応が，抑うつ的な自己注目スタイルである。自己注目スタイルとは，ネガティブな出来事の後に自己注目をしてしまい，ポジティブな出来事の後に自己注目をしないことである。

自己制御にはモニタリングが必要であるから，自己注目は必要である。しかし，ネガティブな出来事の後にばかり自己注目をしていると抑うつを引き起こす。抑うつについて考え込んでしまうと，積極的な問題解決ができなくなり，ポジティブな出来事に注意を向けられなくなる。さらに，それによって，無謀行為や暴力行為などの危険行動を誘発しやすい（Baumeister et al., 1994）。こ

のように，抑うつについて考え込むことは不適応的である。われわれの力量モデルからすると，効果のない感情制御を試みることは，もっと効果的な対処方略に用いるべき心理的資源をむだに使ってしまうことである。

■**注意のバイアス**　抑うつ的な人は，ネガティブな情報にばかり注意が向くという注意バイアスがある。これを支持する実証研究もある。たとえば，マケイブらは，うつ病患者と健常対照者を対象として，注意配分についての研究を行なった（McCabe & Gotlib, 1995）。その結果，健常対照者の注意はポジティブな情報へかたよっていたのに対し，うつ病患者の注意はネガティブな情報にかたよっていた。マシューズらは，高抑うつ者と高不安者を対象として，注意配分の研究を行なった（Mathews, Ridgeway, & Williamson, 1996）。その結果，高抑うつ者は，中性的なことばよりも脅威的なことばに選択的な注意を向けていた。高不安者ではこうした傾向はなかった。このように，抑うつ者は自分のネガティブな側面に注意を向ける。ただし，こうした注意バイアスを積極的に支持しない研究者もいる（たとえば，Dalgleish & Watts, 1990）。ネガティブな注意バイアスがあると，抑うつを持続させるだろう。こうしたバイアスをコントロールすることは抑うつの治療につながるだろう。

■**思考抑制の研究**　単に外的な出来事に注意を向けさせたり，ポジティブなことを考えさせるだけでは，治療はうまくいかないだろう。このことを示すのがウェグナーの思考抑制についての研究である。詳しくは第8節で述べるが，ある思考を制御しようとすればするほど，その思考を思い浮かべてしまう（Wegner, 1994）。ウェンツラフらは，抑うつ的な人における思考抑制の方略について調べた（Wenzlaff, Wegner, & Roper, 1988）。その結果，抑うつ的な人は，抑うつ的な思考を忘れようとして，不快な気晴らし対象に注意を向けていた。彼らは，快い気晴らし対象に注意を向けたほうがよいとわかってはいたが，その逆を行なっていた。つまり，抑うつ的な人は，抑うつから逃れようとして，不快なことを考えてしまうのであり，これは前に述べたように「制御ミス」にあてはまる。

このような方略を使うと，抑うつを持続させてしまうだろう。事実，ウェンツラフらは，思考を抑制しようとすると，以前の気分状態を復活させることを見いだした（Wenzlaff, Wegner, & Klein, 1991）。この実験の被検者は，ある

思考を表出する群と，ある思考を抑制する群に分けられる。そして，気分を測定したあと，その思考を表出させ，もう一度気分を測定した。その結果，思考を抑制した群は，その時の気分が後になっても続いていた。つまり，抑うつ的な思考を抑制することは，かえって抑うつ気分を持続させることにもなる。こうして抑うつ的な循環にはまってしまうのかもしれない。

なお，ウェグナーによると，ストレスや疲労があると，思考を抑制しにくいという（Wegner, 1994）。これと同じことをわれわれも第5節で述べた。こうした現象は，われわれの力量モデルと一致する。ストレスや疲労があると，心理的資源（力量）を消費してしまうので，思考抑制という自己制御ができなくなるのである。

■気晴らし　注意を外にそらす「気晴らし行動」は，抑うつ気分を制御するためには効果的である。その場合，気晴らしの対象は，ポジティブなものであり注意を集中させるものでなければならない（Nolen-Hoeksema, 1993）。したがって，治療においては，容易に得られるポジティブな気晴らし対象を見つけることがたいせつになる。ウェンツラフら（1991）は，被験者がポジティブな気晴らし対象を容易に得られる時には，それを用いる頻度が高まることを見いだした（Wenzlaff, Wegner, & Klein, 1991）。しかし，皮肉なことに，人は抑うつの時ほど，ポジティブな気晴らし対象を思い浮かべることがむずかしいものである。ボーデンとバウマイスター（Boden & Baumeister, 1997）は，人を抑制者（習慣的に不快な感情の刺激から自己を防衛する人）と非抑制者に分けた。そして，両者が，感情制御の方略として気晴らし対象をどう用いているかについて調べた。その結果，抑制者は，不快な感情をもったとき，ポジティブな思考を思い出すことによって対処していた。これに対し，非抑制者は，逆に，ポジティブな思考を抑圧することによって対処していた。この研究では，注意の制御が自動的におこなわれていることを示唆しており，今後の研究にとって重要な方向を示している。

　注意を外に向けることは，抑うつを軽減するために重要である。ピズンスキーらの実験では（Pyszczynski, Holt, & Greenberg, 1987），抑うつ的な人は，自己に注意を向けると悲観的な考え方は強まったが，外部に注意を向けると悲観的な考え方が弱まった。また，ニックスらは，抑うつ的な人と非抑うつ的な

人に分けて，注意を操作して気分を測定した（Nix, Watson, Pyszczynski, & Greenberg, 1995）。その結果，外部へ注意を向けると，不安が低まることを見いだした。このように，抑うつ的な人は，自分への注意を弱めると，抑うつ気分が弱まる。

以上のように，基準と現状のズレが抑うつ発生のきっかけとなる。抑うつ気分に没入したり，自分のネガティブな側面に注意を向けすぎると，効果的な対処方略ができなくなり，結果として抑うつを長引かせることになる。

8 強迫性障害と自己制御

強迫性障害は，DSM-Ⅳによると，強迫観念と強迫行為からなる。強迫観念は，無意味な観念が意志に反してくり返し起こってくることである。強迫観念は強い不安をもたらす。そうした不安をうち消すために強迫行為がおこる。たとえば，ばい菌に汚染されたという強迫観念に取りつかれた人が，その不安をうち消すために，手洗いをくり返す。これが強迫行為である。

強迫性障害は明らかに自己制御の障害である。強迫性障害の人は，強迫観念や強迫行為を自分で止めようとしても止められないのである（Rachman & Hodgson. 1980；Reed, 1985）。

こうした自己制御の失敗について，われわれの理論から説明してみたい。思考抑制の逆説的効果と，自己制御の力量の欠如というふたつの面から考えてみよう。

■**思考抑制の逆説的効果（白熊効果）**　強迫性障害の人は，強迫観念を意識から追い出そうと努力する。そのような努力のことを思考抑制という。ところが，第7節でも述べたように，思考を抑制しようとすればするほど，逆説的にその思考が意識に浮かんでしまうという効果があることがわかってきた。これを明らかにしたのは，ウェグナーの研究である。ウェグナーらは，ドストエフスキーが「白熊のことを考えるな」といって弟を困らせたエピソードにちなんで，これを「白熊効果」と名づけた（Wegner et al., 1987）。

トリンダーとサルコブスキス（Trinder & Salkovskis, 1994）は，強迫観念（侵入思考）を長期間抑制させる実験を行なった。その結果，ウェグナーの研究と同じく，思考を抑制しようとした被験者は，逆にその思考が意識に浮かぶことが多かった。また，思考を抑制した被験者は，抑制しなかった被験者よりも不快感情を強く感じていた。トリンダーとサルコブスキスによると，強迫性障害や心的外傷後ストレス障害（PTSD）などの不安障害の発生や維持において，思考抑制は大きな役割をはたしている。

こうした思考抑制の逆説的な効果を説明するために，ウェグナーは逆説過程理論（ironic process theory）を提出している（Wegner, 1994；Smart & Wegner, 1996）。ウェグナーらによると，自己制御が成功するためには，「モニタリングの過程」と，「操作の過程」が必要である。前者は自動的な制御の過程であり，後者はコントロールされた制御の過程である。そして，前者の自動的なモニタリング過程は，思考を発見して意識にのぼらせる働きをする。これに対し，後者の意図的な操作過程は，思考を抑制して意識から閉め出す働きをする。しかし，たとえば疲れている時などは，意図的な操作過程の抑制が働かなくなる。こうして自動的なモニタリング過程だけが働いて，思考を意識にのぼらせてしまうのである。

われわれの力量モデルからすると，疲労などによって自己制御の資源（力量）が足りなくなっているので，自己制御の抑制が働かなくなるのである。あるいは強迫性障害の人は，もともと自己制御の力量が足りないのかもしれない。

■ **自己制御の力量の欠如**　このように強迫性障害の人は，強迫行為を抑制する力量（資源）が足りないのかもしれない。一般には，強迫性障害の人は，衝動の力が強いのでそれに対抗できないのだとされているが，そうではなく，衝動を抑制する力量が足りないのではなかろうか。力量が足りないので，強迫観念や強迫行為と戦う力が出ないのかもしれない。これは強迫性障害の人の自己報告からもうなづける。

言いかえれば，強迫性障害の人は，自己制御をやめることを自ら黙認してしまうのである（Reed, 1985）。3節で述べたように，自己制御の能力をもっているのに，それを使わないで，自己制御を放棄してしまうことを黙認という。強迫性障害ではこうした黙認がおこるのかもしれない。

強迫性障害の自己制御の力量（資源）が足りないということを支持するような研究はいくつかある。第一に，強迫性障害が始まるのはストレスの強い時期に多い（Baumeister et al., 1994）。これは，ストレスの処理に力量が使われ，自己制御のための力量が足りなくなっているためではなかろうか。こういう時期に強迫性障害は始まりやすい。

　第二に，強迫性障害は強い不安をもたらすが，この不安を処理するために力量が使われてしまい，自己制御のための力量が足りなくなっているためではなかろうか。

　第三に，自己制御できないということが，自我への脅威となり，抑うつをもたらす。こうした抑うつを処理するためにさらに力量が使われてしまうかもしれない。実際に，DSM-IVによると，強迫性障害は，同時に抑うつ感情をもっていることが多い。これはなぜだろうか。われわれの力量モデルでは次のように説明される。ソマーとバウマイスターは，思考抑制課題を行なった被験者と行なわなかった被験者で，自尊心の違いを調べた（Sommer & Baumeister, 1996）。その結果，思考抑制課題を行なった被験者は，行なわなかった被験者よりも，自尊心が下がっていた。このことは，自己制御の力量を使いはたすと，自我への脅威を受けやすくなるということである。つまり，力量を使いはたしてしまうと，自我を防衛する作業に必要な力量もなくなってしまうということであろう。このように，強迫観念や強迫行為を自己制御できないということが，自我への脅威となり，これによって抑うつが生じるのかもしれない。

　第四に，強迫性障害の人は認知課題の成績や学業成績が低いというデータがある。これは，強迫症状を抑制しようとして力量を使ってしまうので，認知や学業などに使う力量が足りなくなってしまうからである。クーパーによると，強迫性障害の人が家族から最もよく指摘されることは，仕事や学業などの成績が低いということであった（Cooper, 1996）。同じく，強迫性障害の青少年の臨床記録を調べたスペインの研究でも，学業成績の低さが指摘されている（Toro, Cervera, Osejo, & Salamero, 1992）。さらに，グッドウィンらは，ウィスコンシン・カード分類テストにおいて，強迫的な人は成績が低いことを見いだした（Goodwin & Sher, 1992）。この結果はイスラエルでも追試された（Zohar, LaBuda, & Moschel-Ravid, 1995）。

9 摂食障害と自己制御

　摂食障害は，神経性無食欲症と神経性大食症からなる。摂食障害を検討するうえで自己制御理論は役に立つ。その一方で，自己制御理論を考える上で，摂食障害の研究は意味がある。神経性無食欲症と神経性大食症は，自己制御の点からいうと正反対であるため，自己制御を考えるに当たっていろいろな洞察を与えてくれるのである。

　DSM-Ⅳによると，神経性無食欲症のおもな特徴は，標準体重を維持することの拒否，体重が増えることの恐れ，自分の身体についての歪んだ認知などである。一方，神経性大食症のおもな特徴は，反復的なむちゃ食い，体重増加を防ぐための不適切な代償行為である。両方に共通するのは，「体重・摂食・肥満に対する歪んだ態度」である (Hsu, 1990, p. 1)。こうした歪んだ態度によって，食物摂取量を制御しようとする試みがくり返し行なわれる。摂食障害もまた自己制御の失敗といえる。

　自己制御の失敗の原因としてまず指摘できるのは，基準が複数あって互いに対立しているということである（たとえば，健康によい食物をとるか，おいしい食物をとるか）。また，基準が不適切であることである（たとえば，達成不可能な体重を目標とすること）。以下，詳しくみていこう。

1. 神経性大食症と自己制御

　神経性大食症の人は，やせたいという基準をもっていながら，おいしそうな食べ物を目の前にするという葛藤に直面している。この葛藤の中で自己制御が失敗し，食べすぎてしまう。はじめはクッキーを1枚食べてしまうというようなささやかな逸脱から始まるが，ついにはむちゃ食いへとエスカレートする。これは3節で述べた「逸脱促進パターン」の典型である。ここには，注意コントロールの失敗やモニタリングの中止といった要素が含まれている。

　この逸脱促進パターンがどのように生じるか，ヘザートンらはモデルを提案した (Heatherton & Baumeister, 1991)。それによれば，自分が理想の基準に達しないことから，不快感情と嫌悪的な自己意識が生じる。この不快感から逃

れるため，自分について考えることから注意をそらして，食物や食べることに注意を向ける。注意は食べ物に引きつけられるので，自己意識からはそらされる。事実，神経性大食症の人が嘔吐するのは，過食の後に出現する不快な感情に対処するための手段である。前述のように，自己意識はモニタリングの重要な要素であるので，もし自己意識から逃れるならば，モニタリングはうまくいかず，自己制御は失敗するだろう。

　事実，自己意識のレベルを実験的に操作することによって，摂食行動に影響を与えられるという研究がある。それによると，自己意識の低い状態では，禁止された摂食行動が生じるが，自己意識の高い状態では生じない (Heatherton, Polivy, Herman, & Baumeister, 1993)。

　神経性大食症の人はアルコール依存を伴うことがあるが，これも自己意識の低下によるモニタリングの失敗によって説明できる。アルコールは自己意識を低下させ，それによって摂食行動をモニタリングする能力を低下させてしまう。また，DSM-Ⅳによると，神経性大食症の人のおよそ1/3に物質乱用がみられるが，これも同じように説明できるだろう。

　さらに，神経性大食症の人は，むちゃ食いに没頭し，注意が目の前の刺激だけに狭められてしまうので，過食の長期的な影響を考えられなくなる。こうなると，3節で述べた未来を見通す能力がなくなるので，自己制御ができなくなってしまう。

　むちゃ食いをしている間，神経性大食症の人はあたかも過食を止められないかのようなコントロール喪失の経験をする。しかし実際には，むちゃ食いしている間でも，それを止めることができる。たとえば，他人が部屋に入ってくるとむちゃ食いは止まることが多い。つまりむちゃ食いは止められないわけではない。止めようとしないのである。つまり，3節で述べたように「黙認」してしまう。自己制御の能力はもっているのに，それを使わないで，自己制御をやめてしまうのである。

2. 神経性無食欲症と自己制御

　神経性無食欲症は「制御ミス」の典型である。たしかに食行動の自己制御には成功しているのだが，それによって神経性無食欲症という問題をかかえこむ

からである。

　神経性無食欲症の人は，ダイエットに成功して基準をクリアしても，さらに高い基準を設けるので，自己制御が終わることがない。カーバーとシャイアーのフィードバックのモデルで言うと，神経性無食欲症の人は，自分と基準のズレを減少させるようにダイエットをするが，基準がどんどん高くなるので，基準に届くことがない。つまり，フィードバック・ループから外に出ることなく，際限なくダイエットを続けるのである。

　注意のコントロールの欠如もある。神経性無食欲症の人は，ダイエットという目標に没頭しているために，その認知の内容はほとんど体重と食物に関することだけである。ブルックらは，拒食が「意識の狭窄」をもたらすと述べている（Bruch, 1973；Vandereycken & Meerman, 1984）。

　神経性無食欲症の人は，食物摂取量のコントロールには成功するが，体重増加への恐怖感をコントロールすることには失敗することが多い。ハーマンらによれば，ダイエットとむちゃ食いをくり返す人は，食物の考えに取りつかれることが多く，その考えを抑制するのがむずかしいという（Herman & Polivy, 1993）。

　強いストレスの後に神経性無食欲症が発症することが多い。前述のように，ストレスに対処することで自己制御の資源（力量）を使いはたすため，自己制御の失敗をもたらすことになるためだろう。

3. 自己制御の力量モデルからみた摂食障害

　われわれの力量モデルは，摂食障害のいろいろな現象をよく説明する。

■**ダイエット**　　われわれの力量モデルによると，ある領域で自己制御をおこなうと，別の領域での自己制御の力量を減らしてしまう。バウマイスターら（1998）は，食欲を自己制御した後，認知的課題における忍耐力が低下するという予測をたてた。実験の結果，クッキーを食べることを我慢した被験者は，我慢しなかった被験者に比べて，より早く認知的課題を放棄した。この実験は，摂食障害ではない被験者についてのものである。ほかにも，ダイエットや食事制限をすると，その後の認知的成績が低下することも報告されている（Green & Rogers, 1995；Green, Rogers, Elliman, & Gatenby, 1994；Rogers & Green,

1993)。こうした結果は，われわれの力量モデルと一致する。

■**神経性大食症**　神経性大食症の人は，食行動の自己制御に失敗するが，それは食行動以外にもみられる。これはわれわれの力量モデルから予測されることである。たとえば，神経性大食症の人は，神経性無食欲症の人よりも衝動的である（Casprer, Hedeker, & McClough, 1992；Fahy & Eisler, 1993；Pryor & Wiederman, 1996；Steiger, Puentes-Neuman & Leung, 1991）。また，神経性大食症の人は物質乱用に陥りやすい（Holderness, Brooks-Gunn, & Warren, 1994）。DSM-Ⅳによると，神経性大食症の約1/3が，物質乱用や物質依存を伴う。なお，ブリックらは，摂食障害における物質乱用の時間的パターンを分析した結果，過食と物質乱用は同時におこなわれることが多く，しかも過食と物質乱用は夕方に行なわれやすいことを見いだした（Bulik et al., 1992）。われわれの力量モデルからすると，自己制御の失敗が起こりやすいのは，夕方のように疲れて力量（資源）が足りなくなっている時である。したがって，ブリックらの結果は，われわれの力量モデルで説明可能かもしれない。

さらに，神経性大食症は，他の領域での自己制御の失敗がみられる。たとえば，神経性大食症の人は危険な性行動をとることが多い。神経性大食症になる可能性の高い人は危険な避妊方法をとりやすい（Irving, McClusky-Fawcett, & Thissen, 1990）。また，神経性大食症の人は性的に活発であり（Coovert, Kinder, & Thompson, 1989），神経性無食欲症の人と比べて性的な抑制が少ない（Haimes & Katz, 1988）。このようなことから，神経性大食症の人は，危険な性行動をとる可能性が高いと考えられる。このような危険な行動をとるのは，3節で述べたような未来を見通す能力が低いためかもしれない。つまり，目の前の衝動にとらわれてしまい，避妊しないで性交した場合の結果を考えることができないためかもしれない。未来を見通す能力の低さは，神経性大食症に窃盗の発生率が高いことからも明らかである。病的盗癖は摂食障害と関係がある（McElroy, Hudson, Pope, & Keck, 1991）。また，神経性大食症の42％が盗みを働いたことがあると報告している（Rowston & Lacey, 1992）。神経性大食症の人は強迫的な窃盗傾向を示した（Christenson & Mitchell, 1991）。以上のように，神経性大食症の人はいろいろな領域で自己制御の失敗を示している。

■**神経性無食欲症**　神経性無食欲症の人は，たしかに食行動の自己制御には

成功しているのだが，別の領域では自己制御に失敗している。たとえば，食物の考えに取りつかれ，その考えを抑制するのがむずかしい。また，不健康な体重まで減量するといったように，不適切な目標に駆り立てられる。適切な目標志向行動を行なうことができない。神経性無食欲症の人は高い成績を示すことが多く，完璧主義者である。自己制御の努力を傾けるうち，熱心なスポーツ選手が筋肉を増強するように，自己制御の力量を高めていくのだろう。実際，ムラベンらの研究によると，自己制御をくり返すことにより，自己制御の力量は高まるという（Muraven, Baumeister, & Tice, 印刷中）。

神経性無食欲症と神経性大食症では，自己制御の失敗の質は異なる。このような差をさらに検討すれば，摂食障害における自己制御の役割を明らかにできるかもしれない。

10 物質関連障害と自己制御

物質関連障害とは，健康を損ねるにもかかわらず物質（アルコール・麻薬・覚せい剤など）を使用しつづけることである。DSM-Ⅳによると，物質依存と物質乱用がある。物質関連障害の中心にあるのは，自己制御の失敗である。いろいろな制御失敗のパタンがかかわっているが，これについてはすでにまとめている（Baumeister et al., 1994）ので，ここでは別の要因に触れてみたい。

■**不快感情を自己制御する手段としての乱用**　物質乱用がエスカレートするのは，物質乱用によって不快な感情を自己制御できるからである。物質乱用が始まるのは，不快な感情を和らげ，快感情をもたらすからである。ジョンソンとグリン（Johnson & Gurin, 1994）は1000人以上との面接を行ない，飲酒がおこるのは，アルコールが不快感情を改善してくれると期待した時であることを見いだした。物質乱用は，苦痛を和らげる自己治療の一種ともいえる（Krueger, 1981；Pervin, 1988など）。

依存症の人は，不快感情に対処するために，飲酒や物質など低レベルの行動に注意を向けてしまう。神経性大食症の人が嫌悪感から逃れるために過食をす

るように，依存症の人は逃避の1つとして飲酒や物質に向かってしまう。アルコールや物質は不快感情を消し，快感情を約束してくれる。目の前の快感情を得たいために，飲酒や物質の悪影響を認識できなくなる。つまり，目の前の快感情にとらわれてしまい，将来を見通す能力がなくなってしまう。その結果として，自己制御が失敗し，酒を飲んでしまうのである。したがって，治療を考えるためには，不快感情を適応的に自己制御することが重要になってくる。適応的な方法で不快感情を自己制御できれば，アルコール依存や物質使用もおさまるだろう。

ただし，実際には，飲酒がいつも必ず不快感情を消してくれるわけではない。スチールとジョセフによるアルコールの注意アロケーション理論（Steele & Josephs, 1990）によれば，アルコールが不快感情を消してくれるのは，気晴らしをしながらアルコールを飲んだ場合に限られる。このことは最近のわれわれの研究結果とも一致する（Boden & Baumeister, 1997）。

■**治療的示唆**　アルコール依存症の人がふだんからアルコールを我慢して自制を続けていると，それによって，自己制御の資源（力量）が消費されてしまう。そのために，かえって自己制御が失敗してしまうかもしれない。コリンズ（Collins, 1993）は，自制がかえって物質乱用の危険因子として働く可能性を指摘する。わたしたちの力量モデルによると，飲酒を我慢しているアルコール依存症の人は，環境における飲酒の手がかりに敏感になっている。ストレスがあったりすると，このような手がかりを無視するための自己制御の資源はなくなっており，その結果，飲酒の自己制御は失敗するかもしれない。

こう考えれば，依存症の治療において，あまり厳しい自制は危険かもしれない。アルコール依存の治療では，断酒（完全禁酒）がよいか，節酒（飲酒を制御する）がよいかということが問題となってきた。これについて，マーラットは最近，害低減モデル（harm reduction model）を提案している（Marlatt, 1996）。ここでマーラットが言っていることは，理想的には断酒（完全禁酒）をめざす治療プログラムもよいけれども，それにかわって節酒も現実的で実行可能であるということである。このことはわれわれの力量モデルからもうなずける。何回も述べてきたように，自己制御の資源（力量）は限られており，それを使いすぎてしまうとかえって自己制御の失敗がおこるからである

(Muraven et al., 1998)。

　ただ，3節で述べた破禁自棄効果（Marlatt, 1985）や逸脱促進パターン（Baumeister et al., 1994）を考えれば，断酒（完全禁酒）をめざす治療プログラムにも意味がある。禁酒しているアルコール依存症者が，一杯のアルコールを飲んでしまったとき，それをどのように解釈するかが問題である。もしこの一杯を自己制御の失敗だと思ってしまえば，また飲酒に逆戻りしてしまうかもしれない。しかし，自己制御の失敗だと思わなければ逆戻りすることはないだろう。

　以前は物質乱用への衝動は，抵抗できない衝動であると考えられた（たとえば，Peele, 1989）。物質乱用は1つの病気であるという見方もある（Stuart, 1995；Miller, 1991）。しかし，上で述べたように，別の見方をすれば，物質乱用は不快感情を和らげるための自己治療の一種ともいえる（Goldsmith, 1993）。こう考えれば，物質乱用者は，抵抗できない衝動の犠牲になるというわけではなくて，自己制御をしないという選択をしていることになる。自己制御の能力はもっているのに，それを使わないで自己制御をやめてしまう。3節で述べた「黙認」である（Baumeister & Heatherton, 1996；Baumeister et al., 1994）。

11 結論

　多くの精神病理の中核には自己制御の失敗がある。この章では，注意欠陥多動性障害，気分障害，強迫性障害，摂食障害，物質関連障害をとりあげ，自己制御の失敗という観点から解釈を加えた。目標を達成するための対処が不適切であるために，このような精神病理が生じてくる。複数の基準があって互いに対立したり，モニタリングが不適切であったりすると，制御ミスが生じる。目の前の状況ばかりに注意が向けられ狭窄してしまうと，モニタリングが効果を失い，自己制御の失敗が起こる。また，何かのきっかけでひとたび自己制御が失敗すると，雪だるま式に自己制御が崩壊していく逸脱促進パターンも起こる。

　われわれは「自己制御の力量モデル」を提案しているが，これは臨床心理学

への応用として最も有望なものであろう。このモデルでは，自己制御や意志的な行為は，心理的な資源（力量）を利用すると考える。不快感情を処理したり，注意を制御したり，衝動を抑制したりといった心的活動は，こうした力量を使用する。そうした力量は一定の限られた容量しかなく，一度使用すると消耗してしまう。精神病理があると，それを処理するために力量を使ってしまうので，力量は消耗されてしまう。精神病理はそれだけで力量が枯渇してしまう。

ストレスや対人関係の問題などがあると，それが力量を消耗させ，自己制御の失敗を引き起こしやすくなる。そうした自己制御の失敗が精神病理であることもある（摂食障害など）。われわれの研究からすれば，こうした資源の消耗が精神病理の中核的要因であると考えられる。こうした新しい考え方から治療技法を見直すことができる。

引用文献

American Psychiatric Association. (1987). *Diagnostic and statistical manual of mental disorders* (3rd ed. rev.). Washington, DC: Author.

American Psychiatric Association. (1994). *Diagnostic and statistical manual of mental disorders* (4th ed.). Washington, DC: Author.

Barber, M. A., Milich, R., & Welsh, R. (1996). Effects of reinforcement schedule and task difficulty on the performance of attention deficit hyperactivity disordered and control boys. *Journal of Clinical Child Psychology, 25*, 66–76.

Bargh, J. (1982). Attention and automaticity in the processing of self-relevant information. *Journal of Personality and Social Psychology, 43*, 425–436.

Barkley, R. A. (1997). Behavioral inhibition, sustained attention, and executive functions: Constructing a unifying theory of ADHD. *Psychological Bulletin, 121*, 65–94.

Baumeister, R. F., Bratslavsky, E., Muraven, M., & Tice, D. M. (1998). Ego depletion: Is the active self a limited resource? *Journal of Personality and Social Psychology, 74*, 1252–1265.

Baumeister, R. F., & Heatherton, T. F. (1996). Self-regulation failure: An overview. *Psychological Inquiry, 7*, 1–15.

Baumeister, R. F., Heatherton, T. F., & Tice, D. M. (1994). *Losing control: How and why people fail at self-regulation*. San Diego, CA: Academic Press.

Boden, J. M., & Baumeister, R. F. (1997). Repressive coping: Distraction using pleasant thoughts and memories. *Journal of Personality and Social Psychology,*

73, 45-62.

Borcherding, B., Thompson, K., Krusei, M., Bartko, J., Rapoport, J. L., & Weingartner, H. (1988). Automatic and effortful processing in attention deficit/hyperactivity disorder. *Journal of Abnormal Child Psychology, 16,* 333-345.

Bruch, H. (1973). Eating disorders: Obesity, anorexia nervosa, and the person within. In W. Vandereycken & R. Meerman (Eds.), *Anorexia nervosa: A clinician's guide to treatment* (p. 53). Berlin, West Germany: de Gruyter.

Bulik, C. M., Sullivan, P. F., Epstein, L. H., McKee, M., Kaye, W. H., & Dahl, R. E. (1992). Drug use in women with anorexia and bulimia nervosa. *International Journal of Eating Disorders, 11,* 213-225.

Carver, C. S., & Scheier, M. F. (1981). *Attention and self-regulation: A control theory approach to human behavior.* New York: Springer-Verlag.

Casper, R. C., Hedeker, D., & McClough, J. F. (1992). Personality dimensions in eating disorders and their relevance for subtyping. *Journal of the American Academy of Child and Adolescent Psychiatry, 31,* 830-840.

Christenson, G. A., & Mitchell, J. E. (1991). Trichotillomania and repetitive behavior in bulimia nervosa. *International Journal of Eating Disorders, 10,* 593-598.

Clark, D. B., Smith, M. G., Neighbors, B. D., Skerlec, L. M., & Randall, J. (1994). Anxiety disorders in adolescence: Characteristics, prevalence, and comorbidities. *Clinical Psychology Review, 14,* 113-137.

Cole, P. M., Michel, M. K., & Teti, L. O. (1994). The development of emotion regulation and dysregulation: A clinical perspective. In N. A. Fox (Ed.), *Monographs of the Society for Research in Child Development. Vol. 59: The development of emotion regulation: Biological and behavioral considerations* (pp. 73-100). Chicago, IL: University of Chicago Press.

Collins, R. L. (1993). Drinking restraint and risk for alcohol abuse [Special section]. *Experimental and Clinical Psychopharmacology, 1,* 44-54.

Cooper, M. (1996). Obsessive-compulsive disorder: Effects on family members. *American Journal of Orthopsychiatry, 66,* 296-304.

Coovert, D. L., Kinder, B. N., & Thompson, J. K. (1989). The psychosexual aspects of anorexia nervosa and bulimia nervosa. *Clinical Psychology Review, 9,* 169-180.

Dalgleish, T., & Watts, F. N. (1990). Biases of attention and memory in disorders of anxiety and depression. *Clinical Psychology Review, 10,* 589-604.

DeWaele, M. (1996). A process view of the self. *British Journal of Medical Psychology, 69,* 299-311.

Fahy, T. A., & Eisler, I. (1993). Impulsivity and eating disorders. *British Journal of Psychiatry, 162,* 193-197.

Goldsmith, R. J. (1993). An integrated psychology for the addictions: Beyond the self-medication hypothesis. *Journal of Addictive Diseases, 12*, 139-154.

Goodwin, A. H., & Sher, K. J. (1992). Deficits in set-shifting in nonclinical compulsive checkers. *Journal of Psychopathology and Behavioral Assessment, 14*, 81-92.

Green, M. W., & Rogers, P. J. (1995). Impaired cognitive functioning during spontaneous dieting. *Psychological Medicine, 25*, 1003-1010.

Green, M. W., Rogers, P. J., Elliman, N. A., & Gatenby, S. J. (1994). Impairment of cognitive performance associated with dieting and high levels of dietary restraint. *Physiology and Behavior, 55*, 447-452.

Gross, J. J., & Munoz, R. F. (1995). Emotion regulation and mental health. *Clinical Psychology: Science and Practice, 2*, 151-164.

Gruber, C. (1987). Repairing ego deficits in children with ego developmental disorders. *Child and Adolescent Social Work Journal, 4*, 50-63.

Haimes, A. L., & Katz, J. L. (1988). Sexual and social maturity versus social conformity in restricting anorectic, bulimic, and borderline women. *International Journal of Eating Disorders, 7*, 331-341.

Halford, W. K., Sanders, M. R., & Behrens, B. C. (1994). Self-regulation in behavioral couples' therapy. *Behavior Therapy, 25*, 431-452.

Heatherton, T. F., & Baumeister, R. F. (1991). Binge eating as escape from aversive self-awareness. *Psychological Bulletin, 110*, 86-108.

Heatherton, T. F., Polivy, J., Herman, C. P., & Baumeister, R. F. (1993). Self-awareness, task failure, and disinhibition: How attentional focus affects eating. *Journal of Personality, 61*, 49-61.

Herman, C. P., & Polivy, J. (1993). Mental control of eating: Excitatory and inhibitory food thoughts. In D. M. Wegner & J. W. Pennebaker (Eds.), *Handbook of mental control* (pp. 491-505). Englewood Cliffs, NJ: Prentice Hall.

Holderness, C. C., Brooks-Gunn, J., & Warren, M. P. (1994). Comorbidity of eating disorders and substance abuse: Review of the literature. *International Journal of Eating Disorders, 16*, 1-34.

Hsu, L. K. G. (1990). *Eating disorders*. New York: Guilford Press.

Hull, J. G. (1981). A self-awareness model of the causes and effects of alcohol consumption. *Journal of Abnormal Psychology, 90*, 586-600.

Irving, L. M., McClusky-Fawcett, K., & Thissen, D. (1990). Sexual attitudes and behavior of bulimic women: A preliminary investigation. *Journal of Youth and Adolescence, 19*, 395-411.

Johnson, P. B., & Gurin, G. (1994). Negative affect, alcohol expectancies and alcohol-related problems. *Addiction*, 89, 581–586.

Kanfer, F. H., & Karoly, P. (1972). Self-control: A behavioristic excursion into the lion's den. *Behavioral Therapy*, 3, 398–416.

Krueger, D. W. (1981). Stressful life events and the return to heroin use. *Journal of Human Stress*, 7, 3–8.

Levine, S. B., Risen, C. B., & Althof, S. E. (1990). Essay on the diagnosis and nature of paraphilia. *Journal of Sex and Marital Therapy*, 16, 89–102.

Linder, D. E., Cooper, J., & Jones, E. E. (1967). Decision freedom as a determinant of the role of incentive magnitude in attitude change. *Journal of Personality and Social Psychology*, 6, 245–254.

Maddux, J. E., & Lewis, J. (1995). Self-efficacy and adjustment: Basic principles and issues. In J. E. Maddux (Ed.), *Self-efficacy, adaptation, and adjustment: Theory, research, and application* (Plenum Series in Social/Clinical Psychology; pp. 37–68). New York: Plenum.

Marlatt, G. A. (1985). Relapse prevention: Theoretical rationale and overview of the model. In G. A. Marlatt & J. R. Gordon (Eds.), *Relapse prevention* (pp. 3–70). New York: Guilford Press.

Marlatt, G. A. (1996). Harm reduction: Come as you are. *Addictive Behaviors*, 21, 779–788.

Mathews, A., Ridgeway, V., & Williamson, D. A. (1996). Evidence for attention to threatening stimuli in depression. *Behavior Research and Therapy*, 34, 695–705.

McCabe, S. B., & Gotlib, I. H. (1995). Selective attention and clinical depression: Performance on a deployment-of-attention task. *Journal of Abnormal Psychology*, 104, 241–245.

McElroy, S. L., Hudson, J. I., Pope, H. G., & Keck, P. E. (1991). Kleptomania: Clinical characteristics and associated psychopathology. *Psychological Medicine*, 21, 93–108.

Miller, N. S. (1991). Drug and alcohol addiction as a disease. *Alcoholism Treatment Quarterly*, 8, 43–55.

Mischel, W. (1974). Processes in delay of gratification. *Advances in Experimental Social Psychology*, 7, 249–292.

Mischel, W., Shoda, Y., & Peake, P. K. (1988). The nature of adolescent competencies predicted by preschool delay of gratification. *Journal of Personality and Social Psychology*, 54, 687–696.

Muraven, M., & Baumeister, R. F. (1997). *Self-regulation and depletion of limited resources: Does self-control resemble a muscle?* Manuscript submitted for publication, Research Institute on Addictions, Buffalo, NY.

Muraven, M., Baumeister, R. F., & Tice, D. M. (1999). Longitudinal improvement of self-regulation through practice: Building self-control through repeated exercise. *Journal of Social Psychology., 139*, 446-457.

Muraven, M., Tice, D. M., & Baumeister, R. F. (1998). Self-control as a limited resource: Regulatory depletion patterns. *Journal of Personality and Social Psychology, 74*, 774-789.

Newman, J. P., & Wallace, J. F. (1993). Diverse pathways to deficient self-regulation: Implications for disinhibitory psychopathology in children [Special issue]. *Clinical Psychology Review, 13*, 699-720.

Nix, G., Watson, C., Pyszczynski, T., & Greenberg, J. (1995). Reducing depressive affect through external focus of attention. *Journal of Social and Clinical Psychology, 14*, 36-52.

Nolen-Hoeksema, S. (1993). Sex differences in control of depression. In D. Wegner & J. Pennebaker (Eds.), *Handbook of mental control* (pp. 306-324). Englewood Cliffs, NJ: Prentice Hall.

Peele, S. (1989). *The diseasing of America*. Boston: Houghton Mifflin.

Pervin, L. A. (1988). Affect and addiction. *Addictive Behaviors, 13*, 83-86.

Powers, W. T. (1973). *Behavior: The control of perception*. Chicago: Aldine.

Pryor, T., & Wiederman, M. W. (1996). Measurement of nonclinical personality characteristics of women with anorexia nervosa or bulimia nervosa. *Journal of Personality Assessment, 67*, 414-421.

Pyszczynski, T., & Greenberg, J. (1986). Evidence for a depressive self-focusing style. *Journal of Research in Personality, 20*, 95-106.

Pyszczynski, T., & Greenberg, J. (1987). Self-regulatory perseveration and the depressive self-focusing style: A self-awareness theory of reactive depression. *Psychological Bulletin, 102*, 122-138.

Pyszczynski, T., Holt, K., & Greenberg, J. (1987). Depression, self-focused attention, and expectancies for positive and negative future life events for self and others. *Journal of Personality and Social Psychology, 52*, 994-1001.

Rachman, S. J., & Hodgson, R. J. (1980). *Obsessions and compulsions*. Englewood Cliffs, NJ: Prentice Hall.

Reed, G. F. (1985). *Obsessional experience and compulsive behavior*. Orlando, FL: Academic Press.

Rogers, P. J., & Green, M. W. (1993). Dieting, dietary restraint and cognitive performance. *British Journal of Clinical Psychology, 32*, 113-116.

Rowston, W. M., & Lacey, J. H. (1992). Stealing in bulimia nervosa. *International Journal of Social Psychiatry, 38*, 309-313.

Schachar, R., Tannock, R., Marriott, M., & Logan, G. (1995). Deficient inhibitory control in attention deficit hyperactivity disorder. *Journal of Abnormal Child Psychology, 23*, 411-437.

Seabaugh, G. O., & Schumaker, J. B. (1994). The effects of self-regulation training on the academic productivity of secondary students with learning problems. *Journal of Behavioral Education, 4*, 109-133.

Shoda, Y., Mischel, W., & Peake, P. K. (1990). Predicting adolescent cognitive and self-regulatory competencies from preschool delay of gratification: Identifying diagnostic conditions. *Developmental Psychology, 26*, 978-986.

Smart, L., & Wegner, D. M. (1996). Strength of will. *Psychological Inquiry, 7*, 79-83.

Sommer, K., & Baumeister, R. F. (1996). *Ego depletion and defensive mobilization against self-esteem threat.* Unpublished manuscript, Case Western Reserve University.

Specker, S. M., Carlson, G. A., Christenson, G. A., & Marcotte, M. (1995). Impulse control disorders and attention deficit disorder in pathological gamblers. *Annals of Clinical Psychiatry, 7*, 175-179.

Steele, C. M., & Josephs, R. A. (1990). Alcohol myopia: Its prized and dangerous effects. *American Psychologist, 45*, 921-933.

Steiger, H., Puentes-Neuman, G., & Leung, F. Y. (1991). Personality and family features of adolescent girls with eating symptoms: Evidence for restricter/binger differences in a nonclinical population. *Addictive Behaviors, 16*, 303-314.

Stein, D. J., & Hollander, E. (1993). Impulsive aggression and obsessive-compulsive disorder. *Psychiatric Annals, 23*, 389-395.

Strauman, T. J. (1995). Psychopathology from a self-regulation perspective. *Journal of Psychotherapy Integration, 5*, 313-321.

Stuart, C. (1995). Control as a key concept in understanding addiction. *Issues in Psychoanalytic Psychology, 17*, 29-45.

Trinder, H., & Salkovskis, P. M. (1994). Personally relevant intrusions outside the laboratory: Long-term suppression increases intrusion. *Behavior Research and Therapy, 32*, 833-842.

Toro, J., Cervera, M., Osejo, E., & Salamero, M. (1992). Obsessive-compulsive disorder in childhood and adolescence: A clinical study. *Journal of Child Psychology and Psychiatry and Allied Disciplines, 33*, 1025-1037.

Vandereycken, W., & Meerman, R. (1984). *Anorexia nervosa: A clinician's guide to treatment.* Berlin, Germany: de Gruyter.

Wegner, D. M. (1994). Ironic processes of mental control. *Psychological Review,*

101, 34-52.

Wegner, D. M., Schneider, D. J., Carter, S. R., & White, T. L. (1987). Paradoxical effects of thought suppression. *Journal of Personality and Social Psychology*, 53, 5-13.

Wenzlaff, R. M., Wegner, D. M., & Klein, S. B. (1991). The role of thought suppression in the bonding of thought and mood. *Journal of Personality and Social Psychology*, 60, 500-508.

Wenzlaff, R. M., Wegner, D. M., & Roper, D. W. (1988). Depression and mental control: The resurgence of unwanted negative thoughts. *Journal of Personality and Social Psychology*, 55, 882-892.

Wiederman, M. W., & Pryor, T. (1996). Substance use among women with eating disorders. *International Journal of Eating Disorders*, 20, 163-168.

Zohar, A. H., LaBuda, M., & Moschel-Ravid, O. (1995). Obsessive-compulsive behaviors and cognitive functioning: A study of compulsivity, frame shifting and type A activity patterns in a normal population. *Neuropsychiatry, Neuropsychology, and Behavioral Neurology*, 8, 163-167.

6章
恥・罪悪感・嫉妬・妬み：問題をはらむ社会的感情

J. P. タングネー & P. サロベイ

　この章で扱うのは，恥（shame）・罪悪感（guilt）・嫉妬（jealousy）・妬み（envy）という4つの感情である。こうした感情はだれもが日常生活の中で経験するものであり，社会生活の中では時に役に立つことさえもある。しかし，こうした感情が慢性的になったり強すぎたりすると，社会生活をさまたげるようになる。この章では，これら4つの感情についての最新の理論と実証研究を紹介したい。まず，これらの感情の違いを明らかにしたうえで，これらの対人関係的な側面について考える。そして，適応的な側面と不適応的な側面について述べ，最後にこれら4つの感情どうしの関係を考えてみたい。

1　恥と罪悪感はどう違うか

　感情の用語の使い方はあいまいである。日常の会話の中でも，心理学の論文の中でもそうである。恥と罪悪感は混同されているし，嫉妬と妬みの違いもあまり明確ではない。しかし，われわれの研究からみると，これらの感情のあいだには重要な違いがある。
　まず，恥と罪悪感の違いについて考えてみよう。これまでの心理学の中では，恥と罪悪感ということばの違いは明らかではなかった。両者を区別しないで罪悪感とよぶことも多かった。なお，恥と罪悪感は，道徳的な感情とされること

もあった。つまり，恥も罪悪感も，社会的に望ましくない行動を抑制し，良心的な行動を促進するからである（たとえば，Damon, 1988；Eisenberg, 1986；Harris, 1989；Schulman & Mekler, 1985）。

■**場面の公私による区別か**　恥と罪悪感は，きっかけとなる場面の内容が違うと誰でも考えるだろう。恥は「公的な」場面での感情であり，罪悪感は「私的な」場面での感情である。つまり，ベネディクト（Benedict, 1946）が『菊と刀』で述べているように，恥は，公の場に出たり人から非難されたりすることから生じ，罪悪感は，自分の良心の呵責から生じる。このことは多くの人に支持されている（Ausubel, 1955）。ゲームとシェラーも次のように述べている。

> 恥は，その人のもろさや欠点が公にさらされることによって生じる。罪悪感は，人の心の中で生じる。社会の規範を破ったり不道徳な行ないをした責任について，他人は知らないことについても罪悪感を感じるのである（Gehm & Scherer, 1988, p. 74）

たとえば，家の中で恋人をののしる場合は罪悪感を感じないとしても，家族や友人のいるパーティーでそうした行為をする場合には恥を感じるだろう。

ところが，こうした公私による区別を支持するような実証的な証拠はないのである。著者らは，恥と罪悪感の経験について子どもと大人に作文してもらい，それを分析してみた（Tangney, Marschall, Rosenberg, Barlow, & Wagner, 1994）。その結果，子どもも大人も，私的な場面（他者がいない場面）では，恥と罪悪感の頻度に差がなかったのである。恥も罪悪感も，公的な場面（他者がいない場面）で頻繁に感じられることがわかった。また，著者らは，大人の恥や罪悪感などについて作文の分析をおこなってみた（Tangney, Miller, Flicker, & Barlow, 1996）。その結果，恥が公的な感情であるという証拠は得られなかった。つまり，私的な場面（他者から見られていない場面）でも，罪悪感（10.4％）よりも，恥（18.2％）を感じやすかったのである。

■**きっかけとなる出来事による区別か**　恥と罪悪感の違いは，きっかけとなる出来事の内容が違うのかもしれない。たとえば，ある種の出来事は恥を引き出し，別の出来事は罪悪感を引き出すかもしれない。ところが，こうした区別を裏づける証拠もあまりないのである。著者らは，いろいろな出来事（たとえば，嘘をつく，だます，盗む，他者を助けられない，両親にそむく）について，恥と罪悪感のどちらを引き出すかを調べてみた（Tangney, 1992；Tangney et al., 1994)。その結果，恥や罪悪感を引き出すような特定の出来事を明らかにすることはできなかった。同じ出来事を体験しても，ある人は恥を感じ，別の人は罪悪感を感じるのである。ただし，不道徳的な失敗や短所（たとえば，社会的に不適切な行動や服装をすること）が恥を引き出すという傾向はあった。しかし，失敗がすべて恥を引き出すわけではなく，仕事・学校・スポーツなどでの失敗や社会的慣習の違反では，罪悪感を引き出していた。

■**関心が自己に向くか行動に向くかの違い**　それでは恥と罪悪感の違いはいったいどこにあるのだろうか。ヘレン・ルイスは1971年に『神経症における恥と罪悪感』という本を書いて，恥と罪悪感を区別した（Lewis, 1971）。ルイスの考え方はのちの実証的研究によって支持されている。ルイスによれば，恥と罪悪感の違いは，きっかけとなる出来事の違いではなく，そうした出来事がどのように解釈されるかの違いである。関心が「行動」に向けられるか，「自己」に向けられるかの違いである。関心が「行動」に向けられると罪悪感を感じる。罪悪感とは，自分のしたこと（あるいはできなかったこと）を否定的に評価することである。「わたしはなんて恐ろしいことをしたんだ」と感じることである。行動に注目するので，緊張や自責や後悔の念を生むのである。罪悪感を感じると，自分の行動について，くり返し考え，別にふるまえばよかったと思ったり，すでにしてしまったことを何とか元通りにできないかと考えるのである。

　一方，関心が「自己」に向けられると恥を感じる。恥とは，自分自身を否定的に見ることである。「わたしは価値のない人間だ。無能で悪い人間だ」と感じることである。恥を感じると，自分が縮んで小さくなったように感じる。無力でさらされていると感じる。まわりに実際の人がいなくても，他者の目に映る自分の姿をイメージしていることが多い。たしかに，恥においても，罪悪感のように「行動」に関心が向くこともあるが，そうした行動が自分の欠点を示すものと考えられてしまうのである（Lewis, 1971；Tangney, 1995a）。

　このように，恥と罪悪感の違いは，「何をしたか」にあるのではなく，「何に関心を向けるか（自分か行動か）」ということにある。「わたしはなんてひどいことをしたんだ」と考えるか「わたしは何てひどい人間だろう」と考えるかの違いである。こうした区別は心理的な経験とも一致するだろう。

以上のようなルイスの考えを支持する研究はいろいろある。たとえば，質的な事例研究（Lewis, 1971 ; Lindsay-Hartz, 1984 ; Lindsay-Hartz, de Rivera, & Mascolo, 1995），恥と罪悪感についての作文の分析（Ferguson, Stegge, & Damhuis, 1990 ; Tangney, 1992 ; Tangney et al., 1994），恥や罪悪感を量的に評定した研究（たとえば，Ferguson, Stegge, & Damhuis, 1991 ; Tangney, 1993 ; Tangney, Miller, et al., 1996 ; Wallbott & Scherer, 1995 ; Wicker, Payne, & Morgan, 1983），事実に反する条件節を提示する研究（Niedenthal, Tangney, & Gavanski, 1994）である。こうした研究によって，恥と罪悪感は，認知・感情・動機づけなどの次元において異なる感情であることがわかってきたのである。

2　嫉妬と妬みはどう違うか

　次に，嫉妬と妬みの違いについて考えてみよう。ギリシャ語の語源からいうと，嫉妬（jealousy）という語は，熱狂的（zealous）という語と同じ語源をもっている。つまり，人や物を熱烈に奨励することを意味している。嫉妬とは，奨励されるものがなくなってしまうのではないかという疑いのことである。一方，妬み（envy）は，ラテン語のinvidere（悪意をもって人をみること）からきている。妬みとは，他人が所有しているものを欲しがったり不満をもったりすることを意味している（Salovey & Rodin, 1986, 1989）。
　たとえば，ある人と親しい関係にある時，別のライバルがそれに割り込もうとしていることを知ると，その結果として，怒りと恐怖と悲しみの組み合わさった感情が湧いてくる。こういう感情が嫉妬である。一方，他人の優位性を不愉快に思ったり，そうした優位性が自分にも欲しい思う感情が妬みである（DeSteno & Salovey, 1995 ; Salovey, 1991）。自分が苦労して手に入れたものを他人がたまたま手に入れたという場合は，妬みを感じるが，別に苦労して手に入れたわけでもないものを他人がもっていても妬みは感じない。また，恋人が自分を捨てて他の人の元へ行ってしまいそうな時でも，つねに嫉妬を感じる

わけではない。妬みは，誰かと比較する時に感じるものである。特に，自分自身を定義しているような重要な領域において他人と比較する時には，妬みを感じる（Salovey & Rodin, 1984）。たいせつな人間関係がライバルによって脅かされ，自分にとって特に重要な領域においてそのライバルにかなわないと悩む時は，嫉妬を感じやすい（DeSteno & Salovey, 1996；Salovey & Rodin, 1991）。

　ハイダーの三角形の原理（Heider, 1958）を考えると，嫉妬と妬みの違いは明らかになる（Bryson, 1977；Salovey & Rodin, 1989）。PとOとXという3人を考えてみよう。「嫉妬」は次のように示すことができる。PとXの間にすでに感情的な関係があるとする。そこにOが割り込んで，Xとの間に感情的な関係を作ろうとする。Pは，Xとの間にあった感情的関係が脅かされるのではないかと感じる。このときにPは嫉妬を感じるのである。一方，「妬み」は次のように示すことができる。OとXの間にすでに感情的な関係があるとする。そこにPが割り込んで，Xとの間に感情的な関係を作ろうとする。PはOをおしのけようとしたり，OやXや2人の関係を中傷しようとする。このときにPは妬みを感じるのである。このように嫉妬と妬みの違いは，3人のうち，どの2人に感情的な関係があったかによるのである。

　嫉妬と妬みという語は非対称的に用いられている。つまり，妬みのかわりに嫉妬という語を用いることはあるが，嫉妬のかわりに妬みという語を使うことはない。嫉妬という語には，親密な関係が壊れるのではないかという予期と，ライバルとの社会的比較という2つの側面がある。これに対して，妬みという語はライバルとの社会的比較という側面だけである。嫉妬と妬みという語には包含関係があり，嫉妬の方が広い意味で使われている。嫉妬は妬みを含んでいる。たとえば，親しい関係が誰かライバルによって脅かされそうな時，親しい人との関係が壊れることを予想して嫉妬を感じるし，そのとき同時に，ライバルの優れた属性を考えて妬みを感じる。この場合，嫉妬は妬みを含んでいる。スピノザも述べるように，嫉妬には2つの側面がある（Spinoza, 1675/1949）。つまり，親密な関係が壊れるのではないかという脅威と，ライバルとの社会的比較によって自尊心が下がるのではないかという脅威の2つの側面である。

3 恥・罪悪感・嫉妬・妬みの対人的側面

　これら4つの感情は，慢性的になったり強すぎたりすると，社会生活をさまたげるようになる。カウンセラーや精神科医は，こうした感情に苦しむクライエントによく出会う。しかし，これらの感情はだれもが日常生活の中で経験するごく普通の感情であり，必ずしも病理的なものばかりではない。これらの感情はそれぞれ適応的な機能をもっている。次の節では，こうした適応的側面や不適応的な側面について考えてみよう。

　これら4つの感情には共通する特徴がある。

　第1に，これらの感情は，何らかの基準と比較することから起こってくる。自分が一定の基準に達しないことからくる感情である。たとえば，罪悪感は，自分の行動が，道徳的基準に達しないことから生じる。人はつねに自分の行為を道徳的基準と比較している。こうした道徳的基準は，心の中に内在化されている場合もあるだろうし，両親などから外的に押しつけられた場合もある。こうした道徳的基準と比べて，自分の行為が逸脱していると，罪悪感を感じる。また，恥は，理想の自己を基準として，それと現実の自己を比較することによって生じる。何か失敗したり違反したりすると，自分はそうした基準に達しない不完全なものだと思えてくる。こうした理想自己と現実自己の比較によって恥が生じる。また，嫉妬と妬みは，社会的比較からおこってくる。属性や持ち物について，自分と他人を比較して，自分に欠けている場合は妬みが生じる。その結果，ライバルがたいせつな人間関係を脅かすと感じられれば嫉妬が生まれる。

　第2の共通点は，これらの感情が自己を脅かすということである。そうした自己への脅威の程度はさまざまである。たとえば，恥は，自己全体が否定的に評価されるので，自己への脅威はきわめて大きい。また，罪悪感の場合は，自己ではなく行動に関心が向けられるので，自己への脅威はそれほどでもないだろう。嫉妬と妬みの場合は，自己への脅威の程度は，どの領域で他人と比較するかによって決まるだろう。

　第3の共通点は，対人感情であるということである。つまり，これら4つの

感情は，対人関係の中で生じる。恥と罪悪感についていうと，たとえば，タングネーら（1994）とタングネーとミラーら（1996）は，子どもと大人の恥と罪悪感の経験を調べ，それらが社会的文脈の中で起こっていることを確認している。また，嫉妬と妬みが対人関係の中でおこることはいうまでもないだろう。さらに，これら4つの感情が対人的行動を引き起こすという点も共通している。

これら4つの感情について，その対人的側面を調べた研究も多い。対人的側面のどの部分に重点をおくかについては，嫉妬と妬みの研究と，恥と罪悪感の研究とではかなり違っている。嫉妬と妬みの研究では，それらがどのような対人状況や社会的比較によって引き起こされるかを調べたものが多い。一方，恥と罪悪感の研究は，それらがどんな対人的行動を引き起こすかを調べたものが多い。あるいは，恥や罪悪感が社会的適応とどう関係するのかを調べた研究も多い。この節では，こうした対人的な側面についての研究をまとめる。

1. 嫉妬と妬みの対人的側面：自己評価維持機能からみた嫉妬と妬み

著者らはこれまで，嫉妬と妬みについて実証的な研究をしてきた（たとえば，DeSteno & Salovey, 1994, 1996；Salovey & Rodin, 1984, 1988, 1991）。われわれの研究で理論的枠組みとなったのは，テッサーの自己評価維持理論（self-evaluation maintenance theory）である（Tesser, 1986, 1988）。以下これをSEM理論と略すことにする。SEM理論が前提とするのは，人は自己評価を高めようという動機があるということである。自分が欲しいものを他者がもっていたり，自分よりも他者がある行為をうまくできるというような状況を考えてみよう。SEM理論では，「比較」と「反映」という相反する2つの過程を考える。「比較」というのは，自分とライバルを比べることであり，自己評価が低められやすい。一方，「反映」とは，ライバルの優れた点が自分に反映されることであり，自己評価が高められやすい。つまり，シャルディーニらのいう栄光浴（他人の栄光に浴すること）である（Cialdini et al., 1976参照）。

どんな場合に「比較」がおこり，どんな場合に「反映」がおこるのだろうか。SEM理論によると，それを決めるのは，ライバルの優れている領域が，自己定義の領域と一致するかどうかによる。ライバルの領域が自己定義の領域と一致していると「比較」がおこりやすい。逆に，一致しないと「反映」がおこり

やすい。たとえば,「自分は金持ちである」というように財産の領域で自分を定義している人は,自分よりも財産のあるライバルがあらわれると,領域が一致するので,「比較」がおこって自己評価が下がる。しかし,自分よりも頭の良いライバルがあらわれても,財産と知能は領域が一致しない。だから「比較」はおこらず,逆に「反映」がおこって自己評価は上がる。なぜこうなるかというと,SEM理論によれば,人は自己評価を高めようという動機づけがあるので,友人の成功の栄光に浴するのがふつうだからである。ところが,ライバルの優れている領域が自己定義の領域と一致すると話は違ってくる。それは自分にとって脅威となるので,比較してしまうのである。そのような場合,人は,いろいろな対処戦略を用いることによって自尊心を維持しようとする。たとえば,ライバルの行為との領域の一致を避けるために自己定義の領域を変えたりする。あるいは,ライバルと親密になるのを避けたり,ライバルの行為の評価を下げたり,ライバルの行為を妨害したりすることもある (Tesser, Millar & Moore, 1988 ; Tesser, Pilkington, & McIntosh, 1989)。

　著者らは,SEM理論から嫉妬や妬みを予測する研究を行なってきた。以下では,調査研究と実験研究に分けてそれらを紹介してみたい。

■**サロベイとロディンの調査研究**　著者らは,以下の4つについて質問紙調査をおこなった (Salovey & Rodin, 1991)。①自分にとって重要な領域は何か(たとえば,富・名声・他者から好かれること・身体的魅力など),②その領域について理想はどのくらいか,③その領域について現実にはどうか,④どのような時に嫉妬や妬みを感じるか,これまでに最も強い嫉妬や妬みを感じたのはどんな状況か。こうした調査の結果,次のようなことが確かめられた。第1に,自分にとって重要な領域ほど嫉妬や妬みが強かった。第2に,理想の自己と現実の自己の差が大きい領域ほど嫉妬や妬みが強かった。第3に,自分にとって重要であり,かつ理想と現実の自己の差が大きい領域において最も嫉妬や妬みが強かった。たとえば,富という領域が最も重要だと思っていて,富について理想の自己と現実の自己の差が大きい人は,配偶者が他の金持ちに関心を示した場合に嫉妬が強くなる傾向があった。特に,身体的魅力という領域を重要だと思っている人は,このようなパタンが強かった。このような結果は,嫉妬についてのSEM理論を支持するものである。

■**デステーノとサロベイの実験研究**　上の研究は相関研究であるため，因果関係についてはわからない。そこで，著者らは，ライバルの特性と嫉妬の関係について調べる実験を行なった（DeSteno & Salovey, 1996）。この実験の被験者は，「最愛のガールフレンド（またはボーイフレンド）といっしょにパーティーに参加している時，最愛の人がライバルといちゃついている」といった状況を想像するように求められた。そのライバルは，いろいろな領域（運動能力，知能，人気）において自分より優れていると想像するのである。どのライバルに対して最も嫉妬心が強いだろうか。SEM理論によれば，自分が重要だと思っている領域と，ライバルが優れている領域が一致する時に，嫉妬は強くなると予想される。

第1研究では，まず，自分にとって重要な領域は何か（運動能力か，知能か，人気か）について調べた。そして，3つの領域のうち，1つの領域を重要だと思っていて，他の2つの領域は重要でないと思っている被験者だけを選び出して，3つのグループを作った。被験者は，パーティでボーイフレンドやガールフレンドがライバルといちゃついているというシーンを想像するように求められた。ライバルには3種類あった。運動能力が優れているライバル，知能の高いライバル，人気のあるライバルである。それぞれのライバルにどのくらいの嫉妬を感じるかを測った。その結果，運動能力と人気の領域においては，SEM理論の予測通りであった。つまり，自分が重要だと思っている領域と，ライバルが優れている領域が一致する時に，嫉妬は強くなった。交互作用得点を作り，被験者とライバルの領域の主効果を統制してみると，3つの領域すべてにおいて，領域一致仮説が確かめられた。なお，こうした結果は単純な社会的比較の効果（ライバルと比較されるということだけで不快になるといった効果）ではなかった。なぜなら，恋人といちゃつくといったことがない場合にそのライバルをどれくらい好きかと被験者に尋ねてみたところ，被験者は領域が一致しているライバルに対して最も好意をもっていたからである。

第1実験では，ライバルの記述はあらかじめ実験者が決めたものであった。しかし，被験者が実際にそうしたライバルを思い描くことができた保証はない。そこで，第2実験では，実際に知っている人の中で，最も運動能力が優れている人，知能の高い人，人気のある人を思い浮かべてもらい，そうした人をライバ

ルとして想定させた。それらのライバルにどのくらいの嫉妬を感じるかを測った。その結果は，SEM理論の予測通りであった。つまり，運動能力に価値を置く学生は，運動選手のライバルに対して最も嫉妬が強かった。知能が重要だと考える被験者は，頭の切れるライバルに強い嫉妬を感じた。ただし，人気に価値を置く被験者が少なかったので，この領域については分析できなかった。また，その領域が重要であるとする程度が高いほど，その領域のライバルに対する嫉妬は強かった。さらに，第１実験と同じく，恋人といちゃつくといったことがない場合は，領域が一致しているライバルに対して最も好意をもっていた。

　以上の結果は，嫉妬についてのSEM理論を支持するものである。自分にとって重要な領域において優れている人に対して嫉妬や妬みを感じやすい。つまり，こうした人が最悪のライバルといえる。

2. 恥と罪悪感の対人的側面：関心と動機づけの違い

　次に，恥と罪悪感の対人的側面について考えてみよう。

■**対人的関心のあり方の違い**　　前にも述べた通り，恥と罪悪感の違いは，出来事の内容ではなく，解釈の仕方にある。ルイスが述べているように，恥は自己に関心を向け，罪悪感は行動に関心を向ける（Lewis, 1971）。恥と罪悪感は，対人的関心も違う。タングネーら（1994）は，子どもと大人に，恥と罪悪感を経験したときのことを作文してもらい，質的に分析した。その結果，対人的関心も異なっていた。恥を感じるときは，他者が自分をどのように評価しているかに関心をもっていた。これに対して，罪悪感を感じるときは，自分が他者にどのような影響を与えるかに関心をもっていた。つまり，恥は自己中心的であり，罪悪感は他者志向的である。こうした違いは，前述のルイス（Lewis, 1971）の説とも一致する。恥を感じる時は，自分に関心を向け，自分について他者がどのように評価しているのかに関心がある。これに対して，罪悪感を感じる時は，行動に関心を向けるので，自分の行動が他者に対してどのような効果をもつかということに関心がある。

　恥を感じる時は，他者への共感を感じにくく（Marschall, 1996），罪悪感を感じる時は，他者への共感を感じやすい（Leith & Baumeister, 1998；Tangney et al., 1994）。恥は自己に関心を向けるので，他者志向的な共感性と

は両立しないのである。これに対し，罪悪感は共感性と両立する。このことは，感情の状態だけでなく，人格的な特性についてもいえる。恥を感じやすい人は共感する能力に欠け，自己志向的である。これに対して，罪悪感を感じやすい人は共感する能力が高い（Tangney, 1991, 1995a）。

■ **動機づける行動の違い**　恥と罪悪感は，動機づける行動が違う（Ferguson et al., 1991；Lewis, 1971；Lindsay-Hartz, 1984；Lindsay-Hartz et al., 1995；Tangney, 1989, 1995a；Wicker et al., 1983）。恥は回避行動を引き起こす。一般的にいって，恥は罪悪感よりも苦痛が強く，人前に晒されているという感覚がある。恥を感じる人は「穴にでも入りたい」と思う。つまり，恥は，対人接触を抑える行動を動機づけるのである。

これに対して，罪悪感はもっと建設的である。たとえば，罪悪感は対人関係を修復するような行動を動機づける。罪悪感を感じる人は，自分が誰かを攻撃してしまったことについて，懺悔し，謝罪し，対人関係の傷を修復したいと思う。たぶん，罪悪感は行動に関心を向けるため，自分のした攻撃行動の相手のことに関心が向き，それを賠償するような行動に駆り立てられるということであろう。

恥と罪悪感の違いについて，具体的な作文をみてみよう（Tangney, 1989, 1994；Tangney, Miller, et al., 1996）。恥について，18才の女子学生は次のように書いている。

「当時，わたしはまだ男の子とデートすることを許されていなかった。ある日，ある少年とキスをしているところを母に見られてしまった。わたしは恥を感じた。わたしは何か月も母の顔を見ることができなかった」。

この女子は恥を感じ，母親と接触したくないと思った。このように，恥は回避行動を動機づけるのである。次に，罪悪感について，男子学生は次のように書いている。

「僕には今好きな彼女がいる。先日僕はホテルで他の女の子と浮気をしてしまった。僕は罪悪感を感じている。おそらく好きな彼女にこのことを話すだろう」。

この男子学生は，逃げるのではなく，自らの過ちをガールフレンドに懺悔しようとしている。このように，罪悪感は修復的な行動を動機づけるのである。

子どもの研究においても似たような結果が得られている。バレットらの研究

(Barrett, 1995；Barrett, Zahn-Waxler, & Cole, 1993) では，幼児が恥や罪悪感を示した時にどのような行動パターンをとるかを親が記録した。その結果，恥を感じやすい幼児は回避的な行動パターンを示し，罪悪感を感じやすい幼児は修復的な行動パターンを示した。

4 恥・罪悪感・妬み・嫉妬の適応的機能

これら4つの感情にはどのような適応的な意義があるのだろうか。人はなぜこのような感情を経験する力をもっているのだろうか。

■**罪悪感の適応的機能**　罪悪感の適応的機能は明らかである。人間は社会的生物なので，人々と接し，関係をもつことに時間を費やす。こうした社会的相互作用の中で，ミスを犯したり，規則を犯したりすることは避けて通れない。的はずれの批判をしてしまったり，冷淡にふるまってしまったり，いらだったり，怒ったり，裏切ったりといったことは対人関係にはよくみられることである。こうした対人的な亀裂を修復しようとするのが罪悪感である。罪悪感によって，自分のしてしまったことを元に戻そうと，懺悔したり謝罪したりしようとする。つまり修復的・賠償的な行動を動機づける (Ferguson et al., 1991；Lewis, 1971；Lindsay-Hartz, 1984；Tangney, 1993；Tangney, Miller, et al., 1996；Wallbott & Scherer, 1995；Wicker et al., 1983)。前述のように，罪悪感を感じる時は，他者への共感を感じやすい (Leith & Baumeister, 1998；Tangney, 1991, 1995a)。罪悪感は，対人的な亀裂を修復し，対人関係を良い方向に変えていく。以上のような点からみると，罪悪感とは，建設的・積極的・未来志向的な感情であるといえよう。

バウマイスターらのレビューによると，罪悪感には「対人関係を高める」機能がある (Baumeister, Stillwell, & Heatherton, 1994；Sommer & Baumeister, 1997)。それによると，①罪悪感を感じるのは，その人間関係が重要であり，お互いが相手を気にしているからである。②罪悪感は，人間関係における公平性を回復させる機能がある。一般的にいって，罪悪感を感じる対象は，弱い立

場にいる人である。罪悪感があると，その後，譲歩や再割り当てが行なわれ，結果として公平性が回復するのである。③罪悪感は感情的苦痛を「再配分」する機能がある。たとえば，対人関係の中で誰かが被害を受けたとしよう。この場合，被害者は苦痛を感じ，加害者は利益を得る。こういうときに加害者に罪悪感が生じ，加害者も苦痛を感じるのである。そのことが被害者に伝わると，被害者の苦痛は軽くなる。その結果，被害者と加害者の苦痛度は等しくなり，公平性が保たれる。それによって，2人の関係がより強まることもあるだろう。

■**恥の適応的機能**　　恥の適応的意義はわかりにくい。恥はネガティブな側面ばかりが強調されている（たとえば，Harder, 1995；Harder & Lewis, 1987；Lewis, 1971；Tangney, 1995a；Tangney, Burggraf, & Wagner, 1995；Tangney, Wagner, Barlow, Marschall, & Gramzow, 1996）。恥にはどのような適応的な機能があるのだろうか。

　トムキンスによると（Tomkins, 1963），恥は，子どもの興味や興奮が行き過ぎた場合にそれを抑制する働きをもっている（Nathanson, 1987；Schore, 1991）。つまり，母親との関係において，子どもの興味や興奮に「ブレーキをかける」のが恥である。恥がおこるのは，子どもの興味が阻止されたときや，母親との社会的交換が妨げられるときである（たとえば母親の注意が赤ん坊から逸れるときである）。恥があるから，子どもは自立していくのである。

　また，ギルバートの社会生物学的アプローチによると（Gilbert, 1997），恥を表出することは，他個体の怒りや攻撃を沈静させる機能がある。これは霊長類から人類に共通してみられる。ギルバートの考え方は，リアリーの社会心理学的な理論と似ている。リアリーも，赤面や当惑には鎮静効果があると述べている（Leary, 1989；Leary, Britt, Cutlip, & Templeton, 1992；Leary, Landel, & Patton, 1996；Keltner, 1995）。ギルバートやリアリーによると，恥を表現することはコミュニケーションの機能があり，他者の怒りや攻撃を鎮める効果がある。また，恥は引きこもり行動をうながすが，これは，潜在的に脅威となる対人関係を避けるためにはたしかに有効である。

　一般には，恥は不正を行なわせないという道徳的な機能があると考えられている（Barrett, 1995；Ferguson & Stegge, 1995；Zahn-Waxler & Robinson, 1995）。しかし，こうした恥の道徳的な機能について，直接の証拠はない。む

しろ，道徳的な機能についていえば，恥よりも，罪悪感のほうが強いのである。たとえば，タングネー（1994）の研究では，伝統的道徳尺度（Tooke & Ickes, 1988）を用いて道徳行動を測定し，それと恥や罪悪感の感じやすさとの相関を調べた。その結果，道徳行動は罪悪感と正の相関があったが，恥との間には相関がなかった。他の研究においても，罪悪感はいろいろな指標と相関があった。つまり，罪悪感は，共感性（Leith & Baumeister, 1998；Tangney, 1991, 1994, 1995a；Tangney et al., 1994），責任感の強さ（Tangney, 1990, 1994）や，怒りに対する建設的な反応（Tangney, Wagner, et al., 1996）と相関があった。これに対して，恥とこうした指標との間には相関がみられなかった。こうした結果から考えると，恥に道徳的な機能があるかどうかは疑問である。

恥が有効に働く状況もある。それは自己の欠点と向き合う場合である。どの臨床家も知っているように，自己の核心部分はなかなか変化しない。しかし，恥の感情は非常に苦痛なので，恥は自分の欠点を修正するような働きをする。つまり，恥は自己反省と自己修復をうながすのである。このように恥にはポジティブな機能がある。特に，「エゴの強い」人は，恥をうまく使うことによって自分を変えることができる。

■**妬みの適応的機能**　妬みにはどのような適応的機能があるのだろうか。妬みには，明るい面と暗い面がある。社会学からみると，妬みの明るい面は，経済を発展させる原動力となっていることである（Schoeck, 1969）。特に西洋社会では，妬みがあるために，人は才能を磨き，能力を高め，より生産的になろうとする（Rorty, 1971）。しかし，妬みには暗い面もある。妬みがあることを認めることはよく思われない。妬みは必要悪と考えられている。フォスター（Foster, 1972）によると，妬みには，他者の持ち物を奪いたいとか，他者を貶めたいといった暗い面がある。一方，妬みには，自分を向上させたいという明るい面がある。フォスターは後者を妬みの「競争軸」とよんでいる。ショエックによると，妬みは西洋社会において，市民の自己改善をうながす動機づけとなっている。そのことを見るには広告をみればよいだろう。広告では，他者との差別化を図ろうとして人々は一生懸命になっている（Schoeck, 1969）。

個人のレベルで考えてもそうである。妬みは人のやる気を高める動機付け役である。新しい目標を達成しようとするとき，人は妬みの感情をエネルギーに

変える。社会的比較を行なって，自分の不得意分野を知ろうとする。モーツァルトの天才を妬んだ作曲家サリエリは，その妬みによって作曲への意欲が沸いてきたのである（Shaffer, 1981）。

妬みには第2の適応的機能がある。妬みは，自分にとってどの領域がたいせつであるかを知らせてくれる。自分にとって，ある領域では妬みを感じやすいが，別の領域では妬みを感じないということがあるだろう。たとえば，同僚がノーベル賞を取ったと仮定しよう。その場合，ある人は，新発見をしたという学問的業績に対して妬むだろうし，別の人はノーベル賞を取ったという社会的名声を妬むだろう。あるいは，ノーベル賞の賞金という物質的裕福さを妬む人もいるかもしれない。このように，どの領域で妬むかを知れば，自分にとってどの領域がたいせつなのかを知ることができる。こうした情報は，自分のアイデンティティーを形成するときに役立つだろう。

■**嫉妬の適応的機能**　最後に，嫉妬の適応的な意義を考えてみよう。フロイト（Freud, 1922/1955）は，嫉妬は「悲しみと同じようにごくふつうの感情状態の1つである」(p.232) と述べている。フロイトによると，嫉妬は，対人関係における警告である。その人との関係が壊れそうなので注意しろとか，パートナーの自尊心に注意を払えといった合図である。ハーレクイン・ロマンスの世界では，嫉妬は愛そのものである。嫉妬は愛している人を失う危険があるという合図である。これまで嫉妬を一度も経験したことがないという人がいたとしよう。その人は，恋人を他人に奪われるなどということを考えない人か，あるいは人を心から愛したことのない人であるかのどちらかである。

5 恥・罪悪感・嫉妬・妬みの不適応的側面：どんな時に問題となるのか

以上，明るい面を見てきたが，4つの感情には暗い面もある。どんな時にこれらの感情が問題になるのだろうか。もっとも明らかなのは，こうした感情が強くなったときである。ただ，いかに強くても，短時間のものであれば，その人の精神的安定や対人関係にはほとんど影響を与えない。しかし，これらの感

情が慢性的で広範囲にわたると，精神的安定性が保たれなくなってしまう。ある人がこうした感情のために治療を望むときは,その感情が強いからではなく，それらを感じる状況が多かったり，精神的安定を脅かすからである。

　ここで重要なのは，第一に，これらの感情を引き出す文脈の適切さである。つまり，普通の人が恥を感じないような状況で，恥を感じるかどうかということである。臨床場面でこれらの感情が問題となるのは，強さというよりも，文脈の適正さである。

　第二の点は，これらの感情に対して建設的に立ち向かい，満足に解決することができるかということである。文脈は適切だったとしても，その感情をうまく処理できない場合は問題である。たとえば，健康な罪悪感には，前述のように，壊れた人間関係を修復するといった建設的な面がある（Tangney, 1996）。しかし罪悪感が慢性的になると，こうした建設的な行動ができなくなる。だから，慢性的な罪悪感で悩んでいるクライエントを援助する場合は，罪悪感の建設的な意味を確認させたり，建設的な行動を見つけさせるなど，問題解決のスキルを高めることがよいだろう。

　また，妬みに対処するには，妬みの対象がその人にとって重要でないと再構成させる方法もある。生活のすべての領域で慢性的な妬みを伴っている人にとって，再構成させることは，自己価値を見きわめることと同じくらい重要である。したがって，妬みの強いクライエントを扱う場合，1つの方法として，クライエントと妬みの対象となっている人の生活を交換することを想像させる方法がある。たとえば，前述のサリエリは，モーツァルトの天才を妬んではいただろうが，サリエリはモーツァルトになりたかったとは思えない。なぜなら，モーツァルトには，精神的未熟さ，身体的弱さ，貧しさなどがあったからである。したがって，もしサリエリのセラピストがモーツァルトの生活と交換してみることを想像させていたら，サリエリは妬みをもたなくなったかもしれない（Shaffer, 1981）。相手の一部になるのを楽しむことによって，妬みは解決されるかもしれない。

1. 4つの感情と精神病理の関連

　4つの感情は，どのような精神病理を起こしやすいのだろうか。

■**恥・罪悪感と精神病理**　ルイスは,『神経症における恥と罪悪感』の中で,認知スタイル→感情スタイル→精神病理という関係を述べている (Lewis, 1971)。つまり,「場依存」対「非場依存」という認知的スタイルの違いが,「恥の感じやすさ」対「罪悪感の感じやすさ」というような感情スタイルを生み出し,その結果,抑うつと妄想という精神病理の違いをもたらすとしている。ルイスによると,場依存的な人は,恥を感じやすく,うつ病などの感情障害を起こしやすい。これに対して,場依存的でない人は,罪悪感をもちやすく,強迫行為や妄想症状を現わしやすい。これはおもしろい仮説だが,それを証明するものはほとんどない。

恥を感じやすい人は,いろいろな精神病理を示しやすいようである。恥はいろいろな症状と相関がある。たとえば,抑うつ,不安,強迫観念,妄想観念,摂食障害,社会病質,低自尊心などである (Allan, Gilbert, & Goss, 1994; Brodie, 1995; Cook, 1988, 1991; Gramzow & Tangney, 1992; Harder, 1995; Harder, Cutler, & Rockart, 1992; Harder & Lewis, 1987; Hoblitzelle, 1987; Sanftner, Barlow, Marschall, & Tangney, 1995; Tangney, 1993; Tangney et al., 1995; Tangney, Wagner, Burggraf, Gramzow, & Fletcher, 1991; Tangney, Wagner, & Gramzow, 1992)。こうした研究結果はかなり頑健である。いろいろな測定方法や母集団をとってみても同じような結果が得られる。帰属スタイルを統制した研究においても,恥と抑うつの関係は明確にみられた (Tangney, Wagner, & Gramzow, 1992)。

罪悪感と精神病理の関係はやや複雑である。先行研究をみると,罪悪感について2つの考え方がある。一方は,罪悪感は精神病理と密接に関係するという考え方である。フロイト (Freud, 1909/1955, 1917/1957, 1924/1961) の伝統的な臨床研究からきたものである。こうした見解を支持する研究も多い (Blatt, D'Afflitti, & Quinlin, 1976; Harder, 1995; Harder & Lewis, 1987; Rodin, Silberstein, & Striegel-Moore, 1985; Weiss, 1993; Zahn-Waxler, Kochanska, Krupnick, & McKnew, 1990)。

もう一方は,罪悪感は精神病理と関係がないという考え方である。こちらの見解は,罪悪感の適応的機能を強調する (Baumeister et al., 1994; Hoffman, 1982; Tangney, 1991, 1994, 1995a)。著者は後者の立場に立つ。恥と罪悪感を

区別すれば，罪悪感と心理的適応とは関係がないのである（Tangney et al., 1995 ; Tangney, Wagner, & Gramzow, 1992)。たとえば，形容詞のチェックリストを用いた研究では，恥の感じやすさと罪悪感の感じやすさのスタイルは精神病理に関係している（Harder, 1995 ; Harder et al., 1992 ; Harder & Lewis, 1987 ; Kugler & Jones, 1992 ; Meehan et al., 1996)。しかし，自己と行動を区別したルイスの研究（Lewis, 1971）では，結果は非常に異なるものであった。(この研究では，たとえば，あるシナリオを用いて，そのシナリオで描かれている状況が，恥を感じやすい状況であるか罪悪感を感じやすい状況であるかを評定する方法を用いた)。この研究では，子どもも大人も，恥を感じず罪悪感を感じる人は精神病理と無関係であった。これに対し，恥を感じやすい人は心理的に問題がある場合が多い（Burggraf & Tangney, 1990 ; Gramzow & Tangney, 1992 ; Tangney, 1994 ; Tangney et al., 1991, 1995 ; Tangney, Wagner, & Gramzow, 1992)。

■**嫉妬・妬みと精神病理**　嫉妬と妬みはさまざまな精神病理と関係がある。ＤＳＭ-Ⅳ（American Psychiatric Association, 1994）によると，「妄想性障害」の初期症状として嫉妬と妬みがあげられている。妄想性障害では，パートナーが口を滑らせていったことばや，名前が書いてある紙切れなど，とるに足らない証拠をあげて，パートナーが浮気をしていると確信する。妄想的嫉妬をもつ人は，パートナーにそのような証拠を突きつけ，浮気相手に電話をしたり，パートナーに暴力を振るおうとしたり，パートナーを家から追い出そうとしたり，または離婚届けを出すなどの行動をとる。そのような人は，パートナーや浮気相手に対してストーカー行為をはたらき，パートナーの自由を奪ったり，自ら家を出ることすらある。

　他にもたとえば，「妄想性人格障害」においては，配偶者やパートナーの浮気を執拗に質問したり，他人の成功を妬みながら注目する。「自己愛性人格障害」においては，妬みをもって他人を評価する。成功をおさめた人を成功に値しないと思い，成功を慢性的に妬み，ライバルを怪我させることを空想したり，あるいはライバルの達成をじゃましようと思う。そのような人は満足のいく達成を味わったことがほとんどないので，他者を妬むことは慢性的で，根強い。事実ＤＳＭ-Ⅳでは，慢性的な妬みは自愛性人格障害の診断基準症状の１つで

あるとされている。

2. 4つの感情が攻撃行動をひきおこすとき

　4つの感情のうち，恥・嫉妬・妬みは，攻撃行動を引き起こすことがある。罪悪感は攻撃とは関係がない。これらの感情が臨床家の注意をひくようになるのは，攻撃の恐れがあるときである。

■**嫉妬と攻撃行動**　残念なことに，嫉妬と攻撃行動についての社会心理学的な研究はほとんどない。法学者の多くは，嫉妬を犯罪行動の源であると考えている。その典型は「激情犯罪」とよばれるものである。これは，配偶者（恋人）が恋敵と浮気しているのを見つけた現場で，嫉妬にかられて殺人を犯してしまうことである。法学者は，激情による殺人は，ふつうの殺人とは違うものと考えている。激情による殺人は，謀殺（殺意をもって行なう殺人）ではなく，故殺（前もって殺意をもたないで行なう殺人）であると見なされる（Dressler, 1982）。アメリカ法律学会の刑法典によると，「故殺」とは，合理的に説明できる極度な精神的あるいは感情的な混乱によって犯される故意の殺人であるとされる。ただし，これについて裁判所の解釈は混乱している。たとえば，既婚者が殺した場合には「故殺」罪に問われるのに対し，未婚者が殺した場合には「謀殺」罪に問われる（Dressler, 1982）。つまり，激情犯罪においては，既婚者の方が未婚者よりも精神的な混乱が大きいということになるが，そういう明確な証拠はない。ドレスラーによれば，「この規則は裁判所が次のように判断するためである。つまり，既婚者における浮気は，暴力的な報復に値する行為であるが，未婚者の浮気はそれに値しないということである」（Dressler, 1982, p. 438）。

　このように法学者は嫉妬と攻撃行動について研究しているのに対して，社会心理学者があまり関心をもってこなかったのは残念なことである。激情犯罪についても，社会心理学者は，その政治的な側面だけを取り上げる傾向があった。つまり，激情犯罪とよばれるものは，その前に何年もの心理的虐待と肉体的殴打があるのであって，一瞬の激情にかられて犯罪を犯すなどということはないと考えてきたのである。激情犯罪は神話にすぎないという考えもある（たとえば，Jordan, 1985）。

一方，精神医学者は，嫉妬による殺人について興味をもち，多くの事例研究を残してきた。それによると，多くの殺人者は，殺人を犯す前に強い嫉妬を感じている（Cuthbert, 1970；Lehrman., 1939）。サルスカ（Psarska, 1970）は，殺人の事例を分析し，1/4近くがまちがいなく嫉妬が原因であったと述べている。38例中16例では実際の浮気が原因であり，残り22例は長いあいだの夫婦間の争いが嫉妬に発展したことによるものであった。また，狂気と判定された殺人者の場合は，「妄想的な嫉妬」が殺人の動機になる（Mowat, 1966）。

こうした嫉妬による殺人を研究する社会心理学者は少ない。社会心理学は，こうした殺人の原因は嫉妬ではなく，次のような対人関係的な要因であると考えやすい（Whitehurst, 1971）。(a) 夫による殴打や攻撃が社会的に容認される風潮，(b) 夫婦の永続性よりも排他性が強調されやすいこと，(c) 不倫を冷静に解決するための手段がないこと，(d) 普通の夫婦間で期待されるものを歪めて見てしまうこと，などである。今後は，嫉妬殺人について本格的な研究が必要である。

■**妬みと攻撃行動**　妬みについても，残念ながら，社会科学的な研究はほとんどない。しかし，妬みが攻撃行動を引き起こすことは容易に考えられる。その例としては，少数民族や小集団に対する憎悪犯罪をあげることができる。こうした犯罪は，こうした小集団の力がしだいに大きくなることに対する妬みによってひきおこされるのである。

妬みには強い破壊的な力がある。フライデーによると，「妬みはすべてのものをダメにする。その根底には破壊への欲望がある」（Friday, 1985；p159）。このため，ある社会の人々は，他者の妬みを起こさないように極力努めている（Schoeck, 1969）。価値のあるもの（たとえば食料，家族，健康状態）を人より多くもっていると，妬みを引き起こしてしまう。だから人々は社会的な標準から逸脱しないように努力している。たとえば，女性は妊娠していることを隠すし，農夫は豊作を控えめに言い，成功した人は妬まれないように村を出ていく。このような社会では，人から妬まれることは災難である。多くの文化には邪悪な目（Evil eye）という迷信がある。これは，その目でにらまれるだけで，害や不幸がもたらされるという観念である。こうした観念は，人から妬まれることの恐怖をあらわしたものである（Foster1972；Schoeck, 1969）。邪悪な目

にらまれないように，人々は，子どもや家畜や財産を隠しておく。人からお世辞を言われたりしたら，謙遜しておく。それほど妬みの破壊的な力は強いのである。

■**恥・罪悪感と攻撃行動**　恥と怒りには強い関係がある。恥を感じやすい人は怒りや敵意の感情を外に向けやすい。これは事例研究（Lewis, 1971）や実験研究（Tangney, 1995a；Tangney, Wagner, et al., 1996；Tangney, Wagner, Fletcher & Gramzow, 1992）によって明らかにされている。たとえば，青年の研究において，怒りと関連した指標（敵意・興奮性・恨み・疑念など）と恥の感じやすさには有意な正の相関があった。これに対して，罪悪感の感じやすさと怒りの指標との間には，負の相関があるかまたは無相関であった（Tangney, Wagner, Fletcher & Gramzow, 1992）。小学校5年生の児童を対象とした研究では（Tangney et al., 1991），恥の感じやすさは，男児の怒りについての自己評定と，攻撃性についての教師による評定の両方との間に正の相関があった。女児でも恥の感じやすさは，怒りについての自己評定と正の相関があった。一方，罪悪感は男児，女児ともに，怒りについての自己評定と負の相関がみられた。

　恥を感じやすい人は，怒りを感じやすいだけでなく，ひとたび怒ると，怒りを統制できなくなる傾向がある。これについて，タングネーらは，大規模な横断的な発達研究をおこなった（Tangney, Wagner, et al., 1996）。この研究では，小学校4～6年の児童（302人），中学校・高校の生徒（427人），大学生（176人），大人（194人の旅行者）の4群に調査を行なった。その結果，すべての群で，恥はいろいろな変数と相関があった。恥と相関があった変数を列挙すると以下のようになる。①不適応的で非建設的な怒り反応，②悪意をもった意志，③直接的あるいは間接的な攻撃性，④自己に向けられた敵意，⑤日常の怒りのネガティブな結果。シェフ（Scheff, 1987, 1995）とレツィンガー（Retzinger, 1987）は，「恥―怒りの螺旋」という概念によって，恥と怒りの相互増幅作用について述べているが，以上の結果はこうした概念を支持するものである。また，大学生の研究では，恥をかかせた人を罰したいという願望が強かった（Wicker et al., 1983）。さらに，恋愛中のカップルを調べた研究では，恥を感じているパートナーの方が，怒りが強く，攻撃行動をしやすく，相手から懐柔

的な行動を引き出す傾向が少なかった（Tangney, 1995b）。

　恥と怒りといえば，直感的にはあまり関係がないように思える。なぜ恥と怒りは関係があるのだろうか。恥は苦しく不快な感情である。恥は自分についてのネガティブな評価を含んでいる。恥ずかしいと感じるときは，自分の価値が下がっていると感じる。自己効力感は傷つけられる。そこで，人は恥の感情を制御する必要がある。それには，受動的なものと能動的なものの2つがある。前者は対人的な引きこもりである。つまり恥を引き起こすような状況を避けたり，引きこもったり，隠れたりする方法である。後者は，怒りをもって他者に向かうことである。恥を感じるとき，人ははじめに内側に怒りを向ける。「わたしはなんてダメな人間なんだ」と。しかし，この怒りは容易に外に向かう。「わたしはなんてダメな人間なんだ。どうしてあなたはわたしをそんな気持ちにさせるのか」と（Tangney, 1995a；Tangney, Wagner, Fletcher, & Gramzow, 1992）。

　これに対し，罪悪感は，怒りで報復するようなことはない。なぜなら罪悪感は行動に関心を向けているので，自己に関心を向けて自己を苦しめることは少ないからである。罪悪感を感じている人は，自己を救うために他者に怒りを向けるということはしない。罪悪感は，共感性と両立するので，たとえ怒っていても他者の見解を認めることができる。対人的葛藤を伴っていたとしても，それを建設的に解決する方法を見つけることができる。

6　恥・罪悪感・嫉妬・妬みの統一理論に向けて

　これら4つの感情のつながりについて，実証的な研究をした人はほとんどいない。しかし，これらの感情は同時に起こっている。たとえば，われわれの研究によると，恥と罪悪感はしばしば同時に起こる（Tangney, 1993；Tangney, Miller, et al., 1996）。恥と罪悪感の感じやすさは，正の相関がある（Tangney, 1990, 1991）。恥と罪悪感は連続的に変化するものであろう。何か失敗をしたとき，はじめは罪悪感を感じるが，しだいに，「なんてわたしはひどいことを

北大路書房の図書ご案内

教育・臨床心理学中辞典
小林利宣 編
A5判 504頁 3495円

教育現場の質的制度的変化や学問的な進歩に対応。約1400項目を，一般的な重要度により小項目と中項目とに分け，小辞典では不十分な内容を充実しながらコンパクトに設計。

発達心理学用語辞典
山本多喜司 監修
B6判上製 430頁 3592円

発達心理学の分野に焦点を絞った日本初の用語辞典。社会の変化，高齢化社会の現状にも対応する952項目を収録。「発達検査一覧」ほか付録も充実。活用度の高いハンディな一冊。

改訂新版 社会心理学用語辞典
小川一夫 監修
B6判上製 438頁 3700円

定評ある旧版の内容の整備・充実を図り，140項目を増補した改訂新版。人名索引も新たに整備したほか，中項目中心の記述方式を採用。授業・研究など幅広く，永く活用できる。

ちょっと変わった幼児学用語集
森 楙 監修
A5判 206頁 2500円

7つのカテゴリー，遊び，こころ，からだ，内容・方法，制度・政策，社会・文化，基礎概念に区分された基本的な用語と，人名項目，コラムを収録した［調べる］［読む］用語集。

価格はすべて本体で表示しております。
ご購入時に，別途消費税分が加算されます。直接注文の際は，別に送料300円が必要です。

〒603-8303
京都市北区
紫野十二坊町12-8

北大路書房

☎ 075-431-0361
FAX 075-431-9393
振替 01050-4-2083

好評の新刊

心理学マニュアル 要因計画法
後藤宗理・大野木裕明・中澤 潤 編著
A5判 176頁 1500円

心理学の研究法としては一番オーソドックスな，実験の計画から統計処理までを扱う。単純か難解かに偏っていた従来の類書を克服した，実践的な内容となっている。

心理学マニュアル 面接法
保坂 亨・中澤 潤・大野木裕明 編著
A5判 198頁 1500円

カウンセリングに偏りがちだった面接法を「相談的面接」と「調査的面接」の2つに分け概観を紹介するとともに，具体的な手順を解説し，より応用範囲の広いものとしている。

トワイライト・サイコロジー
心のファイルx 恋と不思議を解く
中丸 茂 著
四六判 274頁 1800円

恋愛における非合理な心の動かし方や行動，また，超常現象，迷信等の非日常的な現象を信じること…そのような心理を解明をするとともに科学的なものの考え方を身につける。

マンガ『心の授業』
自分ってなんだろう
三森 創 著
A5判 136頁 1300円

心はフィーリングでつかむものではなく，一つひとつ知識としてつかむものである。95%マンガで書かれた，誰にでも読める心理学の本。「心の教育」の教材として最適。

記憶研究の最前線
太田信夫・多鹿秀継 編著
A5判 上製326頁 4000円

心理学における現在の記憶研究の最前線を，話題性のあるものに絞りわかりやすく紹介するとともにそのテーマの研究の今後の動向を簡潔にまとめ，研究への指針を提示。

ウソ発見
犯人と記憶のかけらを探して
平 伸二・中山 誠・桐生正幸・足立浩平 編著
A5判 286頁 2200円

ウソとは何か？ 犯罪捜査での知見を中心に，そのメカニズムをわかりやすく科学的に解明する。「ポリグラフ鑑定」だけでなく，ウソに関するさまざまな疑問にも答える。

犯罪者プロファイリング
犯罪行動が明かす犯人像の断片
J.L.ジャクソン・D.A.ベカリアン 著
田村雅幸 監訳
A5判 248頁 2200円

マスコミ報道などによって広められた隔たったプロファイリングのイメージを払拭し，化学的手法によって行われている実際のプロファイリングの内容の「真実」を伝える。

インターネットの光と影
被害者・加害者にならないための情報倫理入門
情報教育学研究会・
情報倫理教育研究グループ 編
A5判 198頁 1600円

インターネットの利便性（光の部分）とプライバシーや知的所有権侵害・電子悪徳商法・有害情報・ネット犯罪等の影の部分を知り，ネット社会のトラブルから身を守るための本。

教育学―家庭教育・社会教育, その他

家庭のなかのカウンセリング・マインド
親と子の「共育学」
小田 豊 著
B6判 182頁 1553円

今の「豊かさ」の意味を問いながら，「子どものいのちの輝き」を考える。子どものあるがままを受け入れ，子どもの心の流れにそうことから家庭教育の再考を提起する子育ての本。

「やる気」ではじまる子育て論
子どもはやりたいことをやる
山崎勝之・柏原栄子・皆川直凡・佐々木裕子・子どものこころ研究会 著
四六判 192頁 1602円

「間違った方向にいじられている子どもたちを守りたい！」そう願う著者らによって編集された新しい子育て論。内からのやる気をそこなわない子育てを追求する。

いま，子ども社会に何がおこっているか
日本子ども社会学会 編
A5判 246頁 2000円

子どもをめぐる社会・文化という「外にあらわれた姿」を手がかりに，多角的な視点から子どもの実態と本質を鋭くあぶり出す，第一級の研究者による力作。

学校で教わっていない人のための
インターネット講座
ネットワークリテラシーを身につける
有賀妙子・吉田智子 著
A5判 230頁 1800円

生活の道具になりつつあり，学校でも教えるようになってきた「インターネット」。その活用の技を磨き，ネットワークを介した問題解決力を身につけるためのガイドブック。

視聴覚メディアと教育方法
認知心理学とコンピュータ科学の応用実践のために
井上智義 編著
A5判 240頁 2400円

情報機器や新しい視聴覚メディアの教育現場での望ましい活用方法を示すとともに，そのような視聴覚メディアを利用した豊かな教育環境を整えるための適切な方向性を提示する。

京都発
平成の若草ものがたり
清水秩加 著
A5判 208頁 1500円

現在，競争，管理教育，いじめ等を体験した最初の世代が親になっている。育児を通して自らも成長するという視点で描かれた4人の子をもつ母親の子育てマンガ＋エッセイ。

質的研究法による授業研究
教育学／教育工学／心理学からのアプローチ
平山満義 編著
A5判 318頁 3200円

新しい時代の授業のあり方を求めて，3つの分野（教育学，教育工学，心理学）からアプローチする，質的研究法の最新の成果を生かした授業研究の書。

教科書でつづる
近代日本教育制度史
平田宗史 著
A5判 280頁 2427円

教科書に関する基礎的な問題を歴史的に記述し「教科書とは自分にとって何であり，また，あったか」を考える啓蒙書。義務教育を終えた人ならだれでも理解できるよう配慮して執筆。

心理学―教育心理,臨床・医療心理

要説
発達・学習・教育臨床の心理学
内田照彦・増田公男 編著
A5判 264頁 2500円

従来の「発達・学習」領域に加え,教育臨床場面での「使える知識(いじめ,不登校,校内暴力等)」を多く組み入れて編集されたニュータイプ・テキスト。重要用語の解説つき。

学校教育相談心理学
中山 巖 編著
A5判 320頁 2600円

学校での教育相談はいかにあるべきか,子どもの問題行動をどのように理解して対応したらよいのかなど,教育相談の本来の意義と方法について考えることを目的として編集。

学校教育の心理学
北尾倫彦・林 多美・島田恭仁・岡本真彦・岩下美穂・築地典絵 著
A5判 222頁 2000円

学校教育の実際場面に役立つ実践的内容にしぼった内容。最新の研究知見を中心に,いじめ,不登校,LD等学校現場が現在直面している諸問題への対応を重視した構成・記述。

オープニングアップ
秘密の告白と心身の健康
J.W.ペネベーカー 著
余語真夫 監訳
四六判 334頁 2400円

感情やトラウマティックな経験を抑制することの心身健康への有害性と,言語開示をすることの心身健康への有益性や治療効果を実験心理学的裏づけのなかで明らかにする。

社会性と感情の教育
教育者のためのガイドライン39
M.J.イライアス他 著
小泉令三 編訳
A5判 260頁 2800円

社会性や感情(情動)を体系的に教育すること」「一人ひとりの子どもにスキルとして定着させること」の必要性を説き,教育現場で実施するための39のガイドラインを示す。

シングル・ペアレント・ファミリー
親はそこで何をどのように語ればよいのか
R.A.ガードナー 著
鑪幹八郎・青野篤子・児玉厚子 共訳
四六判 260頁 1900円

離婚・未婚出産件数が増加傾向にある現代,ひとり親家庭の子どもたちや親に生じるさまざまな問題に対し,精神科医である著者が具体例をあげつつ心の問題をサポート。

7つの能力で生きる力を育む
子どもの多様性の発見
A.B.スクローム 著
松原達哉 監訳 岩瀬章良 編訳
A5判 152頁 2200円

学力だけではなく,創造性・巧緻性・共感性・判断力・モチベーション・パーソナリティの面から子どもの能力を見いだすことの重要性を説き,さらに職業適性を論じる。

動作とイメージによる
ストレスマネジメント教育 基礎編・展開編
山中 寛・冨永良喜 編
基礎編 B5判 228頁 2700円
展開編 B5判 168頁 2300円

身体面,心理面,行動面にさまざまな影響が出てくる子どものストレス問題を,予防の観点から解説し,具体的な行動プログラムとその実践例,およびその効果を明らかにする。

心理学―社会心理，認知心理

姿勢としぐさの心理学
P.ブゥル 著
市河淳章・高橋 超 編訳
A5判 228頁 3000円

姿勢とジェスチャーは非言語的コミュニケーション研究分野では比較的無視されてきた。本書はこの現状の何らかの形での打開を意図し，有益な示唆やパースペクティブを与える。

[教科書] 社会心理学
小林 裕・飛田 操 編著
A5判 330頁 2500円

この領域の最新の知見と展開を盛り込んだ社会心理学の本格「教科書」。全章の構成を，個人→対人関係→集団・組織→社会へと配列，予備知識なしでも理解できるよう配慮。

対人社会動機検出法
「IF-THEN法」の原理と応用
寺岡 隆 著
A5判 248頁 4200円

対人社会動機検出の具体的方法として著者が開発し改良を重ねてきた「IF-THEN法」の総合解説書。対人反応傾向を量的に測定し新たな対人行動の研究領域の開拓をめざす。

偏見の社会心理学
R.ブラウン 著
橋口捷久・黒川正流 編訳
A5判上製 342頁 4500円

オールポートの偏見研究から40年—今なお続く偏見について，個人の知覚や情動，行為などの水準にも焦点を当て，研究のあらたな視点を提示し，多様な偏見の形態を分析。

人間の情報処理における聴覚言語イメージの果たす役割
その心理的リアリティを発達と障害の観点からとらえる
井上智義 著
A5判上製箱入 114頁 7000円

従来ほとんど研究されることのなかった「聴覚言語イメージ」を，実験計画にのせて具体的に実施したものを紹介。聴覚障害者の言語処理や，言語教育も視野に入れる。

認知心理学から理科学習への提言
開かれた学びをめざして
湯澤正通 編著
A5判 2500円

理科学習は認知的にも，物理的・空間的にも社会的にも従来の枠を越えるべきとの問題意識から，心理学・教育学・社会・教育現場の多様な分野より，より具体的な提言を試みる。

音楽と感情
音楽の感情価と聴取者の感情的反応に関する認知心理学的研究
谷口高士 著
A5判上製 176頁 4200円

音楽のもつ感情性は私たちの行動にまで影響をもたらすが，それはどこまで一般化でき，普遍性をもつのか。これらの問題に認知心理学的立場でアプローチを試みる。

授業が変わる
認知心理学と教育実践が手を結ぶとき
J.T.ブルーアー 著
松田文子・森 敏昭 監訳
A5判 304頁 3200円

今，社会から強く要求されている学力を身につけさせるために，認知心理学の成果を生かした新しい教育的手法を設計することを提案。認知心理学の専門用語の解説付。

教育学—教科教育, 生徒指導・生活指導, 教育相談, 等

ケアする心を育む道徳教育
伝統的な倫理学を超えて
林 泰成 編著
A5判 224頁 2400円

N・ノディングズの「ケアリング」の概念を解説したうえでその概念を応用した授業実践例を挙げ，関係性の構築による心情面の育成に力点をおいた道徳教育のありかたを呈示。

続 道徳教育はこうすればおもしろい
コールバーグ理論の発展とモラルジレンマ授業
荒木紀幸 編著
A5判 282頁 2400円

大好評の前作より10年。この間，おおいに注目され，高い評価を得てきたコールバーグ理論に基づく道徳授業実践の，現段階での成果と今後の可能性についての集大成。

道徳的判断力をどう高めるか
コールバーグ理論における道徳教育の展開
櫻井育夫 著
A5判 286頁 3000円

道徳性発達理論とアイゼンバーグの向社会性発達理論を中心に，認知発達理論を実際の道徳授業と関連させながら説明し，理論に基づいた具体的な授業展開の仕方も紹介。

生きる力が育つ生徒指導
松田文子・高橋 超 編著
A5判 248頁 2500円

「現代社会における子ども」という視点を明確にしつつ，豊富な具体的資料やコラムを掲載し，読者が多次元的視点を身につけられるように編集。教師の役割を根本から考え直す。

図説 生徒指導と教育臨床
子どもの適応と健康のために
秋山俊夫 監修
高山 巖・松尾祐作 編
A5判 258頁 2427円

現場で生徒指導・教育相談に携わってきた著者陣により執筆された教育職員免許法必修科目の「生徒指導」，「教育相談」，および「進路指導」のためテキスト。

生き方の教育としての学校進路指導
生徒指導をふまえた実践と理論
内藤勇次 編著
A5判 244頁 2233円

生徒指導と進路指導は「いかに生きるかの指導」という面で一体化している。「入試のための進学指導」「就職斡旋のための職業指導」からの脱出を図ることをめざして書かれた。

あらためて登校拒否への教育的支援を考える
佐藤修策・黒田健次 著
A5判 246頁 1748円

本書では登校拒否を，子どもが大きくなっていく過程で起きる一種の挫折体験であるとし，これに子どもが立ち向かい，それを克服していくような「教育的支援」を強調。

学校教師のカウンセリング基本訓練
先生と生徒のコミュニケーション入門
上地安昭 著
A5判 198頁 1942円

教師自身にカウンセラーとしての資質・能力が要求される昨今。本書ではカウンセリングの理論学習に加え，その実践的技法の訓練を目的とし，演習問題と実習問題を収録。

心理学―その他

クリティカルシンキング 入門編
あなたの思考をガイドする40の原則
E.B.ゼックミスタ・J.E.ジョンソン 著
宮元博章・道田泰司・谷口高士・菊池 聡 訳
四六判上製 250頁 1900円

現代をよりよく生きるために必要なものの考え方,すなわち「クリティカルシンキング」を系統的に学習するために。自ら考えようとする態度や習慣を身につけるためのガイド。

クリティカルシンキング 実践篇
あなたの思考をガイドするプラス50の原則
E.B.ゼックミスタ・J.E.ジョンソン 著
宮元博章・道田泰司・谷口高士・菊池 聡 訳
四六判 302頁 1900円

クリティカル思考とは,たんに懐疑のみでなく,自分の進むべき方向を決断し問題を解決する生産的な思考である。学習,問題解決,意志決定,議論の際の思考を身につける本。

クリティカル進化論（シンカー論）
『OL進化論』で学ぶ思考の技法
道田泰司・宮元博章 著 秋月りす まんが
A5判 222頁 1400円

クリティカル思考は,複雑化した現代社会に適応していく上で,必要な思考法である。本書では,ユーモアあふれる4コマ漫画を題材に,わかりやすく楽しく身につける。

自己開示の心理学的研究
榎本博明 著
A5判 270頁 2900円

臨床心理学者ジュラードに始まる自己開示の研究についてその現状を概説した本邦初の書。本書は言語的な自己開示に絞りその研究の概要を掲載。巻末に自己開示質問紙等を収録。

心理的時間
その広くて深いなぞ
松田文子・調枝孝治・甲村和三・神宮英夫・山崎勝之・平 伸二 編著
A5判上製 552頁 5800円

不可解な"時間"のほんの一側面である「心理的時間」について,その多様性と複雑性にふれながら,わが国での研究とその周辺領域を紹介する。時間の心理学研究に刻される1冊。

心とは何か
心理学と諸科学との対話
足立自朗・渡辺恒夫・月本 洋・石川幹人 編著
A5判上製 356頁 5200円

人間の心や意識をめぐる研究の様相は70年代以降大きく変換し,心理学についても方法論的基底の再検討が求められつつある。心の諸科学を展望しつつ根本的な問題を検討。

身体活動と行動医学
アクティブ・ライフスタイルをめざして
J.F.サリス・N.オーウェン
竹中晃二 監訳
B5判 166頁 2700円

超高齢化社会を間近に控える現在,日常の身体活動量を増加させ定期的な運動を行うことは疾病予防に大きな役割を果たす。行動変容を起こすための身体活動の効果を明確にする。

子どもを持たないこころ
少子化問題と福祉心理学
青木紀久代・神宮英夫 編著
四六判 174頁 1800円

少子化傾向は止まる兆しを見せない。面接調査をもとに子どもをもつことの意味,育てることの意味,そしてもたない心の深層を分析し,解決策の1つを福祉心理学の構築に求める。

教育学—原理・方法・歴史,教育学全般,学習指導

教育技術の構造
杉尾 宏 編著
B6判 248頁 2300円

上手・下手という教育技術の価値的側面を問う前に,教育の営み全体,すなわち公教育体制下の教育労働過程の中で,歴史・社会学的に明らかにするということをねらいとした書。

教師の日常世界
心やさしきストラテジー教師に捧ぐ
杉尾 宏 編著
B6判 220頁 1500円

現場教師各自が,学校教育の構造とその矛盾をつかみきるために,教師の日常世界に巣くう「自明視された教育行為」を見直し,現在の学校教育の病理現象を徹底解明する。

「協同」による総合学習の設計
グループ・プロジェクト入門
Y.シャラン・S.シャラン 著
石田裕久・杉江修治・伊藤 篤・
伊藤康児 訳
A5判 230頁 2300円

従来の競争社会への反省・否定の立場から欧米でも教育方法として重要性が認識されている協同学習理論。原理から主体的・有効に実践を作りあげるための具体的な情報を提供。

子どもが変わり学級が変わる
感性を磨く「読み聞かせ」
笹倉 剛 著
四六版 224頁 1900円

読書の足がかりとしての「読み聞かせ」の重要性と,その継続的な実践が子どもの想像力や自己判断力を培うことを説く,学校教育現場に焦点をあてた初の書。実践報告も紹介。

認知心理学からみた
授業過程の理解
多鹿秀継 編著
A5判 230頁 2300円

「教育の方法と技術」の内容を,生徒と教師の相互作用という認知心理学的方法でアプローチした書。従来からの行動主義心理学の成果も取り入れ,総合的にまとめながら紹介。

実践学としての授業方法学
生徒志向を読みとく
H.マイヤー 著
原田信之・寺尾慎一 訳
A5判 328頁 4200円

著者は現代ドイツの教育科学・学校教授学研究の第一人者で,この書はわが国のこれからの教育に求められる「自ら学び自ら考える力の育成」への道筋の構築の大きな指針となる。

授業づくりの基礎・基本
教師の意識改革を求めて
寺尾慎一 著
A5判 198頁 2427円

教育改革を推進,実行するのは各学校・教師であり,そうした改革に応える道は「授業づくり」の腕前を上げる以外にはないとの考えに基づき,その基礎・基本について論述。

子どもが生きている授業
吉川成司・木村健一郎・原田信之 編著
A5判 150頁 1942円

子どもの幸福のために行われる授業とは?子どもを全体として理解し,教師自身の内的世界を深く洞察する過程から,人間の本質や生きかたを浮き彫りにしようとする意欲作。

したんだ。なんてひどい人間なんだ」と恥を感じるようになることもある。関心の対象が，失敗したという行動から，しだいに自分自身へと変わっていくためだろう。恥と罪悪感のつながりはけっして必然的なものではない。罪悪感だけを感じる場合もあれば，恥だけを感じるときもある。

　恥と嫉妬や妬みはどんな関係にあるのだろうか。まだ実証的な研究はないので，ここでは理論的に考えてみよう。まず，恥を感じると，続いて妬みや嫉妬を感じやすくなる。たとえば何か失敗をして恥を感じている人を考えてみよう。その人の自己は萎縮している。その人が対人関係の中にいれば，社会的比較を行なうだろう。そうなれば，自分と他者を比べて，他者の属性や業績や優れた能力について妬みを感じるだろう。今の対人関係が脅かされると思い，ライバルに嫉妬を感じるだろう。このように考えれば，恥は，妬みや嫉妬を感じやすくさせるといえる。

　これとは逆に，妬みや嫉妬が，恥や罪悪感を引き出すこともある。トマス・アキナスは妬みは罪であるといった（Aquinas, 1270/1964；Sabini & Silver, 1982）。ラロシュフコーも，妬みはとても恥ずべき感情なので人はけっしてそれを認めようとはしないといった（LaRochefoucauld, 1665/1995）。

　今のところ，これら4つの感情の相互作用をみるには逸話によらねばならない。しかし，今後は，これらの感情のダイナミクスを組織的に研究する必要があるだろう。

7 結論

　恥・罪悪感・嫉妬・妬みという4つの感情について，それを引き起こすものと，それによって引き起こされるものを整理した。これらの感情は似たような刺激から引き起こされ，複雑な感情的反応を引き起こすことがわかった。これら4つの感情は，これまでバラバラに研究されてきた。恥や罪悪感の研究者は，妬みや嫉妬の研究者とは，別の理論や方法で研究してきた。しかし，この章では，これまでの研究とは違って，4つの感情を総合的に扱った。これによって，

感情の機能と適応性をより深く理解することができた。このように考えることは，これらの感情によって不適応な生活を送っている人を援助する場合にも効果があるだろう。

引用文献

Allan, S., Gilbert, P., & Goss, K. (1994). An exploration of shame measures. II: Psychopathology. *Personality and Individual Differences*, 17, 719-722.

▶ American Psychiatric Association. (1994). *Diagnostic and statistical manual of mental disorders* (4th ed.). Washington, DC: Author.

Aquinas, T. (1964). *Treatise on happiness* (J. A. Desterle, Trans.). Englewood Cliffs, NJ: Prentice Hall. (Original work published 1270)

Ausubel, D. P. (1955). Relationships between shame and guilt in the socializing process. *Psychological Review*, 62, 378-390.

Barrett, K. C. (1995). A functionalist approach to shame and guilt. In J. P. Tangney & K. W. Fischer (Eds.), *Self-conscious emotions: Shame, guilt, embarrassment, and pride* (pp. 25-63). New York: Guilford Press.

Barrett, K. C., Zahn-Waxler, C., & Cole, P. M. (1993). Avoiders versus amenders: Implications for the investigation of shame and guilt during toddlerhood? *Cognition and Emotion*, 7, 481-505.

Baumeister, R. F., Stillwell, A. M., & Heatherton, T. F. (1994). Guilt: An interpersonal approach. *Psychological Bulletin*, 115, 243-267.

▶ Benedict, R. (1946). *The chrysanthemum and the sword*. Boston: Houghton Mifflin.

Blatt, S. J., D'Afflitti, J. P., & Quinlin, D. M. (1976). Experiences of depression in normal young adults. *Journal of Abnormal Psychology*, 86, 203-223.

Brodie, P. (1995). *How sociopaths love: Sociopathy and interpersonal relationships*. Unpublished doctoral dissertation, George Mason University.

Bryson, J. B. (1977, September). *Situational determinants of the expression of jealousy*. Paper presented at the 85th Annual Convention of the American Psychological Association, San Francisco, CA.

Burggraf, S. A., & Tangney, J. P. (1990, June). *Shame-proneness, guilt-proneness, and attributional style related to children's depression*. Poster session presented at the meeting of the American Psychological Society, Dallas, TX.

Cialdini, R. B., Borden, R. J., Thorne, A., Walker, M. R., Freeman, S., & Sloane, L. T. (1976). Basking in reflected glory: Three (football) field studies. *Journal of Personality and Social Psychology*, 34, 366-375.

Cook, D. R. (1988, August). *The measurement of shame: The Internalized Shame Scale*. Paper presented at the 96th Annual Convention of the American Psychological Association, Atlanta, GA.

Cook, D. R. (1991). Shame, attachment, and addictions: Implications for family therapists. *Contemporary Family Therapy, 13*, 405-419.

Cuthbert, T. M. (1970). A portfolio of murders. *British Journal of Psychiatry, 116*, 1-10.

Damon, W. (1988). *The moral child: Nurturing children's natural moral growth*. New York: Free Press.

DeSteno, D., & Salovey, P. (1994). Jealousy in close relationships: Multiple perspectives on the green-ey'd monster. In A. L. Weber & J. H. Harvey (Eds.), *Perspectives on close relationships* (pp. 217-242). Boston, MA: Allyn & Bacon.

DeSteno, D., & Salovey, P. (1995). Jealousy and envy. In A. S. R. Manstead & M. Hewstone (Eds.), *The Blackwell encyclopedia of social psychology* (pp. 342-343). Oxford, England: Basil Blackwell.

DeSteno, D. A., & Salovey, P. (1996). Jealousy and the characteristics of one's rival: A self-evaluation maintenance perspective. *Personality and Social Psychology Bulletin, 22*, 920-932.

Dressler, J. (1982). Rethinking the heat of passion: A defense in search of a rationale. *Journal of Criminal Law and Criminology, 73*, 421-470.

Eisenberg, N. (1986). *Altruistic cognition, emotion, and behavior*. Hillsdale, NJ: Erlbaum.

Ferguson, T. J., & Stegge, H. (1995). Emotional states and traits in children: The case of guilt and shame. In J. P. Tangney & K. W. Fischer (Eds.), *Self-conscious emotions: Shame, guilt, embarrassment, and pride* (pp. 174-197). New York: Guilford Press.

Ferguson, T. J., Stegge, H., & Damhuis, I. (1990, March). *Spontaneous and elicited guilt and shame experiences in elementary school-age children*. Poster session presented at the Southwestern Society for Research in Human Development, Dallas, TX.

Ferguson, T. J., Stegge, H., & Damhuis, I. (1991). Children's understanding of guilt and shame. *Child Development, 62*, 827-839.

Foster, G. (1972). The anatomy of envy: A study in symbolic behavior. *Current Anthropology, 13*, 165-202.

▶ Freud, S. (1955). Notes upon a case of obsessional neurosis. In J. Strachey (Ed. & Trans.), *The standard edition of the complete psychological works of Sigmund Freud* (Vol. 10, pp. 155-318). London: Hogarth Press. (Original work published 1909)

▶ Freud, S. (1955). Some neurotic mechanisms in jealousy, paranoia, and homosexuality. In J. Strachey (Ed. & Trans.), *The standard edition of the complete psychological works of Sigmund Freud* (Vol. 18, pp. 221-232). London: Hogarth Press. (Original work published 1922)

▶ Freud, S. (1957). Mourning and melancholia. In J. Strachey (Ed. & Trans.), *The standard edition of the complete psychological works of Sigmund Freud* (Vol. 14, pp. 243-258). London: Hogarth Press. (Original work published 1917)

▶ Freud, S. (1961). The dissolution of the Oedipus complex. In J. Strachey (Ed. & Trans.), *The standard edition of the complete psychological works of Sigmund Freud* (Vol. 19, pp. 173-182). London: Hogarth Press. (Original work published 1924)

Friday, N. (1985). *Jealousy*. New York: Morrow.

Gehm, T. L., & Scherer, K. R. (1988). Relating situation evaluation to emotion differentiation: Nonmetric analysis of cross-cultural questionnaire data. In K. R. Scherer (Ed.), *Facets of emotion: Recent research* (pp. 61-77). Hillsdale, NJ: Erlbaum.

Gilbert, P. (1997). The evolution of social attractiveness and its role in shame, humiliation, guilt, and therapy. *British Journal of Medical Psychology, 70*, 113-147.

Gramzow, R., & Tangney, J. P. (1992). Proneness to shame and the narcissistic personality. *Personality and Social Psychology Bulletin, 18*, 369-376.

Harder, D. W. (1995). Shame and guilt assessment and relationships of shame and guilt proneness to psychopathology. In J. P. Tangney & K. W. Fischer (Eds.), *Self-conscious emotions: Shame, guilt, embarrassment, and pride* (pp. 368-392). New York: Guilford Press.

Harder, D. W., Cutler, L., & Rockart, L. (1992). Assessment of shame and guilt and their relationship to psychopathology. *Journal of Personality Assessment, 59*, 584-604.

Harder, D. W., & Lewis, S. J. (1987). The assessment of shame and guilt. In J. N. Butcher & C. D. Spielberger (Eds.), *Advances in personality assessment* (Vol. 6, pp. 89-114). Hillsdale, NJ: Erlbaum.

Harris, P. L. (1989). *Children and emotion: The development of psychological understanding*. New York: Basil Blackwell.

▶ Heider, F. (1958). *The psychology of interpersonal relations*. New York: Wiley.

Hoblitzelle, W. (1987). Attempts to measure and differentiate shame and guilt: The relation between shame and depression. In H. B. Lewis (Ed.), *The role of shame in symptom formation* (pp. 207-235). Hillsdale, NJ: Erlbaum.

Hoffman, M. L. (1982). Development of prosocial motivation: Empathy and guilt.

In N. Eisenberg-Berg (Ed.), *Development of prosocial behavior* (pp. 281–313). New York: Academic Press.

Jordan, N. (1985). Till murder do us part. *Psychology Today, 19*(7), 7.

Keltner, D. (1995). Signs of appeasement: Evidence for the distinct displays of embarrassment, amusement, and shame. *Journal of Personality and Social Psychology, 68,* 441–454.

Kugler, K., & Jones, W. H. (1992). On conceptualizing and assessing guilt. *Journal of Personality and Social Psychology, 62,* 318–327.

LaRochefoucauld, F. (1995). *Maxims* (D. J. Culpin, Trans.). London: Grant & Cutter. (Original work published circa 1665)

Leary, M. R. (1989, August). Fear of exclusion and appeasement behaviors: The case of blushing. In R. F. Baumeister (Chair), *The need to belong*. Symposium presented at the 97th Annual Convention of the American Psychological Association, New Orleans, LA.

Leary, M. R., Britt, T. W., Cutlip, W. D., II., & Templeton, J. L. (1992). Social blushing. *Psychological Bulletin, 112,* 446–460.

Leary, M. R., Landel, J. L., & Patton, K. M. (1996). The motivated expression of embarrassment following a self-presentational predicament. *Journal of Personality, 64,* 619–637.

Lehrman, P. R. (1939). Some unconscious determinants in homicide. *Psychiatric Quarterly, 13,* 605–621.

Leith, K. P., & Baumeister, R. F. (1998). Empathy, shame, guilt, and narratives of interpersonal conflicts: Guilt-prone people are better at perspective taking. *Journal of Personality, 66,* 1–38.

Lewis, H. B. (1971). *Shame and guilt in neurosis*. New York: International Universities Press.

Lindsay-Hartz, J. (1984). Contrasting experiences of shame and guilt. *American Behavioral Scientist, 27,* 689–704.

Lindsay-Hartz, J., de Rivera, J., & Mascolo, M. (1995). Differentiating shame and guilt and their effects on motivation. In J. P. Tangney & K. W. Fischer (Eds.), *Self-conscious emotions: Shame, guilt, embarrassment, and pride* (pp. 274–300). New York: Guilford.

Marschall, D. E. (1996). *Effects of induced shame on subsequent empathy and altruistic behavior*. Unpublished master's thesis, George Mason University.

Meehan, M. A., O'Connor, L. E., Berry, J. W., Weiss, J., Morrison, A., & Acampora, A. (1996). Guilt, shame, and depression in clients in recovery from addiction. *Journal of Psychoactive Drugs, 28,* 125–134.

Mowat, R. R. (1966). *Morbid jealousy and murder: A psychiatric study of morbidly jealous murderers at Broadmoor*. London, England: Tavistock.

Nathanson, D. L. (1987). A timetable for shame. In D. L. Nathanson (Ed.), *The many faces of shame* (pp. 1–63). New York: Guilford Press.

Niedenthal, P. M., Tangney, J. P., & Gavanski, I. (1994). "If only I weren't" versus "if only I hadn't": Distinguishing shame and guilt in counterfactual thinking. *Journal of Personality and Social Psychology, 67*, 585–595.

Psarska, A. D. (1970). Jealousy factor in homicide in forensic psychiatric material. *Polish Medical Journal, 6*, 1504–1510.

Retzinger, S. R. (1987). Resentment and laughter: Video studies of the shame-rage spiral. In H. B. Lewis (Ed.), *The role of shame in symptom formation* (pp. 151–181). Hillsdale, NJ: Erlbaum.

Rodin, J., Silberstein, L., & Striegel-Moore, R. (1985). Women and weight: A normative discontent. In T. B. Sondregger (Ed.), *Psychology and gender: Nebraska Symposium on Motivation, 1984* (pp. 267–307). Lincoln: University of Nebraska Press.

Rorty, A. O. (1971). Some social uses of the forbidden. *Psychoanalytic Review, 58*, 497–510.

Sabini, J., & Silver, M. (1982). *Moralities of everyday life*. Oxford, England: Oxford University Press.

Salovey, P. (1991). Social comparison processes in envy and jealousy. In J. Suls & T. A. Wills (Eds.), *Social comparison theory: Contemporary theory and research* (pp. 261–285). Hillsdale, NJ: Erlbaum.

Salovey, P., & Rodin, J. (1984). Some antecedents and consequences of social-comparison jealousy. *Journal of Personality and Social Psychology, 47*, 780–792.

Salovey, P., & Rodin, J. (1986). The differentiation of romantic jealousy and social-comparison jealousy. *Journal of Personality and Social Psychology, 50*, 1100–1112.

Salovey, P., & Rodin, J. (1988). Coping with envy and jealousy. *Journal of Social and Clinical Psychology, 7*, 15–33.

Salovey, P., & Rodin, J. (1989). Envy and jealousy in close relationships. *Review of Personality and Social Psychology, 10*, 221–246.

Salovey, P., & Rodin, J. (1991). Provoking jealousy and envy: Domain relevance and self-esteem threat. *Journal of Social and Clinical Psychology, 10*, 395–413.

Sanftner, J. L., Barlow, D. H., Marschall, D. E., & Tangney, J. P. (1995). The relation of shame and guilt to eating disorders symptomotology. *Journal of Social and Clinical Psychology, 14*, 315–324.

Scheff, T. J. (1987). The shame-rage spiral: A case study of an interminable quarrel. In H. B. Lewis (Ed.), *The role of shame in symptom formation* (pp. 109-149). Hillsdale, NJ: Erlbaum.

Scheff, T. J. (1995). Conflict in family systems: The role of shame. In J. P. Tangney & K. W. Fischer (Eds.), *Self-conscious emotions: Shame, guilt, embarrassment, and pride* (pp. 393-412). New York: Guilford Press.

Schoeck, H. (1969). *Envy: A theory of social behavior*. New York: Harcourt, Brace & World.

Schore, A. N. (1991). Early superego development: The emergence of shame and narcissistic affect regulation in the practicing period. *Psychoanalysis and Contemporary Thought, 14*, 187-250.

Schulman, M., & Mekler, E. (1985). *Bringing up a moral child*. New York: Addison-Wesley.

Shaffer, P. (1981). *Amadeus* [Play]. New York: Harper & Row.

Sommer, K. L., & Baumeister, R. F. (1997). Making someone feel guilty: Causes, strategies, and consequences. In R. Kowalski (Ed.), *Aversive interpersonal behaviors* (pp. 31-55). New York: Plenum.

Spinoza, B. (1949). *Ethics* (J. Gutmann, Ed. & Trans.). New York: Hafner. (Original work published 1675)

Tangney, J. P. (1989, April). Shame-proneness, guilt-proneness, and interpersonal processes. In J. P. Tangney (Chair), *Self-conscious emotions and social behavior*. Symposium conducted at the meeting of the Society for Research in Child Development, Kansas City, MO.

Tangney, J. P. (1990). Assessing individual differences in proneness to shame and guilt: Development of the Self-Conscious Affect and Attribution Inventory. *Journal of Personality and Social Psychology, 59*, 102-111.

Tangney, J. P. (1991). Moral affect: The good, the bad, and the ugly. *Journal of Personality and Social Psychology, 61*, 598-607.

Tangney, J. P. (1992). Situational determinants of shame and guilt in young adulthood. *Personality and Social Psychology Bulletin, 18*, 199-206.

Tangney, J. P. (1993). Shame and guilt. In C. G. Costello (Ed.), *Symptoms of depression* (pp. 161-180). New York: Wiley.

Tangney, J. P. (1994). The mixed legacy of the super ego: Adaptive and maladaptive aspects of shame and guilt. In J. M. Masling, & R. F. Bornstein (Eds.), *Empirical perspectives on object relations theory* (pp. 1-28). Washington, DC: American Psychological Association.

Tangney, J. P. (1995a). Shame and guilt in interpersonal relationships. In J. P.

Tangney & K. W. Fischer (Eds.), *Self-conscious emotions: Shame, guilt, embarrassment, and pride* (pp. 114–139). New York: Guilford Press.

Tangney, J. P. (1995b, September). Tales from the dark side of shame: Further implications for interpersonal behavior and adjustment. In R. Baumeister & D. Wegner (Chairs), *From bad to worse: Problematic responses to negative affect*. Symposium conducted at the meeting of the Society for Experimental Social Psychology, Washington, DC.

Tangney, J. P. (1996, August). Functional and dysfunctional guilt. In J. Bybee & J. P. Tangney (Chairs), *Is guilt adaptive? Functions in interpersonal relationships and mental health*. Symposium presented at the 104th Annual Convention of the American Psychological Association, Toronto, Ontario, Canada.

Tangney, J. P., Burggraf, S. A., & Wagner, P. E. (1995). Shame-proneness, guilt-proneness, and psychological symptoms. In J. P. Tangney & K. W. Fischer (Eds.), *Self-conscious emotions: Shame, guilt, embarrassment, and pride* (pp. 343–367). New York: Guilford Press.

Tangney, J. P., Marschall, D. E., Rosenberg, K., Barlow, D. H., & Wagner, P. E. (1994). *Children's and adults' autobiographical accounts of shame, guilt, and pride experiences: An analysis of situational determinants and interpersonal concerns*. Manuscript under review, George Mason University.

Tangney, J. P., Miller, R. S., Flicker, L., & Barlow, D. H. (1996). Are shame, guilt, and embarrassment distinct emotions? *Journal of Personality and Social Psychology, 70*, 1256–1269.

Tangney, J. P., Wagner, P. E., Barlow, D. H., Marschall, D. E., & Gramzow, R. (1996). The relation of shame and guilt to constructive versus destructive responses to anger across the lifespan. *Journal of Personality and Social Psychology, 70*, 797–809.

Tangney, J. P., Wagner, P. E., Burggraf, S. A., Gramzow, R., & Fletcher, C. (1991, June). *Children's shame-proneness, but not guilt-proneness, is related to emotional and behavioral maladjustment*. Poster session presented at the meeting of the American Psychological Society, Washington DC.

Tangney, J. P., Wagner, P. E., Fletcher, C., & Gramzow, R. (1992). Shamed into anger? The relation of shame and guilt to anger and self-reported aggression. *Journal of Personality and Social Psychology, 62*, 669–675.

Tangney, J. P., Wagner, P. E., & Gramzow, R. (1992). Proneness to shame, proneness to guilt, and psychopathology. *Journal of Abnormal Psychology, 103*, 469–478.

Tesser, A. (1986). Some effects of self-evaluation maintenance on cognition and action. In R. M. Sorrentino & E. T. Higgins (Eds.), *Handbook of motivation and cognition: Foundations of social behavior* (Vol. 1, pp. 435–464). New York:

Guilford Press.

Tesser, A. (1988). Toward a self-evaluation maintenance model of social behavior. In L. Berkowitz (Ed.), *Advances in experimental social psychology* (Vol. 21, pp. 181–227). New York: Academic Press.

Tesser, A., Millar, M., & Moore, J. (1988). Some affective consequences of social comparison and reflection processes. The pain and pleasure of being close. *Journal of Personality and Social Psychology, 54,* 49–61.

Tesser, A., Pilkington, C. J., & McIntosh, W. D. (1989). Self-evaluation maintenance and the mediational role of emotion: The perception of friends and strangers. *Journal of Personality and Social Psychology, 57,* 442–456.

Tooke, W. S., & Ickes, W. (1988). A measure of adherence to conventional morality. *Journal of Social and Clinical Psychology, 6,* 310–334.

Tomkins, S. (1963). *Affect, imagery, consciousness. Vol. 2: The negative affects.* New York: Springer.

Wallbott, H. G., & Scherer, K. R. (1995). Cultural determinants in experiencing shame and guilt. In J. P. Tangney & K. W. Fischer (Eds.), *Self-conscious emotions: Shame, guilt, embarrassment, and pride* (pp. 465–487). New York: Guilford Press.

Weiss, J. (1993). *How psychotherapy works.* New York: Guilford.

Whitehurst, R. N. (1971). Violence potential in extramarital sexual responses. *Journal of Marriage and the Family, 33,* 683–691.

Wicker, F. W., Payne, G. C., & Morgan, R. D. (1983). Participant descriptions of guilt and shame. *Motivation and Emotion, 7,* 25–39.

Zahn-Waxler, C., Kochanska, G., Krupnick, J., & McKnew, D. (1990). Patterns of guilt in children of depressed and well mothers. *Developmental Psychology, 26,* 51–59.

Zahn-Waxler, C., & Robinson, J. (1995). Empathy and guilt: Early origins of feelings of responsibility. In J. P. Tangney & K. W. Fischer (Eds.), *Self-conscious emotions: Shame, guilt, embarrassment, and pride* (pp. 143–173). New York: Guilford Press.

7章
自尊心のソシオメーター理論

M. R. リアリー

　自尊心についての研究は多い。古くはウィリアム・ジェームズ（James, 1890）から，最新の研究にいたるまで，人間の心理学のすべての分野で自尊心は研究されてきた。アメリカ心理学会の文献データベースであるPsycINFOで検索してみると，自尊心についての論文は，1967年から1996年までの30年間に13,585本にのぼる。つまり，1年あたり450本以上の論文が書かれていることになる。また，1987年以降の単行本やその章は881本にのぼる。このように自尊心についての研究は膨大であるが，それらの底には，次のような3つの単純な仮定があるように思われる。

仮定1：自尊心維持動機
　人は，自尊心のレベルを維持し，守り，時には高めるように動機づけられている。
仮定2：高自尊心の益と望ましさ
　一般に，自尊心は低いよりも高いほうがよいとされている。自尊心が高いと多くの心理的な益があるからである。
仮定3：自尊心高揚の効果
　自尊心を高めると，心理的幸福感が高まり，好ましい行動が増える。

　こうした基本的な仮定はごくあたり前のようにみえる。心理学者だけでなく一般の人々も，これらの仮定は事実であると思っている。しかし，じつは，必ずしも証明されているわけではないのである。たしかに多くの研究は支持して

いるが，個々の研究をみるとそれほど完璧なものではない。3つの仮定には多くの疑問があり，限定して用いなければならないのである。

本章の第1節では，これら3つの仮定を支持する研究をあげる。第2節では，基本的仮定を批判的に考える。こうした批判に基づいて，第3節では，自尊心についてのソシオメーター理論（sociometer theory）を提示したい。この理論は，これまでの知識を統合することができ，第2節であげるいろいろな疑問を解消することができる。第4節では，ソシオメーター理論の治療的な示唆について考えたい。

1 自尊心の基本的仮定を検証する

1. 仮定1：自尊心維持動機

人間には自尊心を守ろうとする動機がある。これは心理学の最も基本的な仮定であろう。ジェームズ（James, 1890）によると，人は自分について好感をもちたいのである。ほとんどの理論家はこの仮定に従っている。たとえば，オールポート（Allport, 1937）は，「自尊心を高めることは，人間が最も切望するものである」（p. 169）としている。社会心理学者のグリーンワルト（Greenwald, 1980）は，人の自我を独裁体制にたとえる。つまり独裁者が情報をコントロールして政府への望ましいイメージを作るように，人は自分自身への望ましいイメージを作るために情報をコントロールするのである。一方，臨床心理学者やカウンセリング心理学者も，同じように自尊心維持動機を仮定している。たとえば，『自尊心の心理学』や『自分を尊ぶ』（邦訳『自尊心があなたの人生を切り開く』）などで知られる臨床家のブランデンは，自尊心を守ることこそ人間の基本的な欲求であるとしている（Branden, 1969, 1983）。この考え方に賛同する人は多い。「自尊心を守るために人間が多大な努力をはらうということは，おそらく心理学における真実の1つである」と述べる人もいる（Markus, 1980, p. 127）。

ただし，自尊心維持動機についての関心は，社会心理学と臨床心理学では異

なる。社会心理学者の関心は次の3つの問題にまとめられる。

　第一は，どんな出来事が自尊心維持動機を高めるかという問題である。社会心理学では，自尊心を低下させるために，被験者に失敗や拒絶を経験させる実験をおこなう。このような経験をすると，自尊心は低下し，自尊心を高めようとする動機づけが高まるのである。たとえば，人は失敗すると「自己奉仕的な原因帰属」（失敗の原因は自分のせいではないと考えること）をする傾向がある（Blaine & Crocker, 1993；Bradley, 1978）。また，人は失敗すると，自尊心を高めるために，成功している人と交際したり（Cialdini et al., 1976），失敗した人と距離をおいたりする（Snyder, Lassegard, & Ford, 1986）。また，ある面で失敗した人は，それを補おうとして，別の面で自分の好ましい印象を提示しようとする（Baumeister & Jones, 1978）。

　第二の問題は，自尊心の低下に対してどのように準備するかということである。人は自尊心が傷つけられる前に，それを守るためにいろいろなことをする。たとえば，「セルフハンディキャップ」である。これは，将来失敗が予想される場合に，自尊心低下を防ぐために，あらかじめもっともらしい口実を用意しておいたり，障害を準備しておいたりすることである（Berglas & Jones, 1978）。また，前に述べた「自己奉仕的な原因帰属」を，先まわりして行なうこともある。つまり，将来失敗が予想される場合に，あらかじめ，自分にはどうしようもない原因があることを明らかにしておくことである（DeGree & Snyder, 1985；Pyszczynski & Greenberg, 1983）。

　第三の問題は個人差である。自尊心維持動機の程度には個人差がある。自尊心の脅威にどのように反応するかについても個人差がある。社会心理学者はこうした個人差のもとになるパーソナリティの変数に関心をもっている。最もよく研究されているのは，「特性としての自尊心」である。特性自尊心の低い人と高い人とでは，失敗や拒絶に対する反応が異なるのである（Baumeister, Tice, & Hutton, 1989；Tice, 1991, 1993）。

　一方，臨床心理学者の自尊心維持動機への関心は，「自我防衛機制」に集中している。自我防衛機制とは，不快な状況に直面したとき，それと正面から対決することを避けて，自尊心が傷つかないようにしようとする心のしくみである。オールポートによると，「自我防衛機制は，不快や不安を避けるための悪

賢い装置である。自己防衛機制は誰にでもあるものであるが，健全なものばかりとはいえない」（Allport, 1961, p. 29）。神経症的な人は，自我防衛機制に頼りすぎる傾向がある。その結果，かえって不安が強まったり，不適応が強まったりするのである。臨床的にみると，健全な方法で自尊心を守れない人は，不適応的な方法で自尊心を守ろうとする。ここからいろいろな臨床的な問題がおこってくるのである（Mecca, Smelser & Vasconcellos, 1989）。たとえば，家庭内暴力・偏見・少年犯罪・アルコールや薬物の乱用などである。

　以上のように，人間には自尊心を守ろうとする強い動機があり，この動機が人間の行動に大きな影響を与えている。これについては，社会心理学と臨床心理学の両方において，かなり多くの理論や研究がある。

2. 仮定2：高自尊心の益と望ましさ

　一般に，自尊心は低いよりも高いほうがよいとされている。たとえば，親や教師は，高い自尊心をもつ子どもほど，社会的適応が高いと思っている。心理学者の多くも，自尊心の高い人は低い人よりも適応的であると考えている。適切な自己評価ができないことは，人格的な障害の1つの現れであるという人も多い（たとえば，Bednar, Wells, & Peterson, 1989, p. 1）。

　また，自尊心の低さと精神病理の相関を示す研究も多い（レビューとして，Leary, Schreindorfer, & Haupt, 1995；Mecca et al., 1989；Mruk, 1995）。これらの研究も，自尊心が高いことには益があるという仮定を支持するものであろう。たとえば，自尊心の低さと抑うつとの相関を示す研究（Hammen, 1988；Smart & Walsh, 1993）や，自尊心の低さと不安との相関を示す研究（Coopersmith, 1967；Strauss, Frame, & Forehand, 1987）がある。また，自尊心の低い人は，自尊心の高い人と比較して，孤独になりやすく（Vaux, 1988），対人不安やシャイネスを感じやすく（Leary & Kowalski, 1993），摂食障害を経験しやすく（Katzman & Wolchik, 1984；Shisslak, Pazda, & Crago, 1990），逸脱集団に加入しやすく（Tennant-Clark, Fritz, & Beauvais, 1989），アルコールやその他薬物を乱用しやすくなる（Cookson, 1994；Vega, Zimmerman, Warheit, & Apospori, 1993）。

　社会心理学の研究によると，自尊心の高い人は自尊心の低い人よりも，社会

的スキルがあり，より適切で向社会的な行動をとりやすい（Batson, Bolen, Cross, & Neuringer-Benefiel, 1986；Berkowitz, 1987）。また，自尊心の高い人は，客観的にみて正しくない他者の意見には従わず，自分の主義主張を維持しやすい（Coopersmith, 1967；Janis & Field, 1959）。さらに，適切な自己開示，小集団でのリーダシップの発動，よりよい社会的スキルは，高い自尊心との間に相関がある。ただし，相関係数の値は小さい（Dawes, 1994）。問題行動の理論には，必ず「低自尊心」という要素が入っているし（Bednar et al., 1989, p. 1)，逆に，心理的健康の理論の大半に「高自尊心」という要素が入っている（Taylor, 1989）。それは，多くの実証研究によって仮定2が支持されているためである。

　実証的研究だけではなく，アメリカの文化においても，自尊心が高いことには益があるという仮定は広く支持されている。自尊心の美徳を押し売りしている膨大な量の書籍が，この仮定の普及に一役買っている。前述のブランデンは次のように述べている。「不安や抑うつに始まり，親密さへの不安や成功不安，配偶者の暴力から子どもの性的いたずらにいたるまで，いろいろな心理的問題を考えてみよう。このうち，自尊心が低いことに起因していない問題をたった1つでもあげることはできない」（Branden, 1984, p. 12）。また，子どもの自尊心の育て方に関して最もよく売れている本には，「心理的に平和で楽しく生活する鍵は，高い自尊心である」と記されている（Briggs, 1975, p. 26）。

3. 仮定3：自尊心高揚の効果

　第三の仮定は，自尊心を高めると，心理的幸福感が高まり，好ましい行動が増える，というものである。この仮定も，第二の仮定と同様，心理学的研究から一般書にいたるまで広く浸透している。臨床的介入は，自尊心を高揚させることで心理的な問題を解決しようとする。個人カウンセリング，集団療法，心理教育的ワークショップなど，いろいろな臨床的介入において，クライエントの自尊心を高揚させる方法が用いられている（たとえば，Bednar et al., 1989；Burns, 1993；Frey & Carlock, 1989；Mruk, 1995；Pope, McHale, & Craighead, 1988）。また，集団レベルの取り組みに目を向けると，少年犯罪，薬物乱用，十代の妊娠のような社会的問題を減らす方法として，自尊心を向上

させる努力がなされている（Mecca et al., 1989）。さらに，書店の「セルフ・ヘルプ」のコーナーには，自分自身や愛する人々（子どもや友人など）の自尊心を高めることを提唱する本がいっぱいである。自尊心を高めることによって人生が豊かになると信じられているのである。

2 自尊心の基本的仮定を批判する（パラドクス，反証，因果的錯誤）

3つの基本的仮定は，一見すると，多くの実証研究によって支持されていて，その臨床的な意義は疑う余地がない。しかし，じつは，3つの仮定は必ずしも事実であるとは限らない。よく調べると，論理的なパラドクスがある。また，仮定に反する証拠もたくさんあり，因果的なまちがいを指摘することもできる。この節では基本的仮定を批判的にみてみたい。

1. 仮定1には論理的パラドクスがある

仮定1は，人には自尊心を守ろうとする動機があるということであった。この自尊心維持動機を額面通りに受け入れてしまうと，ただちにパラドクスが生じてしまう。たとえば，わたしたちは何かに失敗したとき，自尊心を守るために「わたしは悪くない」と考えてしまうことがあるだろう。こうした考えは，客観的には誤っているかもしれない。このように，自尊心を守るために，現実を歪めて知覚してしまうこともある。しかし，一般には，現実を歪めて知覚することは心理的な不健康の証とされている。たとえば，心理的幸福感の理論では，現実をありのままに知覚することが適応の証であると考えられており，現実を歪めて知覚する人は機能障害であると考えられている。こうした2つの考え方はパラドクスとなってしまう。一方では，前述のように，自尊心を守ることは心理的健康の基本であるはずなのに，他方では，自尊心を守るために現実を歪めてしまえば，それは不健康のはずである。自尊心維持動機は，同時に健康的でもあり不健康でもあるというパラドキシカルなことになってしまう。

このパラドクスは，ポジティブ幻想（positive illusions）という広大な研究

領域と関連している（Colvin & Block, 1994；Taylor & Brown, 1988, 1994）。しかし，ここではその議論には踏み込む余地がないので，自尊心との関係だけに絞って述べていこう。

　一般には，現実を正確に知覚することが適応の証である。自分の能力や価値を正確に知覚する人は，適応的で成功しやすい。これに対して，現実を歪めて知覚することは不適応的である。いわゆる「自己欺瞞」には多くの問題がある（このことは次節で詳しく述べる）。現実を歪めて知覚し，自尊心を高めたとしても，一時的によい気持ちにはなるかもしれないが，そこに価値があるとは考えにくい。長い目でみれば，自己欺瞞は不適応をもたらす。その極端な例はナルシシズムである。

　このようなパラドクスを解決するために，バウマイスター（Baumeister, 1989）は「幻想の最適な境界線」があると述べている。つまり，ポジティブな方向に少しだけ歪めて知覚することは適応的であるが，大きく歪めたりネガティブな方向に歪めることは不適応的であるという考え方である（Baumeister, 1989, p. 182）。しかし，こうした仮説に反して，現実を大きく歪める場合でも益があるという研究結果もある（Baumeister, 1989；Baumeister & Scher, 1988）。また，この仮説のようにポジティブな幻想がネガティブな幻想よりも価値があるという仮定には，何の根拠もない。場合によってはネガティブ幻想にも価値があるかもしれない。これについては今後の検討が必要である（Tennen & Affleck, 1993）。

　以上のように，自尊心維持動機が心理的健康をもたらすかどうかについては，まだわかっていないことが多いのである。

2. 仮定2には反証がある

　仮定2は全体的には支持されているが，よく調べてみると，自尊心が高いほうがいつもよいとは限らない。また，自尊心の低いことがいつも悪いわけでもない。こうした反証は忘れられがちである。

　■リスク行動と高自尊心　　極端に自尊心が高い人は，自分の能力を過大評価するあまり，ときに危険な行動をしがちである（Baumeister, Heatherton, & Tice, 1993）。そのため，自分だけでなく他者を危険にさらすことにもなる。

たとえば，自分の運転能力を過大評価している人が運転する車に同乗したいと思うだろうか。自尊心の高い人は，自分は成功するという自己欺瞞的な信念をもちやすく，越えがたい壁があると，それに向かって頭を打ち続けるような，無意味で危険な行動をとることがある（McFarlin, Baumeister, & Blascovich, 1984；Shrauger & Sorman, 1977）。また，失敗を外的に帰属しやすいため，反省したり改善したりすることがない（Dawes, 1994）。そうした自己奉仕的な原因帰属を他者に気づかれると，社会的に困難な状況に陥ることにもなる（Forsyth, Berger, & Mitchell, 1981）。

■**暴力傾向と高自尊心**　バウマイスターらの総説によると，攻撃や暴力は高い自尊心と関係がある（Baumeister, Smart, & Boden, 1996）。これは仮定2とは逆である。たとえば，暴力的な犯罪者はエゴイストであり自尊心が高い。子どものいじめっ子の自尊心はけっして低くはない（Olweus, 1994）。強姦犯罪者（Scully, 1990）や暴力団員（Jankowski, 1991）の多くは自分自身を過大視している。大学生においても，自尊心は高いがムラのある学生は，怒りっぽく非友好的である（Kernis, Grannemann, & Barclay, 1989）。また，歴史上の非人道的な行為を考えてみよう。そうした行為を起こした人々は「自分たちは特別な人間であり，他者を操作し，支配し，傷つける権利がある」と信じている人々であった（Baumeister, Smart, & Boden, 1996）。

■**ナルシシズムと高自尊心**　極端な例はナルシシズムである。ナルシストは，高い自尊心と救いようのない傲慢さを示す。これも，高自尊心が不適応になりうる証拠である。もっとも，ナルシストはもともとは自尊心が低く，それを防衛するためにナルシシズム的な行動をとるのだと考える臨床家もいる（Kohut, 1971）。しかし，実際にはそうではない。ナルシストの自尊心は高いという実証的研究がある（Emmons, 1984；Raskin, Novacek, & Hogan, 1991a, 1991b）。ナルシストは自分を過大視しており，他者を支配する権利があると信じている（Leary, Bednarski, Hammon, & Duncan, 1997）。

　さらに，統計的にみれば，自尊心と心理的幸福感の相関係数の値は低い（Dawes, 1994）。自尊心と精神病理の相関係数も低い。相関係数は0ではないが，強い相関とはいえない。かつて，「自尊心と責任を推進するカリフォルニア・タスク・フォース」が自尊心についての大規模な調査を行なった。その調

査報告を評して，スメルサー（Smelser, 1989）は次のように言っている。「自尊心と他の変数との相関についてみると，ときには相関があるものの，有意でないことが多く，無相関のことも多い」（p. 15）。

3. 仮定3は因果論的に証明されているわけではない

仮定3は，自尊心を高めると，心理的幸福感が高まり，好ましい行動が増える，というものである。つまり，自尊心が原因であり，その結果として感情や行動の変化が生じるというものである。低自尊心が原因となり，その結果として不適応行動が生じると考えられ，高い自尊心が原因となり，その結果として心理的幸福感が高まると考えられている。しかし，こうした関係は，あくまで相関研究から得られたものであって，因果的な研究から得られたものではない。因果関係がある，という科学的証拠があるわけではないのである。

2つの変数が高い相関関係を示しても，必ずしも因果関係を示すわけではない。このことは心理学の初歩である。心理学者はこのことをくり返し教えられている。ところが，自尊心の研究では，心理学者はこの原則を忘れてしまう。確かに，自尊心は心理的幸福感と相関がある（前述のように高い相関係数が一貫して得られるわけではないが）。しかし，この相関は因果関係を示すわけではない。本当に自尊心の低さが原因となり，その結果として不適応行動が生じるのか，あるいは，本当に高い自尊心が原因となり，その結果として心理的幸福感を増やすのかは，わからないのである。

4. 自尊心にはどのような機能があるのか

そもそも自尊心とは何だろうか？　なぜ自尊心はたいせつなのだろうか？自尊心にはどのような機能があるのだろうか。感情心理学によると，感情には一定の機能がある。感情には，警告の機能，動機づけ機能，活性化機能，報酬機能，罰機能などがある。また，感情を外に表出することは，自分の感情を他者に伝える機能がある（Frijda, 1986；Izard, 1977）。だとすれば，自尊心という感情には，どのような機能があるのだろうか？　自尊心はポジティブな感情を生み出す。逆境にあっても，自尊心が高ければ，ポジティブな感情を維持することができ，逆境に耐えることができる。このように，高い自尊心は心理的

幸福感を高めるという機能がある（Greenwald, 1980；Shrauger & Sorman, 1977；Taylor & Brown, 1988）。

■**進化からみた自尊心**　感情の機能についておもしろい見方をしているのが進化心理学である。自尊心は普遍的である。人は誰でも，自尊心を脅かす出来事に対しては感情的に反応し，自尊心を維持しようとする。多少の文化的な違いはあったとしても，自尊心は普遍的である。自尊心が普遍的であるということは，つまり，自尊心が人間の進化の過程で生まれてきたということであろう。それでは，自尊心は，どのように，なぜ，進化してきたのだろうか。自分をポジティブに認知するということは，はたして適応的な利点があるのだろうか。一般的にいえば，生命体は自分や環境を正確に認識するほうが，進化ゲームの中では生き延びやすいのである。とすれば，自分をポジティブに認知するよりも，自分を正確に認知するほうが適応的なのではないだろうか。

■**脅威処理理論**　自尊心の機能を考える理論として「脅威処理理論（Terror Management Theory）」がある。これによると，人間は他の動物と異なり，死を避けることができないということを認識している。こうした死の不可避性の認識が，人間に実存的な脅威を引き起こさせる。この脅威をやわらげるために，人間は宗教や芸術といった文化を作り出したのである。自尊心もまた，死への脅威を緩衝するという防衛的な機能をもっている（Solomon, Greenberg, & Pyszczynski, 1991）。死への脅威に身がすくんでしまうことがないように，人は自尊心を維持するように動機づけられるのである。この理論を支持する実験的な証拠はかなりある。たとえば，人はいつか必ず死ぬのだという運命を強調すると，自尊心への関心が強まる。また，自尊心が高いと，死についての不安が弱まる（Greenberg, et al., 1992）。しかし，自尊心が実存的な脅威を緩衝するかどうかについては，強く支持する研究はまだなく，支持しない研究もいくつかある（Sowards, Moniz, & Harris, 1991）。まだ議論の余地があるものの，脅威処理理論は自尊心の機能について考える手がかりになる★1。

■**ベドナーらの自尊心機能論**　自尊心の機能を説明するものとして，ベドナーら（Bednar et al, 1989）の理論がある。彼らによると，自尊心とは「自分の適切さについての感情的なフィードバック」（p. 112）である。自尊心が低いということは自分が適切でないということの信号である。自尊心は，心理的

脅威に対処するか回避するかによって変わる。つまり，脅威に対処すれば自尊心は高まり，回避すれば自尊心は低まる。逆に，自尊心の高低が，脅威に対する反応に影響を与える。つまり，自尊心が高いと対処反応が増え，自尊心が低いと回避反応が増える。

5. 第2節のまとめ

　一見すると，自尊心の問題はすべて解決されたかのように思えるが，実際には，自尊心の基本的な見解はかなり混乱している。こうした混乱の原因の1つとして，基本的な仮定を無批判に受け入れてきたことがあげられるだろう。著者も含めて大半の心理学者が，理論的にも実証的にもあやふやな仮定を受け入れてきた。しかし，この節で述べたように，これらの仮定にはパラドクス・反証・因果的錯誤がある。3つの基本的仮定は正しいとは限らず，改訂する必要がある。

3　ソシオメーター理論

　自尊心の本質は何なのだろうか。著者の関心はそこにあった。もし，この疑問が解ければ，第2節で述べたパラドクスや反証について，統一的に理解できるのではなかろうか。こうしていろいろ模索した結果，ソシオメーター理論（sociometer theory）を考えたのである[2]。ソシオメーター理論についてくわしくは他の論文に示した（Leary & Baumeister, in press；Leary & Downs, 1995；Leary, Tambor, Terdal, & Downs, 1995）。ここでは，この理論を簡単に説明したあと，前節で述べたパラドクスや反証について，この理論から統一的に説明してみたい。

1. ソシオメーター理論の基本前提

　自尊心とは，自分と他者との関係を監視する心理的システムである。主観的な自尊心とは，他者からの受容の程度を示す計器（メーター）である。これが

ソシオメーター理論の基本前提である。自尊心が高まるということは，自分が他者から認められているというシグナルである。逆に自尊心が低くなるということは，他者から認められていないというシグナルである。

■**自尊心システム**　人は，そもそも他者の助けがなければ生き残れないし，子孫を残すこともできない。たとえば，猛獣がたくさんいるアフリカのセレンゲティ平原で，人がたった1人で生き延びることは考えられるだろうか。脳をもつことによって人は社会的動物として進化してきた。これに伴って，動機づけのシステムも進化した。動機づけシステムは，集団をつくり，対人的な絆を築こうとする（Barash, 1977；Baumeister & Leary, 1995）。対人関係がうまくいくためには，自分が集団から受け入れられているかどうかを確認することがたいせつとなる。他者に受け入れられていればよいが，受け入れられなければたいへんである。集団から何も得られずに孤独に生きていかなければならない。進化の過程では，集団から排除されることは死を意味する。生き延びるためには，仲間として認められることが重要である。このために，他者から受け入れられているのか排除されているのかをモニターするシステムが進化した。これが自尊心というシステムである。

■**他者からの受容感のメーターとしての自尊心**　自尊心システムは，つねに他者の反応をモニターしている。自尊心システムは，意識レベルというよりは，前意識レベルで働いている（意識レベルで四六時中他者の反応を考えることはできない）。自尊心システムは，自分が他者から受け入れられていないという情報をつねに検出しようとしている。もし，ネガティブな情報（たとえば，他者が自分に関心をもっていないのではないか，自分を受け入れていないのではないか，自分を避けているのではないか，自分を拒否しているのではないかといった手がかり）が検出されると，自尊心システムは警告を発して，ネガティブな感情を引き起こす。そして，再び他者から受け入れられるように人を動機づける。まとめると，自尊心システムは，①対人的環境をモニターして，他者からの受容の脅威となるものがないかどうかつねに探している。②脅威となるものが検出された場合には，ネガティブな感情を引き起こし（これがネガティブな自尊感情である），さらに，③対人関係に注意を向けるように自分を動機づける。自尊心とは，自分が他者から受け入れられているという知覚，つまり

他者からの受容感を示す計器（メーター）なのである。

　以上がソシオメーター理論の概要である。ソシオメーター理論からみると，前述の3つの仮定はどのように考えることができるだろうか。

2. ソシオメーター理論から仮定1（自尊心維持動機）を考える

　ソシオメーター理論は，自尊心維持動機について，これまでとは違う側面に光を当てる。ソシオメーター理論からみると，「自尊心維持動機」という言い方は不適切である。人は自尊心を維持するように動機づけられているわけではない。そうではなくて，他者から受容されるように，他者からの排除を避けるように動機づけられている。主観的な自尊心とは，その指標にすぎない。

　これまで自尊心への脅威とされてきたものは，ソシオメーター理論からすれば，他者からの受容感に脅威を与える出来事のことである。自尊心を低める出来事とは，ソシオメーター理論からすれば，他者からの拒否や失敗と関連しているのである。たとえば，人から嫌われるようなことをしてしまったり，対人関係のうえで失敗したりといったことである（一般に失敗した人は好かれないからである）。一方，自尊心を高める出来事とは，ソシオメーター理論からすれば，他者からの受容感を高める出来事のことである。たとえば，何かに成功したとか，何かで認められた，敬意を受けた，賞賛されたといったことである。

　こうした考え方は，われわれの一連の実験から検証されている（Leary, Tambor, et al., 1995）。ある実験では，被験者にさまざまな行動を想定させた。そして，自分がそれらの行動をとった場合に，他者が自分をどのように思うかについて評定させた。また，それらの行動をとった場合に，自分の自尊心がどのように影響されるかについても評定させた。その結果，ソシオメーター理論から予測されるように，自分の行動に対する他者の反応についての予測が，自尊心の評定に影響を与えていた。

　また，別の実験では，被験者に他者との出会いの体験を描写させた。そして，その状況において，①自分自身についてどういう感情をもったか，②自分がどの程度他者から受容あるいは排除されていたと感じていたかについて評定させた。その結果，ソシオメーター理論から予測されるように，①と②の間には，非常に高い相関関係があった。

さらに2つの実験で，他者からの受容—排除と自尊心との間に強い関係があった。つまり，自分が他の被験者集団から排除されると考えた被験者は，状態自尊心を著しく低下させた。

また，第1節で述べたような「自己奉仕的な原因帰属」や言い訳，「セルフハンディキャップ」「自我防衛機制」といったものも，これまでは自尊心を維持する方法と考えられてきた。ソシオメーター理論からすれば，こうした防衛的行動は，対人関係における自分の価値を下げないようにする行動である。こうした行動をとるのは，自尊心を守ろうとするためではなく，じつは，他者からの受容感を守ろうとするためなのである。

3. ソシオメーター理論から仮定2（高自尊心の益と望ましさ）を考える

自尊心には個人差がある。ソシオメーター理論からすれば，これは，他者からの受容感における個人差のことである。高い自尊心をもつ人は，自分が他者から受容される人物であり，他者が自分と関係をもつことに価値をおいているのだと考えやすい。逆に低い自尊心をもつ人は，自分は受容されない人間で，他者は自分と関係をもつことに価値をおいていないのだと考えやすい（Leary, Tambor, et al., 1995, 第5研究）。

ここから次のような予測がたつ。他者からの受容感が高いと，特性自尊心が高くなり，心理的健康が増すだろう。逆に，他者からの拒否感が強いと，特性自尊心が低くなり，精神病理が起こるだろう。実際，高い自尊心と心理的幸福感の間には正の相関がみられ，高い自尊心と精神病理には負の相関がみられる（Leary, Schreindorfer, et al., 1995）。ただし，ソシオメーター理論からすると，心理的幸福感の直接の原因は自尊心ではない。その原因は他者からの受容感である。

また，第2節で述べたように，高い自尊心は，暴力傾向やナルシシズムと関連があるが，これについてもソシオメーター理論では説明できる。暴力傾向についていうと（Baumeister et al., 1996），高自尊心者は，すでに他者から受容されていると確信しているので，他者からの評価を気にしない。だから暴力をふるったりしても，他者からの評価を気にしないのだろう。また，ナルシストも，すでに他者から受容されていると確信している。ナルシストは自己中心的

な行動をとるが，これは，他者を利用することが当然であると信じ込んでいるからである。だから，そうした行動に対して他者から反発を受けると，ナルシストは驚いてしまうようである。他者が自分を受容しているのは当然だと考えているからである。

4. ソシオメーター理論から仮定3（自尊心高揚の効果）を考える

　心理療法や臨床的介入はたしかに心理的な健康をもたらす。しかし，これまで考えられてきたように，自尊心が高まった結果として，心理的な健康がもたらされるわけではない。ソシオメーター理論によると，他者からの受容感がもたらされるために，その結果として自尊心が高まり，同時に心理的な健康がもたらされるのである。

　他者からの受容感はたしかに心理的な益がある。このことは多くの研究で明らかにされている。逆に，他者からの受容感がない人は，いろいろな感情的・行動的な問題に苦しんでいる（レビューとして，Baumeister & Leary, 1995）。

■**心理療法は他者からの受容感を高める**　これまでの心理療法や臨床的介入は，自尊心を高めたから心理的健康をもたらしたわけではない。そうではなくて，心理療法には，他者からの受容感を高めるような方法が含まれているので，こうした要素が間接的に心理的健康をもたらしたのである。たとえば，フレイとカーロック（Frey & Carlock, 1989）の理論は，自尊心を高めるためのプログラムである。しかし，これをみると，セラピストはクライエントに対してポジティブなフィードバックを一貫して示すべきであるという。そうすることによって，クライエントは，自分が他者から受容されていることを学ぶ。他者から受容されていると確信できれば，そのように行動するので，実際に他者から受容される可能性も高まるだろう。こうしたことの結果として，自尊心が高まり，心理的な健康がもたらされるのだろう。

　また，たとえば，ポープらの自尊心高揚プログラムも，子どもの自尊心を高めるように開発されたものである（Pope et al., 1988）。このプログラムも，よくみると，他者からの受容感を高めるように作られている。このプログラムは，クライエントの自尊心を領域ごと（たとえば，対人関係，学業成績，外見など）に分析し，問題のある領域があれば，その領域の成績をあげるために練習した

りする。クライエントは対人的問題を解決するスキルやコミュニケーションスキルを学び，セルフコントロールを学ぶ。ソシオメーター理論からみると，ポープらの自尊心高揚プログラムは，他者から受容される訓練をしているのであり，それがうまくいくので，他者からの受容感が高まるのである。

■**他者からの受容感は自尊心を高める**　他者からの受容感が自尊心を高めるということは，多くの臨床家や研究者が述べている。たとえば，クーリーやミードの象徴的相互作用論（Cooley, 1902；Mead, 1932）によると，自己概念において，自分が他者からどのように思われているかの知覚が重要な役割をはたしている。これは，鏡映評価（reflected appraisals）とよばれている（Felson, 1993；Shrauger & Schoeneman, 1979）。これは自己概念だけでなく，自尊心にもあてはまるだろう[★3]。たとえば，発達心理学の研究では，親や仲間の鏡映評価を自分の自己概念に組み入れることが自尊心と関係すること（Harter, 1993）が知られている。特に，子どもにとって重要な他者との対人関係が子どもの自尊心と関連がある（Coopersmith, 1967）。受容されている子どもは，排除されている子どもよりも自尊心が高い。また，実験研究によると，たとえば，他者が自分についてネガティブな印象をもっていると教示されたり，他者が自分と関係をもつことを望んでいないと教示されると，被験者の状態自尊心は急激に下がる（Leary, Haupt, Strausser, & Chokel, 1998；Leary, Tambor et al., 1995）。

　ソシオメーター理論によれば，なぜ自尊心が社会的現象なのかということが説明できる。鏡映評価と，他者からの実際の評価を比べると，自尊心との相関は，後者より前者のほうが高い（Felson, 1993；Shrauger & Schoeneman, 1979）。また，他者に対して提示することが重要だと考える領域の行動は，自尊心と高い相関がある（Harter & Marold, 1991）。このように自尊心は，自分に対する他者の反応に対して非常に敏感である。自尊心は一見すると，純粋に個人的な評価であるように考えられるが，そうではない[★4]。

5. 私的な出来事が自尊心を左右するのはなぜか

　ソシオメーター理論からすると，自尊心は他者からの受容の程度を示している。だから，自尊心は，対人関係のなかでおこる「公的な」出来事に左右され

る。それでは，自尊心は，自分自身のなかでおこる「私的な」出来事には左右されないであろうか。いろいろな研究によると，自尊心は，私的な出来事によって左右されるようである。こうした事実は一見ソシオメーター理論に反するように思えるが，われわれは次のように考えている。

第1に，対人関係に影響をおよぼす出来事が，自分自身の中でおこることもある。そうした場合は，私的な出来事であってもソシオメーターが働き出す。たとえば，心の中で密かに考えていることが，万が一，ある人に知られると，その人との関係を崩してしまうかもしれない。ソシオメーターはそうした危険を警告し，いろいろな方策をとらせなければならない。たとえば，そんなことを考えないようにするとか，他人にわからないように隠すとか，他人に知られた場合のダメージを最小限にするような対処をあらかじめとっておく，といった方策である。

第2に，自分自身のなかでおこることは，対人関係に大きな影響を与える。たとえば，私的な自己欺瞞が対人関係をよくすることがある（Neese & Lloyd, 1992；Trivers, 1985）。つまり，自分の能力・徳・価値について確固たる信念をもっていると，他者に対しても自分がそうした長所をもっているのだと信じさせることができる。このように，私的な自尊心が高いと，社会的に望ましい行動をとったり，他者から受容される行動をとるようになる。こうした場合も，私的な出来事であってもソシオメーターが働くだろう。

第3に，自尊心が脅威にさらされた人が，他者に対して直接行動することができない場合は，頭のなかで認知的に対処することもある。たとえば「すっぱい葡萄」のような認知的な欺瞞を行なって自尊心を維持することなどである。こうしたポジティブ幻想は，一時的には不安・抑うつ・無力感を減らして，心理的幸福感をもたらしてくれる（Taylor & Brown, 1988）。こうした事実はソシオメーター理論の反証となるわけではない。そうではなくて，人はソシオメーターを意図的にバイパスすることができるということを示しているにすぎない。たとえていうと，人は空腹でないのに娯楽のために食事をすることがある。だからといってその人の摂食調整システムが壊れているとは限らない。同じように，人がただ気持ちよくなりたいために認知的な欺瞞をおこなうことがあったとしても，だからといって社会的受容をモニターする自尊心システムが存在

しないというわけではない★5。

6. 第3節のまとめ

ソシオメーター理論は，社会心理学と臨床心理学のそれぞれにおいて，自尊心の重要性を明らかにする。社会心理学的にみると，自尊心は，対人関係の維持において重要である。自尊心システムは，他者から排除されることを検出し，他者から受容されるように動機づける。これによって，対人関係の質を高め，社会的利益を得ることができる。また，臨床心理学的にみると，自尊心は，他者からの受容をあらわすバロメーターとして重要である。他者からの受容は心理的幸福感を促進するからである。

4 ソシオメーター理論の臨床心理学的な示唆

ソシオメーター理論は，臨床心理学に対してどのような示唆を与えるだろうか。

第一に，クライエントの問題の原因を，低い自尊心のせいにするべきではない。ソシオメーター理論によると，低い自尊心は，心理的な問題の原因ではない。他者から排除されていることのシグナルにすぎない。

第二に，そう考えれば，心理的問題を解決するために，自尊心を高めることはあまり意味がないだろう。心理療法やカウンセリングで行なうべきことは，他者から受容されていないことに対して，クライエントが対処できるようにすることである。こうした考えは，これまでの考え方と対立するように見える。しかし，前述のように，自尊心を高める治療法には，他者からの受容を高める方法が含まれており，そのために確かに効果はあるのである。自尊心を高める治療法は，自尊心を高めることによって，心理的な健康をもたらすわけではない。

第三に，ソシオメーター理論によれば，自尊心だけを無理に高めることは意味がない。それは，時間を進めるために，時計の針だけを進めるようなものである。自尊心を高めるためには，他者からの受容感を高める必要があり，そう

した実質を伴わずに，自尊心だけ高めれば，むしろ害が出てくるだろう。たとえば，破壊的で不適応な行動をとる人は，自分が他者から受け入れられていないことをソシオメーターが検出するため，自尊心が低くなる。この人は，他者から受け入れられるように反省しなければならないだろう。自尊心が低いほうがよい場合もあるのである。このような人の自尊心を無理に高めれば，「わたしはこんなにすばらしい人間なのに，どうしてみんなはわたしを避けるのか」と考えて怒ったり，現実の問題を対処しなくなる（Dawes, 1994）。ソシオメーターの警告を無視してしまうのである。

　ただし，他者から不当な扱いを受けて自尊心が下がってしまっているケースは別である。たとえば，両親から虐待を受けている場合，配偶者から暴力を受けている場合，自分勝手な友人から被害を受けている場合などである。そうしたケースでは，自尊心の低さを自分の欠点のせいだと考え，自分を責めやすい。客観的にみると，こうしたケースは，その人自身に欠点があるから自尊心が下がるのではなく，他者がその人を不当に排除し，低い価値しかおいていないために自尊心が下がる。このようなケースでは，「自尊心とは他者の反応の指標にすぎないこと」や，「自尊心が低いのは，他者から不当に低く評価されているせいであること」，「自尊心は人間の真の価値を示すものではないこと」を理解してもらうことがたいせつである。自尊心の低さが自分の欠点のせいではなく，むしろ他者の欠点のせいであると考えることができれば，自分を責めずにすむであろう。そして，自分の価値を認めてくれる新たな対人関係を求めることにもなるであろう。

　ソシオメーター理論は，単に他者からポジティブな反応を得ることだけを主張するわけではない。他者からポジティブな反応を得るのを心理療法の目的とすることについて，臨床家は反対である。たとえば，ベドナーらは次のように言う。「自尊心の低さを克服するには他者の肯定的反応が必要である。だとすれば，クライエントに，他者からの賞賛や喝采を得るために演技者になることを勧めたり，聴衆の要求に敏感になることを教えることがセラピストの仕事になる。そのような仕事は好ましくないし不可能である」（Bednar et al., 1989, p. 11）。ソシオメーター理論によると，単に他者からポジティブな反応を得るだけでは，自尊心は高くならない。意図的に自分を偽って他者からポジティブ

な反応を得ようと演技してもむだである。一時的な賞賛なども意味がない。そうではなくて，他者から受け入れられているという知覚がたいせつである。つき合うに足る人物として自分が受け入れられていなければならない（Leary & Baumeister, 印刷中）。人生にとって重要な他者から受容されていると感じる必要がある。このように，本当の意味で他者から受容される方法をクライエントが考えることがたいせつであろう。

5 結論：自尊心の基本的仮定を改訂する

最初にあげた３つの仮定をもう一度考えてみよう。ソシオメーター理論からすると，３つの仮定は次のように改訂される。

＜仮定１の改訂＞
　人は，他者からの受容感のレベルを維持し，守り，時には高めるように動機づけられている。他者からの受容感のレベルをモニターし調整するのが自尊心システムである。
＜仮定２の改訂＞
　他者からの受容感が高いと，その結果として，自尊心も高くなり，同時に心理的な益がある。その点においては，確かに自尊心と心理的な益とは相関がある。
＜仮定３の改訂＞
　他者からの受容感を高めることによって，自尊心が高まり，同時に心理的幸福感が高まる。自尊心を高める技法は，じつは，他者からの受容感を高めており，その結果として間接的に心理的幸福感を高める。心理的健康をもたらすのは，自尊心それ自体ではなく，他者から受け入れられているという感覚である。

【注】
★１：進化論的にみると，脅威処理理論はうまい説明ではない。進化論的にみると，死や不幸を心配する低自尊心の人のほうが，心配しない高自尊心の人よりも，生き残って子孫を増やせるだろう（Leary & Schreindorfer, 1997）。進化の過程において，死に対する脅威をやわらげるシステムができてくるとは考えにくい。

★2：sociometerは，ソシオメーター（soc'-e-ahm-a-ter）と発音する。ソシオメーター（socio-meter）と発音するのではない。

★3：クーリーは，自尊心が鏡映評価に基づいていると考えていたが，自尊心がなぜ他者の意見と関係しているのか，その理由を説明することはできなかった。他者から中傷を受けた場合の人間の反応について，クーリーは次のように書いている。「…人間の自尊心は，他者からの意見によって形作られており，それは他者の側に属している。だから自尊心は簡単に壊れてしまうのである。他者からすでに評価されていないと理性ではわかっていても，恐怖や疑いのためにそう考えられなくなるのである」（Cooley, 1902；p. 216）

★4：ロロ・メイは，自尊心が鏡映評価に基づくことを否定している。「自尊心を作るものは自分自身の存在感である。自尊心を作るものは，他者が自分をどうみているかといった評価だけではない。もし，自尊心が他者によって作られるのだとすれば，それは自尊心とよぶよりは，むしろ協調性とよぶべきであろう（Rollo May, 1981；p. 102）」第2節に出てきたベドナーらの自尊心機能論も，自尊心と他者の反応とは別のものとしている（Bednar et al., 1989）。このように自尊心と対人関係とを切り離して考える理論は多い。しかし，そのような理論は，なぜ自尊心と鏡映評価が強く関連するのかを説明することができない。

★5：ここで述べたような自尊心維持のためだけの認知的欺瞞について，実証的な研究は少なく，その頻度やメカニズムについてはあまり知られていない。自尊心が危機にさらされた時に人はどのように反応するかを調べた研究はあるが，そうした研究にはいくつかの方法論的な問題がある。たとえば，被験者の自尊心が脅威にさらされる実験状況で，その内容が実験者に知られてしまう。また，脅威に対して被験者がどんな行動をとるか，実験者から見られている。このため，こうした実験状況は，対人関係的な文脈となってしまう。したがって，被験者の反応が，本当に私的で認知的な反応だったのか，それとも，対人状況のなかでの公的な反応が混じっているのか，それを区別することがむずかしくなるのである（こうした方法論上の問題について，詳しくは次の文献を参照；Leary, 1993；Tetlock & Manstead, 1985）。

【訳者注】
注★2にあるように，著者はsociometerを"soc'-e-ahm-a-ter"と発音するように求めており，これに沿って仮名書きすると「ソケアーマター」になると思われる。しかし，①本邦ではすでに教科書や論文等でソシオメーターとされていること，②ソシオメーターのほうが本章で主張されている内容を直観的に理解しやすいことから，あえて「ソシオメーター」と訳すことにした。

引用文献

▶ Allport, G. W. (1937). *Personality: A psychological interpretation*. New York: Holt.

▶ Allport, G. W. (1961). *Pattern and growth in personality*. New York: Holt, Rinehart & Winston.

Barash, D. P. (1977). *Sociobiology and behavior*. New York: Elsevier.

Batson, C. D., Bolen, J. G., Cross, J. A., & Neuringer-Benefiel, H. E. (1986). Where is the altruism in the altruistic personality? *Journal of Personality and Social Psychology, 50*, 212–220.

Baumeister, R. F. (1989). The optimal margin of illusion. *Journal of Social and Clinical Psychology, 8*, 176–189.

Baumeister, R. F., Heatherton, T. F., & Tice, D. M. (1993). When ego threats lead to self-regulation failure: The negative consequences of high self-esteem. *Journal of Personality and Social Psychology, 64*, 141–156.

Baumeister, R. F., & Jones, E. E. (1978). When self-presentation is constrained by the target's knowledge: Consistency and compensation. *Journal of Personality and Social Psychology, 36*, 608–618.

Baumeister, R. F., & Leary, M. R. (1995). The need to belong: Desire for interpersonal attachments as a fundamental human motivation. *Psychological Bulletin, 117*, 497–529.

Baumeister, R. F., & Scher, S. J. (1988). Self-defeating behavior patterns among normal individuals: Review and analysis of common self-destructive tendencies. *Psychological Bulletin, 104*, 3–22.

Baumeister, R. F., Smart, L., & Boden, J. M. (1996). Relation of threatened egotism to violence and aggression: The dark side of high self-esteem. *Psychological Review, 103*, 5–33.

Baumeister, R. F., Tice, D. M., & Hutton, D. G. (1989). Self-presentational motivations and personality differences in self-esteem. *Journal of Personality, 57*, 547–579.

Bednar, R. L., Wells, M. G., & Peterson, S. R. (1989). *Self-esteem: Paradoxes and innovations in clinical theory and practice*. Washington, DC: American Psychological Association.

Berglas, S., & Jones, E. E. (1978). Drug choice as a self-handicapping strategy in response to noncontingent success. *Journal of Personality and Social Psychology, 36*, 405–417.

Berkowitz, L. (1987). Mood, self-awareness, and willingness to help. *Journal of Personality and Social Psychology, 52*, 721–729.

Blaine, B., & Crocker, J. (1993). Self-esteem and self-serving biases in reactions to positive and negative events. In R. F. Baumeister (Ed.), *Self-esteem: The puzzle of low self-regard* (p. 55–85). New York: Plenum.

Bradley, G. W. (1978). Self-serving biases in the attribution process: A reexamination of the fact or fiction question. *Journal of Personality and Social Psychology, 36*, 56–71.

▶ Branden, N. (1969). *The psychology of self-esteem*. New York: Bantam.

Branden, N. (1983). *Honoring the self*. Los Angeles, CA: Teacher.

Branden, N. (1984, August–September). In defense of self. *Association for Humanistic Psychology Perspectives*, pp. 12–13.

Briggs, D. C. (1975). *Your child's self-esteem*. Garden City, NY: Doubleday.

Burns, D. (1993). *Ten days to self-esteem*. New York: Quill.

Cialdini, R. B., Borden, R. J., Thorne, A., Walker, M., Freeman, S., & Sloane, L. T. (1976). Basking in reflected glory: Three (football) field studies. *Journal of Personality and Social Psychology, 34*, 366–375.

Colvin, C. R., & Block, J. (1994). Do positive illusions foster mental health? An examination of the Taylor and Brown formulation. *Psychological Bulletin, 116*,

3-20.

Cookson, H. (1994). Personality variables associated with alcohol use in young offenders. *Personality and Individual Differences, 16*, 179–182.

Cooley, C. H. (1902). *Human nature and the social order.* New York: Scribner.

Coopersmith, S. (1967). *The antecedents of self-esteem.* San Francisco: Freeman.

Dawes, R. M. (1994). *House of cards: Psychology and psychotherapy built on myth.* New York: Free Press.

DeGree, C. E., & Snyder, C. R. (1985). Adler's psychology (of use) today: Personal history of traumatic life events as a self-handicapping strategy. *Journal of Personality and Social Psychology, 48*, 1512–1519.

Emmons, R. A. (1984). Factor analysis and construct validity of the Narcissistic Personality Inventory. *Journal of Personality Assessment, 48*, 291–300.

Felson, R. B. (1993). The (somewhat) social self: How others affect self-appraisals. In J. Suls (Ed.), *Psychological perspectives on the self* (Vol. 4, pp. 1–26). Hillsdale, NJ: Erlbaum.

Forsyth, D. R., Berger, R. E., & Mitchell, T. (1981). The effects of self-serving vs. other-serving claims of responsibility on attraction in groups. *Social Psychology Quarterly, 44*, 59–64.

Frey, D., & Carlock, C. J. (1989). *Enhancing self-esteem.* Muncie, IN: Accelerated Development.

Frijda, N. (1986). *The emotions.* Cambridge, England: Cambridge University Press.

Greenberg, J., Pyszczynski, T., Solomon, S., Rosenblatt, A., Burling, J., Lyon, D., Simon, L., & Pinel, E. (1992). Why do people need self-esteem? Converging evidence that self-esteem serves an anxiety-buffering function. *Journal of Personality and Social Psychology, 63*, 913–922.

Greenwald, A. G. (1980). The totalitarian ego: Fabrication and revision of personal history. *American Psychologist, 35*, 603–618.

Hammen, C. (1988). Self-cognitions, stressful events, and the prediction of depression in children of depressed mothers. *Journal of Abnormal Child Psychology, 16*, 347–360.

Harter, S. (1993). Causes and consequences of low self-esteem in children and adolescents. In R. F. Baumeister (Ed.), *Self-esteem: The puzzle of low self-regard* (pp. 87–116). New York: Plenum.

Harter, S., & Marold, D. B. (1991). A model of the determinants and mediational role of self-worth: Implications for adolescent depression and suicidal ideation. In G. Goethals & J. Strauss (Eds.), *The self: An interdisciplinary approach* (pp. 117–136). New York: Springer-Verlag.

Izard, C. E. (1977). *Human emotions*. New York: Plenum.
James, W. (1890). *The principles of psychology* (Vol. 1). New York: Holt.
Janis, I. L., & Field, P. B. (1959). Sex differences and personality factors related to persuasibility. In I. L. Janis & C. I. Hovland (Eds.), *Personality and persuasibility* (pp. 55–101). New Haven, CT: Yale University Press.
Jankowski, M. S. (1991). *Islands in the streets: Gangs and American urban society*. Berkeley: University of California Press.
Katzman, M. A., & Wolchik, S. A. (1984). Bulimia and binge eating in college women: A comparison of personality and behavioral characteristics. *Journal of Consulting and Clinical Psychology, 52*, 423–428.
Kernis, M. H., Grannemann, B. D., & Barclay, L. C. (1989). Stability and level of self-esteem as predictors of anger arousal and hostility. *Journal of Personality and Social Psychology, 56*, 1013–1023.
▶ Kohut, H. (1971). *The analysis of the self*. New York: International Universities Press.
Leary, M. R. (1993). The interplay of private self-processes and interpersonal factors in self-presentation. In J. Suls (Ed.), *Psychological perspectives on the self* (Vol. 4, pp. 127–155). Hillsdale, NJ: Erlbaum.
Leary, M. R., & Baumeister, R. F. (in press). The nature and function of self-esteem: Sociometer theory. *Advances in Experimental Social Psychology*.
Leary, M. R., Bednarski, R., Hammon, D., & Duncan, T. (1997). Blowhards, snobs, and narcissists: Interpersonal reactions to excessive egotism. In R. M. Kowalski (Ed.), *Aversive interpersonal behaviors* (pp. 111–131). New York: Plenum.
Leary, M. R., & Downs, D. L. (1995). Interpersonal functions of the self-esteem motive: The self-esteem system as a sociometer. In M. H. Kernis (Ed.), *Efficacy, agency, and self-esteem* (pp. 123–144). New York: Plenum.
Leary, M. R., Haupt, A. L., Strausser, K. S., & Chokel, J. L. (1998). Calibrating the sociometer: The relationship between interpersonal appraisals and state self-esteem. *Journal of Personality and Social Psychology, 74*, 1290–1299.
Leary, M. R., & Kowalski, R. M. (1993). The Interaction Anxiousness Scale: Construct and criterion-related validity. *Journal of Personality Assessment, 61*, 136–146.
Leary, M. R., & Schreindorfer, L. S. (1997). Unresolved issues with terror management theory. *Psychological Inquiry, 8*, 26–29.
Leary, M. R., Schreindorfer, L. S., & Haupt, A. L. (1995). The role of self-esteem in emotional and behavioral problems: Why is low self-esteem dysfunctional? *Journal of Social and Clinical Psychology, 14*, 297–314.

Leary, M. R., Tambor, E. S., Terdal, S. J., & Downs, D. L. (1995). Self-esteem as an interpersonal monitor: The sociometer hypothesis. *Journal of Personality and Social Psychology, 68*, 518-530.

Markus, H. (1980). The self in thought and memory. In D. M. Wegner & R. R. Vallacher (Eds.), *The self in social psychology* (pp. 102-130). New York: Oxford University Press.

▶ May, R. (1983). *The discovery of being.* New York: Norton.

McFarlin, D. B., Baumeister, R. F., & Blascovich, J. (1984). On knowing when to quit: Task failure, self-esteem, advice, and nonproductive persistence. *Journal of Personality, 52*, 138-155.

▶ Mead, G. H. (1932). *Mind, self, and society.* Chicago: University of Chicago Press.

Mecca, A. M., Smelser, N. J., & Vasconcellos, J. (Eds.). (1989). *The social importance of self-esteem.* Berkeley: University of California Press.

Mruk, C. (1995). *Self-esteem: Research, theory, and practice.* New York: Springer.

Neese, R. M., & Lloyd, A. T. (1992). The evolution of psychodynamic mechanisms. In J. H. Barkow, L. Cosmides, & J. Tooby (Eds.), *The adapted mind* (pp. 601-626). New York: Oxford University Press.

Olweus, D. (1994). Bullying at school: Long-term outcomes for the victims and an affective school-based intervention program. In R. Huesmann (Ed.), *Aggressive behavior: Current perspectives* (pp. 97-130). New York: Plenum.

Pope, A., McHale, S., & Craighead, E. (1988). *Self-esteem enhancement with children and adolescents.* New York: Pergamon.

Pyszczynski, T., & Greenberg, J. (1983). Determinants of reduction in intended effort as a strategy for coping with anticipated failure. *Journal of Research in Personality, 17*, 412-422.

Raskin, R., Novacek, J., & Hogan, R. (1991a). Narcissism, self-esteem, and defensive self-enhancement. *Journal of Personality, 59*, 19-38.

Raskin, R., Novacek, J., & Hogan, R. (1991b). Narcissistic self-esteem management. *Journal of Personality and Social Psychology, 60*, 911-918.

Scully, D. (1990). *Understanding sexual violence: A study of convicted rapists.* New York: HarperCollins.

Shisslak, C. M., Pazda, S., & Crago, M. (1990). Body weight and bulimia as discriminators of psychological characteristics among anorexic, bulimic, and obese women. *Journal of Abnormal Psychology, 99*, 380-384.

Shrauger, J. S., & Schoeneman, T. J. (1979). Symbolic interactionist view of self-concept: Through the looking glass darkly. *Psychological Bulletin, 86*, 549-573.

Shrauger, J. S., & Sorman, P. B. (1977). Self-evaluations, initial success and failure, and improvement as determinants of persistence. *Journal of Consulting and Clinical Psychology, 45,* 784-795.

Smart, R. G., & Walsh, G. W. (1993). Predictors of depression in street youth. *Adolescence, 28,* 41-53.

Smelser, N. J. (1989). Self-esteem and social problems: An introduction. In A. M. Mecca, N. J. Smelser, & J. Vasconcellos (Eds.), *The social importance of self-esteem* (pp. 1-23). Berkeley: University of California Press.

Snyder, C. R., Lassegard, M., & Ford, C. E. (1986). Distancing after group success and failure: Basking in reflected glory and cutting off reflected failure. *Journal of Personality and Social Psychology, 51,* 382-388.

Solomon, S., Greenberg, J., & Pyszczynski, T. (1991). A terror management theory of social behavior: The psychological functions of self-esteem and cultural worldviews. *Advances in Experimental Social Psychology, 24,* 93-159.

Sowards, B. A., Moniz, A. J., & Harris, M. J. (1991). Self-esteem and bolstering: Testing major assumptions of terror management theory. *Representative Research in Social Psychology, 19,* 95-106.

Strauss, C., Frame, C., & Forehand, R. (1987). Psychosocial impairment associated with anxiety in children. *Journal of Clinical Child Psychology, 16,* 235-239.

▶ Taylor, S. E. (1989). *Positive illusions: Creative self-deception and the healthy mind.* New York: Basic Books.

Taylor, S. E., & Brown, J. D. (1988). Illusion and well-being: A social psychological perspective on mental health. *Psychological Bulletin, 103,* 193-210.

Taylor, S. E., & Brown, J. D. (1994). Positive illusions and well-being revisited: Separating fact from fiction. *Psychological Bulletin, 116,* 21-27.

Tennant-Clark, C. M., Fritz, J. J., & Beauvais, F. (1989). Occult participation: Its impact on adolescent development. *Adolescence, 24,* 757-772.

Tennen, H., & Affleck, G. (1993). The puzzles of self-esteem: A clinical perspective. In R. F. Baumeister (Ed.), *Self-esteem: The puzzle of low self-regard* (pp. 241-262). New York: Plenum.

Tetlock, P. E., & Manstead, A. S. R. (1985). Impression management versus intrapsychic explanations in social psychology: A useful dichotomy? *Psychological Review, 92,* 59-77.

Tice, D. M. (1991). Esteem protection or enhancement? Self-handicapping motives and attributions differ by trait self-esteem. *Journal of Personality and Social Psychology, 60,* 711-725.

Tice, D. M. (1993). The social motivations of people with low self-esteem. In R. F. Baumeister (Ed.), *Self-esteem: The puzzle of low self-regard* (pp. 37-53). New York: Plenum.

▶ Trivers, R. (1985). *Social evolution*. Menlo Park, CA: Benjamin/Cummings.

Vaux, A. (1988). Social and emotional loneliness: The role of social and personal characteristics. *Personality and Social Psychology Bulletin, 14,* 722–734.

Vega, W. A., Zimmerman, R. S., Warheit, G. J., & Apospori, E. (1993). Risk factors for early adolescent drug use in four ethnic and racial groups. *American Journal of Public Health, 83,* 185–189.

第III部
対人的プロセス

8章
言い出しがたいことを口にする：
自己開示と精神的健康

M. R. コワルスキ

> 秘密は重荷である。それゆえ，わたしたちはその重荷を降ろす手助けをしてくれる人を求めて止まない（McKenzie, 1980, p. 462）。

　今まであなたが抱いたことのある最も奇妙な考え，最も恐ろしい考え，最も不安を感じるような考えを思い出していただきたい。こうした考えには，殺人を犯すことや，ハイウェーで人を轢くことが含まれるかもしれない。性的な空想や異常な性行動であるかもしれない（Roberts, 1995）。今まで経験した中で，最も困惑した事，厄介だった出来事についても考えてみていただきたい。こうした出来事には，ズボンのチャックを開けたまま人前で何かを発表するといったある程度不快なものから，家族の1人に性的虐待を受けるといった本当に心的外傷体験となるようなものまでがあるだろう。ほとんどの人はそのような考えや出来事に愕然とするあまり，それらを他者と共有しようとは夢にも思わない。実際，大部分の人はこうした考えや行動を「口に出せないこと」と受け止めている。しかし，本当にそれらは口に出すことができないものなのだろうか。他の人に自分の恥ずべき行為や考えを明かすとリスクを伴うが，それを表明をすることで何かしら得るものがあるのだろうか。他の人にこうした考えや行動を示さないことに伴う代価はあるのだろうか。こうした自己開示は，対人関係にどのような意味をもつのだろうか。

　本章の目的は，自己開示をするか否かの決定に影響を及ぼす変数を明らかにすること，および自己開示の肯定的結果と否定的結果のいくつかを検討するこ

とである。自己開示に関するトピックスは広範囲にわたるが，本章では主として個人的に悩みの種となる情報を開示することに焦点を当てる。この種の自己開示は肯定的結果や否定的結果を伴いやすく，また，一般に口に出すか否かなど決定するのがむずかしい。

自己開示は社会心理学者と臨床家の双方にとって重要な話題である。社会心理学の観点から見ると，自己開示は基本的な対人過程と考えられる。ヤローム（Yalom, 1985）によると，

> 自己開示はつねに対人的な行為である。人がただ自らを開示することではなく，他者とかかわる状況において大切なことを開示することが重要である。……自己開示をして肩の荷を降ろすことよりも，自己開示することによって他の人との間にいっそう親密で，豊潤かつ複雑な関係を築くことのほうがずっと重要なのである（p. 129）。

臨床心理学やカウンセリング心理学から見ると，自己開示は幸福感とかかわっているがゆえに重要なものとされる。心理治療やカウンセリングは基本的には自己開示によって行なわれるのであり，多くのクライエントは対人関係における自己開示に関する問題のために心理治療を求めてくる（Berg & Derlega, 1987）。

1 自己開示研究の概観

自己開示とは自分に関する個人的情報を他者に示すことである（Jourard, 1971）。人は対人的理由，精神内的理由から自己開示をする。他者との間に親密な関係性を確立するため，カタルシスを得るため，社会的比較の情報を得るためなどである（Stiles, 1995）。人は，ありふれた表面的な話題から，きわめて内面的で個人的な話題にいたるまで，個人的にかかわりのある非常に広汎な話題を開示する。また，自分の内面的な事柄を詳細に開示する人もいるし，そうした情報を隠蔽する人もいる（Larson & Chastain, 1990）。誰彼構わず自己開示する人がいる一方で，自己開示する相手を慎重に選択する人もいる。

カーペンター（Carpenter, 1987）によると，次の3つの条件がある場合に

自己開示しやすくなるという。(a) 自己開示しようと動機づけられているとき，(b) 自己開示する機会があるとき，(c) 開示者が自己開示するスキルないし「関係能力（relational competence）」をもっているとき，である。したがって，他の人に相談したくなるような心的外傷体験をし，自分が効果的かつ社会的に是認される形でコミュニケーションできる積極的で支持的な聞き手がいる人が自己開示しやすいことになる。このモデルは，人がいつ自己開示しやすくなるかを明らかにすることに加えて，自己開示が生じ難い場合があることを強調している。ある種の人（例：抑圧傾向の強い人（repressor）［Baldwin, 1974；Carroll, 1972］）は自己開示への動機づけが低い。この場合には自己開示に必要なスキルや機会があっても，自己開示はあまり行なわれない。また，他の人に個人的情報を語ろうとする動機づけは高いのだが，そうするための十分な機会がない人もいる。たとえば軍務に就いている人は，つねに沈着冷静な印象を与えるべきだと考えるために，自分の恐れや弱点，個人的問題を開示しようとはしないかもしれない。あるいは，単にソーシャルサポートのネットワークが欠けているために，困ったり動転するような考えや出来事を話す相手がいないだけなのかもしれない。最後に，自己開示への動機づけが高く，開示する機会もあるのに，効果的な自己開示をするのに必要なスキルが自分にはないと見なしてしまうことがある。自己主張性が低い人，対人不安が高い人がこれにあたる（Leary & Kowalski, 1995）。

　このように，カーペンター（Carpenter, 1987）によると，自己開示への動機づけが高く，自己開示の機会があり，必要な社会的スキルを有している人が自己開示しやすい。しかし，このモデルは自己開示の3つの先行条件の間にみられるいくつかの逆説的な交互作用を完全には取り扱っていない。たとえば，人は苦悩を感じれば感じるほど，自己開示への欲求が強まっているという（Pennebaker, 1993；Rime, 1995；Stiles, 1987）。しかし，自己開示しようとする欲求が強くなるほど，その人は自己開示する機会を失うことになる。聞いてくれそうな相手は，外傷体験や困惑するような出来事を話す人を避ける，あるいは拒絶さえするかもしれないからである。

　自己開示しようと動機づけられた個人は，開示する機会をとらえ，自己開示するためのスキルが自分にあると考える。そして，自己開示したときの肯定的

結果と否定的結果を評価した後で，はじめて自己開示をするのである。後で述べるように，他者に対して外傷体験を明らかにすることは，開示者の身体的，心理学的健康を向上させる。また，自己開示を通じて人は他者との関係を確立し，信頼を深め，社会的比較の情報を得て，自己のアイデンティティを発展させることができる（Fishbein & Laird, 1979；Hymer, 1982, 1988）。しかし，他者に個人的な問題を開示することは否定的な結果をもたらす。中でも最も深刻なのは拒絶であろう。拒絶されるかもしれないという恐怖があまりにも強く，自分の否定的な情報をけっして他者に伝えない人もいる（Coates & Winston, 1987）。

2 自己開示の肯定的結果

たいていの人は，自己開示，特に困惑するような考えや出来事を自己開示したときに，うっ積した感情が解放される経験をしたことがあるだろう。後で論ずるように，自己開示に伴うカタルシスは，身体的，心理的によい効果がある。加えて，自己開示をすることによって，出来事への洞察を得たり，自分の考えや感情が妥当なものだという確証を得たり，他者と実り多い関係を築いたりすることができる。

1. 身体的健康と心理的健康

長い間，告白は魂にとってよいものであると信じられてきた（Ellenberger, 1966；Georges, 1995）。聖書（New International Version, 1978）の箴言28章13節では，「自分の罪を隠す者は成功しない。しかし誰であろうと告白しそれらを放棄した者には，慈悲が得られる」と述べられている。パブリアス・シラス（Publilius Syrus）（Bartlett, 1901より引用）は「自分の誤りを告白することは，無実に次ぐものである（p. 625）」と述べている。

過去10年間の研究から，告白は魂によいばかりではなく，身体的健康，心理的健康にもよいことが示されている（Hymer, 1988；Jourard, 1971；Kelly

& McKillop, 1996 ; Larson & Chastain, 1990 ; Pennebaker, 1990, 1995 ; Pennebaker & Beall, 1986 ; Pennebaker & O'Heeron, 1984)。たとえば，実験室で悩みの種となるような体験あるいは外傷体験を開示した大学生は，そうした経験を開示しなかった学生に比べ，自己開示の後6か月間に大学の健康センターを訪れることが少なかった（Pennebaker & Beall, 1986）。同様に，末期の乳癌患者の場合，心理社会的なサポート・グループで否定的情報を自己開示した人々のほうが生存率が高かった（Spiegel, Bloom, Kraemer, & Gottheil, 1989 ; Spiegel & Kato, 1996）。また，リュウマチ関節炎患者の場合も，ストレスに満ちた日常生活の出来事を話した群のほうが統制群に比べて心理的な健康が増進していた（Kelley, Lumley, & Leisen, 1997）。自己開示によって免疫機能が向上したことが，こうした効果の一因となっていると思われる（Pennebaker, Kiecolt-Glaser, & Glaser, 1988 ; Petrie, Booth, Pennebaker, Davison, & Thomas, 1995）。

　辛い，狼狽するような考えや出来事を開示することは，肯定的感情を増加させる一方で否定的感情を減少させる（Pennebaker, Colder, & Sharp, 1990）。これは，恥や罪悪感のような否定的感情を経験することが減ることによって生じる場合もある（Kelly & McKillop, 1996）。また，告白するとその直後に自律神経系の機能が向上することも示されている（Pennebaker, Hughes, & O'Heeron, 1987）。このように自己開示は身体的，心理的健康との関連性が非常に強いので，この領域の第一人者ジェームズ・ペネベイカー（James Pennebaker, 1985）は次のように述べている。「出来事を誰かに開示しないという行為は，その出来事を経験したこと自体よりも有害となることがある」（p. 82）。

　悩みの種となる考えや感情を抑制しようとする試みは，その人に生理的負担をもたらす。出来事が外傷的で苦痛をもたらすものであるほど，その出来事を話す欲求は強くなる。それゆえ，他の人にそのことを打ち明け，話し合うことを抑制するための負担も大きくなる（Pennebaker, 1993 ; Rime, 1995 ; Stiles, 1987, 1995 ; Stiles, Shuster, & Harrigan, 1992）。自分の考えを進んで抑制することが，やがては免疫機能の低下を招くことが知られている（Petrie, Booth, & Davison, 1995）。

しかし，抑制するという行為自体が否定的な身体的，心理的効果をもたらすのではないと考える研究者もいる。こうした健康への否定的影響は，外傷体験をもたらした出来事について考えることを回避できないことから生じている，というのである。実際，外傷体験となる出来事について反すうし続けている抑制者は，自己開示をした人や外傷体験を反すうしない抑制者よりも，健康を害していることが多い (Ogden & Von Sturmer, 1984)。

　残念なことに，抑制と反すうは直接的に結びついていることが多いので，苦痛の種となる出来事について考えるのを抑制しようとするほど，その考えが意識に上ってきてしまう。この現象は，「抑圧された情報のアクセシビリティ高進」(hyperaccessibility of suppressed information) とよばれている (Erber & Wegner, 1996；Wegner & Erber, 1992)。苦痛となる情報を口にすまいとしている人は，自分が抑圧しようとしているまさにその情報を覚えていなければならない。「秘密はしっかり覚えていなければならない。そうしないと，うっかり話してしまうだろう。秘密について考えてはいけない。考えると，他の人に悟られてしまうかもしれない (Wegner, Lane, & Dimitri, 1994, p. 288；see also Wegner & Lane, 1995)」のである。その結果，思考を抑制しようとする努力は，望ましくない思考の認知的利用可能性 (cognitive availability) を高めてしまうことになる。

　抑圧された思考のアクセシビリティが高進する程度は，その思考に付随する感情による。感情を帯びた出来事は，感情を帯びていない出来事よりも，アクセシビリティが高まる (Wegner, Shortt, Blake, & Page, 1990)。また，経験する苦痛あるいは感情が強いほど侵入的思考が起こりやすくなる (Rime, 1995)。リメら (Rimé, Mesquita, Philippot, & Boca, 1991) は，感情的苦痛の強さと侵入的思考の頻度の間に正の相関 ($r = .44$) があることを見いだした。彼らはまた，感情経験の強さと社会的共有 (social sharing) の程度との間に +.49の相関があることを示している。したがって，外傷的な出来事を経験した人は，その出来事を反すうしやすく，その外傷を他の人に開示しなければ，結果として健康を損なうということになる。

　自己開示が健康に及ぼす影響には，4つの限定条件がある。第一に，自己開示から得られる最も重要な身体的，心理的効用は，開示した直後ではなく，自

己開示自体が生み出す否定的感情の高まりを経験した後に得られる（Kelley et al., 1997；Kowalski, Cantrell, & VanHout, 1995；Pennebaker & Beall, 1986）。外傷的出来事を想起し開示する際には，否定的に意味づけられた記憶がよみがえり，それに付随して否定的感情を経験することになる。しかし，経験にまつわる気分や感情について話すことによって，やがて否定的な感情はおさまり，開示に伴う長期の健康効果が出てくるのである。

　第二に，自己開示の健康への効果は，人が以前は話さなかった否定的内容の個人情報を開示した後に最も顕著になる。ふだんから自己開示をしている人や，肯定的または中立的な内容を開示する人は，身体的，心理的健康において大きな変化は見られない。

　第三に，多くを開示することが，必ずしもよいこととは限らない。ジュラード（Jourard, 1971）は，自己開示と精神的健康との間に曲線的な関係があると考えた。開示があまりにも少ないとき，逆に多いときに心理的適応が損なわれるというのである。自己開示が少なすぎると，人は社会的比較情報を得る機会を逃すことになる（Yalom, 1985）。また，他者に情報を明らかにしなければ，他者と持続的関係を築くことができなくなる。しかし，過度な開示も同様に不適応的である。あまりにも多くの情報を開示する人は，他者に不安と懸念を生じさせ，その結果他者から遠ざけられてしまう（Yalom, 1985）。

　第四に，自己開示が感情や健康に及ぼす影響は，自己開示という行為そのものではなく，開示の性質によって決まるようである（Rimé, 1995）。外傷体験に関する事実を単に開示するだけでは，心理的健康にほとんど影響しない。出来事を思い出したときの感情を開示することが重要な要素となっているらしい（Pennebaker, 1988）。ペネベイカーとビール（Pennebaker & Beall, 1986）は大学生を対象にして，4日間にわたり人生における外傷的な出来事，またはささいな出来事を書いてもらった。外傷的な出来事を書くように求められた学生のうち，三分の一はその出来事にかかわる事実のみを書く群，三分の一は出来事に関する感情だけを書く群，残りの三分一は外傷体験について事実と感情の両方を記す群に割り振られた。その結果，外傷体験の感情について記した群と感情と事実の両方を記した群の学生は，他の実験条件の学生よりも病気になることが少なく，より健康であると自己報告していた。

2. 意味と洞察を得る

人はしばしば，問題となっていることを単に口に出すことが，その問題と折り合いをつけたり，厄介な事柄をうまく解決する手立てを見つけるのに役立つことに気づく（Kelley & McKillop, 1996）。ペネベイカー（Pennebaker, 1988）はこれを，意味を見いだし同化する過程とよんだ。人は親密な情報を他者に開示することによって，伝えた情報についての意味や洞察を得ることができる。口頭であれ，記述であれ，一度自らの体験をことばにし始めると，その出来事は自分が思っていたほど外傷的でも，恥ずかしいことでも，辛いものでもないとわかるようになる。逆に，自分が意図して他者から情報を隠しているという意識をもつと，その情報内容を以前よりも否定的なものと見なすようになる（Derlega, Metts, Petronio, & Margulis, 1993；Fishbein & Laird, 1979；Kelly, McKillop, & Neimeyer, 1991；McKillop, Berzonsky, & Schlenker, 1992；Schlenker & Trudeau, 1990）。

3. 確認

「多くの患者は，自分がとりわけみじめで，自分だけが恐ろしく受け入れ難い問題や考え，衝動，幻想をもっていると思って治療にやってくる」（Yalom, 1985）。この点から見ると，言い出しがたいことを口にすることの恩恵の1つは，他の人も同じようなことを考えている，同じような出来事を体験している，ということに気づくことであろう（Derlega & Grzelak, 1979；Roberts, 1995）。自己開示に対する他者の反応は，開示者が自分の感情を確認する機会を与えてくれることが多い。「個人的な考えや感情を共有することは，自己探索，自己明確化，関係における開放的なコミュニケーションを醸成する社会的比較の一形態である」（Leaper, Carson, Baker, Holliday, & Myers, 1995, p. 387）。同じ理由で，開示に失敗したり積極的に隠蔽しようとすると，確認に役立つ社会的比較の情報を得ることができなくなり，それゆえ個人の自尊心にまで影響が及ぶことになる（Larson & Chastain, 1990；Yalom, 1985）。

4. 個人的関係の発展

適度に用いれば，自己開示は親密な関係を発展させる有効な手段となる

(Goodstein & Reinecker, 1974；Last & Aharoni-Etzioni, 1995)。ある人が他の人に自己開示し，次にその聞き手がそれに応えて自分自身を開示し始めるというのが一般的な流れである（Yalom, 1985）。この社会的浸透の過程（Altman & Taylor, 1973）を通じて，両者が親密さの程度を同じ水準に合わせようとし，その結果，関係がしだいに深まることになる。実際，自己開示という行為によって，2人の関係がどのようなものかある程度わかる。人は自分が好む人に打ち明け，自分が打ち明けた相手を好むようになるのである（Collins & Miller, 1994；Pennebaker, 1988）。

こうした個人的関係や，他者に自由に開示する能力を発展させることによって，人々はソーシャル・サポートを得ることができるようになっていく。多くの研究結果が示しているように，ソーシャル・サポートは，人生におけるストレスフルな出来事に対処する助けになるのである（Rhodes & Lakey, 本書10章参照）。しかし，デルレガ（Derlega, 1988）によれば，

> 自分の感情について話すことの効果は，そのタイミング——ストレスフルな出来事の前か後か——にかかっている。そうした出来事の前に自分の感情を友人に話す被験者は，自己の否定的感情を増大させる。一方，出来事の後に自分の感情を話す被験者は，自分の否定的感情を吐き出し霧散させるというカタルシス経験をすることになる（p. 29）。

したがって，自己開示はストレスフルな出来事の前よりも，後に行なうほうが有益だといえる。

文化的規範は，関係の進展における自己開示の内容や頻度に影響を及ぼす。たいていの場合，自己開示に関連する文化的規範は性役割と結びついており，男性の自己開示よりも女性の自己開示のほうが社会的に受け入れられやすい（Fitzpatrick, 1987）。しかし，関係が進展しはじめれば，こうした規範も変化する。たとえば，外では男性に対しても女性に対してもめったに自己開示しない男性が，親密なパートナーに対しては自分をさらけ出してしまうということもあり得る（Reis, Senchak, & Soloman, 1985）。関係が確立されている場合には，自己開示すること自体ではなく，必要があれば自分の友人や恋愛パートナーに自己開示できると思うことが重要となるだろう。それゆえ，関係の性質や幸福にとって大切なのは，自己開示の潜在的能力であるといえる。

3 自己開示の否定的影響

　多くの肯定的な結果がもたらされる一方，自己開示にはリスクが伴う。個人的情報を明らかにすることは，開示者と聞き手双方にとって否定的結果を招くことがある。

1. 対人的損失

　概して，人々が最も開示しがたい考えや感情というのは，否定的な内容のもの（Regan & Hill, 1992），すなわち，屈辱的で，当惑するようなもの，あるいは法に触れるような重大な影響があるものである。否定的，外傷的で，困惑させるような考えや出来事を自己開示すると，他者から拒否されたり，排斥されたりすることが多い（Coates, Wortman, & Abbey, 1979；Harber & Pennebaker, 1992）。同性愛の男性（Weinberg, 1983）や女性（Moses, 1978）に関する研究では，彼ら，彼女たちが自分の性的志向性を開示しないのは，他者の反応についての懸念，すなわち拒否されることへの恐れであることが示されている（Franke & Leary, 1991）。このような懸念は，軍隊の「何も尋ねるな，何も話すな」主義のような命令によって強化される。こうしたことから自分が同性愛者であると明らかにすることが積極的に抑制され，同時に開示に対して厳しい罰が科されるようになる。

　自己開示の内容いかんによっては，開示によって拒否されるのではないかという懸念には十分根拠がある場合も多い。たとえば，抑うつ的な人はしばしば他者から拒否され，遠ざけられてしまう（Gurtman, 1986）。同様に，癌のような重篤な疾病を罹った人は，ふだんつき合っていた人たちが突然多忙になって病院に見舞に来られなくなってしまう状況に気がつくことになる（Dunkel-Schetter, 1984）。自己開示があからさまな拒否にいたらなくても，聞き手が話を聞きたがらないという間接的な拒否を味わうこともある。聞き手が，頼みもしないのにさっさとアドバイスをして話を切りあげてしまったり，あたり障りのない話題に変えてしまうような場合である（Kelly & McKillop, 1996；Pennebaker, 1993）。結局のところ，一般に人は他者が自分の問題や課題につ

いて話すのを聞くよりも，自分自身の問題や課題を語ることのほうにずっと強い関心をもっているのである。そうすると開示者は，他の人たちは自分に起こった出来事に本当に関心などもっていないのだと考えてしまうことになる。

人が否定的情報を開示しがたいことの1つの要因は，困難な，否定的な意味合いの情報を開示すると，聞き手に負担となるのではないかと懸念することであろう。ホロコーストの生存者に関する研究で，ペネベイカーら (Pennebaker, Barger, & Tiebout, 1989) は，自らの体験を話す生存者が非常に少ないのは，1つには他者を動揺させたくないからであることを見い出している。こうした予想には十分に根拠があるようである。たとえば，その後の研究 (Shortt & Pennebaker, 1992) では，ホロコーストの生存者が自らの経験を開示する場面を撮影したビデオテープを大学生に観てもらったところ，開示者の皮膚伝導水準は自己開示によって低下したが，聞き手の大学生の皮膚伝導水準は高まったのである。他者の外傷体験を聞くと，自分は大丈夫という，聞き手がそれまでもっていた幻想がうち砕かれたり，危機にある人にどう対応したらよいのかわからなくなってしまうのかもしれない (Silver, Wortman, & Crofton, 1990)。したがって，身体的，心理学的な苦悩が聞き手に課されるので，外傷的な出来事を体験した人は，「切に話したいという思いと，打ち明けられる人が進んで聞こうとする気持ちとが噛み合わないことに気がつく。悩みの種となる考えや否定的情動に耐えることによって，犠牲者にとっては自分自身が抑圧の対象となってしまうのである」(Harber & Pennebaker, 1992, p. 366)。

この「悩みの開示のジレンマ」は，自己開示における非情なアイロニーといえるだろう (Coates & Winston, 1987；Silver et al., 1990)。自分の悩みを明らかにすることは，他の人を遠ざけ，それによって他者から拒絶される危険をおかすことになる。そうかといって，自分が上手く適応しているように振舞えば，自分が他者のサポートを必要としていることを知らせることができないのである。最善の解決法は，自分の悩みを他者に示すこと，ただし同時に自分がその問題に対処するために何らかのアクションを起こしている姿勢を見せることである (Silver et al., 1990)。

拒否されるかもしれない，あるいは聞き手に身体的，心理的な悪影響を与え

てしまうかもしれないという懸念があるとすれば、外傷体験あるいは他の否定的な出来事を経験した人にとって、心理療法家は「天からの賜りもの」といえるだろう。お金を払ってみてもらう専門の心理療法家なら彼らを拒否することはない。感情的に巻き込まれないような姿勢をとるように訓練されているので、他者からどんな話を聞いても動揺することは少ないはずである。しかし、セラピストを人が思うような「救世主」とは見なさないクライエントも多い。これまで個人的な事実を開示することによって他者から拒否されてきたので、セラピストからも同様に拒否されるのではないかと恐れてしまうのである（C. E. Hill, Thompson, Cogar, & Denman, 1993 ; Kelly & McKillop, 1996 ; Regan & Hill, 1992）。

　人から拒否されるのではないかという懸念の他に、自分が開示した情報を相手がどのように扱うのか訝ることもあるだろう。ほとんどの人は、何か人生の秘密を事こまかに開示した後、このような懸念を感じたことがあるだろう。人は誰かに自己開示をすると、その情報が別の人に伝わってしまうのではないか、相手がその情報を使って自分に何か圧力をかけてくるのではないか、自分の評判をおとしめるためにその情報を使うのではないか、と不安に思うのである。ケルビン（Kelvin, 1977）が述べているように、「プライバシーの領域にかかわる自己開示は、その人の行動の背後にある原因や動機を明かすことである。これは潜在的に、相手に自分を上回るパワーを与えることになる。したがって、自己開示することは、搾取される可能性を高める（p. 355）」のである。

2. 望ましくない印象を与える

　自己開示をすることで自分の印象がどう影響を受けるかわからないということも、人が個人的な情報を開示したがらない理由の1つであろう（Fishbein & Laird, 1979）。人の秘密の内容に関する研究において、このような自分の印象に関する懸念の大きさが示されている。秘密の12％（多いほうから四番目）がここでいうマスキング、すなわち私的現実とは異なる公的な印象を作り出すことに関係していたのである（Norton, Feldman, & Tafoya, 1974）。たとえば、心や身体に病歴がある人は、他の人からどう思われるか心配で、そうした情報を開示するのをためらうかもしれない。実際、開示された場合にその人の印象

が何らかの形で変わることに疑念を差しはさむ人はほとんどいないであろう。

しかし，だからといって開示しないことを選ぶと，自己呈示の面での苦境が待っている。その人が情報を隠していると他の人が知ったならば，彼らはその人を否定的に見ることになるだろう。（表明することをそれほど躊躇するのなら）よほどひどいことをしたに違いない，さもなくば，不正直な人間だと見なされるのである。この意味で，開示される内容そのものより，開示しないことの方が否定的な印象を生み出す可能性が高い（Fishbein & Laird, 1979）。

3. 自己知覚の変化

自己呈示をすると，それに対応して自己自身の見方が変化することを示した研究が数多くある（Kelly et al., 1991；Kowalski & Leary, 1990；Leary, 1995；Schlenker & Trudeau, 1990）。これが真実だとすると，自己開示を伴うような自己呈示は，その人の自己知覚にかなりの影響を及ぼすはずである。たとえば，他者からソーシャル・サポートを得ようとして，自分の辛い思いや，状況に対処できずに苦慮しているという事実を開示したとすると，その人は実際にはさほどでないのに自分は本当に対処できていないと考えるようになるかもしれない。

4. 感情の制御

前述のように，たいていの場合，自己開示をすることによって感情面で恩恵を得ることができる。悩みを打ち明けた後，ホッとした気持ちになることを疑う人はほとんどいないであろう。ポリグラフにかけられた状態で自分の罪を告白した容疑者は，それによって確実に刑務所に送られることになる場合でも，リラックスした生理的反応を示した（Pennebaker, 1990）。不貞を自分のパートナーに告白した人も，同じように安堵を感じたと報告している（Kelly & McKillop, 1996）。

この安堵感は，部分的には単に自己開示をすることによって生み出される。自分の秘密が「漏れる」のではないかという心配は，秘密が明かされてしまえば当然なくなってしまう。また，秘密を話すべきか話さざるべきか迷っているときに経験する精神的苦悩も低減される。

しかし，こうした感情面の恩恵はあるにしても，開示した結果に対処するの

は，特に後悔の念を経験することを考えると，失うものがとても大きいかもしれない。離婚話のように，開示することがとりわけ深刻な意味をもつときには，たとえ開示によって安堵を感じたとしても，その後秘密を明かすことが適切だったのかどうか確信がもてなくなることもあるだろう。

5. 境界制御

最近，二歳になるわたしの姪は，祖母を驚かすために誕生日のケーキのことを祖母に言わないように言われた。もちろん，姪は祖母を見るなりケーキのことを話してしまった。ただ，立派なことに彼女は他の人に聞かれないように，祖母の耳元で囁いたのである。他の子どもと同じように，姪は個人の境界を学んでいるところなのである。「子どもは正直」ということばの通り，たいていの子どもは情報を話さないのが最もよいときであっても，ものごとをありのままに伝え，そのときどのように感じ考えたかを正確に開示する。もちろん大人の中にも，特に興味をそそる噂話を聞かされたとき，わたしの姪のように自分の中に閉まっておくことができない人がいるようである。一般に，成長するにしたがって，子どもはどのようなとき秘密にしておくのがよくて，どのようなときなら話してよいのか理解するようになる。また，開示しないことによって自分の個人的境界が維持できることを学ぶ（Altman, 1975；Derlega et al., 1993；Kelly & McKillop, 1996）。セラピストが治療セッションの間，ほとんど自分のことを明らかにしないのは，この境界制御の過程のためである。セラピスト側の自己開示がクライアントの自己開示を引き出すのに有効であるとする研究もあるが（Beutler, Crago, & Arizmendi, 1986；May & Thompson, 1973），セラピストは自分自身について深く語らないことによって，クライアントとの間に専門家としての境界を維持することができるのである。

同様に，何らかの情報を秘密にしておくことで，他者との個別化が可能になり（Last & Aharoni-Etzioni, 1995），独自性の感情も育まれることになる。あなたのことをすべて知っている人がいるとしたら，その人はあなたと話していても何の神秘も魅力も感じることはないだろう。他の人が知らないことを自分が知っていることによって，人はその相手に対してパワーを感じることもできるのである。

6. 自己開示の倫理的ジレンマ

　自分もしくは他者の親密な情報を開示するかどうかを決める際に，人はしばしば倫理的なジレンマに直面する。クライアントの秘密を明かしてしまう可能性もある心理療法家のような人にとっては，たいていの場合，倫理的なジレンマへの解決法は明白である。自分のケースについてスーパーバイザーや他のメンタルヘルスの専門家と話す際に，セラピストは自分のクライアントの身元を明らかにするようないかなる情報も開示しないように訓練されている。もちろん，クライアントが子どもの虐待のような不法行為に関与していることを明らかにした場合には，セラピストは関係当局に報告する法的な義務がある。

　集団療法の場面では，各メンバーは他のメンバーに関する秘密を守るように指示される。しかし，そうする職業的な義務があるわけではないので，彼らは集団療法で開示したことが治療場面の外に漏れないと確信することができない。化学物質依存の医師が参加する集団療法における秘密性のジレンマに関する研究では，確かに何人かの集団のメンバーは他のメンバーの秘密を漏らしていた（Roback, Moore, Waterhouse, & Martin, 1996）。こうした秘密性が破られたことが明白になったとき，集団療法場面の外に自分の身元が知られてしまった医師たちは，そうした違反行為に対処するため訴訟が必要であると述べた。

　おそらくもっと厄介なのは，患者の家族が医師やセラピストに情報を開示した上で，その内容を伏せて置くように求める状況であろう（Burnam, 1991；Newman, 1993）。専門家は誰に対して義務があるのか。その情報が患者の治療に役立つものなら，専門家は話をしてくれた家族の信頼を維持しなければならない義務があるのだろうか。専門家は，患者に対して完全な開示をしなければならないのだろうか。

　治療場面の外でも，どのように，またいつ倫理的に自己開示するかは明確ではない。人は自分についての個人的情報を開示するかどうかを決めるとき，本人なら口にしないような他者に関する情報もうっかりと開示してしまう立場に自分が置かれていることに気がつく（Bok, 1982）。パートナーの性的問題についてもっている自分の不満を，後でそのパートナーに会う機会があるはずの共通の友人に相談するというむずかしい場面を想像していただきたい。そのような状況では，開示者は，不満を打ち明けることから得られるであろう潜在的な

恩恵と，他者の信頼を裏切ることに伴うコストとの狭間で悩むことになるだろう。開示しなければ，開示から得られるはずの個人的な恩恵を犠牲にしなければならない。しかし，開示すれば，秘密をもらさないと約束したことと裏切りとの間の認知的不協和の状態に自らの身を置くことになる。たとえば，自分が近親相姦の犠牲になり，家族の1人が加害者として逮捕された子どもを考えてみよう（Saffer, Sansone, & Gentry, 1979）。この場合，性的虐待があったという事実を開示してしまうと，秘密を破ったら承知しないとまず確実に子どもを脅していたであろうその家族の1人を巻き込んでしまうことになる。

　もう1つの倫理的なジレンマは，個人的に問題を抱えていることを他の人にいつどのようにして伝えるかということにかかわる。たとえば，あなたが末期の病に冒されているとしたら，それを家族にいつ伝えるのか。そのような表明のタイミングは，開示される人の反応，翻って自分自身に対して重大な影響を及ぼすはずである。もし不適切なときに開示してしまうと，相手は否定的に反応する可能性が高い。そうなれば，開示者はそれ以降，同様な表明を差し控えることになるだろう。

4　自己開示に影響を及ぼす変数

　数多くの状況的，属性的変数が個人の開示のしやすさと，その開示の肯定的，否定的結果に影響を及ぼす。そのような変数として，開示内容，開示対象，状況特性，文化的影響，自己開示の個人差などがあげられる。

1. 開示内容

　自己開示は，自己に関する日常の表面的なことから，非常に親密で詳細な事柄にまでわたる。自己開示はまた，自分が経験した心地よい感情や過去に起こった肯定的な出来事から，口に出せない行為や社会的に望ましくない話題の開示にまでわたる。むろん，開示された情報の性質によって，開示しやすさが決まるだけでなく，開示に関連した報酬とコストも決定される。個人の最も深奥

にある辛い秘密の開示は，開示者にとって心理的な恩恵はあろうが，対人的関係を危険にさらすという重大なリスクもある。

デルレガら (Derlega et al., 1993) は，個人的情報と秘密を分けて考えている (Karpel, 1980；Schwartz, 1984も参照)。個人的情報とは，

> ふつうは他者が知ることができないが，他者がそれを知りたければ進んで開示するような自分に関する事柄(意見，信念，自分自身についての感情，社会問題，対人関係など)を指す。(中略) 一方，秘密は積極的に他者から隠そうとし，知られまいとする内容を指す。「秘密」情報は，特別な状況では開示されるかもしれないが，口にするにはその内容が自分にとってあまりに脅威的あるいは恥ずべきものであったり，(中略) 明かすことが自分や他者を苦しめることになるので，多くの場合隠されることになる (p. 74)。

この個人的情報と秘密の区別は，隠そうとしていたものを開示することと，隠すつもりはなく単に話さなかっただけのことを開示することの間に何か心理的な違いがあるのだろうか，という疑問を生じさせる。先行研究によると，確かに違いはあるらしい。情報を意図的に隠そうと思っていた人は，個人的事実を単に話さなかっただけの人よりも，秘密を反すうしやすく，また，秘密が漏れるのではないかと心配していた。隠そうとしていた秘密を明かす場合と，単に話さなかっただけの個人情報を明かす場合とでは，それに伴うコストも異なってくる。人が積極的に隠そうとする情報は，単に他者に明らかにしなかった情報よりも否定的な内容である。したがって，それは聞き手に重荷を負わせたり，開示者の印象を否定的なものにしてしまうことになる。情報の質が異なれば，それを受け取る人の反応も質的に異なってくるのである。

開示者とその聞き手では，自己開示の内容の解釈や評価が異なるというのも興味深い。聞き手の立場から客観的に見れば表面的な自己開示であるものが，その情報を初めて開示する本人にとっては主観的に非常に重要な意味をもつ場合もあるだろう (Yalom, 1985)。たとえば，ある人が人前で話すことが本当に不安であることをやっとの思いで明らかにしても，その問題が開示者にとっていかに深刻なものか聞き手が気がつかなければ，大したことではないと聞き流してしまうかもしれないのである。

2. 開示対象

　誰彼構わず自己開示する人はほとんどいない（Goodstein & Reinecker, 1974）。たいていは，信用でき（他の人に秘密を漏らさないと信じられる），批判的ではなく，その問題に新たな洞察を与えてくれるような人を聞き手に選ぶ傾向がある（Kelly & McKillop, 1996）。好意を感じている人（Collins & Miller, 1994；Goodstein & Reinecker, 1974），過去に行なった開示に好意的な反応を示してくれた人にも開示しがちである。要するに，過去において自己開示に罰を与えなかった人，あるいは開示者に罰を加える勢力をほとんどもたない人に対して自己開示をするのである。おそらくこのような理由から，人々はメンタルヘルスの専門家にいとも簡単に自己開示することになるのであろう。トウビン（Towbin, 1978；Larson & Chastain, 1990からの引用）によると，「相談相手—クライアントが最もプライベートな思考，感情，行動を開示できる人—としてのセラピストの役割が，治療的人間関係の特徴である」（pp. 441-442）という。

　ある人が受け手としてふさわしいかどうかという開示者の判断，自己開示に対する受け手の反応は，いずれも開示者と受け手の関係性によって部分的に決められる。人は，典型的には親密な人に開示するが，赤の他人のほうがかえって気楽に親密な内容を話せる場合もあり，これは「スレンジャー・オン・ザ・バス（stranger on the bus）現象」とよばれている（Goodstein & Reinecker, 1974）。他の人と自分の心理的距離は遠くに思えたり近くに思えたりするだろうから，その人への自己開示の性質もそれに伴って変化することになる。

　驚くべきことではないが，開示者，受け手双方のジェンダーも，自己開示の性質やタイプを決める重要な要因である。205の調査研究をメタ分析した結果，効果サイズは小さかったものの（$d=.18$），女性のほうが男性より自己開示することが多かった（Dindia & Allen, 1992）。しかし，受け手のジェンダーや自己開示の内容といった状況要因がこうしたジェンダー効果に影響を及ぼしていた（C. T. Hill & Stull, 1987）。たとえば，ディンディアとアレンのメタ分析では，効果サイズは聞き手が男性の場合（$d=.00$）よりも，女性の場合（$d=.35$）の方が大きかった。ジェンダーステレオタイプでは，女性は男性よりもよい聞き手ということになっており，それゆえ一貫して他者から自己開示を引き出し

やすいのかもしれない（Pegalis, Shaffer, Bazzini, & Greenier, 1994）。同様に社会的規範が示唆するように，女性からの親密な自己開示のほうが男性からの親密な自己開示よりも受け入れられやすい（Collins & Miller, 1994；Pegalis et al., 1994）。

　しかし，男性あるいは女性がいつ自己開示するかは，状況変数と開示者のジェンダーとの交互作用によって決められるようである。一方では，特に表出性が強調される場面では，男性より女性のほうが同性他者に開示することが期待される。一方，道具性が強調される場面では，女性よりも男性のほうが同性他者に開示するであろう。自己開示する際に何に注目するかが男性と女性で異なるというのも興味深い点である。男性は自己開示の内容に注目するのに対して，女性は受け手の反応をじっくり観察しているのである（West, 1970）。ラストとアハローニ・エチオーニ（Last & Aharoni-Etzioni, 1995）は，3，5，7年生の秘密を分析したところ，男子は女子よりも所有物や道徳上の罪に関連する秘密を開示すること，女子は男子よりも家族に関する秘密を開示することが明らかになった。

3. 状況の性質

　心理療法のような状況では，ある人から他の人への自己開示が行なわれやすい。しかし，この同じ状況でも，有能なセラピストはクライエントが自己開示をしても，自分は自己開示をあまりしないで，クライエントとの心理的距離を保とうとする。さらに，すでに論じたように，こうした治療状況の性質上，メンタルヘルスの専門家はクライアントの秘密を守ることが求められる。しかし，クライアントのぞっとするような情報を知ることになり，他の人にそれを開示する必要があると思ったとき，セラピストはどうするのだろうか。もちろん，セラピストはその情報の性質について議論することができるが，その場合でもクライアントの秘密は守らなければならない，というのが答えである。それにもかかわらず，ある特定の状況においてはその情報が開示されることになる。病院の苦情係に関する研究では，大半の苦情係にとって，一日中患者の不満を聞く負担を軽減する方法は，患者の家族や友人と患者の困難な状況について話すことであった（Kowalski & Brendle, 1996）。

特定の社会的状況における規範的な制約も，そうした状況における自己開示の性質を規定する。たとえば，セラピストや他の専門家が，まわりの誰かがクライエントの気持ちをわかってあげさえすればいいのにと内心思ったとしても，彼らがその思いをクライエントに開示することことはまずない。同様に，日常のやりとりの中でも，相手の気持ちを傷つける恐れがあるときには自己開示を差し控えることが多い。

4. 文化的影響

これまでの議論では，自己開示と精神的健康との関係について，主として西欧的見解に焦点があてられてきた。しかし，西欧的視点を厳格に適用してしまうと，自己開示と精神的健康の関係を調整しているかもしれない重要な文化的要素を無視することになりかねない。自己開示のしやすさや，自己開示が身体的，精神的健康に及ぼす影響に個人差があるように，文化による相違もみられるはずである。実際ジンメル（Simmel, 1950）は，「秘密は，道徳的な悪とみなされているものの社会学的な表現である」（p. 334）と述べている。文化と自己開示の分析において，ウェレンカンプ（Wellenkamp, 1995）は，「自己開示への欲求，そして自己開示の形態と効果性」（p. 306）が文化により異なることを示唆している。具体的には，いくつかの文化では，感情的な負担が大きい出来事に対して，自己開示の他にも認知的に意味を付与することができるようなはけ口が用意されているという。1つの例として，彼女はインドネシアのトラジャ族の例を引いている。彼らは，遺体が収容されなかった場合，葬式では代わりの亡骸をつくってそれを実際の骸のように扱うという。

同様に，プライバシーの制御は普遍的な現象ではない（Wellenkamp, 1995）。いくつかの文化においては，文化的な慣習や家屋の構造からして，プライバシーを維持しようがない。それゆえ，こうした文化においては，人々は他者に秘密にしておくことがほとんどないために，認知的抑制や反すうに伴う否定的な効果を経験することは少ない。

加えて，伝統的価値観と強い家族の忠誠に特徴づけられる文化では，家族のメンバーの心を傷つけたり，彼らに拒否されるのではないかという不安から，悩みの種となるような情報を家族に明かすことが抑制されてしまうかもしれな

い。たとえば，ヒスパニックの間では，家族の幸福やまとまりは，最も大切なことである。そのため，ヒスパニックのゲイは自分がHIVであることを家族に明らかにしない傾向がある。これは，おそらく彼ら自身の精神的健康にとって有害なことであろう（Szapocznik, 1995 ; see also Mason, Marks, Simoni, Ruiz, & Richardson, 1995）。このことは，自己開示への文化的な態度が，身体的，心理的健康に及ぼす自己開示の有効性に影響を与えやすいことを示している（Wellenkamp, 1995）。

5. 自己開示における個人差

　数多くの個人差変数が，自己開示の頻度と効果を調整している。こうしたパーソナリティ変数のすべてを論じるのはこの章の範囲を越えている。ここでは，いくつかの例に言及するにとどめたい。たとえば「私的自己意識」が高い人（すなわち自分自身の私的な側面についてよく考える人）は，2つの理由からよく開示すると推測される。1つは彼らが内的な状態に注意を払いやすいから，もう1つは私的自己意識が低い人に比べて自己開示欲求が強いと思われるからである（Davis & Franzoi, 1987）。

　同様に，セルフ・モニタリング傾向が低い人に比べて，「セルフ・モニタリング傾向が高い人」（すなわち，他者から自分がどのようにみられるかに敏感であり，それゆえ公的な行動を慎重に制御する人）は，悩みの自己開示のジレンマを解決するのが得意であるようだ。他の人々からの反応に敏感であるため，セルフ・モニタリングが高い人は，自己開示の受け手を戦略的に選び，特に否定的な情報を表明するにあたっては聞き手の反応にうまく合わせるからである（Coates & Winston, 1987）。

5　結論

　社会心理学と臨床心理学の双方の中心に位置する自己開示は，日常の相互作用や治療場面での相互作用において頻繁に行なわれる。自己開示を介して，

人々は友人，恋愛のパートナー，そしてある場合にはカウンセラーや心理療法家との関係を発展させる。自己開示によって，人は心理的幸福感や身体的幸福感を経験し，否定的ないし外傷的体験の意味を理解し，社会的比較情報を得る。しかし，自己開示のイメージは完全に肯定的なものではない。聞き手の負担となるような自己開示は，他者からの拒絶というような否定的結果を招くかもしれない。

また，不適切な自己開示や時宜を得ていない自己開示によって，望ましくない印象が形成されてしまうかもしれないし，開示者自身の自己イメージが変化する可能性もある。加えて，開示者と受け手の関係など状況の性質によっては，倫理的なジレンマが生じ得る。こうしたジレンマの多くは，いつ，誰に，誰について，どのくらい開示したらいいのかという点に集中する。こうした問に対する答えは，すべての対人的相互作用にかかわる過程としての自己開示がいかに複雑であるかを示している。

引用文献

Altman, I. (1975). *The environment and social behavior: Privacy, personal space, territory, and crowding.* Monterey, CA: Brooks/Cole.

Altman, I., & Taylor, D. A. (1973). *Social penetration.* New York: Holt, Rinehart, & Winston.

Baldwin, B. A. (1974). Self-disclosure and expectations for psychotherapy in repressors and sensitizers. *Journal of Counseling Psychology, 21,* 455–456.

Bartlett, J. (1901). *Familiar quotations* (9th ed.). Boston: Little, Brown.

Berg, J. H., & Derlega, V. J. (1987). Themes in the study of self-disclosure. In V. J. Derlega & J. H. Berg (Eds.), *Self-disclosure: Theory, research, and therapy* (pp. 1–8). New York: Plenum.

Beutler, L. E., Crago, M., & Arizmendi, T. G. (1986). Therapist variables in psychotherapy process and outcome. In S. L. Garfield & A. E. Bergin (Eds.), *Handbook of psychotherapy and behavior change* (3rd ed., pp. 257–310). New York: Wiley.

▶ Bok, S. (1982). *Secrets: On the ethics of concealment and revelation.* New York: Pantheon Books.

Burnam, J. F. (1991). Sounding board: Secrets about patients. *New England Journal of Medicine, 324,* 1130–1133.

Carpenter, B. N. (1987). The relationship between psychopathology and self-disclosure: An interference/competence model. In V. J. Derlega & J. H. Berg (Eds.), *Self-disclosure: Theory, research, and therapy* (pp. 203-228). New York: Plenum.

Carroll, D. (1972). Repression-sensitization and the verbal elaboration of experience. *Journal of Consulting and Clinical Psychology, 38,* 147.

Coates, D., & Winston, T. (1987). The dilemma of distress disclosure. In V. J. Derlega & J. H. Berg (Eds.), *Self-disclosure: Theory, research, and therapy* (pp. 229-256). New York: Plenum.

Coates, D., Wortman, C. B., & Abbey, A. (1979). Reactions to victims. In I. H. Frieze, D. Bar-Tal, & J. S. Carroll (Eds.), *New approaches to social problems* (pp. 21-52). San Francisco: Jossey-Bass.

Collins, N. L., & Miller, L. C. (1994). Self-disclosure and liking: A meta-analytic review. *Psychological Bulletin, 116,* 457-475.

Davis, M. H., & Franzoi, S. L. (1987). Private self-consciousness and self-disclosure. In V. J. Derlega & J. H. Berg (Eds.), *Self-disclosure: Theory, research, and therapy* (pp. 59-80). New York: Plenum.

Derlega, V. J. (1988). Self-disclosure: Inside or outside the mainstream of social psychological research? *Journal of Social Behavior and Personality, 3,* 27-34.

Derlega, V. J., & Grzelak, J. (1979). Appropriateness of self-disclosure. In G. Cherlune (Ed.), *Self-disclosure: Origins, patterns, and implications of openness in interpersonal relationships* (pp. 151-176). San Francisco: Jossey-Bass.

▶ Derlega, V. J., Metts, S., Petronio, S., & Margulis, S. T. (1993). *Self-disclosure.* Newbury Park, CA: Sage.

Dindia, K., & Allen, M. (1992). Sex differences in self-disclosure: A meta-analysis. *Psychological Bulletin, 112,* 106-124.

Dunkel-Schetter, C. (1984). Social support and cancer: Findings based on patient interviews and their implications. *Journal of Social Issues, 40,* 77-98.

Ellenberger, H. F. (1966). The pathogenic secret and its therapeutics. *Journal of the History of the Behavioral Sciences, 2,* 29-42.

Erber, R., & Wegner, D. M. (1996). Ruminations on the rebound. In R. S. Wyer (Ed.), *Advances in social cognition* (Vol. 9, pp. 73-80). Mahwah, NJ: Erlbaum.

Fishbein, M. J., & Laird, J. D. (1979). Concealment and disclosure: Some effects of information control on the person who controls. *Journal of Experimental Social Psychology, 15,* 114-121.

Fitzpatrick, M. A. (1987). Marriage and verbal intimacy. In V. J. Derlega & J. H. Berg (Eds.), *Self-disclosure: Theory, research, and therapy* (pp. 131-154). New York: Plenum.

Franke, R., & Leary, M. R. (1991). Disclosure of sexual orientation by lesbians and gay men: A comparison of private and public processes. *Journal of Social and Clinical Psychology, 10*, 262–269.

Georges, E. (1995). A cultural and historical perspective on confession. In J. W. Pennebaker (Ed.), *Emotion, disclosure, and health* (pp. 11–22). Washington, DC: American Psychological Association.

Goodstein, L. D., & Reinecker, V. M. (1974). Factors influencing self-disclosure: A review of the literature. In B. A. Maher (Ed.), *Progress in experimental personality research* (pp. 49–77). New York: Academic Press.

Gurtman, M. B. (1986). Depression and the response of others: Re-evaluating the re-evaluation. *Journal of Abnormal Psychology, 95*, 99–101.

Harber, K. D., & Pennebaker, J. W. (1992). Overcoming traumatic memories. In S. A. Christianson (Ed.), *The handbook of emotion and memory* (pp. 359–387). Hillsdale, NJ: Erlbaum.

Hill, C. E., Thompson, B. J., Cogar, M. C., & Denman, D. W. (1993). Beneath the surface of long-term therapy: Therapist and client report of their own and each other's covert processes. *Journal of Counseling Psychology, 40*, 278–287.

Hill, C. T., & Stull, D. E. (1987). Gender and self-disclosure: Strategies for exploring the issues. In V. J. Derlega & J. H. Berg (Eds.), *Self-disclosure: Theory, research, and therapy* (pp. 81–100). New York: Plenum.

Hymer, S. M. (1982). The therapeutic nature of confessions. *Journal of Contemporary Psychotherapy, 13*, 129–143.

Hymer, S. M. (1988). *Confessions in psychotherapy*. New York: Gardner Press.

Jourard, S. M. (1971). *Self-disclosure: An experimental analysis of the transparent self*. New York: Wiley Interscience.

Karpel, M. A. (1980). Family secrets. *Family Process, 19*, 295–306.

Kelley, J. E., Lumley, M. A., & Leisen, J. C. C. (1997). Health effects of emotional disclosure in rheumatoid arthritis patients. *Health Psychology, 16*, 331–340.

Kelly, A. E., & McKillop, K. J. (1996). Consequences of revealing personal secrets. *Psychological Bulletin, 120*, 450–465.

Kelly, A. E., McKillop, K. J., & Neimeyer, G. J. (1991). Effects of counselor as audience on internalization of depressed and nondepressed self-presentations. *Journal of Counseling Psychology, 38*, 126–132.

Kelvin, P. A. (1977). Predictability, power, and vulnerability in interpersonal attraction. In S. Duck (Ed.), *Theory and practice in interpersonal attraction* (pp. 355–378). New York: Academic Press.

Kowalski, R. M., & Brendle, M. (1996). *Profiles of a patient representative*. Unpublished manuscript, Western Carolina University.

Kowalski, R. M., Cantrell, C. C., & VanHout, M. (1995). *Interpersonal and affective consequences of complaints and complaint responses.* Unpublished manuscript, Western Carolina University.

Kowalski, R. M., & Leary, M. R. (1990). Strategic self-presentation and the avoidance of aversive events: Antecedents and consequences of self-enhancement and self-depreciation. *Journal of Experimental Social Psychology, 26,* 322–336.

Larson, D. G., & Chastain, R. L. (1990). Self-concealment: Conceptualization, measurement, and health implications. *Journal of Social and Clinical Psychology, 9,* 439–455.

Last, U., & Aharoni-Etzioni, A. (1995). Secrets and reasons for secrecy among school-aged children: Developmental trends and gender differences. *Journal of Genetic Psychology, 156,* 191–203.

Leaper, C., Carson, M., Baker, C., Holliday, H., & Myers, S. (1995). Self-disclosure and listener verbal support in same-gender and cross-gender friends' conversations. *Sex Roles, 33,* 387–406.

Leary, M. R. (1995). *Self-presentation: Impression management and interpersonal behavior.* Dubuque, IA: Brown & Benchmark.

Leary, M. R., & Kowalski, R. M. (1995). *Social anxiety.* New York: Guilford.

Mason, H. R. C., Marks, G., Simoni, J. M., Ruiz, M. S., & Richardson, J. L. (1995). Culturally sanctioned secrets? Latino men's nondisclosure of HIV infection to family, friends, and lovers. *Health Psychology, 14,* 6–12.

May, O. P., & Thompson, C. L. (1973). Perceived levels of self-disclosure, mental health, and helpfulness of group leaders. *Journal of Counseling Psychology, 20,* 349–352.

McKenzie, E. C. (1980). *14,000 quips and quotes.* New York: Wings Books.

McKillop, K. J., Berzonsky, M. D., & Schlenker, B. R. (1992). The impact of self-presentations on self-beliefs: Effects of social identity and self-presentational context. *Journal of Personality, 60,* 789–808.

Moses, A. E. (1978). *Identity management in lesbian women.* New York: Praeger.

Newman, N. K. (1993). Family secrets: A challenge for family physicians. *Journal of Family Practice, 36,* 494–496.

Norton, R., Feldman, C., & Tafoya, D. (1974). Risk parameters across types of secrets. *Journal of Counseling Psychology, 21,* 450–454.

Ogden, J. A., & Von Sturmer, G. (1984). Emotional strategies and their relationship to complaints of psychosomatic and neurotic symptoms. *Journal of Clinical Psychology, 40,* 772–779.

Pegalis, L. J., Shaffer, D. R., Bazzini, D. G., & Greenier, K. (1994). On the ability to elicit self-disclosure: Are there gender-based and contextual limitations on the opener effect? *Personality and Social Psychology Bulletin, 20*, 412–420.

Pennebaker, J. W. (1985). Traumatic experience and psychosomatic disease: Exploring the roles of behavioral inhibition, obsession, and confiding. *Canadian Psychology, 26*, 82–95.

Pennebaker, J. W. (1988). Confiding traumatic experiences and health. In S. Fisher & J. Reason (Eds.), *Handbook of life stress, social cognition, and health* (pp. 669–682). New York: Wiley.

▶ Pennebaker, J. W. (1990). *Opening up*. New York: Avon.

Pennebaker, J. W. (1993). Social mechanisms of constraint. In D. Wegner & J. W. Pennebaker (Eds.), *Handbook of mental control* (pp. 200–219). Englewood Cliffs, NJ: Prentice Hall.

Pennebaker, J. W. (Ed.). (1995). *Emotion, disclosure, and health*. Washington, DC: American Psychological Association.

Pennebaker, J. W., Barger, S. D., & Tiebout, J. (1989). Disclosure of traumas and health among Holocaust survivors. *Psychosomatic Medicine, 51*, 577–589.

Pennebaker, J. W., & Beall, S. K. (1986). Confronting a traumatic event: Toward an understanding of inhibition and disease. *Journal of Abnormal Psychology, 95*, 274–281.

Pennebaker, J. W., Colder, M., & Sharp, L. K. (1990). Accelerating the coping process. *Journal of Personality and Social Psychology, 58*, 528–537.

Pennebaker, J. W., Hughes, C. F., & O'Heeron, R. C. (1987). The psychophysiology of confession: Linking inhibitory and psychosomatic processes. *Journal of Personality and Social Psychology, 52*, 781–793.

Pennebaker, J. W., Kiecolt-Glaser, J. K., & Glaser, R. (1988). Disclosure of traumas and immune function: Health implications for psychotherapy. *Journal of Consulting and Clinical Psychology, 56*, 239–245.

Pennebaker, J. W., & O'Heeron, R. C. (1984). Confiding in others and illness rate among spouses of suicide and accidental-death victims. *Journal of Abnormal Psychology, 93*, 473–476.

Petrie, K. J., Booth, R. J., & Davison, K. P. (1995). Repression, disclosure, and immune function: Recent findings and methodological issues. In J. W. Pennebaker (Ed.), *Emotion, disclosure, and health* (pp. 223–237). Washington, DC: American Psychological Association.

Petrie, K. J., Booth, R. J., Pennebaker, J. W., Davison, K. P., & Thomas, M. G. (1995). Disclosure of trauma and immune response to a hepatitis B vaccination program. *Journal of Consulting and Clinical Psychology, 63*, 787–792.

Regan, A. M., & Hill, C. E. (1992). Investigation of what clients and counselors do not say in brief therapy. *Journal of Counseling Psychology, 39*, 168–174.

Reis, H., Senchak, M., & Soloman, B. (1985). Sex differences in interaction meaningfulness. *Journal of Personality and Social Psychology, 48*, 1204–1217.

Rimé, B. (1995). Mental rumination, social sharing, and the recovery from emotional exposure. In J. W. Pennebaker (Ed.), *Emotion, disclosure, and health* (pp. 271–291). Washington, DC: American Psychological Association.

Rimé, B., Mesquita, B., Philippot, P., & Boca, S. (1991). Beyond the emotional event: Six studies on the social sharing of emotion. *Cognition and Emotion, 5*, 435–465.

Roback, H. B., Moore, R. F., Waterhouse, G. J., & Martin, P. R. (1996). Confidentiality dilemmas in group psychotherapy with substance-dependent physicians. *American Journal of Psychiatry, 153*, 1250–1260.

Roberts, P. (1995, May–June). Forbidden thinking. *Psychology Today*, 34–40, 62, 64, 66.

Saffer, J. B., Sansone, P., & Gentry, J. (1979). The awesome burden upon the child who must keep a family secret. *Child Psychiatry and Human Development, 10*, 35–40.

Schlenker, B. R., & Trudeau, J. T. (1990). The impact of self-presentations on private self-beliefs: Effects of prior self-beliefs and misattribution. *Journal of Personality and Social Psychology, 58*, 22–32.

Schwartz, R. S. (1984). Confidentiality and secret-keeping on an inpatient unit. *Psychiatry, 47*, 279–284.

Shortt, J. W., & Pennebaker, J. W. (1992). Talking versus hearing about Holocaust experiences. *Basic and Applied Social Psychology, 13*, 165–179.

Silver, R. C., Wortman, C. B., & Crofton, C. (1990). The role of coping in support provision: The self-presentational dilemma of victims of life crises. In B. R. Sarason, I. G. Sarason, & G. R. Pierce (Eds.), *Social support: An interactional view* (pp. 397–426). New York: Wiley.

Simmel, G. (1950). The secret and the secret society. In K. H. Wolff (Ed.), *The sociology of George Simmel* (pp. 307–376). New York: Free Press.

Spiegel, D., Bloom, J. H., Kraemer, H. C., & Gottheil, E. (1989). Effects of psychosocial treatment of patients with metastatic breast cancer. *Lancet, 2*, 888–891.

Spiegel, D., & Kato, P. M. (1996). Psychosocial influences on cancer incidence and progression. *Harvard Review of Psychiatry, 4*, 10–26.

Stiles, W. B. (1987). "I have to talk to somebody": A fever model of disclosure.

In V. J. Derlega & J. H. Berg (Eds.), *Self-disclosure: Theory, research, and therapy* (pp. 257–282). New York: Plenum.

Stiles, W. B. (1995). Disclosure as a speech act. In J. W. Pennebaker (Ed.), *Emotion, disclosure, and health* (pp. 71–91). Washington, DC: American Psychological Association.

Stiles, W. B., Shuster, P. L., & Harrigan, J. A. (1992). Disclosure and anxiety: A test of the fever model. *Journal of Personality and Social Psychology, 63,* 980–988.

Szapocznik, J. (1995). Research on disclosure of HIV status: Cultural evolution finds an ally in science. *Health Psychology, 14,* 4–5.

Wegner, D. M., & Erber, R. (1992). The hyperaccessibility of suppressed thoughts. *Journal of Personality and Social Psychology, 63,* 903–912.

Wegner, D. M., & Lane, J. D. (1995). From secrecy to psychopathology. In J. W. Pennebaker (Ed.), *Emotion, disclosure, and health* (pp. 71–91). Washington, DC: American Psychological Association.

Wegner, D. M., Lane, J. D., & Dimitri, S. (1994). The allure of secret relationships. *Journal of Personality and Social Psychology, 66,* 287–300.

Wegner, D. M., Shortt, J. W., Blake, A. W., & Page, M. S. (1990). The suppression of exciting thoughts. *Journal of Personality and Social Psychology, 58,* 409–418.

Weinberg, T. S. (1983). *Gay men, gay selves: The social construction of homosexual identities.* New York: Irvington.

Wellenkamp, J. (1995). Cultural similarities and differences regarding emotional disclosure: Some examples from Indonesia and the Pacific. In J. W. Pennebaker (Ed.), *Emotion, disclosure, and health* (pp. 293–311). Washington, DC: American Psychological Association.

West, L. W. (1970). Sex differences in the exercise of circumspection in self-disclosure among adolescents. *Psychological Reports, 26,* 226.

Yalom, I. D. (1985). *The theory and practice of group psychotherapy* (3rd ed.). New York: Basic Books.

9章
不適応的な印象維持

J. A. シェパード & K. D. クワニック

　人が他者からどのように扱われるかは、その人が他者からどのように見られているのかに影響を受ける。正直で責任感があると思われている人は、不正直で無責任だと思われている人よりも、信頼され、責任ある仕事を任されるだろう。また、尻軽だと思われている女性は、お堅いと思われている女性よりも男性に言い寄られることが多いだろう。こうしたことを考えると、人が自分をどのように見せるか、また、自分がどのように見られているかということに関心をもつのは当然のことといえる。印象管理（impression management）という用語は、他者が形成する印象を統制する過程をさしている（Goffman, 1959；Leary, 1995；Schlenker, 1980）。人は、他者に伝える自分の印象を注意深く統制し、形成する。印象を統制すれば、他者からどう見られるか、他者がどう反応するのかに影響を与えることができるのである。

　本章では、特定の印象を獲得し維持しようとする試みが、本人がそうするつもりはなくても、いかに不適応的なものとなり、否定的結果をもたらすかを検討する。特定の印象を形成することで利益を得ることも多いが、不利益を被ってしまうこともあるのである。筆者が中心とするテーマは、特定の印象を他者に伝えようとして、感情、行動、対人関係上のさまざまな問題が起こる場合がある、ということである。

　ここでは、有能さ（competence）と好ましさ（likability）という2つの印象目標を中心にして、不適応的な印象維持について考察する。この2つですべてというわけではないが、有能さ、好ましさという目標は、印象維持行動の多

くをとらえており，望ましい印象を求める際の落とし穴について議論するには格好の題材だと思う。有能さを扱う節では，有能そうに見せようとする，無能そうに見えるのを避ける，という2つの目標について考える。また，弱くて無能であるという印象を伝える場合があることについても述べる。次節では，好ましく見せるための2つの方法，同調と身体的魅力について考え，こうした目標をめざすことがいかに問題を生じさせるかについて述べる。この章では，有能そうに見せようとか，好ましく見せようとするやり方が裏目に出て，意図していない印象を形成してしまう場合についてたびたび述べることになる。しかし，筆者がいちばん注目したいのは，有能さ，好ましさという目標を目指すことが，どのようにして感情，行動，対人関係上の問題をひきおこすのかという点である。

1 有能さ

　有能でスキルをもっている人には，数えきれないほどの利点がある。有能な人は大学や大学院の入学試験で高い点を取れるので，よりよい学校に入ることができるだろう。有能だと思われている人は，よい仕事につけるだろうし，出世も早いはずである。経済的な成功というアメリカンドリームも実現できるかもしれない（Herrnstein & Murray, 1994）。おそらく，実際に有能であることと同じくらい重要なのが，有能そうに見えることである。電話をかけてきた時や面接を受けている時，また，履歴書を見たときに有能そうに見える求職者は，実際に有能であるかどうかとは関係なく，仕事を勝ちとる可能性が高いかもしれない。確かに，有能であることに非常に多くの利点が伴うことを考えると，スキルがあって有能そうに自分を見せたいと人々が動機づけられるのも不思議なことではない。
　有能である，つまり高い能力をもっているという印象を形成，維持できる方法がいくつかある。1つ目の方法は，能力を診断するテストの成績によるものである。運動能力テストであろうと，タイプのスピードテストであろうと，知

的洞察力のテストであろうと，得点が高い人は得点が低い人よりも有能で，スキルがあり，よくできると思われるであろう。実際，大学入学資格試験のように診断テストの得点に一喜一憂する人が多いために，どうしたら得点を高めることができるか伝授することがビジネスとして成り立つほどである。第二の方法は，自分の業績や能力を他者に伝えることである。履歴書は，個人の業績，賞，技能，能力を記述することで自分の有能さを示すフォーマルな手段として受け入れられている。しかし，単に自分の業績や，技能，他者とのつながりを述べるだけでもインフォーマルに自分の能力を示すことができる。ある若者は，高校での勉強やスポーツの成績を話して，デートの相手に自分の能力を印象づけようとするかもしれない。有能そうに見せることに対する関心が強いからこそ，学生は大学入学資格試験の得点を高めに報告することが多いのである(Shepperd, 1993)。

　有能そうに見せることができる3つ目の方法は，人とのつながりを利用するものである。ある人といっしょにいる人々は，その人の延長であると見なされることが多い(Schlenker, & Britt, 1999)。このことは，友人関係の場合によくあてはまるが，家族の場合でも同様である。そのため，親しい人が優れた成果を成し遂げたり，有能であることを示すことによって，自分も有能であるという印象を得られるのである。この有能さの「ハロー効果」が生じるのは，似たものどうしが集まりやすいことに（すなわち，類は友を呼ぶ；Byrne, 1971) 人々が気づいているのも1つの理由である。人々は，頭のよい人の友人や家族はやはり頭がよいと（概して正確に）考えることが多い。しかし，生物学的な近親者に関しては，有能さのハロー効果は，有能さに関係する多くの属性が遺伝的に規定されているという事実によるところが大きい。頭のよい親からは頭のよい子，運動神経のよい親からは運動神経のよい子，音楽の才能豊かな親は音楽の才能豊かな子が生まれる傾向が強いのである。そのため，ある人が有能だと判断すると，その親やきょうだいも有能だと推測しがちになる。

1. 能力が低いという印象を避ける

　失敗した時，期待したほど成績がよくなかった時，悪い成績が避けられそうもない時，どのようなことが起こるだろうか？ 人がよく直面するジレンマは，

いかに有能そうに見せるかではなく，むしろ，いかに能力がなさそうに見えるのを避けるか，なのである。能力がなさそうに見えるのを避けるには，大きく分けて2つの方略を使うことができる。1つ目の方略は「言い訳」で，すでに起きてしまった悪い結果について説明するというものである。2つ目の方略は「セルフ・ハンディキャッピング」で，自分の能力が低いかもしれないことを事前に示すというものである。

①言い訳

■**言い訳の機能**　筆者の昔のゴルフ仲間は，かつて次のような鋭い観察を行なった。ショット後のゴルファーの発言数はショットの質と逆相関する，というのである。ひどいショットの後には，なぜダフったのか，なぜ大曲りしてOBになったのか，言い訳が口をついて出てくる（「ヘッドアップしちゃった」，「バックスイングの時，ちょうど太陽の光が目に入ってね」，「新しいグリップに代えないとなあ」，「他のゴルファーがいるから気が散っちゃって」）。ところが，フェアウェイを突き抜けるようなすばらしいショットが出た後はむだ口をたたかず，そんなショットはあたりまえでコメントの価値もないとでもいいたげである。

　言い訳は，その出来事に対する個人の責任を低減しようという試みである（Schlenker, 1980；C. R. Snyder & Higgins, 1988；C. R. Snyder, Higgins, & Stucky, 1983）。ゴルフのミスショット，テストのひどい成績（「勉強していなかったんだ」），約束のすっぽかし（「寝過ごしてしまって」），失恋（「彼女が気に入るようないい車に乗っていなかったから」），規則違反やその他の悪い行為（「子どものころ，虐待されていたんです」）など，あらゆる出来事に対して人は言い訳をする。言い訳を概念化する1つの枠組みが，「責任のトライアングル・モデル」である（Schlenker, Britt, Pennington, Murphy, & Doherty, 1994）。このモデルでは，a）その状況では人がどうふるまうべきかを説明する，出来事についての明確な規定があるほど（規定—出来事間のリンク），b）役割・信念・性格によって行為者がその規定を適用できるほど（規定—アイデンティティ間のリンク），c）出来事に対する統制力があるという点で行為者がその出来事とつながりをもっているほど（アイデンティティ—出来事間のリンク），人はその出来事に対する責任をもつとされている。逆に，こ

れらのリンクが弱いほど，出来事に対する個人の責任が弱まることになる。

　言い訳は，トライアングル・モデルにおけるいずれかのリンクを弱めることによって，その事象に対する責任を低減する機能をはたす。たとえば，失業した女性は，仕事で要求されるものがはっきりせず矛盾したものだったと主張して，規定―出来事間のリンクを弱めるであろう。あるいは，きちんと訓練を受けていなかったとか，家庭の問題や義務があって仕事ができなかったのだから，あの業績から判断されても困ると主張して，規定―アイデンティティのリンクを弱めようとするかもしれない。アルコールや薬物の問題を抱えていて仕事ができなかったとか，無節操な上司に不公平な評価をされたなどと主張すれば，アイデンティティ―出来事間のリンクを弱めることになる。こうした説明をすることによって責任を免れることができるかもしれないが，その一方で，自分の能力を高めたり将来同じような状況を避ける手段をとれなくなる。

■**言い訳の不適応的な側面**　もちろん，すべての言い訳が不誠実なものというわけではない。仕事で何をすべきか本当に不明確だったり，訓練が不十分だったり，家族の問題に気を配らなければならなかったり，酒を飲みすぎていたり，上司や先生が自分を不当に評価する時もある。さらに，言い訳をすることによって規則違反や失敗をしてもうまく責任を免れてしまう場合も多い。しかし，言い訳はその人を不適応な状態に陥れてしまうような問題を生み出すことも多々ある。

　言いわけによる1つ目の問題として，言い訳をすると，達成できないような目標にいつまでも当人が固執してしまうことがあげられる。たとえば，意気込みは立派だが才能に疑問符のつく女優は，実際には「銀幕のスター」となる技量に欠けていて別の仕事を探したほうがよい場合でも，きちんとした事務所を見つけさえすれば，ふさわしい人に出会えさえすれば映画に出られると考え続けるかもしれない。スラム地区に住む若者の中には，バスケットボールやフットボールのスター選手になることが名声や財産を得る手段なのだと言いわけをしてスポーツに明け暮れ，教育を受けることに見向きもしなかったり，完全に切り捨ててしまう人々がいる。彼らは，プロになるだけの技量をもつ選手は本当に数えるくらいしかいない，という事実を無視しているのである。結局，達成できない目標を追い求めることは，もっと成功できる分野でがんばる機会が

失われて欲求不満になったり，落胆したり，後悔するばかりでなく，そもそも時間のむだともなる。スラム地区に住む若者の例に関して言えば，教育を無視することによって，スラム地区の貧困から脱出する手段を失うかもしれないのである。

　2つ目の問題は，言い訳ばかりしていると自分を変えたり改善したりできないということである。言い訳をすると，本人の注意はしばしば本当の原因からもっともらしいが実際には異なる原因へ逸らされてしまう。すなわち，本人の中に原因があるかもしれない問題を，外的な原因によって説明してしまうことが多いのである。たとえば，ある労働者が同僚に先を越されて昇進されてしまったとき，実際には技能不足とか態度の悪さなど本人の中に原因があるのに，それを人種差別（あるいは逆人種差別）のような外的な要因に帰属をする場合があげられる。同様に，配偶者から虐待された被害者は，援助を求めたりその状況から逃れようとするのではなく，配偶者の虐待行動に対して言い訳をするかもしれない。また，アルコール依存症の人は，自分が抱える問題に対して言い訳を並べ立てることで知られている。こうした言い訳は，しばしば援助要請を遅らせたり妨げたりする結果となる（C. R. Snyder et al., 1983）。変化や改善が必要なときに，言い訳は有害で破壊的な状況を助長する役割をはたしてしまうのである。慢性的に言い訳をする人にとっては，言い訳をすれば，望ましくない結果に対する責任を絶対に取らないようにできるのである。

　言いわけに伴う3つ目の問題は，逸脱行動や危険な行動など，後になって後悔するような行動に対して暗黙の了解を与えてしまうことである。この言い訳の不適応的な側面については2つの例をあげることができる。1つめの例は，夫が飲酒した後に妻への暴力行為が多く起こると述べたゲレス（Gelles, 1972）の研究からのものである。妻は夫の行為を決まってアルコールのせいにする。これは，お酒さえ飲まなければ何事もうまくいくということをほのめかしていることになる。夫もこれには即座に同意する。しかし，ゲレスは，夫が「暴力をふるうことへの言いわけにするために酒を飲む（116ページ）」場合もある，とまで述べている。おそらく夫は，悪い行為に対する言い訳として酒が使えることを学習してきたのであろう。

　もう1つの例は，筆者のうちの1人がかつて教えていたニューイングランド

の小さな学校に通うカトリックの学生に関する未公刊の研究からのものである。学生たちの年齢からすれば，セックスに対して強い関心をもつのも当然だった。しかし，婚前交渉は，カトリック教会の教義によってはっきりと厳しく禁じられている。その結果起こったことは，非常に印象的であった。学生たちはしこたま飲んでから，セックスをしたいという欲望のままに行動したのである。アルコールは自己意識を低減させるため，宗教上の規則に背いたことに対する罪悪感が弱まる。また，飲酒は，罪からある程度は許されるような言いわけにもなった。つまり，酒が入っていたせいで誘惑に勝てなかったということで，学生たちは赦しを得ることができるのである。それにもかかわらず，学生たちはこうした行為におよんだ後に，かなり強い罪悪感を表明していた。さらに，学生たちは，妊娠をしたり性感染症にかかる恐れがあるような危険なゲームにも興じていた。カトリック教会で禁じられているために，学生たちはコンドームその他の効果的な避妊方法を使って予防措置を取ることはほとんどなかった。ここが重要なのだが，こうした手段を講じると，前からセックスしようとたくらんでいた，ということになってしまう。それは，学生たちが自分に対してさえも認めたくないことだった。

　これら2つの例ではいずれも，言い訳は破壊的な行動，危険な行動，禁じられた行動を外在化し，部分的に赦しを得るために使われている。言い訳をしさえすれば，妻に暴力をふるう夫やセックスの面で積極的な学生は，危害を加える行動や禁じられた行動をとり続けることができるのである。

②セルフ・ハンディキャッピング

　人は自分の能力や有能さがわかってしまうような課題を行なう際，うまくやれないのではないかと事前に考える時がある。レースの前，走者は競争相手を負かすほど自分にスピードやスタミナがあるのかどうか確信をもてないかもしれない。大学院の入学試験の前夜，合格点を取れる能力が自分にあるのかどうか不安に感じる人もいるだろう。いずれの場合でも，これからやることがうまくいきそうにないとき，その人は能力がないようにみられる危険に直面していることになる。

　そのような時，うまくできないのは能力が低いからだと推測されないようにするために使う方略がセルフ・ハンディキャッピングである。セルフ・ハンデ

ィキャッピングには，遂行に対する障害をつくりだしたり，障害があることを主張するやり方がある。より正式な形で述べれば，成功する可能性を減少させるような障害があることを事前に主張したりあるいは実際に作り出し，失敗したときにその原因を能力に帰属させないことである（Berglas & Jones, 1978；Higgins, Snyder, & Berglas, 1990）。セルフ・ハンディキャッピングは自尊感情を維持するための方略とも考えられるが，研究によるとその最も重要な機能は，他者が行なう帰属を操作することである（Kolditz & Arkin, 1982）。セルフ・ハンディキャッピングの例としては，重要な試験の前夜に飲酒する学生や，講演の前にきちんと準備をしない講演者などがあげられよう。いずれの場合においても，セルフ・ハンディキャッピングをする人は，遂行（試験の成績や講演のでき）を悪化させるようなことをする。こうするとその人は，遂行が悪くてもその原因を自分の能力の低さではなくハンディキャップに帰属することができる。試験の成績が悪くても学生はそれを二日酔いのせいにできるし，下手なスピーチをした講演者はそれを準備不足のせいにできるのである。いずれの場合も，セルフ・ハンディキャッピングをする人は遂行の悪さに対して能力が低いからという説明をしなくてすむようにしている。そのようにして，おそらく幻想に過ぎないものであっても，スキル豊かで有能な人間という印象を維持できるのである。

　これまで多くの研究によって，セルフ・ハンディキャッピングを導くさまざまな要因が明らかにされている（Self, 1990）。そのなかで最も重要な前提条件は，課題を遂行することがアイデンティティにとってどれだけ重要か，成功する可能性がどれだけあると知覚しているか，の2つである。課題の遂行がアイデンティティにとって中心的である場合，そして優れた遂行が期待できないと本人が思っている場合にセルフ・ハンディキャッピングが行なわれるという結果が，これまでの研究で一貫して得られている。課題の重要性については，遂行がアイデンティティにとって重要でなければ，遂行が悪くても脅威にはならず，当人はその原因をどう帰属するかにはあまり関心をもたない。そのため，重要でない課題を行なう場合にはセルフ・ハンディキャッピングをしないであろう。成功の可能性の知覚については，遂行の結果が不明確な場合，当人にとっては肯定的な自己像が確証されない可能性に直面することになる。しかし，

セルフ・ハンディキャッピングを行なえば，悪い遂行に対して能力以外の説明が可能となり，肯定的な自己像を維持できるのである。

■セルフ・ハンディキャッピングの種類　研究者たちはセルフ・ハンディキャッピングを2種類に分けてきた。自己報告によるハンディキャップと行動によるハンディキャップである（Leary & Shepperd, 1986；同様の分類についてはArkin & Baumgardner, 1985も参照のこと）。自己報告によるハンディキャップとしては，遂行に対して障害があることを主張したり報告したりすることがあげられる。たとえば，ある学生は試験の前に過度のテスト不安があることを訴えるであろう（T. W. Smith, Snyder, & Handelsman, 1982を参照）。もしその学生の成績がよくなければ，テスト不安は合理的な言い訳として役立つのである。その他の例として，シャイであること（C. R. Snyder, Smith, Augelli, & Ingram, 1985），子どものころの外傷的な出来事（DeGree & Snyder, 1985）を主張することがある。ふつうは失敗の後で行なわれる言い訳とは異なり，自己報告によるハンディキャップは，遂行の前に行なわれるものである。しかし，言語による報告であること，似たようなデメリットがあり似たような結果をもたらす，という点で両者は類似したものといえる。

　行動によるハンディキャップとしては，遂行への障害を進んで受け入れたり（たとえば飲酒など），すでにある障害を取り除いたり最小限にするような行動をとらない（たとえば試験勉強や練習をしない）ことによって，遂行に対する障害を獲得したり作り出すことがあげられる。たとえば，薬物依存は深刻な問題であるが，薬物に依存する人は，さまざまな分野での欠点や失敗について便利な言い訳ができる。失敗やうまくできないことを，いつも薬物のせいにできるのである。要するに，行動によるハンディキャップは，行動したり，あるいは行動しなかったりすることで，遂行を妨害したり成功する可能性を減らすような状況をつくりだすのである。行動によるセルフ・ハンディキャッピングの例としては，薬物やアルコールの摂取（Berglas & Jones, 1978；Kolditz & Arkin, 1982），努力の差し控え（Harris & Snyder, 1986；Pyszczynski & Greenberg, 1983；M. L. Snyder, Smoller, Strenta, & Frankel, 1991），重要な課題を前にして十分な準備をしないこと（Rhodewalt, Saltzman, & Wittmer, 1984；Tice & Baumeister, 1990）などがある。

■**セルフ・ハンディキャッピングの不適応的な側面**　セルフ・ハンディキャッピングによって，自分の悪い遂行について能力以外の説明をすることができる。しかし，これにはコストが伴う。セルフ・ハンディキャッピングには，これが不適応的な方略となりかねない不利な点がいくつかあるのである。まず，望ましくない印象を長期にわたって形成してしまうかもしれない。すなわち，セルフ・ハンディキャッピングは，短期的にはできの悪さに対する言い訳となるものの，それをくり返すと否定的なレッテルを貼られることになる。確かにアルコールや薬物は悪い遂行のもっともらしい言い訳として役立つかもしれないが，こうしたセルフ・ハンディキャッピングをする人はアルコール依存者とか薬物乱用者といった否定的な印象でみられる危険がある。

　2つめは，行動によるセルフ・ハンディキャッピングの場合特に不利になると思われるもので，実際に成功の可能性を低め，本人が望まない結果を招いてしまう，という問題である。便利に使えるハンディキャップがあると学生は試験に受かりにくくなるだろうし，演説者は聴衆を説得したり感動させることができないだろう。求職者は仕事を得る可能性が低くなるだろうし，陸上選手は競争相手に打ち勝つことはできないだろう。セルフ・ハンディキャッピングをくり返し使うと，それが生涯にわたる問題となりうるのである。ジョーンズとバーグラス (Jones & Berglas, 1978) は，能力はあるのに成績が悪いアンダー・アチーバーは，慢性的にセルフ・ハンディキャッピングをする人ととらえるのが最も適切だと主張している。きちんと準備をしなかったり，テストの時に真剣に取り組まないので，アンダー・アチーバーは成功することが少ないのである。しかし，それでもアンダー・アチーバーは，もっと努力しさえすれば成功したはずという，現実のものとはならないが潜在的に能力があるという印象を維持することはできる。要するに，セルフ・ハンディキャッピングをする人は，自分の遂行を妨害することで，成功する喜びや恩恵をほとんど味わえない。仲間たちはどんどん昇進したりその他の成功経験を積み重ねて追い越していくのに，セルフ・ハンディキャッピングをする人は，言い訳だけを慰めに佇んでいるしかないのである。失敗するつらさを避けられるという意味で気楽なのかもしれないが，進歩することを犠牲にしてまでそうするのは賢明なことではない。

　最後に，アルコールや薬物のようなハンディキャップを事前の言いわけに用

いると、セルフ・ハンディキャッピングをする人にとっては大きな損失をしいられることになる。こうした規制物質には依存性や身体を衰弱させる影響があることが、その危険性を物語っている。さらに、セルフ・ハンディキャッピングによって業績が長期にわたり悪化することになれば、それだけ後悔の念が強くなる。就職の面接や専門学校の入学試験のために十分に準備しなかったり、そのために面接や試験で失敗した人は、「もっと準備していれば、わたしの人生、こんなはずじゃなかったのに」と、一生悔やみ続けることになるだろう。

③他者高揚

セルフ・ハンディキャッピングと類似した方略に「他者高揚（other-enhancement）」がある（Shepperd & Arkin, 1991）。これは、競争場面において、相手方の遂行に有利な条件を提供するという方略である。こうすることが自分の遂行の悪さに対する便利な説明となるという点で、セルフ・ハンディキャッピングと似ている。競争相手の遂行が高まるような資源、道具、その他の有利な条件を与えることによって、相対的によくない自分の遂行を、相手が有利だったことに帰属できるのである。しかし、他者高揚にはセルフ・ハンディキャッピングにはない利点が2つある。第一に、セルフ・ハンディキャッピングでは、自分自身の遂行が悪くなるようなことを実際に行なうが、他者高揚の場合にはそのようなことはしない。そのかわり、競争相手が有利になるようにするのである。したがって、このやり方は、大学院のように競争が厳しい環境でよく使われるのではないかと思う。他の院生との相対的な比較は避けることができず、だからといってセルフ・ハンディキャッピングによって自分の遂行を妨げるようなことをすれば、それこそ悲惨な結果になるからである。第二に、競争相手に有利な条件を与えることによって、無欲な人、あるいは愛他的な人であるとさえみられる。結局のところ、競争相手を助けるなどというのは、非常に愛他的な人だけではないだろうか。もちろん、競争相手を助けるのに費やす時間や労力を自分自身の遂行に向けることはできる。したがって、他者の遂行に利することばかり考えて自分の遂行を省みないことで、この方略を用いる人は自分自身が進歩する機会を減らしてしまうかもしれない。

しかし、他者高揚には欠点も2つある。第一に、他者高揚をすると競争相手の依存心が強まったり、有利な条件を与えられた人が自分の能力に疑念をもつ

ようになるかもしれない（「自分の力で勝ったのだろうか？」など）。たとえば，自分の息子とゲームをやる場合，父親は「レベルを合わせる」ために息子が有利になるようにするかもしれない。しかし，当の息子は，そうした有利な条件がなくても勝てるのかどうか，疑問に思うだろう（Gilbert & Silvera, 1996を参照）。第二に，他者高揚をすると，受け手が自分の力でうまくやれることを示す機会が奪われたと感じるので，受け手の怒りを買うかもしれない。そうなれば，受け手との関係は険悪なものになるだろう。また，有利な条件を提供した側から見れば，援助されたことに対して受け手が感謝をしていないように見えるので，他者高揚をした人も怒りや反感を感じることだろう。

2. 否定的な印象の主張

ここまでは，人はどのようにして有能そうに見せようとするのか，そして，この目標（あるいは，少なくとも能力がなさそうに見えるのを避けるという目標）を達成しようとすることがいかに不適応的となりうるのかに焦点を当ててきた。重要なことだが，人は常に有能そうに見せたがるわけではない。能力が低いとか能力がないという否定的な印象を形成し，維持しようとする場合もある。否定的なアイデンティティを主張するというのは直観的には理解しがたいかもしれないが，ある状況では，そうすることによって他者から自分に有利な反応を引き出すことができるために魅力的な目標となるのである。たとえば，人々は具合が悪そうな人には思いやりの気持ちをもって接するし，能力がなさそうな人や障害のある人にはあまり努力や成果を要求しない。さらに，弱そうだったり，準備不足に見える競争相手に対しては，フルに力を発揮しようとはしないだろう。ここでは，自分を否定的に見せる状況を，大きく3つのカテゴリーに分けて考察する。

①弱さや無能さをあらわにする：哀願と戦略的な失敗

多くの点で，有能そうに見せることは両刃の剣である。自分の業績や有能さを示せば，人々から尊敬され感心されるだろうし，物質的な面でも対人関係の面でも有利に事が運ぶことになるだろう。その一方で，有能な人は有能でない人に比べて責任が重くなり，高い水準の成果をあげることが求められる。

人々が技能や能力を控えめに示したり，有能そうに見せないようにする理由

の1つは，困難な課題を避け，やりたくないことから逃れることである。外国語の必修科目を取らなければならない大学生がよく使う作戦は，クラス分け試験でわざと悪い成績を取ることである。そうすれば実際よりも外国語の能力が低くみられるので，要求度が低く，それゆえ確実に高い成績がとれるクラスへ首尾よく振り分けられることになる。洗濯仕事から逃れるために，服の分けかた，洗濯機の使いかた，アイロンのかけかたがわからないと妻に言い張る夫も同類である。こうした戦略的失敗や低い能力の呈示がなされるのは，周囲の人の期待を低めて達成しやすい目標を作りだしたり（Baumgardner & Brownlee, 1987；Weary & Williams, 1990），仕事から逃れたり，わずらわしい課題を避けたりする（Kowalski & Leary, 1990；Stires & Jones, 1969）ためである。さらに，自分は弱くて無力であるという自己呈示をして他者から援助，世話，保護，助力を得ようとする時もある。ジョーンズとピットマン（Jones & Pittman, 1982）は，このように自分の弱さを呈示することを「哀願」とよんだ（Schlenker, 1980も参考）。たとえば，落ち込んだ気持ちになっている人はそれを少し大袈裟に表現して他者から慰めを得ようとする。同様に，お年寄りは電球の交換とかデジタル時計の設定などちょっとした手作業ができないようすを示して，家族の目を自分のほうに向けようとしたり，家族と接する機会を増やそうとするのである。

　哀願，戦略的失敗，その他の似たような自己呈示を行なうことにはいくつかのリスクがある。第一に，自己呈示の対象者が，その人を弱い，能力がない，頼りにならない，など否定的な印象で見るかもしれない。たとえば，抑うつ感情を表わして情緒的サポートを引き出そうとする人は，自分が求めた援助や世話を受けることができるかもしれないが，それによって否定的な評価を受ける可能性もある。人は，哀願をする人を助けはするだろうが，その人を好ましく見ないのである（Powers & Zuroff, 1988）。弱さや無力さを呈示することに伴う第二のリスクは，対象者の怒りを招くということである。前述の例で言えば，夫が洗濯をできない（らしい）なら自分がやらなければならず，妻はその不公平に怒りを感じるだろう。本当に初学者で外国語の初級クラスに入った学生は，おそらく高校かどこかでその外国語に接したことがあるようなのに，クラス分け試験でわざとひどい成績を取って初級クラスに席を確保した学生が同じクラ

スにいたら，明らかに不快な気分になるはずである。

　第三に，哀願，戦略的失敗という自己呈示方略を使う人は，困難な課題に取り組んだり失敗の危険を冒したりして成長し，進歩する機会を失うことが多い。語学のクラス分け試験でわざと悪い成績を取る学生は，確かにやさしいクラスに入ることができるかもしれないが，語学力を高める機会を自ら棄ててしまうことになる。同様に，車の運転，洗濯の仕方，ビデオの録画予約の仕方を学ぼうとしない人は，他人に依存する（あるいは，少なくともビデオの表示画面に12：00［初期設定値］を点滅させる）生活を強いられることになるだろう。

②油断誘導（sandbagging）：競争相手ががんばらないようにする

　援助を求めたり嫌な状況から逃れるためではなく，相手を「油断（sandbag)」させるために能力を低く見せる場合がある。「油断誘導」(sandbagging) とは，相手の努力を弱めたり，相手のガードを緩めさせるために，自分が価値のない競争相手であるかのように見せることを意味する（Shepperd & Soucherman, 1997)。油断誘導をする人の目標は，勝利しかない，完全勝利だと相手に思いこませることである。競争相手がスターターの鳴らすピストルの音に瞬時に反応しないように，スタート台に着く前にわざと足をひきずって歩く陸上選手は，競争相手を油断させようとしている。レスリングで相手のガードを緩めさせるために，怪我しているふりや痛がるふりをしたり，「降参」と叫んだりする束の間の敗者も同様である。そして，確かに油断誘導が効果を発揮することを示す証拠がある。相手が不利だと感じた時はあまりがんばらないなど，自分ががんばる程度を競争相手と合わせようとする，と人々が報告しているのである (Shepperd & Soucherman, 1997)。油断誘導をする人は，必ずしもあからさまに否定的な印象を示す必要はないことに注意していただきたい。実際よりも弱そうに見せたり，能力がなさそうに見せたりするだけで十分なのである。このように，油断誘導はたいていの場合，能力がまったくないことを示すというよりは，能力が相対的に低いことを示すのである。

　油断誘導は，競争の結果が本人にとって重要で，かつ，その結果が不明確な場合に起こる。しかし，あらゆる種類の競争においてうま味のある方法であるというわけではない。たとえば，初心者のように見せかけて相手を油断させようとするテニス選手もいるかもしれないが，ファースト・サーブを打ち込んだ

瞬間に，相手プレーヤーにばれてしまうだろう。油断誘導をする人は，相手をだましてさらにガードをゆるめさせるかもしれない。最初のサーブではうまく騙せるかもしれないが，それ以上はむずかしい。油断誘導という方略は，一回の動きやプレーによって結果が決まるような競争で，相手のがんばりを少なくさせるときに適したものなのである。

　油断誘導という方略の他にも，競争相手に対して自分が弱く，無力で，能力が低いと自己呈示することがある。たとえば，不正直なゴルファーは，クラブコンペでハンデをたくさん貰うために，その前の何週間かはラウンドでわざとスコアを悪くするようなことをするかもしれない。この場合は，自分が不当に有利になることがその動機となる。別の例としては，自分のチームの長所にはあまり言及せずに短所を強調したり，相手チームの技術の高さを誉めそやすようなコーチがあげられる。この場合の動機は，ワンサイドゲームになりそうなときにファンの関心をつなぎ止めるためか，予想に反してゲームが緊迫したものになった場合のためにあらかじめ言い訳を用意しておくかのいずれかである。

　最後に，いかさま勝負（hustling）も，相手の努力を牽制する以外の理由で自分を弱く見せる例である。いかさま勝負の目標は，金やその他の資産を獲得することである。いかさま勝負師は，最初はわざとゲームに負け続けるが，「カモ」が大金を賭けたその瞬間に本領を発揮，金を巻きあげる。いかさま勝負師は，これまでもよく映画に取りあげられてきた。『ハスラー2（原題名：The Color of Money）』（Scorsese, 1986），『ハード・プレイ（原題名：White Men Can't Jump）』（Shelton, Miller, & Lester, 1992），そしてもちろんあの有名な『ハスラー（原題名：The Hustler）』（Rossen, 1961）である。いかさま勝負は，自分が相手より能力が低いことを示すことや，相手のガードを緩めさせる点で前述の油断誘導と似ているが，両者はその前提条件が異なる。いかさま勝負の場合，勝負師の能力は相手よりも確実に優れており，勝負の最終的な結果は（少なくともいかさまをする人には）最初からわかっているのである。

　自分を弱く見せたり，スキルや能力がないと見せることは常に賢明な方略というわけではなく，不適応的となる場合もある。第一に，そのように見せても相手が信用しない場合，油断誘導をする人は嘘つきで信用できない奴という，望ましくない評判を得てしまうことになる。こうした悪い評判が競争場面を越

えて日常の人つき合いにもあてはまると考えられてしまったら，特に問題となるだろう。第二に，相手の油断を引き出す目的で弱そうに見せたとしても，結局は負けてしまったら，その人は実際以上に能力がないという印象を人々に植え付けてしまうことになる。一度の勝負の結果よりも，社会的あるいは経済的な報酬が高いほど能力が高いという印象を多くの人々が抱いている場合，長所よりも弱みを見せることによって事態は悪くなってしまうだろう。第三に，自己確証理論からすると，油断誘導をする人は自分の能力を正確に知覚してもらえないことで不安を感じることになるかもしれない（Swann & Read, 1981を参照）。人は概して，他者から自分を正確に知覚してもらいたいと考えており，そうでない場合には不安を感じるのである。第四に，弱さを見せることに成功して競争相手が油断したとして，それでも負けてしまったのであれば，相手の油断を誘導した人は二重に苦しむことになる。なにせ，単に負けたというだけでなく，油断している相手に負けたのである。帰属の観点からすると，この場合，負けは確実に本人の能力の低さに帰属されるだろう（Heider, 1958；Jones & Davis, 1965；Kelley, 1967）。

　第五に，人は他者に呈示した姿からある程度影響を受けることがある。たとえば，外向的にふるまうように誘導された人は自分のことを外向的と考えるようになるし，内向的にふるまうよう誘導された人は，自分のことを内向的と考えるようになる（Fazio, Effrein, & Falender, 1981；Tice, 1992）。同じことが油断誘導という方略にもあてはまるかもしれない。自分の弱さや能力の低さを呈示している人は，自分の能力に疑問を抱くようになり，その結果，自尊心が低下する可能性がある（Jones, Berglas, Rhodewalt, & Skelton, 1981）。

　最後に，自分が弱い人間，危険がない人間であることを示そうとすると，他者から疎んじられてしまうかもしれない。たとえば，筆者の友人のセラピストは，女性とつき合いたくて仕方ないという男性患者について語ってくれたことがある。彼が女性とデートしてもらう作戦は，危険を及ぼす心配のない安全パイであるように自分を見せることだった。そのために，彼は女性と知り合いになると，自分は性的不能者だと告げたそうである。こうした方略は，確かに脅威を与えないという印象を伝えるかもしれないが，同時に望ましくない印象も与えてしまうのである。

③精神病であることの呈示

　シェイクスピアの戯曲『ハムレット』で，主役のハムレットはいろいろな時にその言動の中に精神病の症状を呈している。ハムレットの見せたそのような症状が本物なのか，それとも父親の死や母親の裏切り行為について探るのを隠すための策略なのかは，戯曲中では明らかにされていない（Shakespeare, 1964）。それでも，人は自分の行動に対する義務や責任を避けるために，自分が精神的に病んでいるかのように見せる場合がある。したがって，精神異常だという抗弁は，刑務所行きを避けようとするためだと判断されることがある。

　もちろん，精神病の症状を示すことは，そのほとんどは本物であり，その基底にある精神障害を反映したものであろう。妄想や幻覚，衝動コントロールに伴う問題，抑うつなどで，実際に多くの人が苦しんでいる。しかし，そうした精神病の症状をどの程度示すかという点に関して，印象操作への関心によって規定される部分もあることが明らかにされている。たとえば，ある研究では，精神病院の開放病棟に長期入院している統合失調症患者30名が，精神科医による個別面接を受けた。ある群の患者は，この面接によって開放病棟から閉鎖病棟に移すべきかどうかを決定すると告げられた。閉鎖病棟には症状が重い患者が収容されており，患者に与えられる権利が少ない上に行動の自由が制限されるという点で，開放病棟に比べると居心地が悪いものであった。もう1つの群の患者は，この面接によって退院すべきかどうかを決定すると告げられた。さらに統制群に割り振られた患者は，面接は単に患者の状態を調べるものだと告げられた。いずれの群でも，面接をする精神科医は患者がどの条件に割り当てられているかについては知らされなかった。その結果，閉鎖病棟への移送について評価されていると思っている患者は，統制群の患者にくらべて面接の間ほとんど統合失調症の症状を示さなかった。一方，退院させるのが適切かどうかを評価されていると思っている患者は，面接の間，統制群の患者に比べて精神病の症状を多く示していた（Braginsky & Braginsky, 1967）。

　後者の結果は驚くべきもののように思われるが，この研究の対象となった患者が，何年もの間入院生活を送っている精神病患者だったことを忘れてはならない。入院が長期にわたると，患者の多くは病院の外でうまくやっていけるかどうか，自分の能力について疑念を抱いていたかもしれない。病院という安全

でなじみのある環境の外に出ることが，自分にとって得体の知れない脅威に満ちた将来と映ったことだろう。さらに，もし退院することになればすぐに生活に困ってしまい，行き場がなくなってしまう患者もいる。最後に，一部の患者にとっては，精神病院は休養することができて面倒もみてくれる「楽園」のようなものだとする研究者もいる（Braginsky, Braginsky, & Ring, 1969）。もちろん，面倒を見てくれるのは快適かもしれないが，精神病院の場合には，その代わりに外の世界で生活することによって得られるはずの尊厳や日々の経験を犠牲にしてしまっているのである。現実世界での生活は脅威に満ちたものかもしれないが，思い切って始めてみないことには何事も得られないだろう。

④まとめ

多くの人は自分を有能にみせようとしたがるものであり，技能がある人，能力がある人という印象を作り出すためにさまざまなことをする。有能であるという印象が脅かされると，人はさまざまな言い訳やセルフ・ハンディキャッピングを行ない，誤りや失敗の原因を自分の外部にもっていこうとする。しかし，言い訳やセルフ・ハンディキャッピングによって，本当にあるかどうか定かでない有能さを隠そうとすることは，感情，行動，対人関係の面で問題を引き起こすことがある。たとえば，達成困難な目標に多くの時間と労力を費やしたり，逆に重要な領域で十分な努力をしない結果，別のよい機会を失って後悔することになる。また，言い訳やセルフ・ハンディキャッピングを重ねると，他者から愚かな人間，嘘つきとみなされて疎んじられてしまうこともある。最後に，破壊的で，危険な，禁じられた行動に対して言い訳を作ってしまうと，自分だけでなく他者にも害を与えることになるだろう。また，セルフ・ハンディキャッピングをすれば，成功から遠ざかってしまうという点で害があるばかりでなく，アルコール依存，薬物依存の例のようにセルフ・ハンディキャッピングをする人自身に対しても危険なものとなる。有能そうに見せることをあきらめ，逆に，能力がないように見せる人もいる。他者からの支援を確保したり，競争相手をだましたり，責任を避けるためである。しかし，無能さを示すこと自体にコスト（スティグマ化，他者からの不信，依存，社会的排除など）があり，結局は不適応的なものになってしまうことも多い。

2 好ましさ

　繁華街へ行こうとしている若者のグループを想像していただきたい。彼らは皆，ラフでわざとらしくないように見える服や小物を念入りに選び，繁華街から1ブロック手前のところで車を停めてくれるように，送ってくれた父親に頼むだろう。次は，あれこれ気にしながらデートに出かける準備をしている若い女性である。髪をセットし，自然な感じに化粧をし，お気に入りのスカートにアイロンをかける。一方，数マイル離れたところでは，彼女のお相手の男性が一時間ウェイト・リフティングで汗を流した後，シャワーを浴び，ひげをそり，いちばん上等のオーデコロンを身体にふきつける。こうした人々の間で共通しているものは何だろうか？　皆，相手に好かれようと必死なのである。

　あらゆる年齢の人が，仲間，家族，先生，上司，恋人から好かれたいと願う。こうした努力は理解できる。好かれることによって，さまざまなものを得られるからである。第一に，人から好かれたほうが生き残ることに有利になる。危険なことや悩みごとに直面したとき，友人からの支えや援助が役立つのである。第二に，友人がいるということは楽しいものである。友人がいると所属感が高まるし（Baumeister, & Leary, 1995），楽しく会話をすることができる。第三に，好かれている人はパーティや会合に招待されるなどの恩恵，特典を受けることが多いだろう。このように，好かれることには多くの利点があるため，人は自分が好ましい人間であろうとしたり，好ましい人間に見えるようにするために一生懸命になるのである。

　人から好かれようとするには，少なくとも2つの方法がある。まず，人は自分と似ている人を好きになることが多いので，多くの人が相手に好かれようとしてその相手の行動に同調する。先に述べた十代の若者は，明文化されているわけではないが広く知られている「かっこよさ」の指針に従うことによって社会から賞賛を得ている。また，次に出てきた若いカップルが気づいているように，人は身体的に魅力のある人を好きになることが多い。このように，多くの利点があるため，人は好ましくあろうとしたり，好ましく見えるようにするために努力するのである。しかし，それがあまりに度をすぎると，「仲間の1人」

とか「魅力的な外見の人」という印象を形成・維持することが問題を引き起こす場合もある。

1. 不適応的な同調

　子どもや若者にとっては，人気があって好ましい存在であるためには，「かっこいい人」，まわりに溶け込んでいる人，という印象を伝えなければならないことが多い。他の人と違った服を着ていたりことばがなまっていたりすると，いじめられたり仲間はずれにされてしまう。そのため，人から好かれ受け入れられるためには，社会の基準に合わせなければならないことを子どもは即座に学ぶ。服装や行動の一般的な基準に忠実な子どもがかっこいいのである。逆にそうした基準に従わない子どもは「イモ」とか「ダサイ」などといわれてしまう。多くの場合，同調することは有益なことである。誰もが社会のしきたりや文章化されていない行動のルールに見向きもしなければ，混沌とした無秩序状態になってしまうだろう。しかしそれが極端になると，仲間に同調したりかっこよく見せることが危険な結果を招いてしまうことになる。

　たとえば，性行為は安全で特に悪い影響はないかもしれない。しかし，成熟している印象を与えたいとか，「大人の仲間入り」をしたいという気持ちから，はやく処女を失う場合が多い。あまりに早くセックスの面で積極的になろうとすると，後で後悔し悲しむことになる。もちろん，性交渉による危険は，気持ちが傷ついたり後悔するというだけではない。毎年100万人もの女性が無計画に妊娠しているし（Fielding & Williams, 1991），性感染症が蔓延しているのは，まぎれもなく無責任なセックスの結果である。若者は避妊の知識をもってはいるのだが，多くの場合，友人がやっていると思う行動に左右されてしまう。A. M. A. スミスとローゼンサール（A. M. A. Smith and Rosenthal, 1995）は，避妊措置をとらないセックスのような危険な行為は友達に影響される面もあると報告している。

　ゲイの男性社会のメンバーは，特にHIVやAIDSになる危険があるため，こうした予防に関する意識が高いと思うかもしれない。しかし，コンドームを使用せずに安全でない性行為を続ける者もいる。同性愛者が安全でないセックスをすることを最も強く予測する要因の1つは，否定的な印象で見られるのでは

ないかという恐れである (Gold, Skinner, Grant, & Plummer, 1991)。さらに，コンドームを買ったりもち歩くことを躊躇するために安全なセックスができない場合もあるだろう (Zabin, Stark, & Emerson, 1991)。自分の健康を気遣うよりも，パートナーからどう見られるかに関心をもつ人が実に多いのである。皮肉なことに，その結果性感染症になったとしたら，それが恋愛に対する最大の障害となってしまうのである。

まわりと合わせたい，「かっこいい」と見られたいという気持ちは，規制物質（アルコール，たばこ，違法薬物）を使おうという判断にも重要な役割をはたす。これまでの研究は，仲間から受け入れてもらいたいという気持ちや断ったら仲間はずれになるのではないかという不安が，若者が喫煙 (Friedman, Lichtenstein, & Biglan, 1985 ; Sussman, 1989)，違法薬物 (A. M. A. Smith and Rosenthal, 1995)，アルコール (Hunter, Vizelberg, & Berenson, 1991) に手を染めるいちばんの動機づけとなっていることを明らかにしている。仲間から勧められた薬物を受け入れることによって，若者はかっこよくて，無鉄砲で，勇敢であるという望ましい印象を形成することができるのである。しかし，同時に，薬物の否定的影響を経験するという危険な状況に自らをおいてしまうことになる。

①治療を求めたり，受け入れることができない

人は健康な人を好み，健康でない人もしくは苦しんでいる人を恐れたり避けたりする傾向がある。これは，病気の人の外見や行動を目にすることによって不快になるためであろう。病気の中には，容貌を損なうものがある。また，精神病などの場合には予測不可能な行動や不適切な行動を生み出すことが多い。病気の人や苦しんでいる人を避けるのには，病気が感染するのではないかという不安も一役買っているはずである。最後に，西洋で一般に普及している考えは，病気の罹患者に大きな責任を負わせるものであり，病気の発生や結果は本人のせいであるとすることが多い (Finerman & Bennett, 1995)。実際，「正当な世界 (just world) 現象」(Lerner & Miller, 1978) についての研究は，苦しんでいるのは本人が悪いからで，そうなるのは当然だと人々が考える傾向があることを示している。そして，健康でない人は責められ避けられるため，病気を隠そうとすることが多い。病気を隠すことで正常だという印象を維持できる

かもしれないが，病気を治すために必要な治療を受けなくなってしまうことも多い。

■**幼少時の近親相姦や虐待**　虐待された子どもやみだらな行為をされた子どもは，何の罪もない被害者であるにもかかわらず，虐待されたことについて責任や良心の呵責を感じることが多い（Pipe & Goodman, 1991）。実際，女性の22.3％，男性の8.5％が子どものころに性的虐待を経験していると推定されるが（Gorey & Leslie, 1997），ほとんどすべての事例には秘密にされている部分があるため，実態についてはよくわかっていない（Sgroi, Porter, & Blick, 1982）。子どもが虐待者から黙っているように脅されていたケースもある。近親相姦関係の75％は親子の間の秘密といえるのである（Bander, Fein, & Bishop, 1982）。しかし虐待された児童は，話したら否定的な反応が返ってくるのではないか，信用してもらえないのではないかと恐れて結局は話さないことが多い（Lowery, 1987）。この恐れは根拠がないものではない。正当な世界現象に関する研究からは，性的虐待の被害者は本人に責任があるとか劣っていると判断されるため，被害者を嫌ったり排斥する場合があることが示唆される。つまり，近親相姦や虐待があったことを認めた被害者は，好かれず受け入れられないかもしれないのである。

　虐待について沈黙を守ったままでいると，被害者は正常であるという公的な印象を維持することはできるが，適切な治療を受けられなくなってしまう。自分の経験を開示すれば，悩んでいるのは自分だけではないことに気づき自責の念から解放されるのだが，その機会を失ってしまうのである。治療をしないままだと，幼児期に性的虐待を受けた被害者は成人期に入ってからひどい症状に苦しむことになるだろう。たとえば，性的な機能不全，親密な関係をもちづらいこと，抑うつ，自尊心の低下，無力感，信頼感の欠如，強迫性障害，衝動性，自己破壊的行動，育児困難などである（Lowery, 1987）。被害者は正常であるという印象を友人に伝えようとするのだが，そのために事実を隠し治療を避けることになり，その後何年も悩まされるような問題を生み出してしまうのである。

■**薬物・アルコールの乱用**　先にも述べたが，友人に合わせたり，印象づけようとして多くの人が薬物やアルコールを始める。皮肉なことに，こうした行

動は，社会的に容認されずスティグマとなるような有害な習慣になってしまう。薬物やアルコールの常習者やその家族はそうした問題をもつことを恥だと感じるため，その事実を友人や知り合いから隠そうとする。そうすると，嗜癖の治療を求めることができず，さらに重度の状態に進んでしまうことが多い。

多くの薬物常習者は，その気になれば自分の問題を隠すことができる。薬物常習者に常習の習慣を隠すよう教示した研究では，52%が面接者をうまく騙して隠し通すことができた（Craig, Kuncei, & Olson, 1994）。常習者自身に加えて，幸福な家族という印象を世間に与えたいと願う家族も，常習者が家にいることを恥だと感じ，いっしょになってその事実を隠そうとする（Naiditch, 1987）。こうした身近な問題にすぐに取り組むことをしないと，家族にとっても常習者にとっても困難な問題を将来に先送りしてしまうことになる。常習者に対してはそのまま治療が施されないし，家族もそれによって感情的問題を抱えることになりかねないのである。アルコール依存症の親をもつ子どもは，発達の遅れ，信頼感や安心感の欠如など，特に将来問題を抱える傾向がある（Naiditch, 1987）。さらに，アルコール依存症でない親をもつ子どものほうが，アルコール依存症の親のいる家庭で育てられた子どもよりも行動，認知，感情の面でよく機能しているという報告もある（Bennett, 1995）。アルコール依存症の親をもつ子どもが羞恥心を克服してその問題を教師や信頼できる大人に打ち明けることができれば，専門家の援助を受けることができ，こうした発達面での問題を避けられる可能性もあるだろう。

常習者とその家族は，ふつうであろうとしたり好ましく見せようとして常習の事実を隠そうとするのがふつうである。したがって，治療の最も大きな障害となるのは，問題の存在自体が明らかにされないことかもしれない。しかし，常習していることを認めたからといって，スムーズに回復にいたるとは限らない場合もある。常習の問題があることは認めても，治療を受けることに抵抗する常習者もいるだろう。たとえば，ある社会集団では飲酒や薬物使用が賞賛されるべき行為であるため，「治療される」ことを望まない人もいるはずである。また，青年の多くが薬物治療プログラムから脱落してしまうのは，治療を受けるのが恥ずかしいと感じたり，「体制」が保守的な価値観を植え付けようとしているのではないかという疑念をもつためである（Raniseki & Sigelman,

1992)。確かに，薬物やアルコールの治療を拒否することで，仲間にかっこいいところを見せることができるかもしれない。しかし，仲間の友人たちは成長し，無茶することがかっこいいという時代を卒業していくのに，常習者だけが治療も受けられずにとり残されるのである。

■**精神病と身体疾患**　精神病や性感染症など疾患の多くが，克服しがたい強力なスティグマとなる（Link, Mirotznik, & Cullen, 1991）。その結果，患者やその家族は，病気で苦しんでいることが明らかとなるのを恐れる。秘密にしてしまえば治療を求めることもできないし，その状況を打開するための適切なサポートを得ることもできないだろう。

　場合によっては，病気そのものではなく治療を受けることがスティグマになることもある。たとえば，ある障害を恥ずかしいとは思っていない子どもでも，むくみや脱毛など見かけが悪くなるような副作用をもたらす治療であれば，それが必要でも拒否してしまうかもしれない（Korsh, Fine, & Negrete, 1978）。また，学校にいる時やその他の社会的活動の際に何度も薬を服用しなくてはならないとすると，友人といっしょにいる時間が少なくなってしまう。そのために，副作用がなくても治療を拒否する子どももいるだろう。このことは，薬物治療だけでなく，本来ならば容易に対処できるはずの，さまざまな精神的，身体的問題にもあてはまる。多くの学校では専任のサイコロジスト，スピーチセラピスト，矯正指導教員を雇っているが，生徒は教室から呼び出されて決まりが悪い思いをしたくないために，こうした援助を拒否してしまうかもしれない。

　また，スティグマを貼られるからではなく，単に困るという理由から具合が悪いことを隠す場合もある。パーティの日だというのに運悪く喉の痛みを感じる子どもは，家で留守番するはめになるのを避けるために何でもないふりをするだろう。同様に，たいせつな試合に出られなくなると困るので，怪我があることを隠す陸上選手もいるかもしれない（Leary, 1995）。彼らは，このような行動をとることで社会的に認められることが多い。パーティに出席すれば子どもはかっこいい場面の一部でいられるし，陸上選手は大きな競技会に出場するという栄光に浴することができる。しかし，これにはコストが伴う。病気や怪我を隠し適切な治療を受けないことによって症状がさらに悪化し，身体に深刻な影響を与えてしまうことにもなりかねないのである。

②通過儀礼

　ある文化では，若者が通過儀礼に取り組む。これは，仲間から尊敬を得たり，臆病者やまだ儀礼を受けていない者とを区別するための活動である。こうした儀礼には危険や苦痛を伴うものもあるが，若者は自分が周囲から受け入れられ認められるために必要な代償であると考えている。たとえば，ポルトガルの少年は大人であることを宣言するために，込み入った一連の活動を行なう。こうした通過儀礼は地位や権力を手に入れたいと願う少年にとっては必須のものであり，拒否した者は臆病者とか「女の子」とみなされる。少年たちにとって，通過儀礼は恐ろしい経験であり，その間さまざまな危険な状況に直面しなければならない。通過儀礼に参加した9歳と10歳の少年たちはこれが恐ろしい体験だったと報告しているが，尊敬されたい，受け入れられたいと思う少年は誰でもこの儀礼に参加するのである（Alves, 1993）。

　アメリカでは多くの国民が，さまざまな危険な通過儀礼を受けている。フラタニティの新入りいじめ（hazing），つまり新たにフラタニティに入る者への厳格な通過儀礼によって，重傷を負ったり命を落としたケースもある。新入りいじめは，事実上すべての大学で，また国内のすべてのフラタニティで禁じられているが，儀礼にかかわる事故やその他の不祥事のニュースがときおり報道されることからすると，いじめが依然として水面下で行なわれていることは明らかである。スポーツのチームでも，危険な儀礼を選手に課すことがある。1993年の『クォーターバック（原題名：The program）』という映画（Ward & Goldwyn, 1993）の中では，フットボール選手が精神的に強く恐いものなしであることを証明するために，交通量の多い道路のセンターライン上に仰向けになることを要求されていた。映画の登場人物はかすり傷1つ負わなかったが，この映画を見た者の中には同じことを試して大怪我を負ったり，死んでしまった例があるという（"Disney plans," 1993）。度胸があって勇敢であることを証明することで尊敬を得ようとしたのだが，悲しいことに若者たちは2つとない命を犠牲にしてしまったのである。

③セックスへの関心

　ある社会では，結婚前の女性がセックスについての関心を口にすべきでないとされている。初夜までは禁欲を守ることが期待されるのである。そこで，好

かれたい，尊敬されたいと願う女性は，純潔であるという印象に従うことで望ましい印象を形成しようとする。実際，処女の女性は重んじられ，敬われてきた。一方，結婚前に性的な面で積極的な女性は避けられてしまう。青年期の女性にとって，「尻軽（easy）」とか「売女（slut）」といわれるほど嫌なことはないだろう。見境なくセックスをする男性に対してこれに相当する用語がないことに注目すべきである。このことは，性行動に関してダブル・スタンダードがあることを示している。純潔を守ることは女性の場合には重要だが，男性の場合は重要でないのである。もちろん，セックスに関心をもつことは自然なことである。そのため，多くの女性がジレンマを感じることになる。女性は，軽蔑されることなしにセックスに関心があることを，どのように伝えればよいのだろうか？

　セックスに関心がないようにふるまうのも1つのやり方である。つまり，尻軽と思われたくないという理由のためだけに，言い寄られてもはじめはやんわりと断ることが多いのである。ある研究では，女子学生の39%が，本当は受け入れるつもりの時でも，男性から言い寄られるとまずは断ると報告している（Muehlenhard & Hollabaugh, 1988）。また，多くの女性が，自己呈示のために，すなわち，ふしだらとか尻軽に見えないように「落としにくい」ふりをすると報告している。このように形だけ抵抗することの難点は，断ることが本当の「ノー」と受け取られてしまうことである。一方，女性が本当に拒否しているのを形だけの抵抗と見てしまう男性もいる。たしかに，多くのデート・レイプの事例は，女性が本当に拒否しているのに，男性がそれをOKのサインとまちがって解釈するために起こる。純潔，貞淑に見せようとして，「落としにくい女」を演じる恋愛ゲームのプレイヤーは，後で自分自身だけでなく他の女性を危険に陥れる前提条件を作っているのである。

2. 身体的魅力

　人は「美貌も皮一重」とか，「表紙で本の中身は判断できない」などとよく口にする。しかし，われわれの社会が外見に高い価値を置いているのは確かである。外見が魅力的な人はよい特性をもっているとみなされる傾向がある（Feingold, 1992）。ファッション業界や化粧産業が活況を呈していることは，

自分をよく見せたいという人々の願望の強さを何よりも証明している。外見が整っていることにはいくつかの利点があるので，身だしなみに注意を払うのは賢明なことである。しかし，外見にあまりにも心を奪われてしまうことは危険であり，ときには命取りになる。

①栄養摂取と体重

　ダイエットと運動は健康への関心から行なわれることが多いため，健康によい影響を与える。しかし，特に女性の場合，健康な人の標準体重よりも実際には低い体重になりたがり（Brownell, 1991a），医学的に必要とされる人の二倍の人々がダイエットをしている（Brownell, 1991b）。過度のダイエットや食べ物への執着には，栄養失調，病気に対する抵抗力の低下，気力の減退など，さまざまな否定的影響がある。体重をコントロールするためにドラッグやダイエット薬品に頼ったり（Leary, Tchividjian, & Kraxberger, 1994），下剤を使ったり嘔吐をくり返すことによって食べ過ぎたものを出そうとする。

　思春期やせ症や過食症といった摂食障害は，身体に重大なダメージを引き起こす。摂食障害の患者は，髪の毛が抜けたり，歯のエナメル質が解けたり，心臓疾患にかかったり，あるいは死にいたることすらある。悲しいことに，そのような摂食障害をもつ人の多くは，美しくありたい，人から好かれたいという気持ちに強く動機づけられている。過食症の女性に対して面接を行なった研究によると，彼女たちは，体重が落ちればもっと人から好かれる（Sacker & Zimmer, 1987），もっと流行の服が着られるようになる（Hampshire, 1988）と思っている。このような気持ちは，特にデートの場面で顕著になるようである。プライナーとチェイキン（Pliner & Chaiken, 1990）は，被験者の女性が魅力的な男性の実験協力者といっしょにいる時は，あまり魅力的でない男性の実験協力者や女性の実験協力者といっしょにいる時に比べて，食べる量が少ないことを見いだしている。また，別の研究では，特に「女性らしさ」を印象づけたい場合，女性被験者の食べる量が少なくなることが明らかになっている（Mori, Chaiken, & Pliner, 1987）。残念なことに，女性らしさという印象に取り憑かれて食べる量を減らしたり下剤に頼り，その結果健康を損ねてしまう人がいるのである。

　食が細いことやウエストが細いことは，女性らしい特徴と考えられている。

一方，多くの男性が，男らしくて強い存在であることへのプレッシャーを感じている。男性はウェイト・リフティングや運動をして理想の体格へと近づこうとすることが多く，その効果を増すために時にはステロイド剤に頼ることもある。そうした男性は，筋骨たくましいと女性から尊敬され注目されると思っている（Leary et al., 1994）。しかし，ステロイド剤によって，にきびができたり，禿げることがあるし，子どもができにくくなったり，攻撃性が高まったり，抑うつになることもある。そして，これらはまさに女性にウケが悪い症状である。したがってステロイド剤使用者は，短期的には男らしく魅力的であることを見せようとするのだが，長期的には健康と魅力の両方を危険にさらしてしまうのである。

②日焼け

「健康的な」日焼けは，魅力の１つである。太陽をこよなく愛する人は，完璧な小麦色をもとめて海辺やプールサイドで何時間も過ごしたり，必要とあれば日焼けサロンに通ったりする。ところが，皮肉なことに，健康的な日焼けはじつは健康的でも何でもない。紫外線を浴びることの危険性は広く知られているし，皮膚ガンの発生率は増えつつある。最近の研究では，65歳までにアメリカ人の40%～50%が少なくとも一度は皮膚ガンになると推定されている（Hanley, Pierce, & Gayton, 1996）。しかし，多くの人々が日焼けイコール美しさ，そして優れた健康の象徴であると思いつづけている（Hanley, et al., 1996）。ある調査では，大学生の80%が夏の週末を屋外で過ごし，女子大学生の1/3が日焼けサロンによく通うことが明らかとなっている（Banks, Silverman, Schwartz, & Tunnessen, 1992）。

日焼けにこだわる人は，たいていその危険性に気がついているが（Hanley, et al., 1996），よい印象を形成したい，身体的魅力があると思われたいという気持ちのほうが強いのである（Leary & Jones, 1993）。実際，人が紫外線に身をさらそうとする傾向を最も強く予測する要因は，「自分の外見に関心をもつ程度」や「日焼けをすると外見がよくなるという信念」である（Leary & Jones, 1993）。日焼けは一時的には魅力を高めるかもしれないが，その結果生じる皮膚へのダメージや皺はどう考えても魅力的なものではない。

③刺青とボディ・ピアス

　非常に保守的な人は刺青をスティグマ，すなわち反抗や無謀さを表わす軽蔑すべき象徴とみなすことが多い。そのため，人は刺青を彫って反抗や個性を示そうとするのだろう。しかし，ある社会集団では，刺青が自分のパーソナリティや気持ちの魅力的な表現方法とされており，この場合には，望ましい印象を形成するために刺青が彫られることになる。よくあるのが，セックスの相手を興奮させたり，仲間との結びつきを強めたり，相手に忠誠を示したり，一般の人々にショックを与えるために刺青を彫ることである（Myers, 1992）。

　このように刺青によって得られる社会的利益はあるが，リスクがないというわけではない。刺青を彫るときには大きな苦痛が伴うし，病気やウイルスに感染したり，皮膚細胞が損傷を受けたり，性病に感染したり，結核，皮膚病，アレルギー反応の原因となったり，いぼができることもある（Houghton, Durkin, & Carroll, 1985；Myers, 1992）。健康面での危険があるばかりではない。刺青を彫ろうとする人は家族や社会集団から拒否されたり，雇い主から差別を受けたり，スティグマを貼られたり，あとで後悔するという危険を冒すことになる（Myers, 1992）。

　ボディ・ピアスは刺青に比べれば永久に残るものではないが，痛み，感染，アレルギー反応，皮膚細胞の損傷など，健康面で似たような多くの危険をもたらす（Myers, 1992）。それにもかかわらず，セックスの相手を興奮させたり喜ばせるために，友人に対して望ましい印象を形成するために，人々は身体のさまざまな部分にピアスをつけるのである。

3. まとめ

　人は，概して好ましい存在であろうとするし，仲間や家族などから好かれるためにはどんな苦労も惜しまない。好かれるための方法には，他者の行動や習慣に同調することがまずあげられる。この方法で友人を得ることができるが，予防行動（避妊措置，医学的治療，心理的治療など）を妨げる場合や冒険的な行動（薬物乱用，危険な通過儀礼など）につながる場合は，非常に危険なものとなる。好かれるための2つ目の方法は，身体的魅力を高めることである。外見をよくすることはさまざまな点で有益であるが，度をすぎると非常に危険な

ものとなる。ダイエット，日焼け，刺青，ボディ・ピアスはすべて身体を傷つけるものであり，下手をすれば命を落としかねない。他者から好まれることにはさまざまな利点があるが，それをあまりに熱心に追い求めてしまうと破滅にいたることもあるのである。

3 終わりに

　人間行動の多くは，意識的にも無意識的にも，特定の自己像や社会的イメージを維持する役割をはたす。人々が形成し，維持しようとする印象で最も一般的なのが，有能さと好ましさである。有能そうに見せようとしたり好ましく見せようとつとめることは，多くの場合，有益なものである（少なくとも害をもたらすものではない）。しかし，これまで述べてきたように，こうした努力が不適応的なものとなったり，自分や他者に害をもたらす場合もある。本章の中心テーマは，特定の自己像を伝達しようとする試みが，感情，行動，対人関係上のさまざまな問題を引き起こす場合があるということである。読者の方々が，印象を維持することによって生じる否定的な結果などをさして重大なものではないとまだお考えであれば，ここで実に悲惨な結果になってしまった例を1つ紹介しよう。1995年，テレビで全国放映される番組『ジェニー・ジョーンズ・ショー』で，秘かに思いを寄せている異性を紹介するという企画の収録が行なわれた。そのとき，ある若い男性が，自分が当然女性だと思って秘かに思いを寄せていた相手がじつは男性，それも以前からの知人だったことを知ってショックを受け，恥をかかされてしまった。収録中，彼はそのショックを笑ってごまかしていたのだが，帰宅途中にピストルを購入，その男性を射殺してしまったのである。おそらく，面目を回復し，自分がホモセクシュアルだという疑いを払拭しようと必死だったのであろう（"Talk show", 1995）。印象を維持しようと努力することは，理に適ったことだし望ましいことでもある。しかし，その努力が過剰になり，自分が形成したいと思っている印象そのものを脅かしたり，もっと悪いことに本人や他者の健康や幸福を脅かす場合には，何らかの介入が必要となるのである。

引用文献

Alves, J. (1991). Transgressions and transformations: Initiation rites among urban Portuguese boys. *American Anthropologist, 94*, 894-928.

Arkin, R. M., & Baumgardner, A. H. (1985). Self-handicapping. In J. H. Harvey & G. W. Weary (Eds.), *Attribution: Basic issues and applications* (pp. 169-202). New York: Academic Press.

Bander, K. W., Fein, E., & Bishop, G. (1982). Evaluation of child sexual abuse programs. In S. M. Sgroi (Ed.), *Handbook of clinical intervention in child sexual abuse* (pp. 345-376). Lexington, MA: Lexington Books.

Banks, B. A., Silverman, R. A., Schwartz, R. H., & Tunnessen, W. W. (1992). Attitudes of teenagers toward sun exposure and sunscreen use. *Pediatrics, 89*, 40-42.

Baumeister, R. F., & Leary, M. R. (1995). The need to belong: Desire for interpersonal attachment as a fundamental human motive. *Psychological Bulletin, 117*, 497-529.

Baumgardner, A. H., & Brownlee, E. A. (1987). Strategic failure in social interaction: Evidence for expectancy disconfirmation processes. *Journal of Personality and Social Psychology, 52*, 525-535.

Bennett, L. A. (1995). Accountability for alcoholism in American families. *Social Science and Medicine, 40*, 15-25.

Berglas, S., & Jones, E. E. (1978). Drug choice as a self-handicapping strategy in response to noncontingent success. *Journal of Personality and Social Psychology, 36*, 405-417.

Braginsky, B. M., & Braginsky, D. D. (1967). Schizophrenic patients in the psychiatric interview: An experimental study of their effectiveness at manipulation. *Journal of Consulting Psychology, 31*, 543-547.

Braginsky, B. M., Braginsky, D. D., & Ring, K. (1969). *Methods of madness: The mental hospital as a last resort*. New York: Holt, Rinehart & Winston.

Brownell, K. D. (1991a). Dieting and the search for the perfect body: Where physiology and culture collide. *Behavior Therapy, 22*, 1-12.

Brownell, K. D. (1991b). Personal responsibility and control over our bodies: When expectation exceeds reality. *Health Psychology, 10*, 303-310.

Byrne, D. (1971). *The attraction paradigm*. New York: Academic Press.

Craig, R. J., Kuncei, R., & Olson, R. E. (1994). Ability of a drug abuser to avoid detection of substance abuse on the MCMI-II. *Journal of Social Behavior and Personality, 9*, 95-106.

DeGree, C. E., & Snyder, C. R. (1985). Adler's psychology (of use) today: Personal history of traumatic life events as a self-handicapping strategy. *Journal of Personality and Social Psychology, 48,* 1512-1519.

Disney plans to omit film scene after teenager dies imitating it. (1993, October 20). *New York Times,* p. A21.

Fazio, R. H., Effrein, E. A., & Falender, V. J. (1981). Self-perceptions following social interactions. *Journal of Personality and Social Psychology, 41,* 232-242.

Feingold, A. (1992). Good-looking people are not what we think. *Psychological Bulletin, 111,* 304-341.

Fielding, J. E., & Williams, C. A. (1991). Adolescent pregnancy in the United States: A review and recommendations for clinicians and research needs. *American Journal of Preventive Medicine, 7,* 47-52.

Finerman, R., & Bennett, L. A. (1995). Guilt, blame, and shame: Responsibility in health and sickness. *Social Science and Medicine, 40,* 1-3.

Friedman, L. S., Lichtenstein, E., & Biglan, A. (1985). Smoking onset among teens: An empirical analysis of initial situations. *Addictive Behaviors, 10,* 1-13.

Gelles, R. J. (1972). *The violent home.* Beverly Hills, CA: Sage.

Gilbert, D. T., & Silvera, D. H. (1996). Overhelping. *Journal of Personality and Social Psychology, 70,* 678-690.

▶ Goffman, E. (1959). *The presentation of self in everyday life* (rev. ed.). New York: Doubleday.

Gold, R. S., Skinner, M. J., Grant, P. J., & Plummer, D. C. (1991). Situational factors and thought processes associated with unprotected intercourse in gay men. *Psychology and Health, 5,* 259-278.

Gorey, K. M., & Leslie, D. R. (1997). The prevalence of child sexual abuse: Integrative review adjustment for potential response and measurement biases. *Child Abuse and Neglect, 21,* 391-398.

Hampshire, E. (1988). *Freedom from food.* Park Ridge, IL: Parkside.

Hanley, J. M., Pierce, J. L., & Gayton, W. F. (1996). Positive attitudes towards sun tanning and reported tendency to engage in lifestyle behaviors that increase risk to skin cancer. *Psychological Reports, 79,* 417-418.

Harris, R. N., & Snyder, C. R. (1986). The role of uncertain self-esteem in self-handicapping. *Journal of Personality and Social Psychology, 51,* 451-458.

Heider, F. (1958). *The psychology of interpersonal relations.* New York: Wiley.

Herrnstein, R. J., & Murray, C. A. (1994). *The bell curve: Intelligence and class structure in American life.* New York: Free Press.

Higgins, R. L., Snyder, C. R., & Berglas, S. (1990). *Self-handicapping: The paradox that isn't.* New York: Plenum.

Houghton, S., Durkin, K., & Carroll, A. (1995). Children's and adolescents' awareness of the physical and mental health risks associated with tattooing: A focus group study. *Adolescence, 30,* 971–988.

Hunter, S. D., Vizelberg, I. A., & Berenson, G. S. (1991). Identifying mechanisms of adoption of tobacco and alcohol use among youth: The Bogalusa Heart Study. *Social Networks, 13,* 91–104.

Jones, E. E., & Berglas, S. (1978). Control of attributions about the self through self-handicapping strategies: The appeal of alcohol and the role of underachievement. *Personality and Social Psychology Bulletin, 4,* 200–206.

Jones, E. E., Berglas, S., Rhodewalt, F., & Skelton, J. R. (1981). Effects of strategic self-presentation on subsequent self-esteem. *Journal of Personality and Social Psychology, 41,* 407–421.

Jones, E. E., & Davis, K. E. (1965). From acts to dispositions: The attribution process in person perception. In L. Berkowitz (Ed.), *Advances in experimental social psychology* (Vol. 2, pp. 219–266). New York: Academic Press.

Jones, E. E., & Pittman, T. S. (1982). Toward a general theory of strategic self-presentation. In J. Suls (Eds.), *Psychological perspectives on the self* (pp. 231–262). Hillsdale, NJ: Erlbaum.

Kelley, H. H. (1967). Attribution theory in social psychology. In D. Levine (Ed.), *Nebraska Symposium on Motivation* (Vol. 15, pp. 192–238). Lincoln: University of Nebraska Press.

Kolditz, T. A., & Arkin, R. M. (1982). An impression management interpretation of the self-handicapping strategy. *Journal of Personality and Social Psychology, 43,* 492–502.

Korsch, B. M., Fine, R. N., & Negrete, V. F. (1978). Noncompliance in children with renal transplants. *Pediatrics, 61,* 872–876.

Kowalski, R. M., & Leary, M. R. (1990). Strategic self-presentation and the avoidance of aversive events: Antecedents and consequences of self-enhancement and self-depreciation. *Journal of Experimental Social Psychology, 26,* 322–336.

Leary, M. R. (1995). *Self-presentation: Impression management and interpersonal behavior.* Boulder, CO: Westview Press.

Leary, M. R., & Jones, J. L. (1993). The social psychology of tanning and sunscreen use: Self-presentational motives as a predictor of health risk. *Journal of Applied Social Psychology, 23,* 1390–1406.

Leary, M. R., & Shepperd, J. A. (1986). Behavioral self-handicaps versus self-reported handicaps: A conceptual note. *Journal of Personality and Social Psychology, 51,* 1265–1268.

Leary, M. R., Tchividjian, L. R., & Kraxberger, B. E. (1994). Self-presentation can be hazardous to your health: Impression management and health risk. *Health Psychology, 13*, 461–470.

Lerner, M. J., & Miller, D. T. (1978). Just-world research and the attribution process: Looking back and ahead. *Psychological Bulletin, 85*, 1030–1051.

Link, B. G., Mirotznik, J., & Cullen, F. T. (1991). The effectiveness of stigma coping orientations: Can negative consequences of mental illness labeling be avoided? *Journal of Health and Social Behavior, 32*, 302–320.

Lowery, M. (1987). Adult survivors of childhood incest. *Journal of Psychosocial Nursing and Mental Health Services, 25*, 27–31.

Mori, D., Chaiken, S., & Pliner, P. (1987). "Eating lightly" and the self-presentation of femininity. *Journal of Personality and Social Psychology, 53*, 693–702.

Muehlenhard, C. L., & Hollabaugh, L. C. (1988). Do women sometimes say no when they mean yes? The prevalence and correlates of women's token resistance to sex. *Journal of Personality and Social Psychology, 54*, 872–879.

Myers, J. (1992). Nonmainstream body modification: Genital piercing, branding, burning, and cutting. *Journal of Contemporary Ethnography, 21*, 267–306.

Naiditch, B. (1987). Rekindled spirit of a child: Intervention strategies for shame with elementary age children of alcoholics. *Alcoholism Treatment Quarterly, 4*, 57–69.

Pipe, M., & Goodman, G. S. (1991). Elements of secrecy: Implications for children's testimony. *Behavioral Sciences and the Law, 9*, 33–41.

Pliner, P., & Chaiken, S. (1990). Eating, social motives, and self-presentation in women and men. *Journal of Experimental Social Psychology, 26*, 240–254.

Powers, T. A., & Zuroff, D. C. (1988). Interpersonal consequences of overt self-criticism: A comparison with neutral and self-enhancing presentations of self. *Journal of Personality and Social Psychology, 54*, 1054–1062.

Pyszczynski, T., & Greenberg, J. (1983). Determinants of reduction in intended effort as a strategy for coping with anticipated failure. *Journal of Research in Personality, 17*, 412–422.

Raniseki, J. M., & Sigelman, C. K. (1992). Conformity, peer pressure, and adolescent receptivity to treatment for substance abuse: A research note. *Journal of Drug Education, 22*, 185–194.

Rhodewalt, F., Saltzman, A. T., & Wittmer, J. (1984). Self-handicapping among competitive athletes: The role of practice in self-esteem protection. *Basic and Applied Social Psychology, 5*, 197–209.

Rossen, R. (Producer and Director). (1961). *The hustler* [Film]. (Available from

CBS/Fox Video, 1211 Avenue of the Americas, New York, NY 10036)
Sacker, I. M., & Zimmer, M. A. (1987). *Support for weight loss: Dying to be thin*. New York: Warner Books.
Schlenker, B. R. (1980). *Impression management: The self-concept, social identity, and interpersonal relations*. Monterey, CA: Brooks/Cole.
Schlenker, B. R., & Britt, T. W. (1999). Beneficial impression management: Strategically controlling information to help friends. *Journal of Personality and Social Psychology, 76*, 559–573.
Schlenker, B. R., Britt, T. W., Pennington, J., Murphy, R., & Doherty, K. (1994). The triangle model of responsibility. *Psychological Review, 101*, 632–652.
Scorsese, M. (Producer and Director). (1986). *The color of money* [Film]. (Available from Touchstone Home Video, 500 South Buena Vista Street, Burbank, CA 91521-7145)
Self, E. A. (1990). Situational influences on self-handicapping. In R. L. Higgins, C. R. Snyder, & S. Berglas (Eds.), *Self-handicapping: The paradox that isn't* (pp. 37–68). New York: Plenum.
Sgroi, S. M., Porter, F. S., & Blick, L. C. (1982). Validation of child sexual abuse. In S. M. Sgroi (Ed.), *Handbook of clinical intervention in child sexual abuse* (pp. 39–79). Lexington, MA: Lexington Books.
Shakespeare, W. (1964). *Hamlet* [Play]. New York: St. Martin's Press.
Shelton, R. (Writer and Director), Miller, D., & Lester, D. (Producers). (1992). *White men can't jump* [Film]. (Available from Fox Video Inc., P.O. Box 900, Beverly Hills, CA 90213)
Shepperd, J. A. (1993). Student derogation of the SAT: Biases in perceptions and presentations of college board scores. *Basic and Applied Social Psychology, 14*, 455–473.
Shepperd, J. A., & Arkin, R. M. (1991). Behavioral other-enhancement: Strategically obscuring the link between performance and evaluation. *Journal of Personality and Social Psychology, 60*, 79–88.
Shepperd, J. A., & Soucherman, R. (1997). On the manipulative behavior of low Machiavellians: Feigning incompetence to "sandbag" an opponent's effort. *Journal of Personality and Social Psychology, 72*, 1448–1459.
Smith, A. M. A., & Rosenthal, D. A. (1995). Adolescents' perceptions of their risk environment. *Journal of Adolescence, 18*, 229–245.
Smith, T. W., Snyder, C. R., & Handelsman, M. M. (1982). On the self-serving function of an academic wooden leg: Test anxiety as a self-handicapping strategy. *Journal of Personality and Social Psychology, 42*, 314–321.

Snyder, C. R., & Higgins, R. L. (1988). Excuses: Their effective role in the negotiation of reality. *Psychological Bulletin, 104,* 23–35.

Snyder, C. R., Higgins, R. L., & Stucky, R. J. (1983). *Excuses: Masquerades in search of grace.* New York: Wiley Interscience.

Snyder, C. R., Smith, T. W., Augelli, R. W., & Ingram, R. E. (1985). On the self-serving function of social anxiety: Shyness as a self-handicapping strategy. *Journal of Personality and Social Psychology, 48,* 970–980.

Snyder, M. L., Smoller, B., Strenta, A., & Frankel, A. (1991). A comparison of egotism, negativity, and learned helplessness as explanations for poor performance after unsolvable problems. *Journal of Personality and Social Psychology, 40,* 24–30.

Stires, L. D., & Jones, E. E. (1969). Modesty versus self-enhancement as alternative forms of ingratiation. *Journal of Experimental Social Psychology, 5,* 172–188.

Sussman, S. (1989). Two social influence perspectives of tobacco use development and prevention. *Health Education Research, 4,* 213–223.

Swann, W. B., Jr., & Read, S. J. (1981). Self-verification processes: How we sustain our self-conceptions. *Journal of Experimental Social Psychology, 17,* 351–372.

Talk show sparks murder. (1995, March 11). *Rocky Mountain News,* p. A3.

Tice, D. M. (1992). Self-concept change and self-presentation: The looking glass self is also a magnifying glass. *Journal of Personality and Social Psychology, 63,* 435–451.

Tice, D. M., & Baumeister, R. F. (1990). Self-esteem, self-handicapping, and self-presentation: The strategy of inadequate practice. *Journal of Personality, 58,* 443–464.

Ward, D. S. (Director), & Goldwyn, S., Jr. (Producer). (1993). *The program* [Film]. (Available from Buena Vista Home Video, Dept. CS, Burbank, CA 91521)

Weary, G., & Williams, J. P. (1990). Depressive self-presentation: Beyond self-handicapping. *Journal of Personality and Social Psychology, 58,* 892–898.

Zabin, L. S., Stark, H. A., & Emerson, M. R. (1991). Reasons for the delay in contraceptive clinic utilization. *Journal of Adolescent Health, 12,* 225–232.

第IV部

個人的関係

10章
ソーシャル・サポートと心理的障害：
社会心理学からの洞察
G. L. ローデス & B. レイキー

　ソーシャル・サポートの研究は学際的である。疫学，医学，社会学，心理学，公衆衛生など，さまざまな分野で重要な研究がおこなわれてきた。心理学に限ってみても，たとえば臨床，コミュニティ，健康，社会，パーソナリティ，発達，さらには最近の分野としての社会的認知などの多様な領域がソーシャル・サポート研究にかかわっている。ソーシャル・サポート研究がはたしてきた重要な役割の1つは，対人関係の視点を精神病理学と医学の領域にもちこむことであった。そして現在，その研究は臨床心理学と社会心理学をつなぐインターフェースの位置にある。

　臨床的な研究の結果は，人と人とのつながりが心理的・身体的な健康に不可欠であることをいかんなく明らかにしてきた。これは，対人関係のプロセスおよび社会的認知についての基礎的な研究が正当なものであることを裏付ける事実である。同時に，社会心理学における基礎研究からの洞察は，サポートと心身の健康にかかわる応用的な問題にも資するところがあるに違いない（Lakey & Drew, 1997；G. R. Pierce, Lakey, Sarason, Sarason & Joseph, 1997）。

　ソーシャル・サポートの現象は，非常に多様かつ複雑である。そしてそれゆえに，この領域の研究者は，広い理論的視野をもつ必要がある。本章の第4節で詳しく述べるように，ソーシャル・サポートの構成要素は通常3つに分けられる。①知覚されたサポート（他者が助けてくれるだろうという信念），②実行されたサポート（他者による実際の援助行動），および③社会的ネットワーク（ネットワークの大きさや密度），である。しかし，これら相互の関連性は

低く，それぞれが異なるプロセスを反映している。さらに，これらのうちの1つである知覚されたサポートだけをみても，どうやらそれ自体がさらに3つの異なるメカニズムをもち，健康指標との関係も異なる。

　このような複雑さにもかかわらず，ソーシャル・サポートに関する従来の理論は，ごく少数のメカニズムにしか注目していない。ソーシャル・サポート研究を前進させるためには，他の学問領域とりわけ社会心理学とパーソナリティ心理学から，多くの説明原理を導入する必要がある。

　本章では，最初に従来の研究で明らかにされてきたソーシャル・サポートと心理的・身体的健康との関係について述べた後，ソーシャル・サポート研究それ自体の歴史的な経緯を批判的に振り返ることにする。その上で，ソーシャル・サポートの諸要素をこまかく分析し，最後にそれらを統合するような理論的方向性を示す。

1　ソーシャル・サポートと健康との関係

　従来の研究によれば，ソーシャル・サポートは心理的・身体的な健康に重要な役割をはたしていると考えられる。このことを示す研究は非常に多い。

1.　ソーシャル・サポートと心理的健康

　ソーシャル・サポートの低さと心理的な不健康が結びついていることは，これまでに何百という数の研究で観察されてきている（Barrera, 1986；Cohen & Wills, 1985；G. R. Pierce, Sarason, & Sarason, 1996；Vaux, 1988）。ソーシャル・サポート研究の存在意義はここにあるといっても過言ではない。当初の心理的健康のレベルを統計的にコントロールした場合でも，ソーシャル・サポートが低ければ心理的健康は悪化する（Compas, Wagner, Slavin, & Vannatta, 1986；Hays, Turner, & Coates, 1992；Holahan, Moos, Holahan, & Brennan, 1995；Lepore, Evans, & Schneider, 1991；Phifer & Murrell, 1986；Swindle, Cronkite, & Moos, 1989；Valentiner, Holahan, & Moos, 1994）。これらの縦断

的研究は，低いサポートが症状の進行に先だつことを示している。相関研究では因果関係を厳密に明らかにすることはできないが，低いサポートと情緒障害は単に社会的有能さ（competence）が慢性的に乏しいために生じているのではない（Cohen, Sherrod, & Clark, 1986；Lakey, 1989）という研究結果とも考え合わせると，すでに「症状の存在が低いサポートの原因であってその逆ではない」という代替仮説は否定されているといってよい。

2. ソーシャル・サポートと身体的健康

　身体的健康とソーシャル・サポートとの関係は，心理的健康の場合に比べるとそれほどはっきりとはしていない（Smith, Fernengel, Holcroft, Gerald, & Marien, 1994）。けれども，サポートの乏しい人は，癌など特定の病気になりやすい（たとえば，Uchino, Cacioppo, & Kiecolt-Glaser, 1996）。さらに，サポートの低い人はそうでない人に比べて死亡率が高いという研究もいくつかある。これらの研究では，サポート以外の特徴はできるだけ一定にそろえられており，死亡率や罹患率の高さは，他の危険因子（たとえば，もともとの身体的健康）や自殺によるものではない（Berkman & Syme, 1979；Blazer, 1982；House, Landis, & Umberson, 1988）。

　このように，ソーシャル・サポートが心理的・身体的な健康にとって重要な役割をはたしていることについては，ほとんど疑いの余地がない。

　しかし，それにもかかわらず，いくつかの重要な疑問が未解決のまま残されている。第一に，ソーシャル・サポートと健康に関する研究はたいてい相関的な性質のものであるため，本当にソーシャル・サポートが心理的および身体的な健康の原因になっているのかどうかはわかっていない。第二に，ソーシャル・サポートがどのようにして健康と結びつくのか，という正確なメカニズムが明らかではない。ソーシャル・サポートについての認知，またそれらの認知と現実の事象との関係について，詳しくわかっているわけではない。

　心理学者がソーシャル・サポートについての知識を治療と予防的介入の改善のために用いることができるようになるには，もっともっとその基礎的なしくみを知らなくてはならない。社会心理学の立場からの研究は，その理解に大いに役立つに違いない。

そこで，なぜ現状ではソーシャル・サポートについての基礎的なしくみの理解が不十分であるのか，という点に注目しながら，これまでの研究の歴史的な経緯を批判的に振り返ってみることにしよう。

2 ソーシャル・サポート研究の歴史的発展

従来のほとんどの研究は，ソーシャル・サポートが心理的および身体的健康にはたす役割に焦点をあてている。それらのルーツは基本的に，①社会的ネットワーク研究（Durkheim, 1895/1957）あるいは②生活ストレス研究（Holmes & Rahe, 1967；Selye, 1956）にあるといってよい。

1. 社会的ネットワーク研究とソーシャル・サポート研究

社会的ネットワーク研究は，初期のソーシャル・サポート研究に強い影響を及ぼした（Berkman & Syme, 1979；Durkheim, 1895/1957；Lowenthal & Haven, 1968；Mitchel, 1969）。社会的ネットワーク研究は社会学および人類学に由来し，その起源はデュルケーム（Durkheim, 1895/1957）による社会的統合と自殺についての古典的研究に求めることができる。この流れから派生したソーシャル・サポート研究つまりネットワーク・アプローチの研究では，ソーシャル・サポートは対人関係の数や社会的接触の回数，ネットワークの密度（ネットワークの中で成員どうしがどの程度知り合いであるか）といった形で概念化され，測定されてきた。

ネットワーク・アプローチへの関心が強まったのは，初期の研究で重要な知見が得られたからである。たとえばローウェンサールは，地域の高齢者を対象とした調査で，社会的に孤立しているかどうかや親しい人がいるかどうかについての指標がモラールや心理的障害と関連していることを見いだした（Lowenthal, 1964, 1965；Lowenthal & Haven, 1968）。またバークマンとザイムは，無作為抽出による大規模なサンプルを対象にした縦断的研究を通じて，社会的ネットワークが死亡率を予測することを明らかにした（Berkman &

Syme, 1979)。ブラウンとハリスは，女性を対象にした研究で，本当に親しい人が1人でもいれば，生活の中で深刻な出来事が起こってもうつ病になることは少なくてすむことを見いだした（Brown & Harris, 1978）。ハーシュは，ネットワークの密度が高い人は量的に多くのサポートを得ていること，しかしその一方で，密度の高いネットワークをもつ人は自分が受けたサポートにそれほど満足してはいないことを明らかにした（Hirsch, 1979, 1980）。

　社会的ネットワークの特徴と心理的・身体的健康の関係についての研究は，印象深い知見をもたらし，また研究上の影響力も少なくなかった。ところが，1980年代になると，ソーシャル・サポート研究の中で，ネットワーク・アプローチは徐々に重要視されなくなっていった。なぜこのようなことが起こったのか。そこには理論的な理由と経験的な理由の両方がある。経験的な理由としてあげられるのは，ネットワークの指標が健康状態の予測にはあまり有効でないとみなされるようになったことである。1980年代になると，新たに「知覚されたサポート」の測定がおこなわれるようになり，こちらの方が心理的健康の予測力が強かったのである（Barrera, 1986；Cohen & Wills, 1985；Sandler & Barrera, 1984）。理論的な理由としては，ソーシャル・サポートがなぜ心理的な健康にとってプラスになるのか，社会的ネットワークの指標を調べただけではそのメカニズムがわからないのではないか，という批判がおこなわれるようになったのである（Barrera, 1986；Cohen & Wills, 1985）。

2. 生活ストレス研究とソーシャル・サポート研究

　ソーシャル・サポート研究を推進させるもう1つの原動力になったのは，ストレスフルな生活上の出来事（ライフイベント）についての研究であった。ホルムズとラーエは，ストレスフルな生活上の出来事とその後の健康上の問題との間に，興味深い関係があることを見いだした（Holmes & Rahe, 1967）。彼らの研究がきっかけとなり，生活ストレス研究がさかんにおこなわれるようになった。ところが，やがて研究者たちは，ストレスフルな生活上の出来事と病気との結びつきの強さが大したものでないこと（相関係数で0.30程度）に失望した。そして，出来事と健康との関係を弱めている要因は何か，ということを真剣に探り始めた（Rabkin & Struening, 1976）。つまり，もしもストレス

フルな出来事の影響を非常に受けやすい脆弱な人がどんな人であるかを特定できたとしたら，少なくともそれらの人々については，出来事と病気との結びつきは強いはずである。そこで研究者は，こうした脆弱性をもたらす要因として2つのものに注目した。1つは人間の側の特徴（たとえば，統制の位置などのパーソナリティ要因—Cohen & Edwards, 1989）であり，もう1つは環境の側の特徴（たとえば，ソーシャル・サポート）であった。

こうしてソーシャル・サポートは生活ストレス研究の一部として注目されるようになったが，やがてそれにとどまらなくなった。ソーシャル・サポート研究は，生活ストレス研究にまさるとも劣らない量と広がりをもつものへと発展していった。

3. ストレス緩衝効果と対処（コーピング）の理論

ソーシャル・サポート研究がこれほどまでに発展した要因の1つは，おそらく，初期の時代に優れた概説書やレビュー論文（たとえば，Caplan, 1974；Cassel, 1973；Cobb, 1976；Dean & Lin, 1977；Kaplan, Cassel, & Gore, 1977）が公刊されたことであろう。これらは対人関係と心理的・身体的健康の結びつきに関する研究について述べたものであるが，非常に大きな影響力があった。この種の研究はそれ以前から徐々におこなわれてきていたが，これ以後新しい研究が大量におこなわれるようになったのは，初期の優れた概説書やレビュー論文のおかげである。

これらの文献で強調されていたのは，社会的なつながりのもつストレス緩衝効果，すなわち，対人関係のある種の側面（つまり，後にソーシャル・サポートとよばれるようになるもの）が心理的・身体的健康に対するストレスの悪影響を弱める効果であった。

初期の文献でストレス緩衝効果がこのように強調されたことは，1980年代から90年代を通じてすこぶる強い影響力をもつことになる，ソーシャル・サポートがなぜ有効なのかを説明する1つのモデルへとつながった。それは，ソーシャル・サポートは出来事への対処（コーピング）の可能性を高め，それによってストレスフルな出来事の悪影響から人々を守ってくれる，というものである。このモデルは実のところ，ほとんどのソーシャル・サポート研究の背後

にあってそれを押し進めさせることになった。たとえば，初期の理論家として知られるキャプランは，次のように述べている。

> 「重要な他者は，人が自らの心理的な資源を動員して情緒的な負担をのりこえる助けとなる。重要な他者は，いっしょになって問題に取り組んでくれたり，お金や物や道具や技術を提供してくれたり，あるいはどのように考えればよいかアドバイスしてくれたりする。それらは，その人が状況に対してうまく対処できるようにするのに役立つのである」(Caplan, 1974, p. 6)。

4. ソーシャル・サポートの測定方法の開発

ソーシャル・サポートのこうした概念化は，新しい測定方法の開発に反映されることになった。1970年代にはまだ，心理測定論的に必要とされる条件を満たしたソーシャル・サポートの測定用具がないとされていた (Dean & Lin, 1977)。しかし，1980年代の前半には，ソーシャル・サポートに関する新しい測定用具が次々と開発された。たとえば，バレラ，ザンドラーとラムゼイ (Barrera, Sandler, & Ramsay, 1981)，コーエンとホバーマン (Cohen & Hoberman, 1983)，プロシダノとヘラー (Procidano & Heller, 1983)，サラソン，レヴィン，バシャムとサラソン (I. G. Sarason, Levine, Basham, & Sarason, 1983) による尺度がある。大枠において，これらの尺度に含まれる項目は，キャプラン (1974) によって概説されたのと同じ，援助の提供を反映するものであった。これらの尺度は，ソーシャル・サポート研究の進展にとってきわめて重要であった。それらは，心理測定論的に優れた測定用具として，その後多くの研究で使用された。またそれだけではなく，尺度に含まれる項目の中味は，ソーシャル・サポートの概念に含まれる行動および信念がどのようなものであるか，を表わすものでもあった。

5. 知覚されたサポートと実行されたサポート

研究が進むにつれて，ソーシャル・サポートの研究者は，しだいにサポートの知覚（必要なときにサポートが得られるであろうという信念）がはたす役割を強調するようになった。知覚されたサポートが重要であるとされたのは，それがストレス時の実際のサポーティブな行動（すなわち，実行されたサポート）に結びつくと考えられていたからである。たとえば，プロシダノとヘラー

(1983)，ヘラーとスウィンドル（Heller & Swindle, 1983）によれば，最初は実行されたサポート（実際にサポートを受けた経験）が知覚されたサポートを作りだし，知覚されたサポートがあることによって，後に実行されたサポートを求め，それを受け取る行動が起こるようになる。同様に，コーエンとホバーマン（1983）やコーエンとマッケイ（Cohen & McKay, 1984）は，知覚されたサポートがストレス評価の過程（Lazarus & Folkman, 1984）に影響することでその効果をおよぼすと仮定していたが，彼らは知覚されたサポートが直接には実行されたサポートに基づくものであると考えていた。

ところが，後になって，知覚されたサポートと実行されたサポートの相関はあまり高くないことがわかってきた。このことについては後述する。

3 ストレス緩衝要因としての視点の隆盛とその他の視点

　ソーシャル・サポートが実行されたサポートを通してストレス緩衝作用をもつ，という見方は，1980年代にはソーシャル・サポート研究の主流になっていった。しかしながら，この見方は，キャプラン，キャッセル（Cassel），コッブ（Cobb），カプラン（Kaplan），ゴア（Gore）といった初期の理論的研究の中では，そこで示されたいくつかの視点のうちの1つでしかなかった。これらのレビュー論文には，ソーシャル・サポートに関連して，他にもさまざまな考え方が提示されていた。たとえば，①ソーシャル・サポートは人間の基本的欲求を満たすものである［欲求の視点］，②親密さや愛着は（ストレス緩衝作用のゆえではなく）それ自体で心理的健康に不可欠である［親密さ・愛着の視点］，③ストレスとは有意味な情報の欠如，ソーシャル・サポートとはその提供であり，サポートは個人の社会的な適切さ・アイデンティティを保障する［象徴的相互作用の視点］，といった考え方である。筆者の意見では，実行されたサポートを通したストレス緩衝要因としてソーシャル・サポートを考えるのが主流になったのは，さまざまな歴史的要因が重なり合って起こった，いわば「成り行き」に過ぎず，その他の考え方が十分に吟味検討され，一定の根拠に

基づいて否定されたからではない。ここでは，まずソーシャル・サポートに関連するストレス緩衝以外の視点について概説し，その上で，なぜストレス緩衝要因としての見方が優勢になったのか，その歴史的な経緯を振り返ってみたい。

1. 基本的欲求を満たすものとしてのソーシャル・サポート

キャプラン（1974），コッブ（1976），カプランら（1977）は，ソーシャル・サポートは基本的な人間の欲求を満たすものである，とはっきり述べている。特にキャプランは，ソーシャル・サポートについてとても広い視野をもっていたようである。キャプラン（1974）は次のように述べている。

> 「人はさまざまな欲求をもっているが，その中には，持続的な対人関係を通じてこそ満足させることのできる類のものがある。それは，たとえば恋愛の欲求であり，愛情の欲求であり，自然と気取らずに気持ちをうち明けられるような親しさへの欲求である。また，個人のアイデンティティと価値を認めてほしいという欲求，養護されたいとか依存したいという欲求であり，さらに，仕事を助けてほしいという欲求，自分の気持ちをコントロールし衝動に押しつぶされないように支えてほしいという欲求である。ほとんどの人は，人生の中でそれらの欲求をすべて満たしてくれるような対人関係（たとえば家族や夫婦など）の中で，心理的な幸福感を得ているのである」（p. 5）。

同様に，カプランら（1977）はマレー（Murray, 1938）を引用して，ソーシャル・サポートは基本的な心理的欲求を満たすであろうと述べている。マレーはパーソナリティに関する膨大な研究をおこない，基本的な人間の心理的欲求として20個をリストアップしている。その中には，"求護（succorance）欲求"や"親和欲求"といったものがあるが，求護欲求は，現代のソーシャル・サポートの概念と非常に近い。というのは，マレーによれば，求護欲求とは，"看護され，支持され，助言され，導かれ，慰められる"（Murray, 1938, p. 182）ことを求めるような欲求だからである。マレーは，これらの欲求と結びついた情動や行動のパターンがいくつかあると考え，また強い親和欲求や求護欲求をもたらす環境要因の例も示していた。

このような考え方に従えば，ソーシャル・サポートは人間の基本的な欲求を満たすことによって直接的に心理的な健康をもたらすのであって，生活ストレスの悪影響を緩和することによって間接的に心理的な健康をもたらすのではない，ということになる。

2. 親密さや愛着それ自体の基本的な重要性

　ローウェンサールとヘイブンによれば，他者との関係の親密さは，（ストレスを緩衝するがゆえにではなく）それだけで心理的な健康のために重要である（Lowenthal & Haven, 1968）。彼らの論文は，ソーシャル・サポート研究の中での影響力はあまり強くないが，しかし理論的に豊かな内容を含んでいる。彼らは，社会的関係と心理的健康に関するそれ以前の研究では，対人関係の主観的・心理的な側面への注目が十分ではなかったと考えた。そして，心理学と社会学から広範な研究を引用し，親密さがそれ自体で健康を左右することを主張した。ローウェンサールとヘイブンが引用した研究には，たとえばハーローとツィンマーマン（Harlow & Zimmerman, 1959），ボウルビィ（Bowlby, 1958），エリクソン（Erikson, 1959）などがある。これらはいずれも，人の発達や心理的安定にとって愛着あるいは親密さが重要であることを明らかにした有名な研究である。ローウェンサールとヘイブンの研究は，ソーシャル・サポートがストレス緩衝というメカニズムを通じてではなく，それ自体で直接に心理的な健康をもたらすことを示唆するものといえる。

3. ストレスおよびストレス緩衝効果へのもう1つの視点：象徴的相互作用論

　コッブ（1976）とキャプラン（1974）はサポートのストレス緩衝効果を強調したが，彼らによる「緩衝」という概念は，この領域でその後支配的になった解釈よりも，実はずっと広い意味を含んでいた。現在ほとんどのストレス緩衝効果に関する研究で用いられているストレスは，個別的な生活上の出来事（たとえば，離婚や死別）として概念化され測定されている。けれども，コッブ，キャプラン，キャッセル，カプランの考えにあったストレスの概念で強調されていたのは，"社会的な解体（social disorganization）"（Caplan, 1974, p. 10）とよばれるような類のものであった。キャプラン（1974）は，社会システムに関する章を，キャッセル（1973）によるストレスの概念から書き起こしている。それは"個人が……自分の行為が望ましい結果や予期した結果につながっているという証拠（フィードバック）を受けることのない"（p. 1）状態であるという。もしもストレスが一貫した有意味な情報の欠如でありサポー

トがその情報の提供である（Cobb, 1976）とすれば，そのときサポートはストレスと同じ原理を通して作用することになる。ストレスと異なるプロセスを表わすのではないのである。ストレス緩衝モデルとはこの意味で，掛け算ではなくて足し算のモデルである。ストレスとは，明確な情報が欠如している状態である。サポートとは，そうした情報を与えることである。この場合，社会的な解体の量は，ストレスからサポートを引いた量を表わす。これは，1980年代前半に登場したのとはまったく違う，ストレス緩衝効果の考え方である。ストレスとサポートが別のプロセスであるという考えを確固としたものにしたのは，それよりも後の学者たちなのである（Cohen & Hoberman, 1983；Heller, 1979；Heller & Swindle, 1983）。

キャプラン，キャッセル，コッブ，カプランによっては明示されていないが，ストレスとサポートを社会的行動に関する不適切な情報としてとらえるのは，もともと象徴的相互作用論（Stryker, 1980）の考え方である。キャプランらよりも少し後になってからであるが，社会学者のソイツは，ソーシャル・サポートについて象徴的相互作用論からの概念化をおこなった（Thoits, 1985）。彼女の仮説では，ソーシャル・サポートは直接に（ストレスの水準とは無関係に）情緒的な幸福感をもたらす。これは，ソーシャル・サポートがアイデンティティと所属の感覚をもたらし，自尊心や統制感を高めるからであるという。ソイツは次のように記している。

> 「心理的な幸福感をもたらすのは，日常的な対人関係や他者との相互作用そのものである。それは別に情緒的サポートとよばれるようなものでなくてよい。見かけ上サポートとは言えないような日常的な他者とのかかわりが，じつは目に見えない形で心理的な健康をもたらしているのであって，情緒的サポートの次元とかサポートの主効果とよばれているものは，その副産物に過ぎないのである」（p. 57-58）。

4. なぜストレス緩衝要因としての見方が優勢になったのか？

ソーシャル・サポートに関する初期の理論的研究を振り返ってみると，そこには実にさまざまな見方が示されていることがわかる。これらの視点はそれぞれ，ソーシャル・サポートがストレス対処を促進するというだけではない，もっと広い役割をはたすことを示唆している。欲求や愛着，そして象徴的相互作用論の見地からは，ソーシャル・サポートはそれ自体で直接的に，心理的健康

を促進するのである。サポートの効果をストレスや対処の理論と結びつけねばならない，という必然性はない。にもかかわらず，ソーシャル・サポート研究が1980年代に発展したとき，1つの視点だけが覇権を獲得した。しかし，これは科学的なプロセスの結果ではない。広範なモデルが論じられ，検証されたわけではないのである。筆者の考えでは，ストレス緩衝要因としての見方は，（科学的にではなく）いくつかの歴史的な要因のゆえに，優勢になったのである。

　ソーシャル・サポート研究はおもに，コミュニティ心理学と強いつながりをもつ学者たち（たとえば，Barrera, Gottlieb, Heller, Hirsch, Moos, Sandler）によって，心理学にもちこまれた。そして「アメリカ・コミュニティ心理学雑誌（American Journal of Community Psychology）」が，この新しい研究のおもな発表の場の1つであった。その当時，コミュニティ心理学は，心理的障害の危険因子を理解しその予防に役立てることを目指していた。そしてコミュニティ心理学は，地域精神衛生や公衆衛生，さらには疫学によって強い影響を受けていた。したがって，コミュニティ心理学者は，コミュニティの中のさまざまな人々から得られるサポートをどうすれば増やすことができるかを考えていた（Caplan, 1974 ; Heller & Monahan, 1977）。そのため，自助グループはもちろん，たとえば散髪屋やバーテンダーといった人たちのはたす役割にも目を向けていた。そのような中にあって，ソーシャル・サポートに関する研究は，社会的に取り残された人たちに対していかにサポートが提供されうるか，の可能性を示したのである。

　当時，コミュニティ心理学者は主として，ストレスフルな生活出来事（ライフイベント）に関する研究に取り組んでいた。そこでの主要な概念的枠組みは，ラザルスによるストレスと対処（コーピング）の理論であった（Lazarus, 1966 ; Lazarus & Folkman, 1984）。そして，対処に付随するものとしてソーシャル・サポートを概念化することは，コミュニティ心理学の主要なモデルとうまく一致していた。

　このような理由から，ソーシャル・サポートは欲求や愛着，象徴的相互作用論，あるいは認知理論の観点からも概念化されていたにもかかわらず，ソーシャル・サポートに関する研究を開始した心理学者らは，ストレスと対処の理論によるほどには，これらのモデルによっては影響されなかったのである。

さらに，1970年代の後半というのは，パーソナリティ研究の退潮期でもあった。パーソナリティ心理学は，ミッシェルによる状況論からの批判（Mischel, 1968）によって特性論のアプローチがほとんど壊滅的なまでに打撃を受け，そこからまだ立ち直っていなかった。そして，実証志向の多くの心理学者が，当時はパーソナリティという視点を避けていた。同様に，認知的なアプローチ（たとえばBeck, 1967）は，近年のような隆盛にはまだいたっていなかった。そして，多くのソーシャル・サポート論者はミッシェルの主張に沿って，回答者の社会的ネットワークについての主観的な判断を避けようとしていた（たとえば，Barrera et al., 1981；Brown & Harris, 1978）。

　筆者の見方では，ストレス緩衝要因としての視点のみが優勢になったのは，ソーシャル・サポート研究を心理学に導入した学者たちのもっていた特有の関心および背景のゆえである。もしもこれらの学者たちが心理的欲求や愛着，あるいは象徴的相互作用論におもな関心をおいていたとしたなら，ソーシャル・サポート研究はずっと違った発展の仕方をしたであろう。もちろん，もしそうであれば，彼らはおそらく疫学の雑誌を読んではいなかったであろうし，もしかしたらソーシャル・サポート研究をまるで見過ごしていたかもしれない。

　筆者は，ストレス緩衝要因としての視点が重要でないといっているのではない。筆者が主張したいのは，それだけがソーシャル・サポートを理解するための唯一の視点だというわけではない，ということである。たとえ最も重要なのがストレス緩衝要因としての視点であったとしても，それが唯一のものだというわけではないのである。くり返しになるが，ソーシャル・サポートの諸現象は非常に複雑かつ多様である。これらを適切に把握するために，ソーシャル・サポートの研究者は，広範な視点をもたなくてはならない。

4　ソーシャル・サポートのプロセスを分解する

1. ソーシャル・サポートのさまざまな側面

　ソーシャル・サポート研究が進展するにつれて明らかになったことの1つ

に，測度の異質性がある。それは，ソーシャル・サポートに関する多くの測度が，実際には同じものを測っているのではなく，それぞれが異なる側面ないしプロセスを把握しようとしている，ということである。

　ソーシャル・サポートの測度には，いくつかの異なるタイプがある。知覚されたサポートの測度では，ソーシャル・サポートの入手可能性ないしは質についての主観的な判断が求められる。実行されたサポートの測度では，特定のサポーティブな行動，たとえば助言を与えたり安心させたりといった行動をどの程度受けたかが測定される。社会的ネットワークの測度では，より構造的な側面，たとえばネットワークの大きさとかネットワークの成員がお互いを知っている程度（すなわち，密度）といったものが査定される。サポート希求（support seeking）についての測度は，ある一定の範囲の問題についてサポートを求める傾向の個人差が調べられる。

2. ソーシャル・サポートの諸要素間の関係

　こうした測度の異質性への認識は，それぞれが把握する諸要素間にどのような関係があるのかを調べる研究を生み出すことになった。

　ヘラーとスウィンドル（1983）は，社会的ネットワークと知覚されたサポート，サポート希求，実行されたサポートを区別した形でソーシャル・サポートと対処に関するモデルを提案した，最初の論者の1人である★1。またヘラーとレイキーは，1980年代の初期にインディアナ大学でおこなわれた研究をレビューした（Heller & Lakey, 1985）。彼らの研究によれば，社会的ネットワーク，実行されたサポート，知覚されたサポート，そしてサポート希求に関する測度の間には弱い関連性しかなく，他の構成概念との間の関係も異なっていた。1986年にバレラは，数多くの研究をレビューして，次のように結論づけた（Barrera, 1986）。バレラによれば，知覚されたサポートと実行されたサポート，およびネットワークの諸特徴との間には弱い関連性しかない。そして，知覚されたサポートだけが，心理的健康の指標との間に強く一貫した関係をもつ。同様にウェシングトンとケスラーは，大規模なコミュニティ研究において，知覚されたサポートは情緒的安寧と関連していたが実行されたサポートはそうでないことを見いだした（Wethington & Kessler, 1986）。さらに，異なる観

点からソーシャル・サポートにアプローチしていたルック（Rook）は，ネガティブな社会的相互作用（Rook, 1984）や社会的交友（Rook, 1987）がソーシャル・サポートとは別個のものであること，ソーシャル・サポートとは独立して心理的健康と関連することを明らかにした。

3. 異なるプロセスを区別しないことの問題点

　ソーシャル・サポートの異なるプロセスを相互に区別することの重要性は，初期の研究者には十分理解されていなかった。1970年代の後半から1980年代の前半，ソーシャル・サポートの研究者は，異なるプロセスを反映する，多くの異なる測度を使っていた。そして，こうしたバラバラな測度が，すべて"ソーシャル・サポート"の測度とよばれていた。実際には異なるものを表わしていたにもかかわらず，である。この状態は，研究の実施と結果の考察に大いなる矛盾と混乱をもたらした。なぜなら，研究によって結果が違っており，実のところそれは用いられた測度に依存していたからである。結果として，ソーシャル・サポートの概念は曖昧で実用的ではない，と広くみなされるようにすらなっていた（Dean & Lin, 1977；Heller, 1979；Rabkin & Struening, 1976）。

　理論的にみて，知覚されたサポートと実行されたサポートとの間に強い結びつきが存在しないことは，根本的な重要性をもつものであった。なぜなら，ストレス緩衝モデルはこの結びつきを前提にしていたからである。

4. 知覚されたサポートと実行されたサポートの関係とその意味

　知覚されたサポートと実行されたサポートの関係については他の文献でより詳しくレビューしてあるので（Lakey & Drew, 1997；Lakey, McCabe, Fisicaro, & Drew, 1996），ここでは簡単な要約だけを述べることにする。

　知覚されたサポートと実行されたサポートに関する自己報告測度の間には，一般に0.30を超える相関はなく，多くの相関は0に近い（Barrera, 1986；Dunkel-Schetter & Bennett, 1990；Newcomb, 1990；Sandler & Barrera, 1984；B. R. Sarason, Sarason, & Pierce, 1990；B. R. Sarason, Shearin, Pierce, & Sarason, 1987）。さらに，この関係は過大評価されている可能性がある。というのは，測定の仕方が似ていることによる分散の共有があり，さらに，知覚

されたサポートが豊富な人は，低サポートの人よりもサポートに関連する行動をよりよく記憶している傾向にあるからである（Lakey & Cassady, 1990；Lakey, Moineau, & Drew, 1992；Rudolph, Hammen, & Burge, 1995）。実験室での観察研究もまた，実行されたサポートと知覚されたサポートの間に強い関連性を見いだしてはいない（Belsher & Costello, 1991；Gurung, Sarason, & Sarason, 1984；Heller & Lakey, 1985；Kirmeyer & Lin, 1987；Lakey & Heller, 1988）。より強い効果を見いだしているのは，ある特定の相互作用におけるサポーティブな行動と，その同じ相互作用に関する参加者の判断との関係を調べた研究である（Burleson & Samter, 1985の研究1；Cutrona & Suhr, 1994；Winstead, Derlega, Lewis, Sanchez-Hucles, & Clarke, 1992）。しかし，特定の相互作用に関する判断がどの程度まで持続的な意味合いをもつ知覚されたサポートに一般化できるのか，は明らかでない。知覚されたサポートと実行されたサポートの間の弱い結びつきに加えて，知覚されたサポートと実行されたサポートは，それぞれが心理的健康との間に異なった関係を示す。知覚されたサポートの低さは，一貫して心理的な不健康と結びついている。一方，実行されたサポートは情緒的苦痛との間に関連性を示さなかったり，あるいは正の関係にあったりする（Barrera, 1986；Dunkel-Schetter & Bennet, 1990；B. R. Sarason et al., 1990）。

このようにみていくと，最大に見積もっても，実行されたサポートは知覚されたサポートにおける分散の10％しか説明しない。この数値に驚く人がいるかもしれないが，現象が複数の要因によって決定されていると仮定した場合には，効果の大きさ（effect size）がこの程度であることは別に驚くにあたらない（Ahadi & Diener, 1989）。

このように，知覚されたサポートと実行されたサポートの関係における効果の大きさは，これら両方の構成概念が，ともに複数の要因によって決定されていることを示唆する。知覚されたサポートは部分的には実行されたサポートに基づいているかもしれないが，それは知覚されたサポートを決定する多くの要因のうちの1つに過ぎないのである。

5 知覚されたサポートを分解する

　筆者の考えでは，知覚されたサポートはそれ自体で，少なくとも3つの異なる種類のプロセスからなっているように思われる。3つのプロセスとは，知覚者本人の効果，サポート提供者の効果，そして，知覚者とサポート提供者の関係性ないし交互作用，である。以下，それぞれのプロセスを明らかにした研究を紹介しよう。最初に取り上げるのは，知覚者とサポート提供者の交互作用である。

1. 知覚者とサポート提供者の交互作用

　レイキーとマッカベらは近年，一般化可能性理論（generalizability theory：Cronbach, Gleser, Nanda, & Rajaratnam, 1972；Shavelson & Webb, 1991）を，知覚されたサポートの研究に適用した（Lakey, McCabe et al., 1996）。一般化可能性理論は，ある一連の得点における変動の原因を決定するための，強力な概念的・方法論的ツールである。複数の知覚者が同じサポート提供者の支援性を判断する場合，一般化可能性理論を使えば，その判断がどの程度まで「知覚者」によっているのか，「サポート提供者」によっているのか，あるいは「知覚者×サポート提供者の交互作用」によっているのか，を評価することができる。レイキーとマッカベらは，一般化可能性について3つの研究をおこない，知覚者×サポート提供者の交互作用がサポート判断のもっとも大きな決定因である，と結論づけた。この交互作用によって説明される分散の割合は，平均41％であった。知覚者およびサポート提供者の効果も重要であったが，相対的には交互作用よりも効果は小さかった（それぞれ8％と20％）。

　知覚者×サポート提供者の交互作用が表わしているのは，複数の知覚者が同じサポート提供者を評定する場合に，誰がいちばんサポーティブであるかということについて知覚者間での意見が一致していない，というプロセスである。この意味で，支援性の判断は美や芸術の観賞における判断と似ている。何が美しく何がよい芸術であるかについて，人々の意見が完全に一致するなどということはふつうあり得ない。たとえば，1996年の大統領選挙ではこんなことが

あった。投票者たちは，ボブ・ドールとビル・クリントンのどちらが自分たちの問題により深い関心をもっているか，考えるよう求められた。どちらをより思いやりのある人物とみるかについて，投票者の意見は人によってかなり食い違っていた。なお，これは投票者がこれら2人の立候補者について類似した情報を得ることができた場合での結果である。

　このような効果は，対人知覚の研究における関係性の効果（Kenny, 1994）と概念的に同じものであるといえる。ケニーらは，社会的関係のモデル（一般化可能性理論を改変したもの）を用いて，対人知覚について詳細な分析をおこなった（たとえば，Kenny, Albright, Malloy, & Kashy, 1994）。そして，パーソナリティ判断のうちかなりの部分が，知覚者と相手との間に存在する独自の関係性に由来するものであった。事実，ケニー（1994）がおこなった好意の判断における関係性の効果の大きさ（38％）は，レイキーとマッカベら（1996）によるサポート判断の効果の大きさ（41％）とほとんど同じであった。

　知覚者とサポート提供者の交互作用は，認知と行動の両方を含むさまざまなプロセスの所産である，というのがいちばん正しいであろう。つまり，知覚者とサポート提供者の交互作用は，ある単一の実体ないし構成概念を表わすものではない。行動のプロセスを1つ例にとると，ある知覚者が相手から引き出す行動は，別の知覚者と同じではない。あるサポート提供者はほとんど誰の目にも冷たく超然としているように映るかもしれないが，何らかの重要な個人的経験（たとえば親の死）を共有している人にとっては，その同じ人がとても思いやりがあるというように映るかもしれない。認知的なプロセスを1つ例に取ると，レイキーらによれば，他者の支援性の判断は部分的には知覚者と相手との態度や価値観の類似性に依存している（Lakey, Ross, Butler, & Bentley, 1996）。この効果は，知覚者×サポート提供者の交互作用を表わしている。なぜなら，知覚者にとってあるサポート提供者が自分と似た態度や価値をもっている場合，別の知覚者にとってそのサポート提供者は自分と違う態度や価値をもっていることになるからである。加えて，他者の支援性を推測するのに用いる情報や，その情報にかける相対的な重みも，やはり人によって違っているかもしれない。

　ルッツは，一連の研究によって，人々が他者の支援性を推測するために用い

るパーソナリティ情報についての個人差を調べた（Lutz, 1997；Lutz & Lakey, 1997）。回答者は，仮説的な他者数名について評定した。これらの他者は，パーソナリティの主要5因子のそれぞれを系統的に変化させてあった。回帰方程式が各回答者について計算され，それを用いて，支援性の判断のために主要5因子を回答者がどの程度使ったかが検討された。結果として，回答者の大多数はある程度まで5因子のうちの「協調性」を重視していたものの，支援性の推測にどの特性がどの程度用いられるかには，実質的にかなりの個人差がみられた。多くの回答者における回帰モデルは複雑であり，非線形性の項や掛け算の項が必要であった。

　ルッツはまた，他者の支援性の判断をする際に用いられるパーソナリティ特性の情報が，回答者自身のパーソナリティによって予測できることも見いだした（Lutz, 1997；Lutz & Lakey, 1997）。人々は自分自身でもその特性をもっていると信じる場合に限り，そのパーソナリティ次元を判断に使っていたのである。実のところ，回答者は自分と似た人をサポーティブであるとみなしていた。もう1つの研究で，ルッツはこれらの知見を実際のネットワーク成員についての知覚にまで拡張した。ここでもまた，回答者がネットワーク成員をサポーティブであるとみなしていたのは，成員のパーソナリティ特徴が回答者自身のそれと類似している場合であった。ルッツの3つ目の研究では，回答者はＴＶの有名な喜劇の登場人物たちについて，その支援性とパーソナリティを評定した。ここでもやはり，支援性の判断に用いられた特性は，回答者が自分自身でもっていると考えているのと同じ特性であった。

　このように，ルッツの研究が示すところによれば，知覚者×サポート提供者の交互作用の一定部分は，人によって支援性を推測するのに用いる判断のルールが違う，というプロセスを反映している。これらの判断ルールは，2人が同じ相手を違った形で知覚するという事態を招く。これは，2人がその相手について同じ情報を得ていたとしてもそうなるのである。

2. 知覚者の効果

　知覚者×サポート提供者の交互作用に加えて，知覚者の効果もまた，他者の支援性判断の説明要因として有意である（Lakey, McCabe et al., 1996）。知覚

者の効果とは，相手の"真の"支援性が現実にはどうであれ，ある知覚者が別の知覚者とは異なった形で，同じ相手を多少ともサポーティブであるとみなす傾向を意味する。

　知覚者の効果は，行動的なプロセスと認知的なプロセスの両方から生じる可能性がある。

　行動的なプロセスとして，知覚者はどんな相手からも一貫してサポーティブな行動を引き出したり，あるいはサポーティブでない行動を引き出したりするようなふるまいをするかもしれない。そうしたプロセスは，抑うつ的な人が他者にネガティブな反応をさせてしまう（Coyne, 1976)，というのと似ている。

　認知的なプロセスは，知覚者が相手のもつ現実の特徴とは無関係に，一貫してある人をサポーティブであるとかないとかいうようにみなす，という現象に関与していると思われる。知覚されたサポートの得点が低い人は，高サポートの人に比べて，同じ相手をよりサポーティブでない人とみなす。そしてこれは，回答者がその相手について同じ情報を与えられた場合でさえ起こる（Anan & Barnett, 1977；Lakey & Cassady, 1990；Lakey & Dickinson, 1994；Lakey et al., 1992；Mallinckrodt, 1991；G. R. Pierce, Sarason, & Sarason, 1992；Rudolph et al., 1995；B. R. Sarason, Pierce, Sarason, Waltz, & Poppe, 1991)。同様に，高サポートの人よりも低サポートの人の方が，必要なソーシャル・サポートを得られなかった場合に，よりネガティブな原因帰属をする（Ross, Lutz, & Lakey, 1999)。これらの効果は，いくつかの別の実験室でも追証されている。そこでは，違った類の方法が用いられ，被験者も，大学生，心理療法の患者，貧しい都市部のアフリカ系アメリカ人の子ども，そして中流階級の子どもにまでわたっている。同様の知見は，アンダーセン（Andersen）らによっても得られている（Andersen & Cole, 1990；Andersen, Reznik, & Manzella, 1996；Hinkley & Andersen, 1996)。そして，人々は，重要な他者のもつ特徴を，その人たちと似た初対面の相手にも転移させる。さらに，そうした転移は，重要な他者によって示されたのと同じような評価，期待，感情とも結びつく。同様に，コリンズ（N. L. Collins）の知見によれば，愛着スタイルの違いによって，人はネガティブではあるがどちらともとれるようなパートナーの行動を違った形で解釈するという（Collins, 1996)。

3. サポート提供者の効果

　サポート提供者の効果とは，相手が"現実に"もっている特徴の部分を表わす。この意味で"現実の（actual）"という用語は，相手は多かれ少なかれサポーティブである，と知覚者たちの意見が一致することを指す。これは，伝統的なソーシャル・サポート研究によって強調されてきた要素である。レイキーとロスら（1996）は，サポート提供者の効果の大きさを20％と見積もった。これは，レペッティ（Repetti, 1987）の先行研究における23％という評価と類似している。なお，この研究は筆者らの研究と同様の方法論に基づくものであった。相手の支援性に関するこうした評価は，また，相手のパーソナリティ特徴について判定者の意見が一致するレベル（Kenny, 1994）と非常に似通っている。

　サポートの"明らかにサポーティブな"側面は，おそらく相手が提供する実行されたサポートの質と量に関連している。けれども，相手の効果それ自体もまた複数の決定因によっているというのが正しいであろう。たとえば，知覚者のサポート判断は，部分的には相手のもつパーソナリティ特徴に依存している（Lakey, Ross et al., 1996；Lutz, 1997；Lutz & Lakey, 1997）。サポート判断は，部分的には相手のもつ現実の特徴に基づいているが，相手によって与えられる実行されたサポートは，そうした判断について考えられるいくつかの決定因のうちの1つであるに過ぎない。

6 知覚されたサポートの下位要素は，おそらく，結果変数と異なった関係を示す

　上述のように，知覚されたサポートは単一の実体ではなく少なくとも3つの異なるプロセスからなるが，さらにこれら3種類のプロセスは，結果変数との間に異なる関係をもっているようである。以下，そのことを例証する研究を紹介するが，その前に，まず理論的な側面として，尺度得点と構成概念の関係についての伝統的な心理測定論の考え方を，批判的に振り返っておきたい。

1. 尺度得点と構成概念の関係についての理論的考察

　知覚されたサポートの尺度における単一の得点がさまざまな構成要素を反映している，というのは，一見すると直観に反する感があろう。ある構成概念を表わすのに1つの得点を割り当てる場合，その得点が1つであるということは，ふつうその得点が単一の心理学的実体を反映していることを示すものとして解釈される。そしてこの暗黙の仮定は，心理学者が自分の扱う構成概念をどのように記述するか，ということに反映される。たとえば心理学者が「不安」について話す場合，不安がどんな構成要素からできあがっているのか，ということはふつう言及しない。同様に，心理学者が「自己概念」について話す場合，恋人としての自己とか子どもとしての自己の概念には，ふつう言及しない。

　しかし，いくつかの理由から，心理学者は心理学の構成概念がもつ見かけ上の単一性に反省の目を向ける必要がある。

　第一に，知覚されたサポートの測度における内的整合性のことを考えてみよう。心理学者はいくつかの項目を加算して1つの合計点を算出し，高い内的整合性を得ているが[★2]，これら項目間の相関自体は，ふつうそれほど高いわけではない（：典型的な項目間相関は0.30から0.40程度）。このとき，異なる項目は何らかの形で異なる内容を反映しているはずである。そうでなければ各項目の相関はほとんど1になってしまう。心理学者はしばしば，測定誤差が項目間相関を低める唯一の理由だと考えがちであるが，しかし実際には，信頼性係数に表われないけれども有意味なプロセスが，統計的には誤差として扱われている可能性がある（Cronbach et al., 1972）。それが「誤差」であるというのは，心理学者がその有意味なプロセスの存在を理解していないからである。

　第二に，社会的認知の研究では広く仮定されていることであるが，人々は自己について，また社会的世界について，いくつかの異なる概念をもっている（Higgins, 1996）。このことからすれば，ソーシャル・サポートに関する1つの合計点は，おそらく，複数存在するであろうサポート提供者に対応した，支援性についての複数の概念が合わさったものを表わしている。さらに，複数の項目それ自体も，それぞれ異なるプロセスを反映していると思われる。たとえば，プロシダノとヘラー（1983）による知覚されたサポートの尺度から引用した，次の2つの項目を考えてみよう。1つの項目は"わたしの家族は，わたしの求

める道徳的な支持（moral support）を与えてくれる，もう1つの項目は"わたしの家族は，楽しみのつきあい（companionship）のためにわたしを誘ってくれる"，というものである。これらの項目への反応は，おそらく異なる家族成員との異なる交流を反映しており，また回答者の心に異なる構成概念を表象させているであろう。さらに，これらの項目で扱われているプロセスは，おそらく結果変数と異なる関係をもっているであろう。たとえば，道徳的な支持は信仰心によって強く影響されているであろうし，一方，楽しみのつきあいは外向性によって強く影響されているであろう。

　筆者の考えでは，上述の推論による主張は合理的なものであり，レイキーとマッカベら（1996）のデータとともに，知覚されたサポートに含まれる複数の構成要素が結果変数とそれぞれ異なる関連性をもつ，ということを信じさせるに足る理由を提供している。

　以上の考察をふまえた上で，知覚されたサポートの下位要素が結果変数と異なった関係をもつことを示唆する実証的研究の紹介に移ろう。

2. 知覚されたサポートの下位要素と結果変数の関係：実証的研究からの示唆

　ごく最近，筆者らは，知覚されたサポートに関して2つの研究をおこなった。レイキー，ドルーとシール（Lakey, Drew, Sirl, 印刷中），およびマッカスキルとレイキー（McCaskill & Lakey, 印刷中）の研究である。これらの研究は，以下の2点についての証拠を提供する。それは第一に，知覚されたサポートに含まれる異なった要素は心理的健康との関連性がそれぞれ異なると思われること，そして第二に，知覚されたサポートのどの要素が情動と関連するのかは，どのような社会的構成概念が研究されているかによって異なると思われること，である。2つの研究の概略は，以下の通りである。

　［研究1］

　レイキー，ドルーとシール（Lakey, Drew, Sirl, 印刷中）は，慢性的なうつ症状を示す患者と統制群との間での他者の支援性を判断する際の違いが，知覚者の効果あるいは知覚者×サポート提供者の交互作用による効果のパターンに現われているのかどうか，を検討した。入院患者と正常な統制群は，ビデオテ

ープ上で4人の相手の支援性を推測して評定した。実験参加者はそれぞれが同じ4人の相手について評定した。そこで，レイキーらはこのデータを一般化可能性理論に基づいて分析した。もし患者と統制群の違いが知覚者の効果に現われているとしたら，患者は統制群よりもビデオ上の相手を支援性が低いとみなしたはずであり，知覚者の効果は知覚者×サポート提供者の交互作用効果よりも大きくなるはずである。一方，もしも患者と統制群の違いが知覚者×サポート提供者の交互作用に現われているとしたら，患者と統制群はビデオ上のどの相手がサポーティブでありどの相手がそうでないのかについて異なる意見をもち，それゆえ知覚者×サポート提供者の交互作用が知覚者の効果よりも大きくなるはずである。

　レイキーら（印刷中）の見いだした結果によれば，患者と統制群による支援性の判断は，知覚者の効果よりも知覚者×サポート提供者の交互作用をもたらしていた。臨床的なうつ症状を示す患者は，集団としてみた場合，統制群よりもつねに相手をサポーティブでないとみなしているというわけではなかった。また，患者群は全被験者のほぼ半数を占めていたが，その中での知覚者の効果もやはり相対的に小さいものであった。こうした知覚者の効果の小ささは，レイキーとマッカベら（1996）によって観察されたものと同様であり，また対照群のみで分析した場合でも同様であった。レイキーとマッカベらによる研究の結果と同様に，支援性の判断において最も強い影響力を示したのは，知覚者×サポート提供者の交互作用であった。言いかえれば，統制群と患者で違っていたのは，評定対象であった相手のうち，誰が最もサポーティブであり，誰が最もサポーティブでないか，の知覚の仕方であった。

　この研究の結果から示唆されることとして，臨床的なうつ症状を呈する患者のサポート判断と統制群のサポート判断の差異がよりはっきりと現われるのは，知覚者の効果よりも知覚者×サポート提供者の交互作用のパターンである。

[研究2]

　マッカスキルとレイキーもまた，知覚されたサポートの構成要素のうちでどれが情動と関連するのか，という問題について検討した（McCaskill & Lakey, 印刷中）。しかし，マッカスキルとレイキーは，レイキーら（印刷中）とは違ったやり方で，知覚されたサポートの構成要素を区別した。レイキーらによる

研究には1つの限界があった。それは，ビデオテープ上の相手を評定対象にしたために，サポート提供者の効果が抑うつと関連しているのかどうかをうまく検討できないことであった。ビデオ上のサポート提供者が臨床的な抑うつに何らかの効果を及ぼすなどとは考え難い。マッカスキルとレイキーの用いた方法では，サポート提供者の効果が知覚されたサポートと知覚された葛藤の両方について情動とどの程度関連しているのか，を調べることができた。

　外来治療を受けている青年期の患者とその家族成員が研究に参加し，知覚された家族のサポートおよび家族の葛藤についての測度に回答した。青年期の患者はまた，ポジティブな感情およびネガティブな感情の測度にも回答した。患者と家族成員の両者による見方を知ることができたので，マッカスキルとレイキーは，(a) どの感情が家族と患者の共有している視点と関連しているのか，そして (b) どの感情が，患者独自の視点（すなわち，他の家族成員によって共有されていない視点）と関連しているのか，を調べることができた。家族成員内で共有された視点は，サポート提供者の効果に対応する。なぜならそれは，他者の支援性に関する複数の人々での意見の一致を反映するからである。患者独自の視点とは，知覚者の効果および知覚者×サポート提供者の交互作用の両方を表わす。知覚者×サポート提供者の視点，および知覚者の視点は，ともに患者の知覚が家族の視点とは異なったものであることを示す。ただし，マッカスキルとレイキーは完全な一般化可能性研究のデザインを用いたわけではなかったので，知覚者の効果と知覚者×サポート提供者の交互作用を区別することはできなかった。

　家族の葛藤については，家族成員内で共有している視点と患者独自の知覚の両方が情動状態を予測していた。これに対して，家族のサポートについては，患者独自の視点だけが情動状態を予測していた。この結果は，知覚されたサポートの異なる構成要素が異なる情動と結びついていたことを示す。またそれだけではなく，どの構成要素が情動状態と関連するのか，ということはサポートか葛藤かによっても異なっていた。

3. 知覚されたサポートの下位要素と結果変数の関係についてのモデル

　以上の議論を要約すると，ソーシャル・サポートが個別の異なる要素からな

っていることが見いだされているのとちょうど同じように，知覚されたサポートそれ自体も，単一の実体ではなく，少なくとも3つの異なるプロセスからなっている。さらに，これらのプロセスは，結果変数と異なる関係をもつ。

図10-1は，知覚されたサポートのこれら3つの要素が異なる構成概念といかなる関係にあると考えられるか，を仮説的に図示したものである。この図の中で，知覚されたサポートの3要素は，知覚されたサポート全体を表わす楕円形の中にある3つの楕円によって表わされている。それぞれの構成要素は，結果変数との間に異なる関係をもっている。たとえば，知覚者の効果は，解釈上のバイアスおよび愛着スタイルとの間に関連性をもつと考えられる。これに対して，サポート提供者の効果は，実行されたサポートおよびサポート提供者のパーソナリティ（たとえば協調性（agreeableness））との間に関連性をもつと考えられる。知覚者×サポート提供者の交互作用は，知覚者とサポート提供者の類似性および心理的苦痛との間に関連性をもつと考えられる。さらに，厳密にはどの構成要素が結果変数と関連するのか，ということは，知覚されたサポートと社会的関係の悪化（social undermining）のどちらが研究の対象になっ

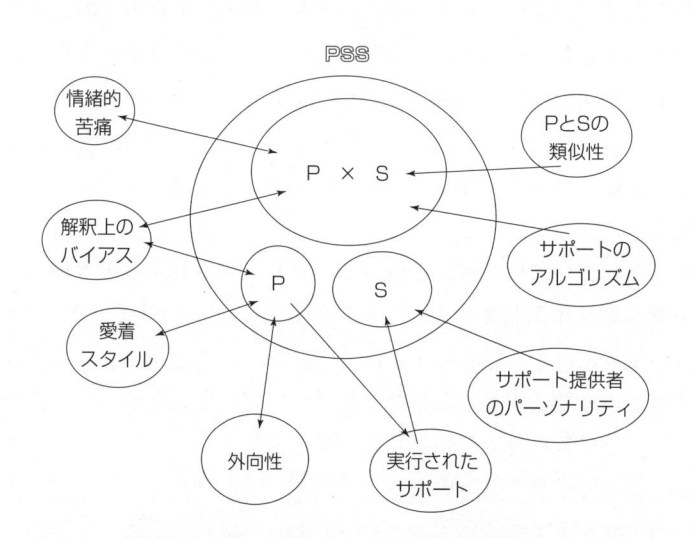

図10-1 知覚されたサポートにおける異なる構成要素および結果変数の関係を描いた仮説的モデル（P＝知覚者，S＝サポート提供者，PSS＝知覚されたソーシャル・サポート）

ているのか，によって異なるのではないかと思われる。もちろん，これらの結びつきの多くは推測上のものであるが，この推測が正しいと考えられることは，本節での直前までのレビューを振り返れば明らかであろう。

4. 知覚されたサポートのプロセスを分解することの意味

知覚されたサポートがいくつかの異なるプロセスからなっていると考えた場合，研究者は，それぞれの構成要素と他の構成要素との関係を個別に評価しうる方法を開発する必要がある。このとき，知覚されたサポートの総称的な測度は，ほとんどの研究目的にとって不適切となり，廃棄せざるを得なくなる。「知覚されたサポート」という総称的な変数とある1つの結果変数との関係を見いだすことは，知覚されたサポートのどの構成要素がその結果変数と関連しているのか，ということについて，研究者に何の情報も与えてくれない。

他方，知覚されたサポートの個別の要素と特定の結果変数との関係についての知識が得られれば，それは効果的な治療および予防のプログラムにとって本質的な重要性をもつ。介入にあたっては，社会的関係のもつ諸要素のうち，障害と関連する側面をターゲットにする必要がある。たとえば，知覚者の効果を修正しても，症状には小さな効果しかもたないであろう。なぜなら，知覚者の効果はサポートの知覚における最大の決定因というわけではなく，またそれは障害と最も強く関連する要因であるとは思われないからである（Brand, Lakey, & Berman, 1995を参照）。

7 知覚されたソーシャル・サポートと心理的障害をつなぐ社会—認知的なメカニズム

本章で筆者が主張してきたのは，多様なソーシャル・サポートの諸現象を説明するために，心理学者は広範な説明メカニズムに依拠しなくてはならない，ということであった。この最後の節で，筆者は1つのメカニズムを説明する。それは，ソーシャル・サポートについて考えることが情緒障害（emotional disturbance）をもたらす可能性がある，というものである。

このメカニズムを論ずるにあたり，レビューに値する視点はたくさんある（たとえば，愛着，象徴的相互作用論，マレーの欲求理論，進化社会心理学）。しかし，スペースの制約上，ここでは社会―認知的な視点（Baldwin, 1992；Lakey & Drew, 1997；Mankowski & Wyer, 1997；T. Pierce, Baldwin, & Lydon, 1997）に議論を限定する。

1. 社会―認知的な視点の特徴

ここで紹介する社会―認知的な視点には，いくつかの特徴がある。

まず第一に，社会―認知的な視点は，ストレス緩衝効果の視点とは異なる。その理由の1つは，ストレスフルな生活上の出来事（ライフイベント）の生起は，必ずしも知覚されたサポートと症状とを結びつけるものとして必須ではない，ということである。ストレス緩衝モデルによれば，知覚されたサポートが症状と関連するのは，ストレスフルな出来事が存在するときだけのはずである。これに対して，社会―認知的な視点によれば，知覚されたサポートは，ストレスの水準にかかわらず症状と関連し得る。コーエンとウィルズ（Cohen & Wills, 1985）の用語では，社会―認知的なモデルは，主効果に焦点をあてている。ソーシャル・サポートについてのネガティブな思考が，ストレスの水準にかかわらず，情緒障害を招くのである。

社会―認知的なモデルはまた，多くの伝統的なソーシャル・サポートの視点とも，次の点で異なる。それは，このモデルが，疫学やライフイベント研究ではなく，実験社会心理学にその基礎の多くをおいているということである。

たとえば，社会―認知的なモデルの仮説によれば，ソーシャル・サポートについてのネガティブな思考は，自己についてのネガティブな思考と重なり，またそれへのアクセスを容易にしてしまう。自己についてのネガティブな思考は，ネガティブな情動状態と重なり，またそれへのアクセスを容易にしてしまう。

なお，先述の通りソーシャル・サポートの理論は，つねに自己（self）に言及してきた。象徴的相互作用論は初期のソーシャル・サポート理論に影響を及ぼしてきたと思われるが，象徴的相互作用論はかなりの程度，自己と社会的な世界との間の関係についての認知の基礎を論じる理論（proto-cognitive theory）ということができる。たとえば，象徴的相互作用論における1つの重

要な目標は，社会的な関係がいかにアイデンティティと自己制御をもたらすのか，を理解することである。コッブ（1976）の仮説によれば，ソーシャル・サポートの最大の役割の1つは"その人にとって自分が評価され価値あるものと認められている，と信じさせるような情報"（p. 300）を提供することであった。キャプラン（1974）の仮説によれば，ソーシャル・サポートは"個人のアイデンティティと価値の確認"（p. 5）への基本的な欲求を満たすのに役立つものであった。多年にわたり，多くの研究者は，ソーシャル・サポートと自尊心（self-esteem）が重要な関連性をもつことを仮定してきた（Cohen & Wills, 1985；Cutrona & Russell, 1990；Heller & Swindle, 1983）。自尊心サポートは，知覚されたサポートにおける他の諸側面と強い相関をもつ（Cohen, Mermelstein, Kamarck, & Hoberman, 1985；Newcomb, 1990）。そして。いくつかの研究が，知覚されたサポートと自己尊重（self-regard）とのつながりを示している（たとえば，Barrera & Li, 1996；Lakey & Cassady, 1990；Maton, 1990；Rowlison & Felner, 1988）。

2. 社会―認知的な視点と概念アクセシビリティ

ソーシャル・サポートに関する社会―認知的な視点は，かなりの程度，概念へのアクセシビリティの研究および理論（Carlston & Smith, 1996；Higgins, 1996；Wyer & Carlston, 1994）に基づいている。この視点は，人々が自己についての複数の表象をもち，また他者についても複数の表象をもつことを仮定している。たとえば，ある人は自分についての"明晰な"と"間抜けな"という概念の両方を，記憶の中に同時にもっているかもしれない。同様に，ほとんどの人々はおそらく，他者の行為を理解するのに"親切な"と"残酷な"の両方の概念を使うことができるであろう。人々は，親切と残酷の両特徴をもつ同じ人について，別個の表象をもつことさえあるかもしれない。自己を判断するときや経験を解釈するときにどんな概念が用いられるのかは，その概念のアクセシビリティに依っている。アクセシビリティとは本質的に，当該の文脈でその概念が使用される確率である。

ある概念のアクセシビリティは，2つの基本的なプロセスによって決定されると考えられる。それは，一時的な影響（momentary influences）と長期的な

アクセシビリティ（chronic accessibility）である。一時的な影響は，ある状況が当該の概念の使用を喚起し促進するときに生じる。たとえば，アルバート・アインシュタインの写真を見ることは，おそらく，多くの人々にとって「聡明な（intelligent）」という概念を思い起こさせる。そして，聡明という概念を最近使った経験は，もしもその「聡明」という概念がある状況にうまく適用できるならば，この概念が再び使用される確率を増大させる。もちろん，最近使ったということによるアクセシビリティの増加は，時間経過を通じて減少していく。アクセシビリティに対する一時的な影響に加え，ある概念についての長期的なアクセシビリティの個人差も存在する。たとえば，経験を解釈するために習慣的に用いる概念が何であるかは，人によって違う。先に述べたルッツ（Lutz, 1997；Lutz & Lakey, 1997）の研究は，人々が異なる特性概念を用いてどのようにサポートを推論するかに関する研究であり，このプロセスの一例である。

　概念はまた，お互いにつながりをもっている可能性がある。そのため，ある種の概念を活性化させると，それによってアクセシビリティが増大する概念がある。たとえば，聡明という概念へのアクセスが起こると，"美しい"とか"強い"という概念が活性化されるが，これはこれらの概念をその人がかつて併せて使ったことによる（Carlston & Smith, 1996）。同様に，他者についての表象と自己についての表象もまた，つながっている可能性がある。すなわち，重要な他者が"敵意をもっている（hostile）"という考えは「罪悪感がある（guilty）」という自己関連の概念をよりアクセスしやすいものにする。他者が"愛している（loving）"という考えは「受け入れられている（accepted）」という概念をよりアクセスしやすいものにする。

　実際，他者についての特定の概念へのアクセシビリティを増加させると，自己評価および自己概念のアクセシビリティが増加する，ということが，かなりの数の研究で示唆されるようになってきている。たとえば，以下のような研究がある。

3. 知覚されたサポートに関連する概念アクセシビリティ研究

　ボールドウィン（Baldwin）らがおこなった一連の先駆的な研究は，特定の

他者についての思考を活性化すると自己評価が影響を受ける，という証拠を提供している。この証拠が重要なのは，それが，自己概念と他者概念の関係を探求するのに認知心理学からの方法論をどのように援用することができるのか，を示しているからである。どの研究でも，他者についての表象が，重要な他者について回答者に考えさせる前にプライム刺激として与えられた。そして，自己評価および情動に対するプライミングの効果が検討された。

ボールドウィン，キャレルとロペスの研究1では，実験に参加した大学院生に表情写真が提示された。写真は3種類あり，1つは中性的な顔，もう1つは学科長のしかめっ面で不満げな顔，そして最後の1つは別の人の満足げな顔であった。提示時間は短く（2ミリ秒），認識し得る水準を下回っていた。実験の参加者はこの研究における考え方の質を評定したが，満足げな顔を提示させられた後よりも，不満げな顔を提示させられた後の方が，評定はよりネガティブであった。また，同じボールドウィンらの研究2では，カトリック教徒の女性が実験に参加した。参加者は少しエロティックな文章を読み，その後短時間，ローマ法王あるいはしかめっ面の未知の人の顔写真，または何も描かれていない無地のカードを提示された。参加者はその後自分自身について評定したが，無地のカードを提示された後よりも，ローマ法王の写真を提示された後の方が，その評定はよりネガティブであった。ローマ法王の写真を提示された参加者はまた，より強い不安も報告した。そして，しかめっ面の未知の人の顔写真を提示された後の評定は，無地のカードを提示された後の評定と違いがなかった。期待された通り，この効果は，カトリックの教えを実践している女性の方が，そうでない女性よりも強かった（Baldwin, Carrell, & Lopez, 1990）。

ボールドウィン（1994）の研究1では，実験参加者に対して，その人の社会的ネットワークの中で受容的な人と批判的な人を取り上げ，そのいずれかの人の名前を短時間（マスキングして16ミリ秒間）提示した。批判的な人の事前提示は，よりネガティブな自己評価をもたらした。ただし，よりネガティブな気分はもたらさなかった。研究2では，実験参加者はさまざまな物や状況や人物を思い浮かべた。その中には，受容的な人か批判的な人のいずれかが含まれていた。受容的な人を思い浮かべた場合に比べ，批判的な人を思い浮かべた場合には，鏡を使って自己意識が高められた人では，よりネガティブな自己評

価が生じていた。同様に，プライム刺激は，自己意識の強い参加者についてのみ，気分への効果もおよぼしていた。なお，自己評価と気分に対する同様の効果は，ボールドウィンとホームズの研究（Baldwin & Holmes, 1987, 研究2）でも得られている。

　ボールドウィンとシンクラーは，語彙判定課題（lexical-decision task）を用いて，自尊心の低い人は社会的な受容について課題の遂行状態に一致した関係スキーマをもつ，という仮説を検討した（Baldwin & Sinclair, 1996）。語彙判定課題は，認知心理学において，概念間の関連性についての仮説を検討するために一般によく用いられる。回答者は，当該の文字列が現実の単語であるかどうかを，できるだけ速やかに同定する。この課題の遂行は，対象の単語が提示される直前に，それと主題的に関連する単語をプライム刺激として提示することにより，促進することができる。たとえば，回答者が「看護婦（nurse）」という単語をより速やかに同定できるのは，その単語が提示される前に「医師（doctor）」という単語が提示されていたときである。無関連な単語が直前に提示された場合には，「看護婦」という単語がより速やかに同定されるということはない。そうしたデータは，ふつう，ある概念が他の概念とより密接に関連していることを意味すると解釈されている（A. M. Collins & Loftus, 1975；Meyer & Schvaneveldt, 1971）。ボールドウィンとシンクラー（1996）の仮説によれば，自尊心の低い人がもしも受容されていれば自己を尊重し受容されていなければ自己を尊重できないような関係スキーマをもっているとすれば，自尊心の低い人が拒絶を意味する単語（たとえば「ひやかされた（ridiculed）」）をより速く同定するのは，成功に関係する単語（たとえば「勝つ（win）」）よりも，失敗に関係する単語（たとえば「負ける（lose）」）がプライム刺激として与えられた場合である。予測通り，自尊心の低い実験参加者が拒絶語をより速く認識したのは，成功に関係する単語がプライム刺激として与えられた場合よりも，失敗に関連する単語がプライム刺激として与えられた場合であった。自尊心の高い参加者は，プライム刺激と対象語への反応との間に関連性を示さなかった。

　ボールドウィンとシンクラー（1996）の研究3では，条件的な（contingent）関係と受容的な関係についての表象がプライム刺激として提示された。受容的

な関係とは"あなたをあなたとして受け容れる"(Baldwin & Sinclair, 1996, p. 1136) 人との関係である。そして，条件的な関係とは"あなたが一定の遂行基準を満たしている場合にだけあなたを受け容れるであろう"（同p.1136) 人との関係である。実験参加者は，重要な他者のうち，受容的な人かあるいは条件的な人を思い浮かべた。参加者はそれから，研究1と同様の語彙判定課題に取り組んだ。条件的な関係を想像した参加者の場合，拒絶語がより速やかに認識されたのは，成功に関係する単語がプライム刺激として与えられた場合よりも，失敗に関連する単語がプライム刺激として与えられた場合であった。かくして，ボールドウィンとシンクラーによるこれらの研究が示唆するところによれば，失敗と拒絶のつながりは，慢性的に低い自尊心によって，また批判的な関係のプライミングによって，よりアクセスされやすくなるのである。

ヒンクレイとアンダーセン (Hinkley & Andersen, 1996) もまた，他者についての表象を活性化することが自己についての特定の表象へのアクセシビリティに影響する，という証拠を提供している。彼らの研究では，実験参加者は新奇な他者についての記述を読んだが，その新奇な他者は参加者にとっての重要な他者といくつかの特徴を共有していた。参加者の自己記述は，重要な他者と特徴を共有した新奇な他者を提示された場合には変化したが，統制条件ではあまり変化しなかった。自己記述が参加者自身の自己観とより類似した方向に変化したのは，重要な他者が提示された場合であった。同様の実験によるアンダーセンら (1996) の知見では，実験参加者の気分が影響されたのは，重要な他者でポジティブな人およびネガティブな人とそれぞれ特徴を共有している新奇な他者を提示した場合であった。対にされた対照群との間で特徴を共有していた新奇な他者は，参加者の情動変化を引き起こさなかった。けれども，情動への効果は複雑であり，いくつかの条件では，予測に反した形で表情に表われるポジティブな感情が増加していた。

4. 概念アクセシビリティ研究が意味するもの

アンダーセンやボールドウィンらによる研究は，受容的な他者よりも批判的な他者に関する表象の活性化がネガティブな自己評価を活性化しネガティブな情動を生じさせる，という興味深い証拠を提出している。

筆者は，この種の研究がいくつかの理由で重要だと考えている。この種の研究は，実験社会心理学（とりわけ社会的認知）の研究方法がいかにしてソーシャル・サポートに関する新たな視点をもたらすか，のモデルを提供している。これらの方法を用いることで，ソーシャル・サポートの認知が自己および心理的症状にいかなる影響を及ぼすのかということについて，より精密な仮説を検討することができる。筆者の見解によれば，これらの方法は，典型的なフィールド研究で得られてきたものより以上の正確さをもたらしてくれる。典型的な調査研究の回答者は，回答の際に，サポート関連のカテゴリーについて無意識的なプライミングを生じている。しかし，その結果として生じる自己関連思考の一時的な変化を報告することはできないのである。さらに，関係の認知を実験的に操作することが可能であるため，この種の研究で用いられている方法論は，サポートの認知が情動や自己の表象に影響を及ぼす，という因果関係的な証拠を提供することになる。筆者の見方では，フィールド研究は本質的な重要性をもつものの，相関的なデザインのゆえに，研究者はソーシャル・サポートの因果的な役割について強力な証拠を得ることができない。洗練された統計学的処理を積み重ねても，それ自体では相関的なデザインのもつ問題点を免れることはできない。

　憶えておくべき重要なこととして，自己についてのネガティブな思考がなぜ苦痛をもたらすのか，の理由は十分に確かめられていない。そうした認知と苦痛との直接の因果的なつながりは直感的には大いにありそうなところであるし，また情動に関するいくつかの主要な理論的立場では，そのような仮定がおこなわれている（たとえば，Abramson, Metalsky, & Alloy, 1989；Beck, 1967；Lazarus & Folkman, 1984）。しかしながら，筆者は，なぜ，そしていかにして，ネガティブな思考が情緒障害をもたらすのか，について十分に満足しうる説明を知ってはいない。このことからみて，知覚されたサポートと苦痛とのつながりを説明するために情動の認知モデルに訴えることは，認知と情動のつながりがよりよく理解されない限り，十分に満足しうるものにはならないであろう。バウマイスターとリアリイ（Baumeister & Leary, 1995）は，社会的な結びつきと自尊心のもつ進化上の利点に焦点をあてることで，そうした理論を正しい方向へと向けさせた。しかし，さらなる研究が，この領域ではなお

も必要である。

8 結論

　本章では，ソーシャル・サポート研究の歴史的な展開について記述した。そこで筆者は，2つの主要な展開に焦点をあてた。ストレス緩衝パラダイムの隆盛，そして，ソーシャル・サポートの概念のより小さな下位要素への分解である。

　筆者の考えでは，ストレス緩衝パラダイムは，それだけでは多様な広がりをもつソーシャル・サポートの異なる構成概念と効果を説明することはできない。ソーシャル・サポート研究の展開をレビューする中で，筆者は以下のことを主張した。

　ストレス緩衝要因としての視点が優勢になったのは，主として，ソーシャル・サポート研究を心理学に導入した学者たちの関心と目標のゆえである。ソーシャル・サポートに関する初期の理論家たち（たとえば，Caplan, Cassel, Cobb, Kaplan）は，ずっと広い視野をもって，ソーシャル・サポートを構想していた。それは，愛着理論，マレーの欲求理論，象徴的相互作用論を含むものであった。筆者の考えでは，ソーシャル・サポートの諸現象は非常に多様かつ複雑であり，それゆえ研究者は広範な視点をもつ必要がある。ソーシャル・サポート研究における1つの一貫した主題は，その測度と概念が，当初は単一の構成概念を反映すると仮定されていたものの，究極的にはいくつもの異なる概念とプロセスに分解される，というものである。この主題は，1980年代の初期にはすでに見ることができる。このころ，学者たちは，知覚されたサポート，実行されたサポート，ネットワークの諸特徴が別個のものであることを認識した。この主題はまた，より最近の研究でも再び起こってきた。そこでは，知覚されたサポートそれ自体が，少なくとも3つの異なる類のプロセスからなることが示されている。こうした複雑さゆえに，ソーシャル・サポートのさまざまな効果は，単一のモデルないし視点では説明し得ない。この多様性に対す

る1つの小さな貢献として，筆者は，知覚されたサポートと情動とのつながりに関する社会—認知的な視点を記述したのである。

【注】
★1：ミッチェル（1969）は，社会的ネットワークに関して同様の観察をおこなった。けれども，ミッシェルの著書のおもな読者は人類学者と社会学者であったはずであり，それゆえ彼の研究は心理学の枠内でのソーシャル・サポート研究の発展に大きな影響を与えてはいないようである。
★2：内的整合性の評価が何を意味しているのか，は考慮に値する問題である。クロンバック（Cronbach）のα係数はふつう信頼しうる個人差に帰着される分散の割合として解釈されるが，状況の影響が通常は査定されず，もし存在するとしても平均化されてしまっていることに留意する必要がある。また，たとえばSPSSのようなパッケージソフトで用いられている標準的な公式は，個人差に帰着しうる効果の評価をする際，項目に帰着される分散を排除するものになっている（Wiggins, 1973を参照）。研究者が個々人の相対的な位置の比較のみに関心をもっている場合，個々の項目によって生み出される差異は重要ではない。しかし，憶えておくべきこととして，そうした場合のα係数は典型的に高いが，それは尺度内のすべての項目が同じ構成概念を反映しているからというより，他の分散の源（たとえば，状況や項目）がふつうモデルから削除されたり平均化されているからである。

引用文献

Abramson, L. Y., Metalsky, G. I., & Alloy, L. B. (1989). Hopelessness depression: A theory-based subtype of depression. *Psychological Review, 96,* 358-372.

Ahadi, S., & Diener, E. (1989). Multiple determinants and effect size. *Journal of Personality and Social Psychology, 56,* 398-406.

Anan, R. M., & Barnett, D. (1997). *Children's perception of social support: Links with attachment and social information processing.* Unpublished manuscript, Wayne State University.

Andersen, S. M., & Cole, S. W. (1990). "Do I know you?": The role of significant others in general social perception. *Journal of Personality and Social Psychology, 59,* 384-399.

Andersen, S. M., Reznik, I., & Manzella, L. M. (1996). Eliciting facial affect, motivation, and expectancies in transference: Significant other representations in social relations. *Journal of Personality and Social Psychology, 71,* 1108-1129.

Baldwin, M. W. (1992). Relational schemas and the processing of social information. *Psychological Bulletin, 112,* 461-484.

Baldwin, M. W. (1994). Primed relational-schemas as a source of self-evaluative reactions. *Journal of Social and Clinical Psychology, 13,* 380-403.

Baldwin, M. W., Carrell, S. E., & Lopez, D. F. (1990). Priming relationship schemas: My advisor and the pope are watching me from the back of my mind. *Journal of Experimental Social Psychology, 26,* 435-454.

Baldwin, M. W., & Holmes, J. G. (1987). Salient private audiences and awareness of the self. *Journal of Personality and Social Psychology, 52,* 1087-1098.

Baldwin, M. W., & Sinclair, L. (1996). Self-esteem and "if . . . then" contingencies of interpersonal acceptance. *Journal of Personality and Social Psychology, 71,* 1130-1141.

Barrera, M., Jr. (1986). Distinctions between social support concepts, measures, and models. *American Journal of Community Psychology, 14,* 413-445.

Barrera, M., Jr., & Li, S. A. (1996). The relation of family support to adolescents' psychological distress and behavior problems. In G. R. Pierce, B. R. Sarason, & I. G. Sarason (Eds.), *Handbook of social support and the family* (pp. 313-343). New York: Plenum.

Barrera, M., Jr., Sandler, I. N., & Ramsay, T. B. (1981). Preliminary development of a scale of social support: Studies on college students. *American Journal of Community Psychology, 9,* 435-447.

Baumeister, R. F., & Leary, M. R. (1995). The need to belong: Desire for interpersonal attachments as a fundamental human motivation. *Psychological Bulletin, 117,* 497-529.

Beck, A. T. (1967). *Depression: Clinical, experimental, and theoretical aspects.* New York: Harper & Row.

Belsher, G., & Costello, C. G. (1991). Do confidants of depressed women provide less social support than confidants of nondepressed women? *Journal of Abnormal Psychology, 100,* 516-525.

Berkman, L. F., & Syme, S. L. (1979). Social networks, host resistance, and mortality. *American Journal of Epidemiology, 109,* 186-204.

Blazer, D. (1982). Social support and mortality in an elderly community population. *American Journal of Epidemiology, 115,* 684-694.

Bowlby, J. (1958). The nature of the child's tie to his mother. *International Journal of Psychoanalysis, 24,* 190-194.

Brand, E., Lakey, B., & Berman, S. (1995). A preventive, psychoeducational approach to increase perceived support. *American Journal of Community Psychology, 23,* 117-136.

Brown, G. W., & Harris, T. (1978). *Social origins of depression: A study of psychiatric disorder in women.* New York: Free Press.

Burleson, B. R., & Samter, W. (1985). Consistencies in theoretical and naive evaluations of comforting messages. *Communication Monographs, 52,* 103-123.

Caplan, G. (1974). *Support systems and community mental health: Lectures on concept development.* New York: Behavioral.

Carlston, D. E., & Smith, E. R. (1966). Principles of mental representation. In

E. T. Higgins & A. W. Kruglanski (Eds.), *Social psychology: Handbook of basic principles* (pp. 184–210). New York: Guilford Press.

Cassel, J. (1973). Psychiatric epidemiology. In G. Caplan (Ed.), *American handbook of psychiatry* (Vol. 2, pp. 401–410). New York: Basic Books.

Cobb, S. (1976). Social support as a moderator of life stress. *Psychosomatic Medicine, 38,* 300–314.

Cohen, S., & Edwards, J. R. (1989). Personality characteristics as moderators of the relationship between stress and disorder. In R. W. J. Neufeld (Ed.), *Advances in the investigation of psychological stress* (pp. 235–283). New York: Wiley.

Cohen, S., & Hoberman, H. M. (1983). Positive events and social supports as buffers of life change stress. *Journal of Applied Social Psychology, 13,* 99–125.

Cohen, S., & McKay, G. (1984). Social support, stress, and the buffering hypothesis: A theoretical analysis. In A. Baum, S. E. Taylor, & J. E. Singer (Eds.), *Handbook of psychology and health* (Vol. 4, pp. 253–267). Hillsdale, NJ: Erlbaum.

Cohen, S., Mermelstein, R., Kamarck, T., & Hoberman, H. (1985). Measuring the functional components of social support. In I. G. Sarason & B. R. Sarason (Eds.), *Social support: Theory research and applications* (pp. 73–94). Dordrecht, The Netherlands: Martinus Nijhoff.

Cohen, S., Sherrod, D. R., & Clark, M. S. (1986). Social skills and the stress-protective role of social support. *Journal of Personality and Social Psychology, 50,* 963–973.

Cohen, S., & Wills, T. A. (1985). Stress, social support, and the buffering hypothesis. *Psychological Bulletin, 98,* 310–357.

Collins, A. M., & Loftus, E. F. (1975). A spreading activation theory of semantic processing. *Psychological Review, 82,* 407–428.

Collins, N. L. (1996). Working models of attachment: Implication for explanation, emotion, and behavior. *Journal of Personality and Social Psychology, 71,* 810–832.

Compas, B. E., Wagner, B. M., Slavin, L. A., & Vannatta, K. (1986). A prospective study of life events, social support, and psychological symptomatology during the transition from high school to college. *American Journal of Community Psychology, 14,* 241–257.

Coyne, J. C. (1976). Depression and the response of others. *Journal of Abnormal Psychology, 85,* 186–193.

Cronbach, L. J., Gleser, G. C., Nanda, H., & Rajaratnam, N. (1972). *The dependability of behavioral measurements: Theory of generalizability of scores and profiles.* New York: Wiley.

Cutrona, C. E., & Russell, D. W. (1990). Type of social support and specific stress: Toward a theory of optimal matching. In B. R. Sarason, I. G. Sarason, & G. R. Pierce (Eds.), *Social support: An interactional view* (pp. 319–366). New York: Wiley.

Cutrona, C. E., & Suhr, J. A. (1994). Social support communication in the context of marriage: An analysis of couples' supportive behavior. In B. Burleson, T. L. Albrecht, & I. G. Sarason (Eds.), *Communication of social support: Messages, interactions, relationships, and community* (pp. 113–135). Thousand Oaks, CA: Sage.

Dean, A., & Lin, N. (1977). The stress-buffering role of social support: Problems and prospects for systematic investigation. *Journal of Nervous and Mental Disease, 165,* 403–417.

Dunkel-Schetter, C., & Bennett, T. L. (1990). Differentiating the cognitive and behavioral aspects of social support. In B. R. Sarason, I. G. Sarason, & G. R. Pierce (Eds.), *Social support: An interactional view* (pp. 267–296). New York: Wiley.

▶ Durkheim, E. (1957). *Suicide.* New York: Free Press of Glencoe. (Original work published 1895)

Erikson, E. H. (1959). Identity and the life cycle: Selected papers. *Psychological Issues, 1,* 1–171.

Gurung, R. A. R., Sarason, B. R., & Sarason, I. G. (1994, August). *Observing conflict and support: Global vs. behavioral-specific approaches.* Paper presented at the 102nd Annual Convention of the American Psychological Association, Los Angeles, CA.

Harlow, H. F., & Zimmerman, R. R. (1959). Affectional responses in the infant monkey. *Science, 130,* 421–432.

Hays, R. B., Turner, H., & Coates, T. J. (1992). Social support, AIDS-related symptoms, and depression among gay men. *Journal of Consulting and Clinical Psychology, 60,* 463–469.

Heller, K. (1979). The effects of social support: Prevention and treatment implications. In A. P. Goldstein & F. H. Kanfer (Eds.), *Maximizing treatment gains: Transfer enhancement in psychotherapy* (pp. 353–382). New York: Academic Press.

Heller, K., & Lakey, B. (1985). Perceived support and social interaction among friends and confidants. In I. G. Sarason & B. R. Sarason (Eds.), *Social support: Theory research and applications* (pp. 287–302). Dordrecht, The Netherlands: Martinus Nijhoff.

Heller, K., & Monahan, J. (1977). *Psychology and community change.* Homewood, IL: Dorsey Press.

Heller, K., & Swindle, R. W. (1983). Social networks, perceived social support, and coping with stress. In R. D. Felner, L. A. Jason, J. N. Moritsugu, & S. S. Farber (Eds.), *Preventive psychology: Theory, research and practice* (pp. 87-103). Elmsford, NY: Pergamon Press.

Higgins, E. T. (1996). Knowledge activation: Accessibility, applicability and salience. In E. T. Higgins & A. W. Kruglanski (Eds.), *Social psychology: Handbook of basic principles* (pp. 133-168). New York: Guilford Press.

Hinkley, K., & Andersen, S. M. (1996). The working self-concept in transference: Significant-other activation and self-change. *Journal of Personality and Social Psychology, 71*, 1279-1295.

Hirsch, B. (1979). Psychological dimensions of social networks: A multimethod analysis. *American Journal of Community Psychology, 7*, 263-277.

Hirsch, B. (1980). Natural support systems and coping with major life changes. *American Journal of Community Psychology, 8*, 159-172.

Holahan, C. J., Moos, R. H., Holahan, C. K., & Brennan, P. L. (1995). Social support, coping, and depressive symptoms in a late-middle-aged sample of patients reporting cardiac illness. *Health Psychology, 14*, 152-163.

Holmes, T. H., & Rahe, R. H. (1967). The Social Readjustment Rating Scale. *Journal of Psychosomatic Research, 11*, 213-218.

House, J. S., Landis, K. R., & Umberson, D. (1988). Social relationships and health. *Science, 241*, 540-545.

Kaplan, B. H., Cassel, J. C., & Gore, S. (1977). Social support and health. *Medical Care, 15*, 47-58.

Kenny, D. (1994). *Interpersonal perception: A social relations analysis*. New York: Guilford Press.

Kenny, D., Albright, L., Malloy, T., & Kashy, D. A. (1994). Consensus in interpersonal perception: Acquaintance and the Big Five. *Psychological Bulletin, 116*, 245-258.

Kirmeyer, S. L., & Lin T. (1987). Social support: Its relationship to observed communication with peers and superiors. *Academy of Management Journal, 30*, 138-151.

Lakey, B. (1989). Personal and environmental antecedents of perceived social support. *American Journal of Community Psychology, 17*, 503-519.

Lakey, B., & Cassady, P. B. (1990). Cognitive processes in perceived social support. *Journal of Personality and Social Psychology, 59*, 337-343.

Lakey, B., & Dickinson, L. G. (1994). Antecedents of perceived support: Is perceived family environment generalized to new social relationships? *Cognitive Therapy and Research, 18*, 39-54.

Lakey, B., & Drew, J. B. (1997). A social–cognitive perspective on social support. In G. R. Pierce, B. Lakey, I. B. Sarason, & B. R. Sarason (Eds.), *Sourcebook of social support and personality* (pp. 107–140). New York: Plenum.

Lakey, B., Drew, J. B., & Sirl, K. (in press). Clinical depression and perceptions of supportive others: A generalizability analysis. *Cognitive Therapy and Research.*

Lakey, B., & Heller, K. (1988). Social support from a friend, perceived support, and social problem solving. *American Journal of Community Psychology, 16,* 811–824.

Lakey, B., McCabe, K. M., Fisicaro, S., & Drew, J. B. (1996). Environmental and personal determinants of support systems: Three generalizability studies. *Journal of Personality and Social Psychology, 70,* 1270–1280.

Lakey, B., Moineau, S., & Drew, J. B. (1992). Perceived social support and individual differences in the interpretation and recall of supportive behavior. *Journal of Social and Clinical Psychology, 11,* 336–348.

Lakey, B., Ross, L., Butler, C., & Bentley, K. (1996). Making social support judgments: The role of perceived similarity and conscientiousness. *Journal of Social and Clinical Psychology, 15,* 283–304.

Lazarus, R. S. (1966). *Psychological stress and the coping process.* New York: McGraw-Hill.

▶ Lazarus, R. S., & Folkman, S. (1984). *Stress, appraisal and coping.* New York: Springer.

Lepore, S. J., Evans, G. W., & Schneider, M. L. (1991). Dynamic role of social support in the link between chronic stress and psychological distress. *Journal of Personality and Social Psychology, 61,* 899–909.

Lowenthal, M. F. (1964). Social isolation and mental illness in old age. *American Sociological Review, 29,* 54–70.

Lowenthal, M. F. (1965). Antecedents of isolation and mental illness in old age. *Archives of General Psychiatry, 12,* 245–254.

Lowenthal, M. F., & Haven, C. (1968). Interaction and adaptation: Intimacy as a critical variable. *American Sociological Review, 33,* 20–29.

Lutz, C. J. (1997). *An idiographic approach to the Person × Environment interaction in support judgments.* Unpublished doctoral dissertation, Wayne State University.

Lutz, C. J., & Lakey, B. (1997, August). *Individual differences in the cognitive representation of social support.* Paper presented at the 105th Annual Convention of the American Psychological Association, Chicago.

Mallinckrodt, B. (1991). Client's representations of childhood emotional bonds with parents, social support, and the formation of a working alliance. *Journal* of *Counseling Psychology, 38*, 401–409.

Mankowski, E. S., & Wyer, R. S., Jr. (1997). Cognitive causes and consequences of perceived social support. In G. R. Pierce, B. Lakey, I. G. Sarason, & B. R. Sarason (Eds.), *Sourcebook of social support and personality* (pp. 141–165). New York: Plenum.

Maton, K. I. (1990). Meaningful involvement in instrumental activity and well-being: Studies of older adolescents and at-risk urban teen-agers. *American Journal of Community Psychology, 18*, 297–320.

McCaskill, J., & Lakey, B. (in press). Perceived support, social undermining and emotion: Idiosyncratic and shared perspectives of adolescents and their families. *Personality and Social Psychology Bulletin*.

Meyer, D., & Schvaneveldt, R. W. (1971). Facilitation in recognizing pairs of words: Evidence of a dependence between retrieval operations. *Journal of Experimental Psychology, 90*, 227–234.

▶ Mischel, W. (1968). *Personality and assessment*. New York: Wiley.

▶ Mitchel, J. C. (1969). *Social networks and urban situations*. Manchester, England: Manchester University Press.

▶ Murray, H. A. (1938). *Explorations in personality*. New York: Oxford University Press.

Newcomb, M. D. (1990). What structural equation modeling can tell us about social support. In B. R. Sarason, I. G. Sarason, & G. R. Pierce (Eds.), *Social support: An interactional view* (pp. 26–63). New York: Wiley.

Phifer, J. F., & Murrell, S. A. (1986). Etiological factors in the onset of depressive symptoms in older adults. *Journal of Abnormal Psychology, 95*, 282–291.

Pierce, G. R., Lakey, B., Sarason, I. G., Sarason, B. R., & Joseph, H. J. (1997). Personality and social support processes: A conceptual overview. In G. R. Pierce, B. Lakey, I. G. Sarason, & B. R. Sarason (Eds.), *Sourcebook of social support and personality* (pp. 3–18). New York: Plenum.

Pierce, G. R., Sarason, B. R., & Sarason, I. G. (1992). General and specific support expectations and stress as predictors of perceived supportiveness: An experimental study. *Journal of Personality and Social Psychology, 63*, 297–307.

Pierce, G. R., Sarason, B. R., & Sarason, I. G. (1996). *Handbook of social support and the family*. New York: Plenum.

Pierce, T., Baldwin, M., & Lydon, J. (1997). A relational schema approach to social support. In G. R. Pierce, B. Lakey, I. G. Sarason, & B. R. Sarason (Eds.), *Sourcebook of social support and personality* (pp. 19–48). New York: Plenum.

Procidano, M. E., & Heller, K. (1983). Measures of perceived social support from friends and from family: Three validation studies. *American Journal of Com-*

munity Psychology, 11, 1-24.

Rabkin, J. G., & Struening, E. L. (1976). Life events, stress, and illness. Science, 194, 1013-1020.

Repetti, R. L. (1987). Individual and common components of the social environment at work and psychological well-being. Journal of Personality and Social Psychology, 52, 710-720.

Rook, K. S. (1984). The negative side of social interaction: Impact on psychological well-being. Journal of Personality and Social Psychology, 46, 1097-1108.

Rook, K. S. (1987). Social support versus companionship: Effects on life stress, loneliness, and evaluations by others. Journal of Personality and Social Psychology, 52, 1132-1147.

Ross, L. T., Lutz, C., & Lakey, B. (1999). Perceived support and attributions for failed support attempts. Personality and Social Psychology Bulletin., 25, 896-909.

Rowlison, R. T., & Felner, R. D. (1988). Major life events, hassles, and adaptation in adolescence: Confounding in the conceptualization and measurement of life stress and adjustment revisited. Journal of Personality and Social Psychology, 55, 432-444.

Rudolph, K. D., Hammen, C., & Burge, D. (1995). Cognitive representations of self, family, and peers in school-age children: Links with social competence and sociometric status. Child Development, 66, 1385-1402.

Sandler, I. N., & Barrera, M., Jr. (1984). Toward a multimethod approach to assessing the effects of social support. American Journal of Community Psychology, 12, 37-52.

Sarason, B. R., Pierce, G. R., Sarason, I. G., Waltz, J. A., & Poppe, L. (1991). Perceived social support and working models of self and actual others. Journal of Personality and Social Psychology, 60, 273-287.

Sarason, B. R., Sarason, I. G., & Pierce, G. R. (1990). Traditional views of social support and their impact on assessment. In B. R. Sarason, I. G. Sarason, & G. R. Pierce (Eds.), Social support: An interactional view (pp. 9-25). New York: Wiley.

Sarason, B. R., Shearin, E. N., Pierce, G. R., & Sarason, I. G. (1987). Interrelations of social support measures: Theoretical and practical implications. Journal of Personality and Social Psychology, 52, 813-832.

Sarason, I. G., Levine, H. M., Basham, R. B., & Sarason, B. R. (1983). Assessing social support: The Social Support Questionnaire. Journal of Personality and Social Psychology, 44, 127-139.

▶ Selye, H. (1956). The stress of life. New York: McGraw-Hill.

Shavelson, R. J., & Webb, N. M. (1991). Generalizability theory: A primer. Newbury

Park, CA: Sage.

Smith, C. E., Fernengel, K., Holcroft, C., Gerald, K., & Marien, L. (1994). Meta-analysis of the associations between social support and health outcomes. *Annals of Behavioral Medicine*, 16, 352–362.

Stryker, S. (1980). *Symbolic interactionism: A social structural version*. Menlo Park, CA: Benjamin/Cummings.

Swindle, R. W., Cronkite, R. C., & Moos, R. H. (1989). Life stressors, social resources, coping, and the 4-year course of unipolar depression. *Journal of Abnormal Psychology*, 98, 468–477.

Thoits, P. A. (1985). Social support and psychological well-being: Theoretical possibilities. In I. G. Sarason & B. R. Sarason (Eds.), *Social support: Theory, research and application* (pp. 51–72). Dordrecht, The Netherlands: Martinus Nijhoff.

Uchino, B. N., Cacioppo, J. T., & Kiecolt-Glaser, J. K. (1996). The relationship between social support and physiological processes: A review with emphasis on underlying mechanisms and implications for health. *Psychological Bulletin*, 119, 488–531.

Valentiner, D. P., Holahan, C. J., & Moos, R. H. (1994). Social support, appraisals of event controllability, and coping: An integrative model. *Journal of Personality and Social Psychology*, 66, 1094–1102.

Vaux, A. (1988). *Social support: Theory, research, and intervention*. New York: Praeger.

Wethington, E., & Kessler, R. C. (1986). Perceived support, received support and adjustment to stressful life events. *Journal of Health and Social Behavior*, 27, 78–89.

Wiggins, J. (1973). *Personality and prediction: Principles of personality assessment*. Reading, MA: Addison-Wesley.

Winstead, B. A., Derlega, V. J., Lewis, R. J., Sanchez-Hucles, J., & Clarke, E. (1992). Friendship, social interaction, and coping with stress. *Communication Research*, 19, 193–211.

Wyer, R. S., & Carlston, D. E. (1994). The cognitive representation of persons and events. In R. S. Wyer Jr. & T. K. Srull (Eds.), *Handbook of social cognition* (Vol. 1, pp. 41–98). Hillsdale, NJ: Erlbaum.

11章
うまく機能していない関係

R. S. ミラー

　対人関係は，人々の幸福（well-being）に大きな影響を及ぼす。また，他者との親密な関係に満足している人は，自尊心が高く（Leary & Downs, 1995），精神病理の発症率が低く（Bloom, Asher, & White, 1978），免疫システム反応がよく機能しており（Kiecolt-Glaser et al., 1993），長命である（House, Robbins, & Metzner, 1982）というように，心理的および身体的健康を享受する傾向にある。他者と関係がうまくいっていることが，個々人の適応と広範囲に結びついているのである。そのために，

> 幸福を生み出す簡単な秘訣はない。しかし，ほとんどの人にとって，幸福になるために必要な要素の1つはある種の満足ゆく親密な関係であることがすべての研究で示されている。..........愛，性，および結婚において幸せである幸運な人々は，他のどんな人々よりも生活全般に満足しているらしい（Freedman, 1978, p. 48）。

　実際，バウマイスターとリアリー（Baumeister & Leary, 1995）は，他者との満足のゆく親しい関係を少しでも作り出し維持しようとする動機は，人間が生まれながらにしてもつ基本的な所属欲求であると仮定している。だからこそ，それが満たされていないと，有害な心理的および身体的影響がさまざまな形で現われてくるのである。

　もちろん，関係に満足していることと健康の間に相関関係があるからといって，うまく機能していない関係が個人の不健康を引き起こすということを必ずしも意味しているわけではないし，逆に，個人の不適応が関係に悪影響を及ぼすことを意味しているわけでもない。しかし，さまざまな縦断的研究の結果は，

これらの因果関係がいずれも実際に存在することを示唆している。つまり，個人的な問題を抱えるようになるとパートナーとの関係が悪化する（たとえば，Davila, Bradbury, Cohan, & Tochluk, 1997；Fincham, Beach, Harold, & Osborne, 1997）。一方，関係がうまくいかないと，さまざまな個人的困難が生じてくる（たとえば，Barnett, Raudenbush, Brennan, Pleck, & Marshall, 1995；Beach & O'Leary, 1993；Burman & Margolin, 1992；Kiecolt-Glaser et al., 1993）。したがって，うまく機能していない関係と個人的な不適応が相互に悪い方向に影響を与えあって悪循環に陥ることさえあるのである（Davila, Bradbury, et al.（1997）を参照）。

このようなプロセスは重要である。ひとつには，それらが非常に一般的なことだからである。問題のある関係を人々が経験する割合は驚くほど高い。たいていの人は過去5年以内に親密なパートナーによって非常に悩まされた経験をもっている（Levitt, Silver, & Franco, 1996）。さらに，米国では，結婚生活はうまくいくよりも破綻に終わることのほうが多いようである。離婚率は50％付近を推移しているし（U. S. Bureau of the Census：米国人口調査局，1995），離婚はしなくても別居しているケースを「崩壊」として数にいれると，米国における現在の結婚失敗率は70％近くに達するのである（Martin & Bumpass, 1989）。したがって，親密な関係の研究，さらに，そうした関係がどのように崩壊するのかについての研究が，社会心理学と臨床心理学にとって非常に重要な焦点となるのである。本章では，親密な関係の質を損なうような社会的，臨床的な要因について議論することにしたい。特に，関係に悪影響を及ぼす源泉と思われる以下の3点について詳しく検討する。(a) 二者関係を一方的に弱らせる個人的な機能不全，(b) 特定の二者の相互作用を一時的に損なう相互作用的な機能不全，(c) 二者の長期の交流を損なうような関係的な機能不全，である。

これらの3つのカテゴリー間の境界は曖昧なこともある。また，前述のように1つのレベルでの困難が別のレベルで問題を引き起こすこともある。それでも，こうした3分類を基礎にしたスキームは，関係が損なわれるさまざまな過程を体系化する上で有用なものである。

1 個人的な機能不全

ここでの関心は，二者関係の一方の人の知覚もしくは行動が原因となり，もう1人のパートナーが望ましい行動を示すにもかかわらず関係が悪化するという問題である。ここで扱う不満の種—不安定なアタッチメント，不適応な期待，嫉妬，孤独感，および抑鬱—は，しばしば前述の相互的な因果関係のよい例となっている。すなわち，これらはいずれもトラブルのある関係によって引き起こされるし，逆に関係のトラブルの原因ともなるのである。

1. 不安定なアタッチメント

多くの人々は親しい関係を，2人の気の合う人間が互いに心を開き合う感情のこもった結びつき，というようにロマンティックにみている。しかし，心理学者の見方は違う。多くの人々は他者との親しさを求め，親密で相互依存的なパートナーシップを真に心地よく思っているが，親密な関係において慢性的に不安や不快感，あるいはその両方を抱いている人々もいることが研究で明らかにされている。人々は，親しい関係における「アタッチメントスタイル」，すなわち，親しい関係に対する志向性や，そうした関係における情動や行動を導く内的ワーキングモデルが異なるのである。アタッチメントスタイルは，親密さに関する過去経験から現われると考えられており，自分が愛されるにふさわしい存在かどうか，他者が自分を確実に愛してくれると思えるかどうかについての個人の信念を映し出している（Bartholomew & Horowitz, 1991）。

多くの人々—米国で実施された全国調査によると約60%—は，アタッチメントの安定（secure）スタイルをもっている。つまり，他者に依存するのが心地よく，容易に親しいアタッチメントを発展させ，喜んでパートナーを信頼するのである（Brennan & Shaver, 1995）。しかしながら，多くの人々は一般的に変わりやすく不安定である（insecure）。彼らの多く（すべての恋人の約25%；Mickelson et al., 1997）は，自分から親しさを求めているのだが，パートナーがそれに応えて自分を十分に愛してくれているかどうかいつも心配している。結果として，彼らは独占的で嫉妬深く，相手にまといつくようになる。

こうした人々は，アタッチメントの不安（anxious）スタイルをもつといわれている。これとは対照的に，不安定型のもう1つのタイプの人々は，他者と親しくなることをあまり好まない。彼らは他者を信用しないし，他者に依存することに不快を感じる。これらの人々は，回避（avoidant）型のアタッチメントスタイルをもつといわれる。

　乳児は，主要な養護者と類似したアタッチメントのパターンを示す（実際，こうした関係志向は発達心理学者によって最初に注目された。たとえば，Bowlby［1982］）。しかし，だからといってこれが遺伝的素質によって決められると考える理由はほとんどない（Waller & Shaver［1994］を参照）。そうではなくて，これらの期待は，重要な関係における経験から直接発達してくると考えられている。不安スタイルは，人が世話人や恋人から一貫しない，予測不可能な反応を受けた結果であろう。回避スタイルは，冷たく扱われることが多い場合に生じることになるだろう（Bowlby, 1982）。遡及的データは，これらの仮説を支持している。たとえば，不安定スタイルの成人は安定スタイルの成人よりも，幼少時に両親の愛情が薄く拒否的であったと報告している（Frazier, Byer, Fischer, Wright, & DeBord, 1996）。また，彼らは子どものころ，両親の離婚など非常に辛い別離経験をもっていることもある（Gerlsma, Buunk, & Mutsaers, 1996）。

　アタッチメントスタイルが学習されたものであるなら，それを消し去ったり，変えることができるはずである。実際，サンプルの約30%は数か月の間にアタッチメント志向が変化するようである（Baldwin & Fehr, 1995；Fuller & Fincham, 1995）。しかし，特にスタイルが変動しがちなのは不安定スタイルの人々であり（Davila, Burge, & Hammen, 1997），大多数の人は，状況にかかわらず，長期にわたって一貫したアタッチメント傾向を示す（Scharfe & Bartholomew, 1994）。さらに，アタッチメントスタイルは，他の安定した個人差変数と相関がある。不安スタイルの人々は神経症傾向が高い傾向にあり，回避スタイルの人々は外向性と愛想の良さ（agreeableness）が低い傾向にある（Carver, 1997）。アタッチメントスタイルは変わりうるものであるが，ほとんどの人々にとっては永続的な特性なのである。

　これらのスタイルの違いは重要な意味をもっている。アタッチメント傾向は

関係における思考，感情，および行動に影響を及ぼす可能性があるからである。安定スタイルの人々と比べて，不安定スタイルの人々はパートナーの曖昧な行動の中に敵意や思慮のなさを読みとり（Collins, 1996），意見の不一致や葛藤が生じたときには悲観的で不快な反応を示す（Fuller & Fincham, 1995）。不一致の後，彼らは安定スタイルの人に比べるとパートナーや関係そのものをあまり肯定的に知覚せず（Simpson, Rholes, & Phillips, 1996），建設的なやり方で行動することも少ない。すなわち，安定スタイルの人々は自分の関心をきちんと表明し，不一致の後も関係に忠誠を尽くすのだが，不安定スタイルの人は積極的に出ないままにパートナーを拒否したり，関係そのものから身を引く傾向がある（Scharfe & Bartholomew, 1995）。不安定スタイルは，女性に対する虐待や心理的な冷遇とも関連している（Dutton, Saunders, Starzomaski, & Bartholomew, 1994）。

　このようなパターンの違いを考えれば，不安定なアタッチメントスタイルの人々が安定スタイルの人々に比べて親しい関係にあまり満足しない傾向があっても驚くべきことではない（Feeney, 1994；J. T. Jones & Cunningham, 1996）。実際，不安定スタイルの基礎をなす不安や不信感は，長期間の関係の満足には不つり合いなものといえるだろう。結婚前の関係を扱った研究では，安定スタイルの人々は一般に4か月以上にわたって関係に満足し，コミットしていた。しかし，不安定スタイルの人々は，満足度，信頼，コミットメントが減少したと報告し，フラストレーションや失望について述べることも多かった（Keelan, Dion, & Dion, 1994）。悪いことに，こうしたパターンは慢性的なものになるかもしれない。長いタイムスパンで見ると，不安定スタイルの人々は安定スタイルの人々に比べて多くの短期間の関係（つまり，多くの関係崩壊）を経験する傾向にある（Kirkpatrick & Hazan, 1994）。そして，関係が終わったときに，より苦しむのも彼らである。イスラエルのサンプルでは，不安定スタイルの人々は安定スタイルの人々に比べて，離婚後の心理的幸福の水準が低いことが明らかにされている（Birnbaum, Orr, Mikulincer, & Florian, 1997）。

　このような安定スタイルと不安定スタイルの人々の間の差異は，彼らがストレスに出会った状況において特に顕著にみられる。安定スタイルの人々は，不安を引き起こす状況にあっても愛する人の存在によって純粋な慰めを引き出す

ことが多いが，不安定スタイルの人々は自分の恋愛パートナーがいない時よりもいる時に，覚醒や苦悩が強まる（Carpenter & Kirkpatrick, 1996）。不安定スタイルの人にとっては，恋人の存在は援助や慰めの源となるどころか，もう１つ静かなる脅威が加わることになるのである。

このように，アタッチメントスタイルが不安定な人々は，快適で満足のゆく，親しい関係を維持する術を十分に身につけていないようである。回避スタイルの人の場合には，深く根付いた他者への不信感があるために，親密さを生み出す相互依存的な関係を穏やかに受け入れることが困難になる。不安スタイルの人の場合には，親しさを率直に求めるのだが，それが長続きしないことにいらだつことになる。これらのスタイルをもつ人たちは，関係を形成することについて悲観的になったり不安を抱いてしまうために，贈り物のあら探しをしたり，せっかくの贈り物を受け取らないのである。

もちろん，人々に「安定」スタイルとか「不安定」スタイルというラベルを貼るだけでは，あまりに単純である。これらのカテゴリーは研究上，便宜的に用いられているに過ぎない。しかし，このようなカテゴリーを設定することが，安定スタイル，不安スタイル，および回避スタイルが対人関係における３つの連続した次元であり，個々人は，それぞれの次元上のどこかに位置づけられる，という事実を混乱させてしまう傾向があることも否めない（たとえば，Carver, 1997）。さらに，多くの人々は各傾向をどれも適度にもっているので，安定スタイルとラベルづけされた人々と不安定スタイルとラベルづけされた人々の間の実際の差異は，わずかなものであることが多いのである（Bartholomew, 1997）。にもかかわらず，アタッチメントの視点は，人々の間に有意味な個人差があり（すなわち，愛する人に異なったタイプがある），ほんの一部の人だけが親しい関係の喜びと不確実さの両方を満足して受け入れることができるということを思い起こさせてくれる。

2. 不適応的な信念

アタッチメントスタイルは，自己と他者についての全体的な判断から生み出される対人関係についての志向性である。これとは別に，人々は関係がどのように機能するかについて特定の信念や基準をもっており，これらはときに非常

に非現実的,あるいは非合理的でさえあるので,パートナーを失望と苦悩の底へ落とし込む。こうした信念の中には危険なものもある（Eidelson & Epstein, 1982）。具体的には,以下のような信念を抱いている人は,関係にあまり満足しない傾向がある。(a) 相手を誤解することはその人を愛していない証拠である,(b) 意見の不一致は破壊的である,(c) 男性と女性は互いにかなり異なっている,(d) 人はけっして変わることはない,(e) セックスはいつでも完璧であるべきで,そうでなければ愛は偽物である（Moller & Van Zyl, 1991）。不満を感じるおもな理由は,そうした信念をもつことによって課題解決が適切に行なえないことであるらしい（Metts & Cupach, 1990）。すなわち,こうした信念をもっている人は,不一致が生じたときにそれを解決するための建設的な行動をとることが少ない。また,関係セラピーは自分たちにとって何の役にも立たないと思う傾向がある。したがって皮肉なことに,こうした信念を抱く人は必然的に失望を味わうだけでなく,問題が生じたとき,奇妙にもそれを積極的に解決しようとしないのである。

3. 嫉妬

不安定なアタッチメントや不適応的な信念とは異なり,嫉妬は万人に共通の経験であるらしい。実際,今までに嫉妬を一度も感じたことがない人を見いだすのはきわめて困難である（Pines & Aronson, 1983）。しかし,ある人々は他の人々よりも特に嫉妬しがちであり（Greenberg & Pyszczynski, 1985）,中でも危険なのは,性の排他性への強い欲求（Buunk, 1982）,伝統的な性役割（Hansen, 1985）,不安定なアタッチメントスタイル（Radecki-Bush, Farrell, & Bush, 1993 ; Sharpsteen & Kirkpatrick, 1997）をもつ人々である。しかし,嫉妬は,パートナーと共有する関係の性質や,その関係に対する脅威の性質にも大きく依存している。したがって,誰もが嫉妬深くなりうると考えてよいだろう。

もちろん,嫉妬の基礎には,望ましい関係をライバルによって奪われるかもしれないという恐れがある。そして,その関係がたいせつでかけがえのないものと思っているほど強い嫉妬が生じるらしい（Buunk, 1995）。しかし,嫉妬を引き起こすのは,関係が終わるかもしれないという脅威が単に存在するだけで

はなく，苦痛をもたらすその脅威がなぜ存在するのかということについての人々の知覚である。恋人が事故死したり離れた町へ転勤することによって恋愛関係が終わりを迎えることを若者が想像するときに，苦痛やみじめさを感じることはあっても，嫉妬を感じるはずと考えることはまずないだろう。これとは対照的に，恋敵に自分の恋人をとられたことを想像した場合には，悲しみと同時に怒りや嫉妬が強まると考える（Mathes, Adams, & Davies, 1985）。他にも嫉妬に影響を及ぼす要因がある。たとえば，自分自身のアイデンティティに関連する領域で優れているライバルは，関心の薄いスキルや特性をもつ競争相手よりも，強い嫉妬を引き起こす（DeSteno & Salovey, 1996b）。また，自分との関係に満足できないとか，もっとよいセックスを求めるために恋人が去ってゆく場合には，自分が与えることができないものを見いだすために恋人が去っていく場合よりも，より強い嫉妬を感じる（Buunk, 1984；White, 1981）。

　これまでの議論が示唆しているように，嫉妬は人々が直面している状況についての解釈に依存している。そして，嫉妬は「関係自尊心（relational self-esteem）」—特定の関係におけるパートナーとしての自己の適切さと価値についての評価—に対する衝撃によって生じるようである。全体的な自尊心は嫉妬と一貫した関係があるわけではない。したがって，一般に自分を低く見ている人が必ずしも嫉妬を感じやすいというわけではないらしい（White & Mullen, 1989）。むしろ，望ましいパートナーから自分に対する注目や愛情を十分に引き出すことができないと知覚することが嫉妬を引き起こす（Sharpsteen, 1995）。望ましい関係の喪失はつねに人を混乱させるが，嫉妬の場合は，パートナーを欲するけれども，そのパートナーが他者のもとに去っていかないようにする自信がないという両刃の剣から生み出されるのである。

　嫉妬は，怒りと不安をルーツにもつ不快な感情である（Sharpsteen, 1991）。したがって，人々が時々，関係を「テスト」したりもっと注目してもらうために，恋愛パートナーに嫉妬を「引き起こそうとする」ことは非常に興味深い。これは，男性よりも女性が（White, 1980），特にパートナーをもっとコントロールしたいと思う時に（Brainerd, Hunter, Moore, & Thompson, 1996），行なうことが多いらしい。しかし，嫉妬に対する反応が男性と女性では異なることを考えると，これは危険な戦略かもしれない。現在の自分の恋人が昔の恋人とあ

いさつのキスをかわしている場面に出くわした人を撮影した，嫉妬を引き起こすような状況をビデオで見せられたとき，女性は，自分ならそのような状況でも無関心を装い，パートナーにもっと魅力的に見えるようにがんばるだろうと報告した (Shettel-Neuber, Bryson, & Young, 1978)。一般的に，女性は，ダメージを受けた関係を修復しようとすることで嫉妬に対処するようである。しかし，男性は傷つけられた自我を修復することに熱心らしい。男性は，ライバルを脅したり，ヤケ酒を飲んだり，他の女性を追い始めるだろうと回答したのである。恋人にもっと注意を向けてもらおうという一心で，恋人にわざと嫉妬を起こさせようとする女性は，ひどいしっぺ返しを受けることはまちがいない。

　もう1つ非常に興味深い嫉妬の性差があり，これは進化社会心理学からの予測に合致しているようである。すなわち，繁殖成功率を最大にするために，女性は自分の子どもを守ることに資源をささげる男性を求めるが，男性は，貞節で多産な女性を求めるというものである (Buss, 1995)。この考え方によれば，女性は男性が自分の資源を引っ込めることを示すような脅威に特に関心をもつ一方，男性は，別の男性の子どもに自分の資源をささげてしまう危険を犯さないように注意することになる。実際，パートナーの性的不貞あるいは「情緒的不貞」(セックスなしの恋に陥ること) の脅威いずれかを選ばなければならないとき，男性は女性に比べて，性的不貞のほうを嫉妬の原因として選ぶようである。これとは対照的に，女性は男性よりも，情緒的不貞の方が気にかかる行為だと考える。こうした傾向は，さまざまな文化に共通のものらしい (Buunk, Angleitner, Oubaid, & Buss, 1996；Geary, Rumsey, Bow-Thomas, & Hoard, 1995)。この結果が，進化論的モデルにどの程度関連したものかどうかについては議論が残るところであり，これに反対する立場も存在する (たとえば, DeSteno & Salovey, 1996a)。それでも，パートナーが他の誰かに深い情緒的アタッチメントを形成している可能性があるとき，女性のほうが男性よりもそのことについて思い悩む傾向があるのは確からしい (Harris & Christenfeld, 1996)。

　嫉妬は，前述のように不安を掻き立てるような予想をすることによって出現し，不安定感や依存性にその根をもっているので，関係セラピーを求めてくるパートナーに共通してみられる訴えである (Geiss & O'Leary, 1981)。そして

嫉妬は，その後の離婚を有意味に予測することのできる，結婚に伴うストレッサーの1つである（Amato & Rogers, 1997）。さいわいなことに，やっかいな嫉妬心を緩和する方法がいくつかある。第一に，お互いの期待や制限について明確にコミュニケーションを行なうことで誤解が生じるのを回避し，嫉妬が起こらないようにすることができる（White & Mullen, 1989）。第二に，関係に対する脅威や関係の喪失がもたらす損害を誇張するような，破壊的な状況評価をしないように努めることができる（Ellis, 1977；Salovey & Rodin, 1988）。最後に，苦痛を脱感作し平静な気持ちを強化するなど，嫉妬の情緒的要素に直接焦点を合わせた介入を行なうこともできる（Hacobson & Margolin, 1979）。

4. 孤独感

　嫉妬している人というのは，失いそうではあっても少なくとも価値ある関係をもっている。もう1つの機能不全である孤独感は，自分がもっている関係は十分でないと感じている人々を悩ますものであり，自分がもっている社会的関係と欲している関係の間にズレがある場合に生じる（Perlman & Peplau, 1981）。孤独感は，相互に関連しているが別個のものと考えられる2つの要素からなっている。第一は楽しいかかわりを欠いていることであり，そのために自分が望んでいるほどには相互作用によって満たされたという感じをもつことができない。第二に，つねにというわけではないが，他者と断絶しているという苦痛の感情を伴うことが多い（Joiner, Catanzaro, Rudd, & Rajab, 印刷中）。この後者の面は，孤独感のより不快な構成要素であり，自己非難，耐えられないほどの退屈，自暴自棄，抑うつをつねに伴う（Rubenstein, Shaver, & Peplau, 1979）。

　残念なことに，孤独感は非常に一般的な経験であり（Rubenstein & Shaver, 1982），配偶者との死別や離婚，卒業や転職に伴う物理的な離別等々，相互作用の機会が損なわれるような変化によって生じる（Peplau & Perlman, 1982）。結婚でさえも，社会的ネットワークを驚くほど縮小させ，思いがけない喪失感を味わうこともある（Milardo, Johnson, & Huston, 1983）。

　一度こうした変化が生じると，それらは気の毒なほどに持続してしまう。孤独感は，その人の相互作用スタイルに望ましくない変化を引き起こし，それによって他者が遠ざかってしまう。その結果，さらに孤独感が強まるというかた

ちで持続してしまうのである。たとえば，孤独感の強い人は自分自身および他者について「否定的な見方（negative outlook）」をしている（Rotenberg, 1994）。自分は魅力のない人々によって囲まれているつまらぬ人間だと考え，他者とつき合う場合でも最悪の事態を予想するのである（W. H. Jones, Sanson, & Helm, 1983）。また，孤独感の強い人は社会的スキルを身につけていないために，表面的，無愛想，身勝手なやり方で他者と相互作用をするので，結局，それはつまらないものに終わってしまうことになる。

　実際，孤独感の強い人でもかなり頻繁に他者とコンタクトをもつのだが，孤独でない人と比べると，そうした相互作用から親密さや意義を見いだすことは少ないようである。彼らは，あまり自己開示をせず，表面的な友人関係しかもたず，知人とは多くの時間を費やすかわりに友人とはあまり時間を費やさないのである（W. H. Jones, Freemon, & Goswick, 1981；Wheeler, Reis, & Nezlek, 1983）。

　このように孤独感は，個人的な機能不全が関係を損なってしまう典型的だが皮肉な例であるといえる。孤独感の強い人も他者に取り囲まれることは多いのだが，彼らと満足のゆくやりとりを行なうスキルが十分に備わっていないのである。他者との中味のない接触に不満を感じるために，孤独感の強い人は悲観的になり場違いな感じをもつ。それゆえ，いくら親密さを求めても届かないのである。どうしたら，こうした問題を解決できるのだろうか。新しい社会的接触の機会を提供する状況的介入も有効であるが（Rook, 1984），その場合でも，クライエントの認知と社会的スキルの両方を修正する努力が必要となるだろう（Rook & Peplau, 1982）。大学1年生を対象とした研究では，最初の孤独感を克服した学生というのは，すでに自分のまわりにいた人と徐々に親しくなる（友達になる）ことによって克服していた。一方，孤独のままであった学生は，恋愛相手を見つけることが孤独感を癒す唯一の方法だと考えていた（Cutrona, 1982）。基準をあまりにも高く設定し，誰かに愛されることにこだわりすぎると，結局，不満足な状態のままでいることになるのである。

5. 抑うつ

　抑うつの人々の社会生活を悩ませるのも，同じような「自己持続的（self-perpetuating）な対人システム」（Coyne, 1976）である。抑うつ者は孤独感の強い人と同様，悲観的な認知をもち，社会的スキルが損なわれている（孤独感と抑うつの間には共通点も多いが，状態としては別個のものと考えられている。たとえば，Weeks, Michela, Peplau, & Bragg, 1980）。抑うつ者は，関係のパートナーとしては不愉快な場合が多い。彼らは他者を否定的に評価するし（McCabe & Gotlib, 1993），ほとんど報酬をもたらさない（Assh & Byers, 1996）。そのくせ，拒否のサインには特別に敏感であり（Nezlek, Kowalski, Leary, Blevins, & Holgate, 1997），つねに他者からの確認を求め（Katz & Beach, 1997），それが得られない時には過剰に反応する（Beach & O'Leary, 1993）。短期的な相互作用であれば，こうした陰うつで貧しいスタイルもさほど有害ではないかもしれないが（Marcus & Nardone, 1992），長期にわたる場合にはまちがいなく嫌われることになるだろう。たとえば，抑うつ的な学生と同じ部屋で生活するルームメートは，学期がすすむにつれて，その抑うつ的な学生に敵意を示し，引きこもり，不満を感じるようになる（Hokanson & Butler, 1992）。また，抑うつは結婚生活における苦悩とも密接に関係している。抑うつ的な配偶者の場合，問題を抱えた結婚生活を送っている人が幸福な結婚生活を送っている人の10倍もいるのである。

　また，抑うつは，個人の幸福と関係の機能がどのように相互に影響を与え合うかについて，残念ではあるがまちがえようのない例を提供している。抑うつは結婚生活における不満足を引き起こすだけでなく，結婚生活の苦悩の結果として生じるのである（Davila, Bradbury, et al., 1997）。特に，女性は不満が持続するときに抑うつになるようであるが，男性は自分自身あるいはパートナーが抑うつであるときに著しく不満を感じるらしい（Fincham et al., 1997）。実際，抑うつと不和の関係があまりに強固なので，臨床家の中には抑うつの強い配偶者がまず選ぶべき選択肢は結婚セラピーだと主張する人もいる（O'Leary, Christain, & Mendell, 1994）。

　このように，関係のトラブルを引き起こす個人的な機能不全は，けっして小さい問題ではない。わたしは一時的もしくは学習された個人的属性や状態に焦点を合わせた。それらは確かに，治療による変化が生じやすいからである。しかし，だからといって，永続的なパーソナリティの影響を軽視しているわけで

はない。愛想の良さ（Botwin, Buss, & Shackelford, 1997；Graziano, Jensen-Campbell, & Hair, 1996）や敵意（Newton, Kiecolt-Glaser, Glaser, & Malarkey, 1995）といった特性は，パートナーとの相互作用の永続的な性質に影響を及ぼすのは明らかである。印象的かつぞっとする結果であるが，双子の成人を対象にした調査研究によると，人の離婚の危機の約3分の1は遺伝性のものであり，パーソナリティの基底にある遺伝的要因によって影響されるという（Jockin, McGue, & Lykken, 1996）。関係が成功に影響を及ぼす多くの素質は生涯にわたって変化するにもかかわらず，つねに他者よりも幸せを見いだす傾向がある人々もいるらしいのである。

2 相互作用的な機能不全

　不安定なアタッチメント，嫉妬，孤独感，抑うつといった1人ひとりの心の状態は，それらを経験する人に苦痛な感情を与えるだけでなく，親しい関係における人の行動にも有害な影響をもたらす。それらが，パートナーとの相互作用に強い否定的影響を及ぼす可能性があるのである。しかし，わたしはそれらを「個人的な機能不全」と分類してきた。それらは，明らかにいずれかのパートナーの中に原因があるからである。これとは対照的に，相互作用の構成要素の中には，個々人に苦痛は引き起こさないものの，カップルの相互作用に問題をもたらすものが存在する。典型的な2人の人間がもつ平均的な属性であっても，合わさるとその二者関係に特有の，厄介で満足できない相互作用を生み出すのである。この場合，個人的な機能不全のない2人の人間が，相互作用を行なうことによって関係のトラブルを生み出してしまうわけで，いずれの人も別のパートナーとだったら満足のゆく関係を築ける（そして，実際に築く）のである。これが「相互作用的な機能不全」である。つまり，うまくいかない関係の原因が個々人にあるのではなく，両者の相互作用にあるのである。これらの中には，性差，裏切り，問題のある帰属，不器用な非言語的コミュニケーションから生じる欲求不満が含まれる。

1. 非言語的コミュニケーション

　人の動き，表情，アイコンタクト，対人距離のパターンは，声の調子（大きさ，高さ，速さなど）と組み合わされてことばによらない言語を構成しており，これが他者との相互作用の基礎となってそれらを制御している。人の気分や意図に関するきわめて重大な情報が，こうした非言語的な手段によって伝達される。たとえば，何か話すときでもその内容以外のパラ言語的手がかりが，皮肉をいっているかどうかを伝えるのである。また，非言語的な手がかりは，会話時のスムーズな話者交代やシンクロニーをうながす（Patterson, 1983）。したがって，2人の間で非言語的手がかりをうまく伝え合うことができなければ，誤解，いらだち，葛藤を頻繁に経験することになるのは明らかであろう。非言語的行動の欠陥は，二者関係におけるトラブルの原因となり得るのである。

　実際，カップルの満足度は，非言語的行動の適切さと結びついていることが多い（Gottman & Porterfield, 1981）。不幸せなカップルは幸せなカップルに比べて，互いに否定的な感情を伝えるだけでなく（Escudero, Rogers, & Gutierrez, 1997；Levenson & Gottman, 1983），相手からのメッセージを「誤まって解釈する」ことが多い。結婚生活がうまくいっていな夫婦の場合，夫も妻も，パートナーの非言語的メッセージよりも見ず知らずの人の非言語的メッセージを正確に読みとったのである（Noller, 1981）。また，彼らは話している内容と矛盾するような非言語的メッセージを送ってしまう傾向がある（Noller, 1982）。ここでは，彼らが示す不完全なコミュニケーションが，その結婚関係に特有な相互作用的機能不全であるという点を強調しておきたい。2人とも，他人となら適切な非言語的コミュニケーションを行なえるのに，相手が配偶者だとそれがうまくできないのである。

　これらのようなコミュニケーション不全は，単なる不満足の徴候であって，それが原因で関係を不適応に導くようなものではないのかもしれない。たとえば，もともと結婚生活に不満を抱いている場合には，互いに相手の行動の微妙なニュアンスに気を配らなくなるらしい。しかし，非言語的な機能不全が実際に不満に導くことを示す証拠もある（Noller, 1987）。非言語的コミュニケーションがうまくいかないことによって生じる誤解や混乱は，満足感を消し去ってしまうほどの大きなコストなのである。

こうして，1人ひとりは十分にスキルを身につけている場合でも，互いに不適切なコミュニケーションを行なうことによって，2人の関係を損ねてしまうような相互作用的，非言語的な機能不全を生み出すのである。こうした人たちは，他の状況においてはコミュニケーションに問題がないわけだから，彼らにスキル訓練を施すことは適切ではないかもしれない。むしろ，明快なコミュニケーションを阻害する二者関係の問題に焦点をあてるようなセラピーが効果的といえるだろう。

2. 性差

　カップルが非言語的コミュニケーションをうまく行なえないとき，臨床家は少なくとも彼らがまちがいを犯していると見て取ることができる。しかし，もう1つ別の相互作用的な機能不全があり，この場合には，パートナーは自分が期待されていると思っている通りに行動しており，何か「まちがった」ことをしているとは考えられない。特に，典型的な男性，典型的な女性という文化的ステレオタイプにこだわる男性らしい男性と女性らしい女性は，自分が完全に正常な人間であると誇りに思っていることが多い。しかし，彼らが互いにうまくやっていけるかというと，必ずしもそうではない。

　伝統的な男らしさという考えに適合する男性は，主として，道具的な特性をもっている。すなわち，競争心が強く，自立的で，他者に頼らず，自己主張も強い。しかし，その一方で，敏感さ，優しさ，上品さ，思いやりに欠けるところがある。対照的に，伝統的な女性らしい女性は，伝統的な男性にないものをすべてもっている。すなわち，暖かく，養育的で，依存的，従順で感情表出が豊かである。アメリカの女性は世代が新しくなるごとにしだいに道具的になりつつあるが（Twenge, 1997），多くの男女はまだこれらの古典的な鋳型に合致した特徴をもっている。これは，ある意味で残念なことである。こうした性差は男女がうまく折り合うようにさせるどころか，「実際に多くの『不一致』の原因となっており」（Ickes, 1985, p. 188），これが関係の失敗を招く結果となっているからである。

　伝統的な男女は，ステレオタイプ的な役割を超越して共通点が多い男女に比べると，出会った最初の時点からあまりパートナーを好きにならない。たとえ

ば，イックスとバーンズ（Ickes & Barnes, 1978）の古典的研究をみてみよう。彼らは，道具的な男性と表出的な女性のペアと，少なくとも一方が心理的両性性であるペアを作って両者を比較した。心理的両性性というのは，道具性と表出性の両方を兼ね備えた人を指すことばである。したがって，こうした人々は，主張的であると同時に暖かみがあり，自信があると同時に優しいということになる。イックスとバーンズ（Ickes & Barnes, 1978）は，ペアになった2人が互いに面識がないことを確認した上で，5分間2人だけにしておき，彼らの相互作用のようすを秘かにビデオ撮影した。結果は印象的なものであった。伝統的なカップルは，少なくとも1人が心理的両性性であるカップルに比べて，あまり話をせず，相手を見ることが少なく，笑ったり笑みを浮かべることが少なく，相手に対してあまり好意を感じていなかったのである。男性らしい男性と女性らしい女性は互いに専門領域がまったく異なるために，初めて出会ったときにあまり楽しい時間を過ごすことができないのである。

さらに悪いことに，結婚生活の満足感に関する調査研究（たとえば，Antill, 1983）は，彼らの相互作用は改善しないことを示唆している。一般的に，伝統的，道具的な夫（とにかく，あまり暖かみや思いやりがなく，敏感さに欠ける人々）をもつ表出的な女性は，心理的両性性の特徴をもつ男性と結婚した女性よりも満足度が低かったのである。

おそらく，これはそれほど驚くべきことではないだろう。伝統的な男性のように表出性の低い人々は，より表出的な人々の関係に比べると，表面的で，意味が薄く，支持的でない相互作用を日常的に行なっている（Reis, 1986）。このようなスタイルは知人どうしではうまく作用するかもしれないが，親しいパートナーとの関係では，愛情の低さと温かさの欠如は，特に関係が長期にわたる場合には，苦痛の種となることだろう（Ickes, 1993）。また，伝統的な性役割観をもつカップルは，家庭においてもステレオタイプ的で厳密な家事の分配を行なうことだろう。したがって，個人に特有な興味や強みの影響は薄れてしまうことになる（Huston & Geis, 1993）。

全体的にみて，男女の行動の適切さについての文化的期待に執着することは，親しい関係に対して，望ましい影響よりも有害な影響を与えることのほうが多いようである（Bradbury, Campbell, & Fincham, 1995）。長期にわたる関係の

場合，男性も女性も，暖かく，思慮深く，そして思いやりのあるパートナーを好む（Lamke, Sollie, Durbin, & Fitzpatrick, 1994）。したがって，特に男性の場合，心理的に両性的であることが推奨されよう。実際，実験室研究において，親密で敏感な相互作用をするように教示すると，実際にそうすることができるのである（Reis, Senchak, & Solomon, 1985）。したがって，彼らはそうした行動がとれないというわけではないのである。そうすると，社会的に規定された性役割を超越しようと試みる人々を尊敬し，支持することが非常に重要になってくる。それが可能になれば，多くの男女が，ステレオタイプ的な見方が染みついたスペシャリストではなく理解の行き届いた人々として，満足のゆく相互作用を楽しむことができるのである。

3. 帰属過程

多くの出来事は，さまざまな解釈を行なうことが可能である（本書第2章を参照）。その中でも，二者関係におけるエピソードの帰属は特に複雑である。親密さの基底をなす相互依存性は，ある出来事に関して，両方のパートナーが部分的に原因になっていることを意味している。さらに，親密さは互いに相手を「もっとも知識があり，かつ，もっとも客観的でない観察者」に仕立てあげる（Sillars, 1985, p. 280）。親密であることはパートナーに独特の詳細な情報をもたらす一方，しばしば事実に直面しないようさせてしまうのである。特に，帰属を通じて，関係パートナーは互いの行動を良いものとしても悪いものとしても見ることができる。たとえば，避けられない相手の違犯を，暗黙のうちに許すことも嫌がることもできるのである。そのため，関係的な帰属はしばしば関係の健全さを示すバロメーターの役割をはたし，パートナーシップを維持する助けになったり，逆に崩壊に導く一因ともなる。

これらの帰属現象は，とりわけ関係の機能にとって重要な意味をもっている。第一に，お互い相手をよく知っているにもかかわらず，両者とも「行為者―観察者バイアス」の影響を強く受ける（Orvis, Kelley, & Butler, 1976）。すなわち，自分自身の行動については状況の圧力が強く影響することに気づくのに，パートナーの行動についてはその原因を意図やパーソナリティに帰属する傾向がある。こうした傾向が特に重要なのは，パートナーの行動を観察したときに，

その原因が自分自身にあることを見逃させてしまう点であろう。たとえば，口論をしている間，男性のほうが「彼女があんな振舞いをするからわたしが怒るんだ」と考えると，女性は女性で「怒りっぽいところが彼のいちばんの問題だわ」と考えているのである。これに加えて，相手もものごとを自分と同じように見ているはずだと信じているので，2人とも帰属にズレがあることに気がつかないことが多い（Sillars et al., 1994）。

　お互い相手に純粋な愛情を抱いていたとしても，パートナーはそれぞれ利己的な見方をしてしまう傾向がある。親しい関係においてさえ，肯定的な出来事に対しては自分の貢献を過大評価する一方，否定的な結果に対してはその責任を否定する。たとえば夫婦の場合，相手の不倫に対しては重大な重みと意味を付与するが，同じことを自分がやったときには悪気のない一時の戯れだと考える（Buunk, 1987）。同じように，争いが起こった場合には，互いに相手が悪いと考える傾向がある（Sillars, 1985）。

　最後に，カップルが行なう帰属の一般的パターンは，その関係におけるおのおのの満足度と関係しているようである。一般に，満足しているカップルの場合には，相手の親切な行為は意図的なものだと知覚し，それを信用する。また，相手のまちがいについても，めったにないこと，偶然の出来事として許す傾向がある（Bradbury & Fincham, 1990）。うまくいっていないカップルの帰属は正反対である。彼らは，相手が示す否定的な行動を故意で日常的なものとみなし，親切な行為を偶然なされたものだと考える。不幸せなカップルでは，相手がどのように行動したとしても，結局自分に不満を残してしまうような種類の帰属を行なうのである。より重要なのは，このような非難の意を含む帰属は，何もないときにも不満や苦痛を生じさせるという点である（Horneffer & Fincham, 1996）。親切が偶然とみられ，危害が故意に加えられたとみなされた場合，満足を手に入れることがむずかしいのは明らかであろう。

　要約すると，パートナーの個人的な見方は，自分の過ちに対する言い訳を提供し，不一致や争いの原因をパートナーに押しつけ，関係がうまくいっている原因は自分にあると主張させる。これらの自己中心的な判断は，その個人にとっては適応的であるが，関係にとってはあまり適応的でない。そして，うまくいかないカップルにおいては，そうした帰属は関係のトラブルを引き起こした

り持続させたりするのである。したがって，帰属は相互作用的な機能不全のもう1つの潜在的な原因であり，この点については何人かの結婚セラピストによって十分に認識されている。多くの場合，互いにパートナーの行動についての知覚を変えることを特に目的とした介入は，認知―行動的な結婚セラピーの構成要素となっているのである（たとえば，Berley & Jacobson, 1984）。

4. 裏切り

相互作用的な機能不全の最後の原因として，裏切りを取りあげよう。パートナーが嘘をついたり，秘密をばらしたり，約束を破ったり，別のところで時間を費やしたり，あるいは，パートナーが知ったら傷ついてしまうような行動をとることによって，関係におけるルールを侵犯する場合である（Metts, 1994）。いつでもどこでも，信用できない人，嘘をつく人（Kashy & DePaulo, 1996），家族，友人，恋人をしばしば裏切る人はいるものである（W. H. Jones & Burdette, 1994）。しかし，以下に示す理由によって，わたしは裏切りを個人的な機能不全よりも相互作用的な機能不全として分類している。第一に，自分の秘密をパートナーに知られないようにするときには，通常は罪意識という精神的なコストがかかってくるが（Wegner & Lane, 1995），多くのささいな裏切りの場合には，パートナーがそれを知ることにならない限り，裏切りを行なった人を悩ますことはない（DePaulo, Kashy, Kirkendol, Wyer, & Epstein, 1996）。第二に，裏切りは，尊敬すべき意図に基づいて行なわれる場合がある。たとえば，パートナーに対する嘘は，パートナーの利益を考えたりパートナーを守るように意図されたものであることが多い（Buller & Burgoon, 1994；DePaulo et al., 1996）。第三に，これはもっとも重要なことだが，人はふつう複数の異なる関係に同時に忠誠をつくそうとするので要求が競合してしまい，特定の関係においてルールを侵犯してしまうことは回避できない。このように，裏切りは関係を営む上で避けられない現実なのである（Baxter et al., 1997）。

だからといって，裏切りがそれほど大きな影響を与えないというわけではない。裏切られた人がその事実に気づくと，ほとんどの場合，関係に対して悪影響，それも持続的な影響を及ぼす（Amato & Rogers, 1997）。これは自明のことのように思えるが，裏切ったほうの人は自分の過ちを否定的にとらえない傾

向があるので，本人にとっては驚きであることも多い。裏切りの事例を思い出させるという調査研究を実施したジョーンズとバーデッテ（W. H. Jones & Burdette, 1994）は，裏切られた人は，そうした出来事が関係に好ましい影響を与えたと考えることはほとんどないことを見いだした。逆に93％のケースで，自分が害を受けたと感じていた。これとは対照的に，裏切ったほうの人は，その半分のケースでしか自分が害を与えたことを認識していなかった。そして，五分の一のケースでは，加害の結果として関係が改善されたと考えていたのである。パートナーを裏切っても，たいしたことではないと考えれば，心はおちつくかもしれない。しかし，その事実に直面することのほうがずっと適応的である。裏切りはセラピーや離婚を求めるカップルが抱いている主要な不満の種であり，コストのかかる出来事なのである（Geiss & O'Leary, 1981）。

3 関係的な機能不全

　もう1つ，関係におけるトラブルの原因が残っている。時間が経つにつれて，カップルの相互作用が双方にとってあまり得るところがなくなることによって関係が悪化する場合である。2人とも個人的な機能不全があるわけではないし，スムーズでまちがいのない相互作用が可能である。それでも，結局は満足できないのである。こうした場合，問題があるのは，長期にわたる相互交渉（つまり，関係そのもの）のパターンとタイプであろう。おそらく，互いに相手に慣れてしまい，いっしょにいることに喜びを見いだすことができない，あるいは，一方が他方を搾取するかたちとなりフェアな関係でなくなっていることもあるだろう。詳細が何であろうと，そのような問題は関係を崩壊へと導く。以下では，そのような機能不全のうち2つのタイプについて検討する。報酬を最大にしたいという欲求と，公正に扱われたいという欲求である。

1. 報酬的な相互依存

　ロマンティックな見方ではないが，相互作用によって利益を得ることができ

る場合にのみ，人はその相互作用を貪欲に求めるのだと仮定すると，人間関係の経過について強力な洞察を得ることができる。相互依存性理論によると，人は対人的な報酬を最大にし，コストを最小にしたいという欲求をもっている。この考えに立てば，カップルは互いに相手にとって適切な報酬を交換することができなければならない。それができない場合には，相互作用は持続しないことになる（Rusbult & Van Lange, 1996）。

　この考え方には，いくつか利点がある。第一に，それまでの関係がどのようなものであれ，パートナーは互いに相手に対して愛想よく，礼儀正しく，思いやり豊かで，楽しくあり続けなければならない。それができなければ，新しい別のパートナーを求めることになる，ということを思い起こさせてくれる。これは自明のことのように思えるかもしれないが，親密なパートナーに対して長い期間にわたり愛想よく思いやりを示し続けることは，意識的な注意や努力を必要とする，驚くほどとらえどころのない過程なのである。関係が一度築かれてしまうと，目新しさは薄れ，幻想は色あせ，代わりに現実が入り込んでくる。こうなると，相手に良い印象を与えようと一生懸命になることはないし，相手のことを詳しく知っているので，偶然であれ意図的であれ，相手を傷つける術だけは他の誰よりも豊富になってくる（Miller, 1997）。親密さは強力な報酬となる一方で，葛藤ももたらす。親密な関係にある2人は，単なる知人程度であれば直面することのない協調や共同と妥協という問題に直面しなければならないからである。

　このように，親しい関係はしばしば予期しないコストをもたらす（たとえば，Felmlee, 1995；McGonagle, Kessler, & Schilling, 1992）。そして，「結婚に際して重要なことの1つは礼儀正しさ（politeness）である」（Gottman, 1994, p. 65）。時間がたつにつれて，カップルの相互作用の中に批判，侮辱，自己防衛，妨害が数多く忍び込んでくる。実際，見ず知らずの人に対するよりもパートナーどうしのほうが礼儀正しさに欠けることもある（Gottman, 1994）。これは危険な状態である。ゴットマンとレヴェンソン（Gottman & Levenson, 1992）は，互いに相手に対する肯定的行動と否定的行動の割合を，仲違いしている間でも5対1に維持できなかったカップルは，もっと高い割合で肯定的行動を維持したカップルに比べると4年早く離婚することを見いだしているのである。親し

い仲であっても，相手に対して継続的に尊敬，関心，気遣い，愛情を伝えることは必ずしも容易なことではない。仲違いしている間は特にそうだろう。しかし，これらの報酬的な反応が，関係における満足を決める本質的な要素であるらしい（Gottman, 1993a, 1993b；Heavey, Layne, & Christensen, 1993）。

　また，相互依存性理論は関係機能のいくつかの微妙な点についても説明してくれる。たとえば，相互依存性理論によると，人々は現在の成果（outcome）が期待を越えるほど関係への満足が高くなる（Rusbult & Van Lange, 1996）。しかし，関係において報酬を十分に得ている人は，そうした扱いに徐々に慣れてしまう傾向がある。期待がゆっくりと高まれば，それにつれて満足は低下する。つまり，関係にあまり満足がゆかなくなるのは（Kurdek（1993）を参照），関係におけるコストが大きくなるから（ばかり）でなく，満足して当然と思うようになるからなのである。

　さらに，関係に不満をもっていても，その関係が終わらないこともある。相互依存性理論のもう1つの貢献は，人は自分が幸せかどうかとはかかわりなく，現在の関係と別の可能な関係を比較することによって，その関係を捨てるかどうかを決めるという主張である。人は，他の関係のほうがうまくやっていけると心底感じているときにのみ，現在の関係から離脱するのである。こうした考えに立つと，まわりから見れば関係が崩壊しているのは明らかなのに，一方のパートナーがその悲惨な関係にしがみついているという，奇妙な状況も説明できる。そうした人は，別の関係に移ったらもっと悪い状況が待っているだけだと信じているに相違ないのである。このような計算には，個人差（低自尊心など），状況変数（失業など），文化的影響（離婚に対する宗教的制裁など）を含むいくつかの要因が影響を及ぼすであろう。実際，財力が劣っているほど，虐待された女性でもパートナーの元を離れることが少ないらしい（Rusbult & Martz, 1995）。

　このことは，裏を返せば，特定のパートナーにかなり満足を感じていたとしても，もっと良い選択肢が現われれば誘惑に負けるかもしれないということを意味している。西洋文化は，ロマンティック関係においては単なる満足ではなく至福を求めるべきであること，そして容易に得られる豊富な選択肢の中でそれを求めるように人々をうながしているといってよい（Attridge &

Berscheid, 1994)。これは，関係の永続性を育む雰囲気ではない。実際，アメリカの離婚率は，可能なパートナーの数がもっとも多い地域でいちばん高いのである（South & Lloyd, 1995）。

　要するに，低すぎる成果，高すぎる期待，非常に魅力的な別の選択肢の存在は満足できない不安定な関係へと導き，関係的な機能不全を構成しうるのである。さいわいなことに，相互依存性理論の見方は，苦悩する配偶者間に肯定的で相互に望ましい交換を再確立することを試みる行動療法的な結婚セラピーの概念的基礎も提供している（Follette & Jacobson［1985］を参照）。また，カップルが第一に不満をそらすのを助ける予防的介入についても多くを教えてくれる（Markman, Renick, Floyd, Stanley, & Clements, 1993）。ほとんどの人々は，短期間であれば誰に対しても礼儀正しく，うまく合わせることができるが，親しい関係においてそうした状態を何十年も続けるとなると，何らかの手助けや教えを必要とする人が多いのである。

2. 衡平な関係

　人が関係から十分な報酬を得ているかどうかと，利用可能な報酬が2人のパートナー間で「公正に」分配されているかどうかは別の問題である。「衡平 (equity)」理論家は，比例的な公正，すなわち双方が関係に対する自分の貢献に見合った利益を得ている場合に，最も満足度が高いと主張する（Sprecher & Schwartz, 1994）。衡平は，以下の場合に成立する。

$$\frac{自分の成果（\text{outcome}）}{自分の投入（\text{input}）} = \frac{パートナーの成果}{パートナーの投入}$$

　衡平は，2人が相互作用から等しい結果を得ているかどうかには依存しないことに注目していただきたい。実際，投入量が異なれば，平等性（equality）は衡平でなくなるのである。この視点が示唆しているのは，努力に見合った報酬が与えられるべきこと，2人がそれぞれ受け取る正味の利益の相対的な量が絶対量と同じくらい影響を及ぼすという点である。

　衡平理論によると，これらの判断が重要なのは，人は不衡平な関係にいることがわかったときに苦痛を感じるからである。不衡平が存在すると，一方のパ

ートナーは「過小利得」，すなわち，自分の貢献に見合う利益を得ていないことになり，怒りや腹立たしさを感じる。もう一方のパートナーは「過大利得」であり，多少の罪意識を感じることになるであろう。もちろん，過小利得より過大利得のほうが望ましいだろうが，衡平な関係から逸脱するという状況は本質的に不安定なものなので，過大利得の場合でも多少は不快な感情を引き起こすものと考えられる。人々は公正さの欠如を嫌うものであり，それを変えたり避けるように動機づけられるのである（Sprecher & Schwartz, 1994）。

このように，衡平理論の視点は，パートナーを搾取することによって得られるはずの報酬より自分が得た報酬が低くても，人は不公正な関係よりも公正な関係に満足を感じるという，非常に興味深い傾向を示唆しているのである。実際，このことは確かに生じるようである。家族生活サイクルの各段階を代表する373人の配偶者を対象とした調査で，フィーニーら（Feeney, Peterson, & Noller, 1994）は，過大利得のパートナーは過小利得の配偶者よりも概して結婚に満足していることを明らかにした。しかし，最も結婚に満足していたのは，衡平な関係にある夫婦だったのである。不衡平な関係は，その関係へのコミットメントを失わせる（Floyd & Wasner, 1994）。したがって，たとえば不衡平な関係にある妻は，公正に扱われていると感じている妻よりも婚外情事を経験することが多いようである（Prins, Buunk, & Van Ypersen, 1993）。

このように，持続的な不衡平は，たとえ関係において得られる報酬が大きくても，パートナーシップを危険にいたらしめる関係的な機能不全といえるのである。要するに，「男性にとっても女性にとっても『真実の愛は利己的ではない』という見方が一般的であるにもかかわらず，最良の愛情関係は，自分に見合うものを得ていると感じられるような関係のようである」（Utne, Hatfield, Traupmann, & Greenberger, 1984, pp. 331-332）。仕事をもっている母親は，夫の2倍の家事労働を行なっている（Huppe & Cyr, 1997）。したがって，現代のカップルへの一般的な警告は，「夫が妻を幸せにしたいのであれば，自分がより多くの家事や子どもの世話をし，愛情の維持に気を配ることである」（Gottman & Carrere, 1994, p. 225）。しかし，結局のところ，衡平は見る人の目の中にあるので，親密なカップルはいつも何が衡平で何が衡平でないかを自分たちで決めていかなければならないだろう。

4 結論

　本章では、関係のトラブルの原因となるさまざまな要因について検討した。しかし、ここであげた要因がすべてというわけではない（たとえば、Amato & Rogers［1997］を参照）。しかし、機能不全には個人的、相互作用的、関係的なものがあるという視点は、幸せな関係というものが非常に複雑に入り組んでいること、関係の崩壊についてもいくつかのレベルがあることを示している。わたしは使いやすいということでこの三分類を提唱しているのだが、これらを厳密に分けすぎるのは問題だと考えている。個人的、相互作用的、関係的要因は相互に関連し合い、つねに影響を与え合っていることが多いからである。わたしが強調したいのは、こうした影響の多様性であり、個人内から対人的なものまで、また認知的なものから行動的なものまで、その範囲は実に多岐にわたる。

　親密な関係にはさまざまな落とし穴があるにもかかわらず、人はなぜ、こうした危険を冒してまで親密な関係を求めようとするのだろうか。おそらく、人間は社会的な種であるがゆえに、親和と親密さが人々の血液の中に組み込まれているのであろう。実際、けっして人を愛さないよりは、愛して失う方がずっとよいのである。いずれにしても、人間の生活において親しい関係が非常に重要であることを考えると、健康な関係と不健康な関係双方の過程を理解することは、社会心理学にとっても臨床心理学にとってもきわめて重要なことといえるのである。

引用文献

Amato, P. R., & Rogers, S. J. (1997). A longitudinal study of marital problems and subsequent divorce. *Journal of Marriage and the Family, 59*, 612-624.

Antill, J. K. (1983). Sex role complementarity versus similarity in married couples. *Journal of Personality and Social Psychology, 45*, 145-155.

Assh, S. D., & Byers, E. S. (1996). Understanding the co-occurrence of marital distress and depression in women. *Journal of Social and Personal Relationships, 13*, 537-552.

Attridge, M., & Berscheid, E. (1994). Entitlement in romantic relationships in the United States: A social-exchange perspective. In M. J. Lerner & G. Mikula (Eds.), *Entitlement and the affectional bond: Justice in close relationships* (pp. 117–147). New York: Plenum.

Baldwin, M. W., & Fehr, B. (1995). On the instability of attachment style ratings. *Personal Relationships, 2*, 247–261.

Barnett, R. C., Raudenbush, S. W., Brennan, R. T., Pleck, J. H., & Marshall, N. L. (1995). Change in job and marital experiences and change in psychological distress: A longitudinal study of dual-earner couples. *Journal of Personality and Social Psychology, 69*, 839–850.

Bartholomew, K. (1997, October). *The merits of interviews in attachment research.* Paper presented at the meeting of the Society for Experimental Social Psychology, Toronto, Ontario, Canada.

Bartholomew, K., & Horowitz, L. M. (1991). Attachment styles among young adults: A test of a four-category model. *Journal of Personality and Social Psychology, 61*, 226–244.

Baumeister, R. F., & Leary, M. R. (1995). The need to belong: Desire for interpersonal attachments as a fundamental human motivation. *Psychological Bulletin, 117*, 497–529.

Baxter, L. A., Mazanec, M., Nicholson, J., Pittman, G., Smith, K., & West, L. (1997). Everyday loyalties and betrayals in personal relationships. *Journal of Social and Personal Relationships, 14*, 655–678.

Beach, S. R. H., & O'Leary, K. D. (1993). Marital discord and dysphoria: For whom does the marital relationship predict depressive symptomatology? *Journal of Social and Personal Relationships, 10*, 405–420.

Berley, R. A., & Jacobson, M. S. (1984). Causal attributions in intimate relationships: Toward a model of cognitive–behavioral marital therapy. In P. C. Kendall (Ed.), *Advances in cognitive–behavioral research and therapy* (Vol. 3, pp. 1–60). Orlando, FL: Academic Press.

Birnbaum, G. E., Orr, I., Mikulincer, M., & Florian, V. (1997). When marriage breaks up: Does attachment style contribute to coping and mental health? *Journal of Social and Personal Relationships, 14*, 643–654.

Bloom, B. L., Asher, S. J., & White, S. W. (1978). Marital disruption as a stressor: A review and analysis. *Psychological Bulletin, 85*, 867–894.

Botwin, M. D., Buss, D. M., & Shackelford, T. K. (1997). Personality and mate preferences: Five factors in mate selection and marital satisfaction. *Journal of Personality, 65*, 107–136.

Bowlby, J. (1982). *Attachment and loss: Vol. 1. Attachment* (2nd ed.). New York: Basic Books.

Bradbury, T. N., Campbell, S. M., & Fincham, F. D. (1995). Longitudinal and behavioral analysis of masculinity and femininity in marriage. *Journal of Personality and Social Psychology, 68*, 328–341.

Bradbury, T. N., & Fincham, F. D. (1990). Attributions in marriage: Review and critique. *Psychological Bulletin, 107*, 3–33.

Brainerd, E. G., Hunter, P. A., Moore, D., & Thompson, T. R. (1996). Jealousy induction as a predictor of power and the use of other control methods in heterosexual relationships. *Psychological Reports, 79*, 1319–1325.

Brennan, K. A., & Shaver, P. R. (1995). Dimensions of adult attachment, affect regulation, and romantic relationship functioning. *Personality and Social Psychology Bulletin, 21*, 267–283.

Buller, D. B., & Burgoon, J. K. (1994). Deception: Strategic and nonstrategic communication. In J. A. Daly & J. M. Wiemann (Eds.), *Strategic interpersonal communication* (pp. 191–223). Hillsdale, NJ: Erlbaum.

Burman, B., & Margolin, G. (1992). Analysis of the association between marital relationships and health problems: An interactional perspective. *Psychological Bulletin, 112*, 39–63.

Buss, D. M. (1995). Psychological sex differences: Origins through sexual selection. *American Psychologist, 50*, 164–168.

Buunk, B. (1982). Anticipated sexual jealousy: Its relationship to self-esteem, dependency, and reciprocity. *Personality and Social Psychology Bulletin, 8*, 310–316.

Buunk, B. (1984). Jealousy as related to attributions for the partner's behavior. *Social Psychology Quarterly, 47*, 107–112.

Buunk, B. (1987). Conditions that promote breakups as a consequence of extradyadic involvements. *Journal of Social and Clinical Psychology, 5*, 271–284.

Buunk, B. P. (1995). Sex, self-esteem, dependency and extradyadic sexual experience as related to jealousy responses. *Journal of Social and Personal Relationships, 12*, 147–153.

Buunk, B. P., Angleitner, A., Oubaid, V., & Buss, D. M. (1996). Sex differences in jealousy in evolutionary and cultural perspective: Tests from the Netherlands, Germany, and the United States. *Psychological Science, 7*, 359–363.

Carpenter, E. M., & Kirkpatrick, L. A. (1996). Attachment style and presence of a romantic partner as moderators of psychophysiological responses to a stressful laboratory situation. *Personal Relationships, 3*, 351–367.

Carver, C. S. (1997). Adult attachment and personality: Converging evidence and a new measure. *Personality and Social Psychology Bulletin, 23*, 865–883.

Collins, N. L. (1996). Working models of attachment: Implications for explanation, emotion, and behavior. *Journal of Personality and Social Psychology, 71*, 810-832.

Coyne, J. C. (1976). Toward an interactional description of depression. *Psychiatry, 39*, 28-40.

Cutrona, C. E. (1982). Transition to college: Loneliness and the process of social adjustment. In L. A. Peplau & D. Perlman (Eds.), *Loneliness: A source book of current theory, research, and therapy* (pp. 291-309). New York: Wiley.

Davila, J., Bradbury, T. N., Cohan, C. L., & Tochluk, S. (1997). Marital functioning and depressive symptoms: Evidence for a stress generation model. *Journal of Personality and Social Psychology, 73*, 849-861.

Davila, J., Burge, D., & Hammen, C. (1997). Why does attachment style change? *Journal of Personality and Social Psychology, 73*, 826-838.

DePaulo, B. M., Kashy, D. A., Kirkendol, S. E., Wyer, M. M., & Epstein, J. A. (1996). Lying in everyday life. *Journal of Personality and Social Psychology, 70*, 979-995.

DeSteno, D. A., & Salovey, P. (1996a). Evolutionary origins of sex differences in jealousy? Questioning the "fitness" of the model. *Psychological Science, 7*, 367-372.

DeSteno, D. A., & Salovey, P. (1996b). Jealousy and the characteristics of one's rival: A self-evaluation maintenance perspective. *Personality and Social Psychology Bulletin, 22*, 920-932.

Dutton, D. G., Saunders, K., Starzomski, A., & Bartholomew, K. (1994). Intimacy-anger and insecure attachment as precursors of abuse in intimate relationships. *Journal of Applied Social Psychology, 24*, 1367-1386.

Eidelson, R. J., & Epstein, N. (1982). Cognition and relationship maladjustment: Development of a measure of dysfunctional relationship beliefs. *Journal of Consulting and Clinical Psychology, 50*, 715-720.

Ellis, A. (1977). Rational and irrational jealousy. In G. Clanton & L. G. Smith (Eds.), *Jealousy* (pp. 170-178). Englewood Cliffs, NJ: Prentice Hall.

Escudero, V., Rogers, L. E., & Gutierrez, E. (1997). Patterns of relational control and nonverbal affect in clinic and nonclinic couples. *Journal of Social and Personal Relationships, 14*, 5-29.

Feeney, J. A. (1994). Attachment style, communication patterns, and satisfaction across the life cycle of marriage. *Personal Relationships, 1*, 333-348.

Feeney, J., Peterson, C., & Noller, P. (1994). Equity and marital satisfaction over the family life cycle. *Personal Relationships, 1*, 83-99.

Felmlee, D. H. (1995). Fatal attractions: Affection and disaffection in intimate relationships. *Journal of Social and Personal Relationships, 12*, 295-311.

Fincham, F. D., Beach, S. R. H., Harold, G. T., & Osborne, L. N. (1997). Marital satisfaction and depression: Different causal relationships for men and women? *Psychological Science, 8*, 351–357.

Floyd, F. J., & Wasner, G. H. (1994). Social exchange, equity, and commitment: Structural equation modeling of dating relationships. *Journal of Family Psychology, 8*, 55–73.

Follette, W. C., & Jacobson, N. S. (1985). Assessment and treatment of incompatible marital relationships. In W. Ickes (Ed.), *Compatible and incompatible relationships* (pp. 333–361). New York: Springer-Verlag.

Frazier, P. A., Byer, A. L., Fischer, A. R., Wright, D. M., & DeBord, K. A. (1996). Adult attachment style and partner choice: Correlational and experimental findings. *Personal Relationships, 3*, 117–136.

Freedman, J. (1978). *Happy people: What happiness is, who has it, and why.* New York: Harcourt Brace Jovanovich.

Fuller, T. L., & Fincham, F. D. (1995). Attachment style in married couples: Relation to current marital functioning, stability over time, and method of assessment. *Personal Relationships, 2*, 17–34.

Geary, D. C., Rumsey, M., Bow-Thomas, C. C., & Hoard, M. K. (1995). Sexual jealousy as a facultative trait: Evidence from the pattern of sex differences in adults from China and the United States. *Ethology and Sociobiology, 16*, 355–383.

Geiss, S. K., & O'Leary, K. D. (1981). Therapist ratings of frequency and severity of marital problems: Implications for research. *Journal of Marital and Family Therapy, 7*, 515–520.

Gerlsma, C., Buunk, B. P., & Mutsaers, W. C. M. (1996). Correlates of self-reported adult attachment styles in a Dutch sample of married men and women. *Journal of Social and Personal Relationships, 13*, 313–320.

Gottman, J. M. (1993a). A theory of marital dissolution and stability. *Journal of Family Psychology, 7*, 57–75.

Gottman, J. M. (1993b). The roles of conflict engagement, escalation, and avoidance in marital interaction: A longitudinal view of five types of couples. *Journal of Consulting and Clinical Psychology, 61*, 6–15.

Gottman, J. M. (1994). *Why marriages succeed or fail.* New York: Simon & Schuster.

Gottman, J. M., & Carrère, S. (1994). Why can't men and women get along?: Developmental roots and marital inequities. In D. J. Canary & L. Stafford (Eds.), *Communication and relational maintenance* (pp. 203–229). San Diego, CA: Academic Press.

Gottman, J. M., & Levenson, R. W. (1992). Marital processes predictive of later dissolution: Behavior, physiology, and health. *Journal of Personality and Social*

Psychology, 63, 221–233.

Gottman, J. M., & Porterfield, A. L. (1981). Communicative competence in the nonverbal behavior of married couples. *Journal of Marriage and the Family, 43*, 807–824.

Graziano, W. G., Jensen-Campbell, L. A., & Hair, E. C. (1996). Perceiving interpersonal conflict and reacting to it: The case of agreeableness. *Journal of Personality and Social Psychology, 70*, 820–835.

Greenberg, J., & Pyszczynski, T. (1985). Proneness to romantic jealousy and responses to jealousy in others. *Journal of Personality, 53*, 468–479.

Hansen, G. L. (1985). Perceived threats and marital jealousy. *Social Psychology Quarterly, 48*, 262–268.

Harris, C. R., & Christenfeld, N. (1996). Gender, jealousy, and reason. *Psychological Science, 7*, 364–366.

Heavey, C. L., Layne, C., & Christensen, A. (1993). Gender and conflict structure in marital interaction: A replication and extension. *Journal of Consulting and Clinical Psychology, 61*, 16–27.

Hokanson, J. E., & Butler, A. C. (1992). Cluster analysis of depressed college students' social behaviors. *Journal of Personality and Social Psychology, 62*, 273–280.

Horneffer, K. J., & Fincham, F. D. (1996). Attributional models of depression and marital distress. *Personality and Social Psychology Bulletin, 22*, 678–689.

House, J. S., Robbins, C., & Metzner, H. L. (1982). The association of social relationships and activities with mortality: Prospective evidence from the Tecumseh Community Health Study. *American Journal of Epidemiology, 116*, 123–140.

Huppe, M., & Cyr, M. (1997). Division of household labor and marital satisfaction of dual income couples according to family life cycle. *Canadian Journal of Counseling, 31*, 145–162.

Huston, T. L., & Geis, G. (1993). In what ways do gender-related attributes and beliefs affect marriage? *Journal of Social Issues, 49*, 87–106.

Ickes, W. (1985). Sex-role influences on compatibility in relationships. In W. Ickes (Ed.), *Compatible and incompatible relationships* (pp. 187–208). New York: Springer-Verlag.

Ickes, W. (1993). Traditional gender roles: Do they make, and then break, our relationships? *Journal of Social Issues, 49*, 71–86.

Ickes, W., & Barnes, R. D. (1978). Boys and girls together—And alienated: On enacting stereotyped sex roles in mixed-sex dyads. *Journal of Personality and Social Psychology, 36*, 669–683.

Jacobson, N. S., & Margolin, G. (1979). *Marital therapy: Strategies based on social learning and behavior exchange principles.* New York: Brunner/Mazel.

Jockin, V., McGue, M., & Lykken, D. T. (1996). Personality and divorce: A genetic analysis. *Journal of Personality and Social Psychology, 71,* 288–299.

Joiner, T. E., Jr., Catanzaro, S. J., Rudd, M. D., & Rajab, M. H. (in press). The case for a hierarchical, oblique, and bidimensional structure of loneliness. *Journal of Social and Clinical Psychology.*

Jones, J. T., & Cunningham, J. D. (1996). Attachment styles and other predictors of relationship satisfaction in dating couples. *Personal Relationships, 3,* 387–399.

Jones, W. H., & Burdette, M. P. (1994). Betrayal in relationships. In A. L. Weber & J. H. Harvey (Eds.), *Perspectives on close relationships* (pp. 243–262). Boston: Allyn & Bacon.

Jones, W. H., Freemon, J. R., & Goswick, R. A. (1981). The persistence of loneliness: Self and other determinants. *Journal of Personality, 49,* 27–48.

Jones, W. H., Sansone, C., & Helm, B. (1983). Loneliness and interpersonal judgments. *Personality and Social Psychology Bulletin, 9,* 437–442.

Kashy, D. A., & DePaulo, B. M. (1996). Who lies? *Journal of Personality and Social Psychology, 70,* 1037–1051.

Katz, J., & Beach, S. R. H. (1997). Romance in the crossfire: When do women's depressive symptoms predict partner relationship dissatisfaction? *Journal of Social and Clinical Psychology, 16,* 243–258.

Keelan, J. P. R., Dion, K. L., & Dion, K. K. (1994). Attachment style and heterosexual relationships among young adults: A short-term panel study. *Journal of Social and Personal Relationships, 11,* 201–214.

Kiecolt-Glaser, J. K., Malarkey, W. B., Chee, M., Newton, T., Cacioppo, J. T., Hsiao-Yin, M., & Glaser, R. (1993). Negative behavior during marital conflict is associated with immunological down-regulation. *Psychosomatic Medicine, 55,* 395–409.

Kirkpatrick, L. A., & Hazan, C. (1994). Attachment styles and close relationships: A four-year prospective study. *Personal Relationships, 1,* 123–142.

Kurdek, L. A. (1993). Nature and prediction of changes in marital quality for first-time parent and nonparent husbands and wives. *Journal of Family Psychology, 6,* 255–265.

Lamke, L. K., Sollie, D. L., Durbin, R. G., & Fitzpatrick, J. A. (1994). Masculinity, femininity and relationship satisfaction: The mediating role of interpersonal competence. *Journal of Social and Personal Relationships, 11,* 535–554.

Leary, M. R., & Downs, D. L. (1995). Interpersonal functions of the self-esteem motive: The self-esteem system as sociometer. In M. H. Kernis (Ed.), *Efficacy, agency, and self-esteem* (pp. 123-144). New York: Plenum.

Levenson, R. W., & Gottman, J. M. (1983). Marital interaction: Physiological linkage and affective exchange. *Journal of Personality and Social Psychology, 45,* 587-597.

Levitt, M. J., Silver, M. E., & Franco, N. (1996). Troublesome relationships: A part of human experience. *Journal of Social and Personal Relationships, 13,* 523-536.

Marcus, D. K., & Nardone, M. E. (1992). Depression and interpersonal rejection. *Clinical Psychology Review, 12,* 433-449.

Markman, H. J., Renick, M. J., Floyd, F. J., Stanley, S. M., & Clements, M. (1993). Preventing marital distress through communication and conflict management training: A 4- and 5-year follow-up. *Journal of Consulting and Clinical Psychology, 61,* 70-77.

Martin, T. C., & Bumpass, L. (1989). Recent trends in marital disruption. *Demography, 26,* 37-51.

Mathes, E. W., Adams, H. E., & Davies, R. M. (1985). Jealousy: Loss of relationship rewards, loss of self-esteem, depression, anxiety, and anger. *Journal of Personality and Social Psychology, 48,* 1552-1561.

McCabe, S. B., & Gotlib, I. H. (1993). Interactions of couples with and without a depressed spouse: Self-report and observations of problem-solving situations. *Journal of Social and Personal Relationships, 10,* 589-599.

McGonagle, K. A., Kessler, R. C., & Schilling, E. A. (1992). The frequency and determinants of marital disagreements in a community sample. *Journal of Social and Personal Relationships, 9,* 507-524.

Metts, S. (1994). Relational transgressions. In W. R. Cupach & B. H. Spitzberg (Eds.), *The dark side of interpersonal communication* (pp. 217-239). Hillsdale, NJ: Erlbaum.

Metts, S., & Cupach, W. R. (1990). The influence of relationship beliefs and problem-solving responses on satisfaction in romantic relationships. *Human Communication Research, 17,* 170-185.

Mickelson, K. D., Kessler, R. C., & Shaver, P. R. (1997). Adult attachment in a nationally representative sample. *Journal of Personality and Social Psychology, 73,* 1092-1106.

Milardo, R. M., Johnson, M. P., & Huston, T. L. (1983). Developing close relationships: Changing patterns of interaction between pair members and social networks. *Journal of Personality and Social Psychology, 44,* 964-976.

Miller, R. S. (1997). We always hurt the ones we love: Aversive interactions in close relationships. In R. Kowalski (Ed.), *Aversive interpersonal behaviors* (pp.

11-29). New York: Plenum.

Moller, A. T., & Van Zyl, P. D. (1991). Relationship beliefs, interpersonal perception, and marital adjustment. *Journal of Clinical Psychology, 47*, 28-33.

Newton, T. L., Kiecolt-Glaser, J. K., Glaser, R., & Malarkey, W. B. (1995). Conflict and withdrawal during marital interaction: The roles of hostility and defensiveness. *Personality and Social Psychology Bulletin, 21*, 512-524.

Nezlek, J. B., Kowalski, R. M., Leary, M. R., Blevins, T., & Holgate, S. (1997). Personality moderators of reactions to interpersonal rejection: Depression and trait self-esteem. *Personality and Social Psychology Bulletin, 23*, 1235-1244.

Noller, P. (1981). Gender and marital adjustment level differences in decoding messages from spouses and strangers. *Journal of Personality and Social Psychology, 41*, 272-278.

Noller, P. (1982). Channel consistency and inconsistency in the communications of married couples. *Journal of Personality and Social Psychology, 43*, 732-741.

Noller, P. (1987). Nonverbal communication in marriage. In D. Perlman & S. Duck (Eds.), *Intimate relationships: Development, dynamics, and deterioration* (pp. 123-147). Newbury Park, CA: Sage.

O'Leary, K. D., Christian, J. L., & Mendell, N. R. (1994). A closer look at the link between marital discord and depressive symptomatology. *Journal of Social and Clinical Psychology, 13*, 33-41.

Orvis, B. R., Kelley, H. H., & Butler, D. (1976). Attributional conflict in young couples. In J. Harvey, W. Ickes, & R. Kidd (Eds.), *New directions in attribution research* (Vol. 1, pp. 353-386). Hillsdale, NJ: Erlbaum.

▶ Patterson, M. L. (1983). *Nonverbal behavior: A functional perspective.* New York: Springer-Verlag.

▶ Peplau, L. A., & Perlman, D. (Eds.). (1982). *Loneliness: A sourcebook of current theory, research, and therapy.* New York: Wiley.

Perlman, D., & Peplau, L. A. (1981). Toward a social psychology of loneliness. In S. Duck & R. Gilmour (Eds.), *Personal relationships: 3. Personal relationships in disorder* (pp. 31-56). London: Academic Press.

Pines, A., & Aronson, E. (1983). Antecedents, correlates, and consequences of sexual jealousy. *Journal of Personality, 51*, 108-136.

Prins, K. S., Buunk, B. P., & Van Yperen, N. W. (1993). Equity, normative disapproval and extramarital relationships. *Journal of Social and Personal Relationships, 10*, 39-53.

Radecki-Bush, C., Farrell, A. D., & Bush, J. P. (1993). Predicting jealous responses: The influence of adult attachment and depression on threat appraisal. *Journal of Social and Personal Relationships, 10*, 569-588.

Reis, H. T. (1986). Gender effects in social participation: Intimacy, loneliness, and the conduct of social interaction. In R. Gilmour & S. Duck (Eds.), *The emerging field of personal relationships* (pp. 91–105). London: Academic Press.

Reis, H. T., Senchak, M., & Solomon, B. (1985). Sex differences in the intimacy of social interaction: Further examination of potential explanations. *Journal of Personality and Social Psychology, 48*, 1204–1217.

Rook, K. S. (1984). Promoting social bonding: Strategies for helping the lonely and socially isolated. *American Psychologist, 39*, 1389–1407.

Rook, K. S., & Peplau, L. A. (1982). Perspectives on helping the lonely. In L. A. Peplau & D. Perlman (Eds.), *Loneliness: A source book of current theory, research, and therapy* (pp. 351–378). New York: Wiley.

Rotenberg, K. J. (1994). Loneliness and interpersonal trust. *Journal of Social and Clinical Psychology, 13*, 152–173.

Rubenstein, C. M., & Shaver, P. (1982). *In search of intimacy*. New York: Delacorte Press.

Rubenstein, C. M., Shaver, P., & Peplau, L. A. (1979). Loneliness. *Human Nature, 2*, 58–65.

Rusbult, C. E., & Martz, J. M. (1995). Remaining in an abusive relationship: An investment model analysis of nonvoluntary dependence. *Personality and Social Psychology Bulletin, 21*, 558–571.

Rusbult, C. E., & Van Lange, P. A. M. (1996). Interdependence processes. In E. T. Higgins & A. W. Kruglanski (Eds.), *Social psychology: Handbook of basic principles* (pp. 564–596). New York: Guilford Press.

Salovey, P., & Rodin, J. (1988). Coping with envy and jealousy. *Journal of Social and Clinical Psychology, 7*, 15–33.

Scharfe, E., & Bartholomew, K. (1994). Reliability and stability of adult attachment patterns. *Personal Relationships, 1*, 23–43.

Scharfe, E., & Bartholomew, K. (1995). Accommodation and attachment representations in young couples. *Journal of Social and Personal Relationships, 12*, 389–401.

Sharpsteen, D. J. (1991). The organization of jealousy knowledge: Romantic jealousy as a blended emotion. In P. Salovey (Ed.), *The psychology of jealousy and envy* (pp. 31–51). New York: Guilford Press.

Sharpsteen, D. J. (1995). The effects of relationship and self-esteem threats on the likelihood of romantic jealousy. *Journal of Social and Personal Relationships, 12*, 89–101.

Sharpsteen, D. J., & Kirkpatrick, L. A. (1997). Romantic jealousy and adult romantic attachment. *Journal of Personality and Social Psychology, 72*, 627–640.

Shettel-Neuber, J., Bryson, J. B., & Young, L. E. (1978). Physical attractiveness of the "other person" and jealousy. *Personality and Social Psychology Bulletin, 4*, 612–615.

Sillars, A. L. (1985). Interpersonal perception in relationships. In W. Ickes (Ed.), *Compatible and incompatible relationships* (pp. 277–305). New York: Springer-Verlag.

Sillars, A. L., Folwell, A. L., Hill, K. C., Maki, B. K., Hurst, A. P., & Casano, R. A. (1994). Marital communication and the persistence of misunderstanding. *Journal of Social and Personal Relationships, 11*, 611–617.

Simpson, J. A., Rholes, W. S., & Phillips, D. (1996). Conflict in close relationships: An attachment perspective. *Journal of Personality and Social Psychology, 71*, 899–914.

South, S. J., & Lloyd, K. M. (1995). Spousal alternatives and marital dissolution. *American Sociological Review, 60*, 21–35.

Sprecher, S., & Schwartz, P. (1994). Equity and balance in the exchange of contributions in close relationships. In M. J. Lerner & G. Mikula (Eds.), *Entitlement and the affectional bond: Justice in close relationships* (pp. 11–41). New York: Plenum.

Twenge, J. M. (1997). Changes in masculine and feminine traits over time: A meta-analysis. *Sex Roles, 36*, 305–325.

U.S. Bureau of the Census. (1995). *Statistical abstracts of the United States* (115th ed.). Washington, DC: U.S. Government Printing Office.

Utne, M. K., Hatfield, E., Traupmann, J., & Greenberger, D. (1984). Equity, marital satisfaction, and stability. *Journal of Social and Personal Relationships, 1*, 323–332.

Waller, N. G., & Shaver, P. R. (1994). The importance of nongenetic influences on romantic love styles: A twin-family study. *Psychological Science, 5*, 268–274.

Weeks, D. G., Michela, J. L., Peplau, L. A., & Bragg, M. E. (1980). The relation between loneliness and depression: A structural equation analysis. *Journal of Personality and Social Psychology, 39*, 1238–1244.

Wegner, D. M., & Lane, J. D. (1995). From secrecy to psychopathology. In J. W. Pennebaker (Ed.), *Emotion, disclosure, and health* (pp. 25–46). Washington, DC: American Psychological Association.

Wheeler, L., Reis, H., & Nezlek, J. (1983). Loneliness, social interaction, and sex roles. *Journal of Personality and Social Psychology, 45*, 943–953.

White, G. L. (1980). Inducing jealousy: A power perspective. *Personality and Social Psychology Bulletin, 6*, 222–227.

White, G. L. (1981). Jealousy and partner's perceived motives for attraction to a rival. *Social Psychology Quarterly, 44,* 24–30.

White, G. L., & Mullen, P. E. (1989). *Jealousy: Theory, research, and clinical strategies.* New York: Guilford Press.

12章
集団はメンタルヘルスにどんな影響を与えるか：グループ・ダイナミックスと心理的幸福
D. R. フォーサイス & T. R. エリオット

　社会的活動のほとんどは集団のなかで行なわれる。人間社会のほとんどが，家族，親族，コミュニティ，仲間，宗教団体，部族といった小さな集団によって構成されている。人間のほとんどの行動は集団のなかで行なわれる。たとえば，仕事，学習，礼拝，リラックスすること，遊ぶこと，社交的活動，コンピュータ・ネットワークでのチャット（おしゃべりすること），また，眠ることさえもが集団のなかで行なわれる。こうしたことを1人ですることはむしろ少ない。集団に所属していると1人になることはなかなかむずかしい。人とのかかわりをもたずに，集団に所属することを拒否する人は，変わり者，突飛な人，さらには心理的な問題をかかえている人とみられたりすることがある（Storr, 1988）。

　集団は，成員の心理的な適応や不適応に大きな影響を与える。メンタルヘルスの専門家は，古くからこのことに気づいていた。たとえば，プラットは，1905年ころに，肺結核の患者に小集団のディスカッションや講義を行なったところ，病状が改善した（Pratt, 1922）。また，モレノは，施設に収容されている人々を対象として，ソシオメトリーを用いて凝集性の高いグループを作ったところ，人々の適応状態が高まり，個人的な衝突も少なくなった（Moreno, 1932）。フロイトは『集団心理学と自我の分析』（Freud, 1922）のなかで，集団に所属していることは個人のメンタルヘルスを保つために欠かせないことであると述べている。さらに，グループ・ダイナミックスの創始者であるレヴィンは，「Tグループ」とよばれる訓練グループを考案した（Lewin, 1936）。こ

れは，その後の対人関係訓練や集団訓練の基礎となったものである。

　この章では，こうした集団とメンタルヘルスの関係について述べる。第一節では，集団は本当に実在するかという問題を考えてみたい。第二節以下では，集団が個人のメンタルヘルスに与える影響についてまとめる。網羅的に書くことはとてもできないので，典型的な事例をあげながらまとめてみたい。また，この章を通じて，社会心理学者と臨床心理学者，特に集団心理療法家の類似点を指摘し，両者が協力すべきことを提案したい（たとえばForsyth, 1991）。なお，特定の集団（家族，職場，学校など）がメンタルヘルスに与える影響については，他の総説（Levine & Moreland, 1992）を参照いただきたい。

1 集団は成員にどんな影響を与えるか

　はじめに次のような問題を考えてみることにしよう。心理学的にみて，集団は実在するのだろうか？集団に所属しているということで，その成員は強い影響を受けるだろうか？集団というものを無視して，個人のメンタルヘルスを考えることはできるだろうか？もし集団が実在しないのならば，集団とメンタルヘルスの関係を調べても意味がないことになる。

　社会学者は一般に，集団は実在すると考える。社会学者のデュルケイムは，集団は実際に存在していると述べた（Durkheim, 1897/1966）。たとえば，自殺においては，個人レベルではなく，集団レベルでの心理的絶望感が決定的だからである。群集心理を考えてみても，大集団に所属する人は脱個性化してしまい，集団全体が1つの妄想的な精神をもつようになったりする（Le Bon, 1895/1960）。デュルケイムによると，集団意識とはとても影響力が強いものなので，成員の意志は消し去られてしまうのである。

　心理学者はどうだろうか。マクドゥガルのように，デュルケイムの結論に賛成する人もいる（McDougall, 1908）。マクドゥガルによると，集団の力は，群をなすという人間の本能に基づいている。

　しかし，その一方で，集団の実在性を疑問視する心理学者は多い。たとえば，

オルポートは「集団のとる行動は，成員の行動を足し合わせたもの以上にはならない」と述べ（Allport, 1924, p. 5.），集団という概念には科学的根拠がないとしている。オルポートの考えでは，集団は実在せず，集団の行動を理解するためには個人の心理を研究すべきなのである。

こうしたオルポートの影響は強く残っている。たとえば，抑うつや逸脱行動の原因を考えるとき，心理学者は，心理学的な要因（たとえばパーソナリティ特性や遺伝，過去経験，生物学的原因など）を重視しやすく，集団による原因はあまり考えない（Forsyth & Leary, 1991）。これを簡潔に表わしているのはアーバンの次のことばである。「心理学者が行動の原因を外的なものに求めることは，人間存在の基本を否定することである。行動の原因となるものは，すべて個人の内的・主観的な体験に基づく」（Urban, 1983. p. 163）。しかし，このような心理主義は，集団が個人に与える影響を軽視している。

最近の心理学者は，集団の重要性をオルポートのように根本から否定することは少ない。実際に，集団は成員に強い影響を与えるからである。まず，人間の行動は，1人でいるときと，集団内にいるときで異なることがある。このことはオルポート（1962）でさえも認めている。たとえば社会的促進である。簡単な課題を行なうとき，1人で行なうよりも，集団で行なうほうが能率がよいことがある（Triplett, 1898）。また，ニューカムの社会的相互作用の研究（Newcomb, 1943）によると，集団との相互作用が増えるにつれて，態度や価値観は変わっていく。ある集団のなかにいると，その集団のアイデンティティを共有することになり，また集団からソーシャル・サポートや評価を得ることになる。

集団は個人をドラマティックに変えることもある。たとえばミルグラムの服従の研究である（Milgram, 1963）。この実験は，3名1組の参加者で行なわれた。権威をもつ立場にある実験者役Aが，被験者役Bに対して，痛みを伴う電気ショックをもう1人の被験者役Cに与えるように命じた。実際には電気ショックは本物ではないのだが，被験者Cにとっては害があるという設定である。その結果，実験者役Aからの服従命令にそむくことができた被験者Bは，40人中14人（35％）にすぎなかったのである。集団は強制力をもち，服従への圧力となるのである。最近では，個人対個人よりも，集団対集団のほうが競争

心が高まるという不連続効果が知られている（Pemberton, Insko, Schopler, 1996）。このように，集団は成員を変える力をもっている。

集団の特性が成員の特性以上のものになることもある。たとえば，集団の凝集性は，個々の成員どうしの親和力だけでは説明できないことがある（Hogg, 1992）。つまり，個人レベルではお互いを好きではないのに，集団になると強い集団精神といったものが生まれることがある。集団の特性は，成員の特性には還元できない（Sandelands & St. Clair, 1993, p. 443.）。レヴィン（1951）のゲシュタルト心理学がいうように，「集団はそれを構成する部分の総和よりも大きい」。集団は空間を越えることもある。つまり，ある集団に属しているというだけで，まだ会ったこともない成員と結びつくことさえできるのである。

知覚のレベルで言うと，集団は実在している。ふつう，人は集団を実在しているものと知覚しており，人は「集団は成員を変える力をもつ」と知覚しているのである。人は人の集まりをすぐに集団と知覚するわけではない。その集まりが一定の特徴をもっている場合にのみ，それを集団と知覚するのである。キャンベルは，どのような特徴をもっているとそれが集団と知覚されるかを調べた（Campbell, 1958）。こうした実体性研究（知覚された集団性の研究）によれば，共通運命，近接性，類同性といった要因がある場合は，集団と知覚されるようである。また，人はいったん集団であると知覚すると，その成員が言ったことばを，その集団が言ったことばであると思うようになる（Brewer, Weber, Carini, 1995. 第一実験）。このように，知覚レベルでは，集団は確かに実在する（Hilton & von Hippel, 1990；McConnell, Sherman & Hamilton, 1994a, 1994b）。

以上をまとめると，心理学的にみて集団は実在するといえる。集団に所属しているということで，その成員は強い影響を受ける。その影響はわずかなものからドラマティックなものまでさまざまである。集団というものを無視して，個人のメンタルヘルスを考えることはできない。オルポートは，個人レベルの分析のほうが集団レベルの分析よりもすぐれているとしたが，そうではないのである。

2 集団と孤独

●事例　ジェームス・ペロシは，ウェストポイント陸軍士官学校に入学し，多くの友達ができた。しかし，ペロシは学生集団の名誉を汚したという疑いがかけられた。学生裁判では免罪となったものの，士官候補生たちはペロシは有罪であると思っていた。そのため，ペロシは「沈黙刑」に処され，2年にもわたってだれからも話しかけられることがなかった。それ以来，ペロシにとってすべてが変わってしまった。彼はずっと孤独感と抑うつ感にさいなまされ，この間に26ポンド（約12kg）も痩せてしまったのである（Steinberg, 1975）。

■**所属欲求仮説**　人が人とかかわりをもつことは重要であり，かかわりがもてないと強い心理的苦痛がおこる。このことは多くの理論が予測することであり，実証的な研究も多い。たとえばバウマイスターとリアリーの所属欲求仮説（belongingness hypothesis）によれば，「人間には，他者と持続的・肯定的・有意味的な最低限の対人関係を結び，それを維持したいという動因がある」（Baumeister & Leary, 1995. p. 497.）という。所属欲求は，食欲や性欲と同じような基本的な欲求であり，それが満たされないと苦痛になる。所属欲求を満足させるには集団が必要なのである。

■**フロイトの置き換え説**　子どもは家庭に所属することによって心理的な健康が守られる。成長すると，家庭は集団に置き換わる。フロイトによると，大人は集団に所属することによって心理的健康が守られる（Freud, 1922）。こうした置き換え仮説（replacement hypothesis）の中心にあるのは「転移」という概念である。フロイトは，心理療法において，患者がフロイトを親であるかのようにふるまったのをみて，これを転移と名づけた。フロイトはこの考えを広げて，人は集団のリーダーに対して転移をおこすと考えた。転移によってリーダーとの同一化がおこり，他の成員はきょうだいのようなものになる。コフートによると，人は集団に所属することによって，無意識のうちに家族的な安心感を得たいのである。また，子どものころの家族内の絆が，のちに集団の成員どうしの感情的な絆へとつながっていくのである（Kohut, 1984）。

　フロイトの置き換え仮説を裏づける事例も多い。心理療法のグループや自助

グループ，戦争での実戦部隊，宗教団体といった集団の人々は，フロイトの仮説に合うような行動をとる。こうした集団では，成員はリーダーを親のように思い，成員どうしはきょうだいであるかのようにふるまう。実際にきょうだいのような呼称を用いることもある。だれかがその「家族」を去るときには，強い悲しみが襲う（Wrong, 1994）。さらに，ある研究では，集団は親のような安心感を与え，また，集団のなかでは，きょうだいと情緒的性質が似ている人と仲よくなることが多いという結果が得られている（Lee & Robbins, 1995）が，こうした事実もフロイトの理論を支持している。ただ，フロイトは，子ども時代の避難所（家族）に帰りたいという欲求を誇張しすぎたきらいはある。

■**社会的孤立**　集団の重要性をよく示しているのは，社会的孤立の研究である。遭難した人や独房に入っている囚人のように，他者から長いあいだ引き離されている人たちは，恐怖感・不眠・記憶障害・抑うつ・疲労・混乱などを訴える。こうした症状は，本人が意図せず孤立した場合のほうが，本人が自発的に孤立した場合よりも強くなる（Suedfeld, 1997）。

■**孤独感**　孤独感の研究もまた集団の重要性をよく示している。心理的な問題を抱えている人たちのあいだでは，孤独感をもつ人が多い。孤独感は「精神病理の風邪」ともよばれている（Meer, 1985. p. 33の中でJonesを引用）。孤独感はとてもつらい体験なので，これからのがれるために専門家に相談にやってくる。抑うつ・不安・人格障害・敵意などがある場合は孤独感があらわれやすい（Jones & Carver, 1991）。孤独感が長く続くと，アルコール乱用・肝硬変・高血圧・心臓病・白血病などの病気にかかりやすくなる（Hojat & Vogel, 1987）。というのも，孤独感は免疫力を低下させるからである。事実，極度に孤独感の強い人は，エプスタインバー・ウイルスに感染しやすくなり，Bリンパ球のレベルが低くなる（Kiecolt-Glaser, Ricker, et al., 1984 ; Kiecolt-Glaser, Speicher, Holliday & Glaser, 1984）。

　孤独感には2つのタイプがあると考えたのはワイスである（Weiss, 1973）。情緒的孤独感と社会的孤独感である。前者は，恋人や配偶者のような親密な接触がないことからくるものであり，後者は，社会的な対人関係が全般的にないことからくるものである（DiTommaso & Spinner, 1997 ; Russell, Cutrona, Rose & Yurko, 1984）。後者の社会的孤独感は，集団とかかわることによって

癒される。孤独感の研究は次のようなことを明らかにしている。友達や家族との関係が強い人は，恋愛関係を必要としないこともある。1人でいることが多い人と多くの集団に属している人を比べると，後者のほうが孤独感が弱い（Rubenstein & Shaver, 1980, 1982）。また，個人のつながりの強い集団に所属する人は孤独感が弱い（Kraus, Davis, Bazzini, Church & Kirchman, 1993；Stokes, 1985）。凝集性や統一性の高い集団の成員も孤独感は弱い（Anderson, & Martin, 1995；Hoyle & Crawford, 1994；Schmidt & Sermat, 1983）。集団に所属しない人と所属している人を比べると，後者の方が身体的にも心理的にも問題が少なく，健康であり，長生きするのである（Stroebe, Stroebe, Abakoumkin & Schut, 1996；Stroebe & Stroebe, 1996；Sugisawa, Liang & Liu, 1994）。

■**凝集性の高い集団**　孤独とは逆に，凝集性の高い集団がかえって健康を妨げることもある。有名なのは「オールド・サージェント（古軍曹）症候群」である（Janis, 1963）。戦闘部隊の凝集性が高いと心理的サポートも得やすくなるが，その一方で，部隊に依存しすぎてしまうために兵士にはいろいろな心理的問題が出てくる。たとえば，戦場で仲間が死んでいくことは大きな苦痛として感じられる。また代わりの隊員が部隊に加わったときに，もともとの隊員は新しい隊員と情緒的つながりを築きたがらなくなる。隊員との別離で味わう痛みを恐れるためであろう。このようにして，古い隊員と新しい隊員はバラバラになってしまう。

集団が害になる例としては，一部の宗教団体をあげることができる。そうした団体では，成員を隔離して，「外界」の人と接触をもたせないようにする（J. P. Elliott, 1993）。外部の人との接触は禁じられたり，せいぜい最低限のつきあいにとどめられたり，あるいは外の人を集団に取り込むために説得したりする場合に限られたりしている（J. P. Elliott, 1993）。外部とのかかわりをもつと，信念がゆらいだり，世界観が変わってしまうからである。集団の規範を破った人に対しては「無視」や「仲間はずれ」といった制裁が加えられ，追放されたり，孤立させられたりする。そうした制裁がいかに人にダメージを与えるかについては，この節の最初にあげた事例が示す通りである。

こうした宗教団体のなかにいる人のアイデンティティは，明確なものではあ

るが，非常に狭いものになる。特に，ある団体に所属することがその人のアイデンティティになっているような場合は，アイデンティティは過度に単純化されたものとなる。したがって，その団体が崩壊したり，団体との関係が悪くなったりすると，いろいろな心理的問題がみられるようになる（Linville, 1985, 1987；Niedenthal, Setterlund & Wherry, 1992)。また団体を脱退すると，信仰崩壊症候群（shattered faith syndrome）を示す人もいる。その症状は，孤独感・慢性的罪悪感・孤立などであり，他者や集団に対して不信感をもつようになったり，親密な関係を結ぶことが不安になったりする（Yao, 1987）。

3 集団とソーシャル・サポート

●事例　リッキーの夫は幼い子ども2人を残して自殺してしまった。その後数か月間，彼女は精神安定剤を使用したが，一向によくならなかった。家族の援助もあるにはあったが，結局，悲しみを乗り越えることはできなかった。しばらくしてリッキーは，10人ほどの未亡人で作っている自助グループに思い切って参加してみた。「わたしが自分自身で生きていくこと，悲しみとともに生きていくこと，また，痛みを乗り越えていくなかで，このグループがどれほど役に立ったかことばで表わすことはできません」とリッキーが話すように，このグループに参加することで彼女は悲しみから抜け出すことができたのである。グループがリッキーに与えたものは，友達と援助，そして話ができる場所であった（Lieberman, 1993, pp. 294-295）。

■**ストレスと集団**　病気や離婚，喪失体験などに直面すると，人は他者とのつながりを求めるようになる。何らかの集団にかかわることで，ストレスのかかった困難な状況に対処しようとする（Dooley & Catalano, 1984）。たとえば大学に入学した学生は，他の学生と積極的に仲間になろうとする（Hays & Oxley, 1986）。重い病気にかかっている人，プライベートな問題を抱える人，仕事上のストレスがある人などは，メンタルヘルスの専門家に相談する前に，まず友達や家族や同僚に対し援助を求めることが多い（Jacobs & Goodman, 1989, Wills & Depaulo, 1991, Caplan, Vinokur, Price & Van Ryn, 1989；Cooper, 1981）。

■ソーシャル・サポートの効果　では，なぜ人は困難な状況に直面すると集団に参加したり，集団を作ろうとするのだろうか？端的にいえば，集団はソーシャル・サポートを提供してくれるからであり，危機的状況に対応するための資源が与えられるからである。つまり，集団は，成員のストレスを緩和することができるのである（Coyne & Downey, 1991；Finch et al., 1997）。具体的には，成員はお互いに誉めあったり，励ましあったり，友情をあらわしたり，相手がかかえる問題に耳を傾けてあげたりすることで「情緒的サポート」を与えあうことができる。また，方向性を示したり，アドバイスをしたり，特定の問題の解決方法を助言したりすることで「情報的サポート」を提供することもできる。実際に何かするのを手伝うこともある。さらにいえば，集団は，所属欲求を満たしてもくれる（Sarason, Pierce & Sarason, 1990）。集団からのサポートによって自分の価値が高く感じられる人もいるし，集団内での役割をきちんとはたしているときに自分の存在価値を感じられるという人もいる（Cutrona & Russell, 1987）。集団からのサポートを得ているという感覚が強いほど，苦痛や抑うつのレベルは低くなる（たとえば，T. Elliott, Marmarosh & Pickelman, 1994）。

　しかし，集団が必ずサポートを与えるというわけでもない。成員をサポートしない集団もある。このような集団はかえって成員の葛藤や責任を増加させ，結果として成員のストレスを増大させてしまう（Hays & Oxley, 1986；Seeman, Seeman & Sayles, 1985）。だが，概して集団はわずらわしいものであることよりも，サポートとなることの方が多い。友人関係や家族関係が親密である人のほうが，1人でいる人よりも健康状態がよい傾向がある。たとえば，他者との関係が親密な人のほうが，身体疾患（肺結核・心疾患など）や精神疾患（うつ病・不安障害など）にかかる率が低い。このことはすべての研究で支持されているわけではないが，7000人を対象にしたある縦断的な研究では，この説を支持する結果が出ている。はじめの調査から9年後，他者とのかかわりが少なかった人の死亡率は，多くのかかわりをもっていた人よりも高いことが示されたのである（Berkman & Syme, 1979）。また，心臓病・脳血管性障害・腎臓病などをもつ人も，定期的に友達や恋人の見舞いを受けていた人のほうが回復が早い。このように，友人のネットワークをもっていると病気からの

回復が早い（Wallston, Alagna, De Vellis & De Vellis, 1983）。ある総説論文は，他者からのサポートを多く受けている人のほうがストレスが少ないと結論している（Barrera, 1986）。

■**ソーシャル・サポートの緩衝効果**　では，ソーシャル・サポートはどんな場面でも同様の効果をもつのだろうか？　ストレスが低い場面でも高い場面でも，ソーシャル・サポートは同じようにストレスのレベルを下げるのだろうか？

答えは否である。ソーシャル・サポートの効果があるのは，ストレスのレベルが高いときであることが知られている。ストレスの高い生活環境におかれると，精神疾患や身体疾患にかかりやすくなるが，集団にはストレスの悪影響を緩和する効果がある（Herbert & Cohen, 1993；Uchino, Cacioppo & Kiecolt-Glaser, 1996；Wills & Cleary, 1996）。ストレスとなるライフ・イベントを回避することはできなかったとしても，集団のストレス緩衝効果のおかげで，集団に所属する人は適応的であることが多い。反対に，集団に所属しない人はストレスに対してネガティブに反応するために，ソーシャル・サポートの代わりにたとえば薬物を使用したりすることもある（Pakier & Wills, 1990）。

この節のはじめにあげた事例のように，配偶者や子どもとの死別といった最悪の状況にある人にとっても，友人や親戚といったネットワークをもっている人は，そうでない人と比べて抑うつの程度が低い（Norris & Murrell, 1990）。

■**自助グループとその効果**　ソーシャル・サポートが最も有効に使われているのは，いわゆる「自助グループ」であろう。自助グループの成員は，同じような問題をかかえており，おもにソーシャル・サポートの交換を目的に集まっている（Jacobs & Goodman, 1989）。自助グループの多くは成員自身により運営されており，メンタルヘルスの専門家が介入していることは少ない。自助グループが他の集団と異なるのは，以下の点である。(a) ある種の規範をもち，グループ外の人に活動の仕方を指示されるのではなく，グループの自主性や自己統制を奨励すること，(b) 治療効果を求めたり，表現の自由を提唱することで民主主義的なプロセスを奨励すること，(c) 同じような問題に直面しているため，成員は類似した問題をかかえていることでつながっていること，(Jacobs & Goodman, 1989. p. 537) (d) 相互的援助（援助しつつ援助されること）を奨

励していること，(e) 費用は最低限しかかからないこと，などである。

　深刻な身体疾患（たとえば，心疾患・ガン・肝疾患・AIDS）や精神疾患などのほとんどすべてについて自助グループがつくられている。また，患者自身の自助グループではないが，慢性疾患の人を介護する人，アルコール依存や物質依存の人の子どもたち，金銭管理や時間管理など生活上のさまざまな問題をかかえる人の自助グループもある。

　心理学者の多くは自助グループをそれほど積極的に利用しようとは考えていない（Jacobs & Goodman, 1989）。さらには，自助グループの価値を誤解し，自助グループを否定的に評価する人もいる。自助グループが心理療法のような効果をもたないというのがその理由である。しかし，自助グループは心理療法にとってかわるものではなく，本来，成員にソーシャル・サポートを提供するものである。ある見積りによれば，現在約7百万人が自助グループに参加していて，グループの数も規模も大きくなっているという。これほど自助グループが成長しているのはなぜだろう。その理由として考えられるのは，家族形態の変化，重大な問題をもってもなお生き続ける人の数の増加，介護者の自信喪失，メンタルヘルスサービスの不足，ソーシャル・サポートにはストレスに対しての緩衝効果があるという情報が社会に広まったこと，テレビのドキュメンタリーの影響などであろう。

4 社会化の主体としての集団

●事例　1976年，デビッド・ムーアはある集団に入会した。その集団のメンバーは，個人の成長や宗教や宇宙旅行に興味があった。メンバーたちと数年にわたり研究を続けるうちに，彼の考えはしだいに奇妙なものになっていった。着る服はいつも黒になり，頭髪を剃り，家族との接触を断ち，さらには彗星は宇宙飛行体だと信じるようになった。そして1997年にはついに，38人のヘブンズゲートのメンバーとともに集団自殺を遂げるにいたった。

■第二次集団と集団規範　　家族や友達，近所づきあいのように小規模な集団

は「第一次集団」とよばれ，比較的強いつながりをもっている。これに対し，より規模が大きく，より格式張った集団を「第二次集団」（または複合集団）とよぶ（Cooley, 1909）。第二次集団は宗教団体や職場，クラブ，地域自治会といったものであり，比較的短期間のもので，あまり情緒的なつながりができないものが多い。しかし，場合によっては，その人に社会のなかでの存在価値を与えるような重要なものもある（Parsons, Bales & Shils, 1953）。

　第一次集団も第二次集団も，その集団のスキルや規範を学習する機会を与える。このプロセスによって，成員は集団の価値観やアイデンティティを獲得し，集団内での社会化が進むのである。

　ほとんどの場合，集団規範は，一般社会の規範と一致しているのでとりたてて問題とはならない。しかし，集団規範が一般社会の規範に反するものであったり，風変わりである場合もある。この一例が，はじめの事例に示したヘブンズゲートのようなカルト集団である。ヘブンズゲートは集団自殺という一般社会の規範に反する行動にでた。他にも，ギャングの世界では暴力が奨励されるし，非行集団では，薬物を使用したり，不法行為を勧めたりする。フラタニティ（友愛会）とよばれるアメリカの男子学生の集まりでは，アルコールの暴飲など，不健康なことが勧められる。職場でも，きわめて高い生産性を求める規準が同僚のあいだで設定されることもある。耐えきれないほどのストレスが生じることが予測されるにもかかわらずである。

　集団規範のために病気が発症する例もある。神経性大食症（多量の食物をむちゃ食いしたあと，自分の意志で吐いたり，下剤を使うなどの方法により，食べたものを排出することをくり返す障害）はれっきとした摂食障害なのであるが，ある集団では正常なものとされて奨励される（Crandall, 1988）。チアリーダーやモデル，ダンサー，女性運動選手，ソロリティ（アメリカの女子大学生の集団）などの集団では，こういった食行動を，体重コントロールの手段として正常なものとしているのである。実際，ソロリティのなかで人気者であったのは，大食行動をとっていた学生であったし，そういう学生につられてか，はじめは大食をしなかったメンバーも，しだいに大食をするようになっていった。このように，一般社会のなかで受け入れられない規範も，ある集団のなかでは積極的に受け入れられる場合もある。

■**集団規範とコミュニケーション**　このような集団独自の規範は，どのように成員に影響を与えるのだろうか？集団は，成員の意見や意志決定に影響力をもつので，集団の規範は容易にその成員のなかに入り込む（Forsyth, 1990）。たとえば，世の中のすべてをUFOによって説明する集団にずっと入っていると，成員はすべてをUFOで説明するようになる。一般常識とは異なる集団規範でも，その集団内では受け入れられるものもある。成員が，自分の行動を集団規範に合うようにコントロールするときに，集団の規範的影響が発生するのである。

集団のもつこの影響力が，宗教，経済，道徳，政治，人間関係といったことへの信念や，その世代間伝達を説明するといえるだろう。集団内で起こる対人関係的影響は比較的まれであるが，これは個人が集団の規範に反した行動をとったときに使われる。規範に反した人は，他の成員に非難されたり，仲間はずれにされたりすることになる。

集団は程度の差こそあれ，排他性をもっている。成員はその集団に所属していることで，何らかのアイデンティティの感覚を得ることができる。それゆえ，さまざまな集団，たとえば軍隊や非行集団，大学内での学生集団，宗教団体などにおいて，集団の影響（情報による影響・規範的影響・対人関係的影響）が比較的容易に広がることとなる。

コミュニケーションについても，成員と非成員とでは異なった方法をとることで，排他性を際だたせることがある。どこまでが集団で，どこからがそれ以外のものなのかという境界線をサインやシンボルを使って表わし，非言語的方法でコミュニケーションを行なうのである。たとえば，着るものや身だしなみの特徴は，ある程度集団によって規定されていて，それにより集団の排他性やアイデンティティや価値観が維持強化されているのである。

成員はその集団のなかだけで通じるような言語を使用することもある（Montgomery, 1989）。また，言語はコミュニケーションの方法と考えられるのがふつうだが，特殊用語が使われると，それは集団の排他性を高めたり，集団とそれ以外のものとの境界を明確にする機能をはたす（J. P. Elliott, 1993, p. 3.）。「自分たちには論証的能力があるが，それ以外の人たちには論証的能力がない」という感覚を与え，成員の気分を高める効果がある。

■**集団規範と個人**　集団の成員は集団の規範に従う。集団の側も，友好的な関係，協調性，集団の原理の完全受容などを奨励する。これはポジティブな効果をもつ場合と，ネガティブな効果をもつ場合がある。前者についていうと，たとえば，教会に定期的に通っている人たちは，教会に行っていない人とくらべて，保守的で，従順で，静かで，問題行動が少ないという特徴がある（Spilka, Hood & Gorsuch, 1985）。一方，ネガティブな効果もある。集団の規範に従うことを強要し，個人の表現を抑圧してしまうこともある。たとえば，成員に対する要求が多い宗教団体では，参加の程度が増すごとに，集団により奨励されている方向に成員のパーソナリティは変わっていく（Yeakley, 1988）。ほかの集団に関する研究でも同じようなことが示されている。その特徴は，(a) 高い凝集性があること，(b) 集団の原理を公言すること，(c) 異議を唱える者に圧力をかけること，(d) 集団の理想に反する者を仲間はずれにしたり制裁を加えること，(e) 理想にそって行動する者に高い報酬を与えること，などである（Gallanter, 1989）。

5 集団ヒステリー

●**事例**　イリノイ州マトゥーンの住民は，謎のガスを撒く人がいると信じた。ある女性は，だれかが自分の寝室に毒ガスを噴射したと報告した。これを受けて，地元新聞は「麻酔魔あらわる！」と書いた。警察に多くの情報が寄せられたが，容疑者らしき人物はみつからなかった。結局，町全体が軽い集団ヒステリーをおこしていたということでおさまった（Johnson, 1945）。

これまでに述べたように，集団は，情緒的サポート・対人的サポート・情報的サポートの安定した供給源であり，個人に対してポジティブに働くことが多い。集団は所属欲求を満たし，ストレスにさらされているときや外傷的体験のあとにはソーシャル・サポートを供給する。また，成員がどうしたらいいかわからないような曖昧な状況にあるとき，他の成員と比較したり（Festinger, 1954），他の成員の意見を参考にする（Goethals & Darley, 1987；Wills, 1991）。

■**集団ヒステリー**　一方，集団にはネガティブな側面もある。集団は，情緒的・対人的・情報的な混乱の源ともなりうる。その一例が集団ヒステリーである。成員間のコミュニケーションのなかで，精神病のような症状（たとえば，幻覚・妄想や奇異な行動など）が爆発的に広がったりすることがある（Pennebaker, 1982；Phoon, 1982）。たとえば，1962年6月，ある洋服工場で，吐き気や痛み，めまい感，筋力低下などを訴え，倒れたり，失神した人もいた。外国からの荷物に入っていた「虫」がこうした症状を起こしたという噂がすぐに広まった。工場主はこの虫を駆除しようと懸命に探したが，発見されなかった。専門家たちは「6月虫事件」とよび，集団ヒステリーによるものと結論した（Kerckhoff & Back, 1968；Kerckhoff, Back & Miller, 1965）。また，1974年には，アメリカ南西部にある洋服工場で，工具の3分の1が吐き気やめまいや失神を訴えた。職業安全調査委員会が調査をおこなったが，有害な物質などは見つからず，結局は，ストレスや不安などの心理的な原因によるものと結論した（Colligan & Murphy, 1982, p. 34）。

　このような心因性の伝染病は，はっきりと記録に残らないので裏づけることはむずかしいが，けっしてまれではない。コリガンらは，こうした「病原を同定することができない身体症状」の調査をして，23件をまとめて報告している（Colligan & Murphy, 1982, p. 35）。合わせると1200人以上が被害者として巻き込まれていた。訴えられる症状は，頭痛・吐き気・めまい・ふらつきといった不安・パニック・ストレス関連の症状であることが多かった。1200人のなかには，変化の少ないくり返しの作業をする女性が多かった。さらに，症状は友達のネットワークを伝って広がることが多かった。

■**集団ヒステリーは予防できるか**　ではこのような心因性の伝染病をどのように防止したらよいのだろうか？情報の乏しさを理由にコメントを避ける専門家も多いが，ある専門家によると，身体的病因がみつからないとわかった時点でできるだけ早く，その病気が何らかの身体的なものからきているのではなく，ストレスが原因であると患者に伝えるべきだという。さらに，このような状態を生む原因となっている環境要因を取り除くことも重要である。こうした従業員は，大きなストレスの下で働いていたり，残業中だったり，生産性向上というプレッシャーを与えられていたりすることが多い。また，いろいろなストレ

ストも関係がある。たとえば、労使関係の悪さ、騒音、照明の悪さ、チリや悪臭、化学薬品にさらされていることといったストレスである。ここから考えると、心因性の伝染病は、職場環境を改善することによって防げるだろう（Colligan, Pennebaker & Murphy, 1982）。

6 社会的アイデンティティと自尊心

●事例　アフリカ系アメリカ人のRは、ハーレムでの暴動がおこっていたときに、そのどさくさにまぎれて3人の友人とともに店に盗みに入り、暴行を働き、店のなかのものを破壊した。Rは自分のしたことが悪いことであるとは思っておらず、彼の面接を担当した人たちによると、「Rは自己顕示性が強く、妄想的・反抗的で、感情面の問題がある。白人社会の中にあって、Rはマイノリティとしてネガティブな経験をしており、そうした体験から自尊心を守るために、このようなパーソナリティになってしまった」と報告した（Clark & Barker, 1945）。

■**集団とアイデンティティ**　社会的アイデンティティ理論によると、集団と同一化することによって、その集団の特徴を身につける。フロイト（1922）は、子どもは親と自分を同一化することで、親との親密なつながりを作り、親を模倣するといったが、同じようなことが個人と集団のあいだにもおこる。人がある集団に所属しているという強い感覚をもつとき、自己概念の変化がおこる（Tajfel, 1981 ; Turner, 1981）。社会的アイデンティティを形成しているのは、家族や仲間、職場の同僚、近所づきあい、民族、町、地域、国といった集団の体験である。

　集団に同一化した人たちは、所属感が強く、プライドが高いことが多い。このような人たちの特徴は、集団の活動への関与度が高く、集団の目的をはたすためなら労力を惜しまないことである（Abrams, 1992 ; Deaux, 1996）。しかし、過度に同一化した場合は、ステレオタイプ的な自己観をもつようになり、実際は集団の特徴であるのに、それがあたかも自分の特徴であると誤解することにもなる（Biernat, Vescio & Green, 1996）。

■**自尊心と社会的アイデンティティ**　集団に同一化することは，個人の自尊心にどのような影響を与えるだろうか。社会的に評判のいい集団に所属している人は，偏見をもたれている集団の人たちとくらべて，自尊心が高い傾向にある（Rosenberg, 1979）。たとえば，有名な集団に所属している高校生は，自分自身や所属集団に対して高い満足感を示すのに対して，集団に入りたいのに入れない人は，強い不満感を示す（Brown & Lohr, 1987）。さらに，高校生のときに有名な集団に所属していた人たちは将来も高い自尊心をもち続けている（Wright & Forsyth, 1997）。よくあることだが，応援しているチームの勝敗によって，ファンの気分は変わる。応援しているチームが負けると，落ち込んでしまい自己評価も下がるが，チームが勝つと自己評価もあがる（Hirt, Zillmann, Erickson & Kennedy, 1992）。また，集団の自尊心が高いと，成員の自尊心も高くなる（Crocker & Luhtanen, 1990；Crocker, Luhtanen, Blaine & Broadnax, 1994；Luhtanen & Crocker, 1992）。

■**否定的ラベルの否定と自尊心**　社会的によい評価を受けている集団に所属していると，成員の自尊心が高まるのはわかる。しかし，社会的に低い評価しか受けていない集団に所属していても，自尊心が高いことがある。これはいったいどのようなメカニズムでおこるのだろうか？クロッカーらによると，偏見をもたれている集団に属している人たちは，外部から集団に貼りつけられているラベルを否定することによって，自分たちの集団イメージを守ろうとするのである（Crocker & Major, 1989）。たとえば，ステイガーらの研究によると，学習障害をもつ青年の中で，学習障害という偏見を否定していた人は高い自尊心をもっていた（Stager, Chassin & Young, 1983）。また，犯罪を犯して収容されている少年を調べると，非行というラベルを否定している人のほうが，そうでない者よりも自尊心が高かった（Chassin & Stager, 1984）。さらに，少数民族に属している人のなかでも，多数民族が自分たちに対してもっている否定的なステレオタイプを受け入れていない人たちは，自尊心が高い傾向にあった。たとえば，クロッカーらの研究によると，イギリス系アメリカ人よりも，アフリカ系アメリカ人のほうが，人種についての自尊心が高い傾向にあった。アフリカ系アメリカ人は，自分たちは他集団から尊敬されていないと感じている（Crocker et al., 1994. p. 503.）。このような外からのネガティブなラベルを否定す

ることによって，自尊心は高まるようである。外からネガティブなラベルを貼られることは，一見すると，自己卑下や集団アイデンティティの喪失などがおこるように思える（T. Elliott & Sherwin, 1997）が，そうではないようである。

社会的アイデンティティには望ましくない面もある。たとえば，他の集団に属する人を軽蔑するようなこともおこる。社会的アイデンティティとは，「われわれ」と「彼ら」の境界線を引いてカテゴリーに分けることであり，対立の種をまくことにもなる（Tajfel & Turner, 1986）。「人が何かの集団に属しているという知覚そのものが，集団間の差別を生むきっかけになる」（Tajfel & Turner, 1986. p. 13）。このように，集団は成員の自尊心を高める一方で，外の集団に所属する人に対する敵意を生む。

7 集団の重要性

ここまで述べてきたように，集団には個人のメンタルヘルスを支える面と，悪化させる面がある。支える面とは，孤独感を感じないですむことや，ソーシャル・サポートをもたらすことである。また，集団は，人が社会化する際の主体としての役割も担っており，価値観や態度・役割・活動・行動スキルなどを成員に提供する。さらには，集団は成員のアイデンティティや自尊心の発達にも直接的な影響を与えている。

反対に，メンタルヘルスを悪化させる面とは，成員に大きな犠牲を求めること，成員が集団の活動に過度にのめり込んでしまうこと，ソーシャル・サポートがストレスになってしまうことなどがあげられる。さらに，集団のなかでおこる社会化が不健康なものであったり，社会的アイデンティティが集団間の対立のもとになってしまったりする。

このように，集団が個人のメンタルヘルスに及ぼす影響は，ポジティブな面とネガティブな面があり，かなり複雑である。しかし，いずれにせよ，集団が個人のメンタルヘルスに影響を及ぼすということは確かな事実である。

社会心理学者や臨床心理学者は，近年，集団の重要性について注目するよう

になってきた。社会心理学者は，適応・不適応を決めるのは人間関係であると考えるので，特に集団内の人間関係を重視する。研究の焦点は，個人レベルでおこることよりも，集団レベルでおこることの方に焦点が移ってきている。

　一方，臨床の場では，医療システムの変化に伴い，集団を利用して治療効果をあげることに注目が集まっている。グループ・ダイナミックスの研究者と，集団心理療法をおこなう臨床心理学者は，共通して，集団のもつ影響力に注目している。つまり，いろいろな特徴をもつ人々が，集団の成員になると，共通の特徴をもつようになり，大きく変化していく。これまで述べてきたように，「集団の特性はそれを構成する部分の総和を超える」のであり，「集団は実在し」，「集団に属している人を変化させるほうが，1人でいる人を変えることよりも容易である」。社会心理学者も臨床心理学者もこうした前提には賛成するだろう。これからは，社会心理学者と臨床心理学者は協力すべきである。両者が協力して，集団の基本問題を研究し，集団とメンタルヘルスや心理的幸福の関係を調べ実践に役立たせるべきであろう。

引用文献

Abrams, D. (1992). Processes of social identification. In G. M. Breakwell (Ed.), *Social psychology of identity and self-concept* (pp. 57-99). New York: Surrey University Press.

Allport, F. H. (1924). *Social psychology*. Boston: Houghton Mifflin.

Allport, F. H. (1962). A structuronomic conception of behavior: Individual and collective. I: Structural theory and the master problem of social psychology. *Journal of Abnormal and Social Psychology, 64,* 3-30.

Anderson, C. M., & Martin, M. M. (1995). The effects of communication motives, interaction involvement, and loneliness on satisfaction: A model of small groups. *Small Group Research, 26,* 118-137.

Barrera, M., Jr. (1986). Distinctions between social support concepts, measures, and models. *American Journal of Community Psychology, 14,* 413-422.

Baumeister, R. F., & Leary, M. R. (1995). The need to belong: Desire for interpersonal attachments as a fundamental human motivation. *Psychological Bulletin, 117,* 497-529.

Berkman, L. F., & Syme, S. L. (1979). Social networks, host resistance, and mortality: A nine-year followup study of Alameda County residents. *American*

Journal of Epidemiology, 109, 186–204.

Biernat, M., Vescio, T. K., & Green, M. L. (1996). Selective self-stereotyping. Journal of Personality and Social Psychology, 71, 1194–1209.

Brewer, M. B., Weber, J. G., & Carini, B. (1995). Person memory in intergroup contexts: Categorization versus individuation. Journal of Personality and Social Psychology, 69, 29–40.

Brown, B. B., & Lohr, M. J. (1987). Peer group affiliation and adolescent self-esteem: An integration of ego-identity and symbolic-interaction theories. Journal of Personality and Social Psychology, 52, 47–55.

Campbell, D. T. (1958). Common fate, similarity, and other indices of the status of aggregates of persons as social entities. Behavioral Science, 3, 14–25.

Caplan, R. D., Vinokur, A. D., Price, R. H., & Van Ryn, M. (1989). Job seeking, reemployment, and mental health: A randomized field experiment in coping with job loss. Journal of Applied Psychology, 74, 759–769.

Chassin, L., & Stager, S. F. (1984). Determinants of self-esteem among incarcerated delinquents. Social Psychology Quarterly, 47, 382–390.

Clark, K. B., & Barker, J. (1945). The zoot effect in personality: A race riot participant. Journal of Abnormal and Social Psychology, 40, 143–148.

Colligan, M. J., & Murphy, L. R. (1982). A review of mass psychogenic illness in work settings. In M. J. Colligan, J. W. Pennebaker, & L. R. Murphy (Eds.), Mass psychogenic illness: A social psychological analysis (pp. 35–52). Hillsdale, NJ: Erlbaum.

Colligan, M. J., Pennebaker, J. W., & Murphy, L. R. (Eds.). (1982). Mass psychogenic illness: A social psychological analysis. Hillsdale, NJ: Erlbaum.

▶ Cooley, C. H. (1909). Social organization. New York: Scribner.

Cooper, C. L. (1981). Social support at work and stress management. Small Group Behavior, 12, 285–297.

Coyne, J. C., & Downey, G. (1991). Social factors and psychopathology: Stress, social support, and coping processes. Annual Review of Psychology, 42, 401–425.

Crandall, C. S. (1988). Social contagion of binge eating. Journal of Personality and Social Psychology, 55, 588–598.

Crocker, J., & Luhtanen, R. (1990). Collective self-esteem and ingroup bias. Journal of Personality and Social Psychology, 58, 60–67.

Crocker, J., Luhtanen, R., Blaine, B., & Broadnax, S. (1994). Collective self-esteem and psychological well-being among White, Black, and Asian college students. Personality and Social Psychology Bulletin, 20, 503–513.

Crocker, J., & Major, B. (1989). Social stigma and self-esteem: The self-protective properties of stigma. *Psychological Review, 96*, 608–630.

Cutrona, C., & Russell, D. (1987). The provisions of social relationships and adaptation to stress. In W. H. Jones & D. Perlman (Eds.), *Advances in personal relationships* (Vol. 1, pp. 37–67). Greenwich, CT: JAI Press.

Deaux, K. (1996). Social identification. In E. T. Higgins & A. W. Kruglanski (Eds.), *Social psychology: Handbook of basic principles* (pp. 777–798). New York: Guilford Press.

DiTommaso, E., & Spinner, B. (1997). Social and emotional loneliness: A reexamination of Weiss' typology of loneliness. *Personality and Individual Differences, 22*, 417–427.

Dooley, D., & Catalano, R. (1984). The epidemiology of economic stress. *American Journal of Community Psychology, 12*, 387–409.

▶ Durkheim, E. (1966). *Suicide*. New York: Free Press. (Original work published 1897)

Elliott, J. P. (1993). Language and diversity at the Kingdom Hall: The discursive strategies of the Watchtower Society. *Excursus: A Review of Religious Studies, 6*, 3–13.

Elliott, T., Marmarosh, C., & Pickelman, H. (1994). Negative affectivity, social support, and the prediction of distress and depression. *Journal of Personality, 62*, 299–319.

Elliott, T., & Sherwin, E. (1997). Developing hope in the social context: Alternative perspectives of motive, meaning, and identity. *Group Dynamics: Theory, Research, and Practice, 1*, 119–123.

Festinger, L. (1954). A theory of social comparison processes. *Human Relations, 7*, 117–140.

Finch, J. F., Barrera, M., Jr., Okun, M. A., Brant, W. H. M., Pool, G. J., & Snow-Turek, A. L. (1997). The factor structure of received social support: Dimensionality and the prediction of depression and life satisfaction. *Journal of Social and Clinical Psychology, 16*, 323–342.

Forsyth, D. R. (1990). *Group dynamics*. Pacific Grove, CA: Brooks/Cole.

Forsyth, D. R. (1991). Change in therapeutic groups. In C. R. Snyder & D. R. Forsyth (Eds.), *Handbook in social and clinical psychology: The health perspective* (pp. 664–680). Elmsford, NY: Pergamon Press.

Forsyth, D. R., & Leary, M. R. (1991). Metatheoretical and epistemological issues. In C. R. Snyder & D. R. Forsyth (Eds.), *Handbook of social and clinical psychology: The health perspective* (pp. 757–773). Elmsford, NY: Pergamon Press.

Freud, S. (1922). *Group psychology and the analysis of the ego* (J. Strachey, Trans.).

London: Hogarth.

Gallanter, M. (1989). *Cults*. New York: Oxford University Press.

Goethals, G. R., & Darley, J. M. (1987). Social comparison theory: Self-evaluation and group life. In B. Mullen & G. R. Goethals (Eds.), *Theories of group behavior* (pp. 21–47). New York: Springer-Verlag.

Hays, R. B., & Oxley, D. (1986). Social network development and functioning during a life transition. *Journal of Personality and Social Psychology, 50*, 304–313.

Herbert, T. B., & Cohen, S. (1993). Stress and immunity in humans: A meta-analytic review. *Psychosomatic Medicine, 55*, 364–379.

Hilton, J. L., & von Hippel, W. (1990). The role of consistency in the judgment of stereotype-relevant behaviors. *Personality and Social Psychology Bulletin, 16*, 430–448.

Hirt, E. R., Zillmann, D., Erickson, G. A., & Kennedy, C. (1992). Costs and benefits of allegiance: Changes in fans' self-ascribed competencies after team victory versus defeat. *Journal of Personality and Social Psychology, 63*, 724–738.

Hogg, M. A. (1992). *The social psychology of group cohesiveness: From attraction to social identity*. New York: New York University Press.

Hojat, M., & Vogel, W. H. (1987). Socioemotional bonding and neurobiochemistry. *Journal of Social Behavior and Personality, 2*, 135–144.

Hoyle, R. H., & Crawford, A. M. (1994). Use of individual-level data to investigate group phenomena: Issues and strategies. *Small Group Behavior, 25*, 464–485.

Jacobs, M. K., & Goodman, G. (1989). Psychology and self-help groups: Predictions on a partnership. *American Psychologist, 44*, 536–545.

Janis, I. L. (1963). Group identification under conditions of external danger. *British Journal of Medical Psychology, 36*, 227–238.

Johnson, D. M. (1945). The "phantom anesthetist" of Mattoon: A field study of mass hysteria. *Journal of Abnormal and Social Psychology, 40*, 175–187.

Jones, W. H., & Carver, M. D. (1991). Adjustment and coping implications of loneliness. In C. R. Snyder & D. R. Forsyth (Eds.), *Handbook of social and clinical psychology: The health perspective* (pp. 395–415). Elmsford, NY: Pergamon Press.

Kerckhoff, A. C., & Back, K. W. (1968). *The June bug: A study of hysterical contagion*. New York: Appleton-Century-Crofts.

Kerckhoff, A. C., Back, K. W., & Miller, N. (1965). Sociometric patterns in hysterical contagion. *Sociometry, 28*, 2–15.

Kiecolt-Glaser, J. K., Ricker, D., Messick, G., Speicher, C., Holliday, J., Garner, W., & Glaser, R. (1984). Urinary cortisol levels, cellular immunocompetency, and loneliness in psychiatric inpatients. *Psychosomatic Medicine, 46*, 15–24.

Kiecolt-Glaser, J. K., Speicher, C. E., Holliday, J. E., & Glaser, R. (1984). Stress and the transformation of lymphocytes by Epstein–Barr virus. *Journal of Behavioral Medicine, 7*, 1–11.

▶ Kohut, H. (1984). *How does analysis cure?* Chicago: University of Chicago Press.

Kraus, L. A., Davis, M. H., Bazzini, D. G., Church, M., & Kirchman, M. M. (1993). Personal and social influences on loneliness: The mediating effect of social provisions. *Social Psychology Quarterly, 56*, 37–53.

Le Bon, G. (1960). *The crowd.* New York: Viking Press. (Original work published 1895)

Lee, R. M., & Robbins, S. B. (1995). Measuring belongingness: The Social Connectedness and the Social Assurance Scales. *Journal of Counseling Psychology, 42*, 232–241.

Levine, J. M., & Moreland, R. L. (1992). Small groups and mental health. In D. N. Ruble, P. R. Costanzo, & M. E. Oliveri (Eds.), *The social psychology of mental health* (pp. 126–165). New York: Guilford Press.

▶ Lewin, K. (1936). *A dynamic theory of personality.* New York: McGraw-Hill.

Lewin, K. (1951). *Field theory in social science.* New York: Harper.

Lieberman, M. A. (1993). Self-help groups. In H. I. Kaplan & M. J. Sadock (Eds.), *Comprehensive group psychotherapy* (3rd ed., pp. 292–304). Baltimore: Williams & Wilkins.

Linville, P. W. (1985). Self-complexity and affective extremity: Don't put all of your eggs in one cognitive basket. *Social Cognition, 3*, 94–120.

Linville, P. W. (1987). Self-complexity as a cognitive buffer against stress-related depression and illness. *Journal of Personality and Social Psychology, 52*, 663–676.

Luhtanen, R., & Crocker, J. (1992). A collective self-esteem scale: Self-evaluation of one's social identity. *Personality and Social Psychology Bulletin, 18*, 302–318.

McConnell, A. R., Sherman, S. J., & Hamilton, D. L. (1994a). Illusory correlation in the perception of groups: An extension of the distinctiveness-based account. *Journal of Personality and Social Psychology, 67*, 414–429.

McConnell, A. R., Sherman, S. J., & Hamilton, D. L. (1994b). On-line and memory-based aspects of individual and group target judgments. *Journal of Personality and Social Psychology, 67*, 173–185.

McDougall, W. (1908). *Introduction to social psychology.* London: Methuen.

Meer, J. (1985, July). Loneliness. *Psychology Today*, pp. 28–33.

Milgram, S. (1963). Behavioral study of obedience. *Journal of Abnormal and Social Psychology, 67*, 371–378.

Montgomery, S. L. (1989). The cult of jargon: Reflections on language in science. *Science as Culture, 6*, 46–55.

Moreno, J. L. (1932). *Who shall survive?* Washington, DC: Nervous and Mental Disease.

Newcomb, T. M. (1943). *Personality and social change*. New York: Dryden.

Niedenthal, P. M., Setterlund, M. B., & Wherry, M. B. (1992). Possible self-complexity and affective reactions to goal-relevant evaluation. *Journal of Personality and Social Psychology, 63*, 5–16.

Norris, F. H., & Murrell, S. A. (1990). Social support, life events, and stress as modifiers of adjustment to bereavement by older adults. *Psychology and Aging, 5*, 429–436.

Pakier, A., & Wills, T. A. (1990, August). *Life stress and social support predict illicit drug use among methadone clients*. Paper presented at the 98th Annual Convention of the American Psychological Association, Boston, MA.

Parsons, T., Bales, R. F., & Shils, E. (1953). *Working papers in the theory of action*. New York: Free Press.

Pemberton, M. B., Insko, C. A., & Schopler, J. (1996). Memory for and experience of differential competitive behavior of individuals and groups. *Journal of Personality and Social Psychology, 71*, 953–966.

Pennebaker, J. W. (1982). Social and perceptual factors affecting symptom reporting and mass psychogenic illness. In M. J. Colligan, J. W. Pennebaker, & L. R. Murphy (Eds.), *Mass psychogenic illness: A social psychological analysis* (pp. 139–153). Hillsdale, NJ: Erlbaum.

Phoon, W. H. (1982). Outbreaks of mass hysteria at workplaces in Singapore: Some patterns and modes of presentation. In M. J. Colligan, J. W. Pennebaker, & L. R. Murphy (Eds.), *Mass psychogenic illness: A social psychological analysis* (pp. 21–31). Hillsdale, NJ: Erlbaum.

Pratt, J. H. (1922). The principle of class treatment and their application to various chronic diseases. *Hospital Social Services, 6*, 401–417.

Rosenberg, M. (1979). *Conceiving the self*. New York: Basic Books.

Rubenstein, C. M., & Shaver, P. (1980). Loneliness in two northeastern cities. In J. Hartog, J. R. Audy, & Y. A. Cohen (Eds.), *The anatomy of loneliness* (pp. 319–337). Madison, CT: International Universities Press.

Rubenstein, C. M., & Shaver, P. (1982). The experience of loneliness. In L. A. Peplau & D. Perlman (Eds.), *Loneliness: A sourcebook of current theory, re-*

search, and therapy (pp. 206–223). New York: Wiley Interscience.

Russell, D., Cutrona, C. E., Rose, J., & Yurko, K. (1984). Social and emotional loneliness: An examination of Weiss's typology of loneliness. *Journal of Personality and Social Psychology, 46,* 1313–1321.

Sandelands, L., & St. Clair, L. (1993). Toward an empirical concept of group. *Journal for the Theory of Social Behaviour, 23,* 423–458.

Sarason, I. G., Pierce, G. R., & Sarason, B. R. (1990). Social support and interactional processes: A triadic hypothesis. *Journal of Social and Personal Relationships, 7,* 495–506.

Schmidt, N., & Sermat, V. (1983). Measuring loneliness in different relationships. *Journal of Personality and Social Psychology, 44,* 1038–1047.

Seeman, M., Seeman, T., & Sayles, M. (1985). Social networks and health status: A longitudinal analysis. *Social Psychology Quarterly, 48,* 237–248.

Spilka, B., Hood, R. W., & Gorsuch, R. L. (1985). *The psychology of religion: An empirical approach.* Englewood Cliffs, NJ: Prentice Hall.

Stager, S. F., Chassin, L., & Young, R. D. (1983). Determinants of self-esteem among labeled adolescents. *Social Psychology Quarterly, 46,* 3–10.

Steinberg, R. (1975). *Man and the organization.* New York: Time-Life Books.

Stokes, J. P. (1985). The relation of social network and individual difference variables to loneliness. *Journal of Personality and Social Psychology, 48,* 981–990.

▶ Storr, A. (1988). *Solitude: A return to the self.* New York: Free Press.

Stroebe, W., & Stroebe, M. (1996). The social psychology of social support. In E. T. Higgins & A. W. Kruglanski (Eds.), *Social psychology: Handbook of basic principles* (pp. 597–621). New York: Guilford Press.

Stroebe, W., Stroebe, M., Abakoumkin, G., & Schut, H. (1996). The role of loneliness and social support in adjustment to loss: A test of attachment versus stress theory. *Journal of Personality and Social Psychology, 70,* 1241–1249.

Suedfeld, P. (1997). The social psychology of "invictus": Conceptual and methodological approaches to indomitability. In C. McGarty & S. A. Haslam (Eds.), *The message of social psychology* (pp. 328–341). Cambridge, MA: Blackwell.

Sugisawa, H., Liang, J., & Liu, X. (1994). Social networks, social support, and mortality among older people in Japan. *Journal of Gerontology, 49,* 3–13.

Tajfel, H. (1981). *Human groups and social categories.* Cambridge, England: Cambridge University Press.

Tajfel, H., & Turner, J. C. (1986). The social identity theory of intergroup behavior. In S. Worchel & W. G. Austin (Eds.), *Psychology of intergroup relations* (2nd ed., pp. 7–24). Chicago: Nelson-Hall.

Triplett, N. (1898). The dynamogenic factors in pacemaking and competition. *American Journal of Psychology, 9*, 507–533.

Turner, J. C. (1981). The experimental social psychology of intergroup behavior. In J. C. Turner & H. Giles (Eds.), *Intergroup behavior* (pp. 144–167). Oxford, England: Blackwell.

Uchino, B. N., Cacioppo, J. T., & Kiecolt-Glaser, J. K. (1996). The relationship between social support and physiological processes: A review with emphasis on underlying mechanisms and implications for health. *Psychological Bulletin, 119*, 488–531.

Urban, H. B. (1983). Phenomenological-humanistic approaches. In M. Hersen, A. E. Kazdin, & A. S. Bellack (Eds.), *The clinical psychology handbook* (pp. 155–175). Elmsford, NY: Pergamon Press.

Wallston, B. S., Alagna, S. W., DeVellis, B. M., & DeVellis, R. F. (1983). Social support and physical health. *Health Psychology, 2*, 367–391.

Weiss, R. S. (1973). *Loneliness: The experience of emotional and social isolation.* Cambridge, MA: MIT Press.

Wills, T. A. (1991). Social comparison in coping and health. In C. R. Snyder & D. R. Forsyth (Eds.), *Handbook of social and clinical psychology: The health perspective* (pp. 376–394). Elmsford, NY: Pergamon Press.

Wills, T. A., & Cleary, S. D. (1996). How are social support effects mediated? A test with parental support and adolescent substance use. *Journal of Personality and Social Psychology, 71*, 937–952.

Wills, T. A., & DePaulo, B. M. (1991). Interpersonal analysis of the help-seeking process. In C. R. Snyder & D. R. Forsyth (Eds.), *Handbook of social and clinical psychology: The health perspective* (pp. 350–375). Elmsford, NY: Pergamon Press.

Wright, S. S., & Forsyth, D. R. (1997). Group membership and collective identity: Consequences for self-esteem. *Journal of Social and Clinical Psychology, 16*, 43–56.

Wrong, D. H. (1994). *The problem of order: What unites and divides society.* New York: Free Press.

Yao, R. (1987). *An introduction to fundamentalists anonymous.* New York: Fundamentalists Anonymous.

Yeakley, F. R. (1988). *The discipling dilemma.* Nashville, TN: Gospel Advocate.

13章
社会−臨床心理学の過去・現在・未来

J. H. ハーベイ, J. オマーズ, & B. E. パウエルズ

対人関係を自覚している人ほど心理的には健康である（Sullivan, 1953, p. 26）

　この20年で社会心理学と臨床心理学の境界領域（インターフェイス）が新しく育ってきた。本章ではこの歩みをふりかえってみたい。この領域はいろいろな呼び方がある（【訳者注】参照）。社会心理学の中には，社会レベル，集団のレベル，パーソ

【訳者注】
　本文に基づいて社会−臨床心理学の領域をあらわすと，下図のようになる。なお，臨床心理学とカウンセリング心理学の区別についていうと，アメリカでは，臨床心理学は博士課程のコースであり，カウンセリング心理学は修士課程までのコースである州が多い。

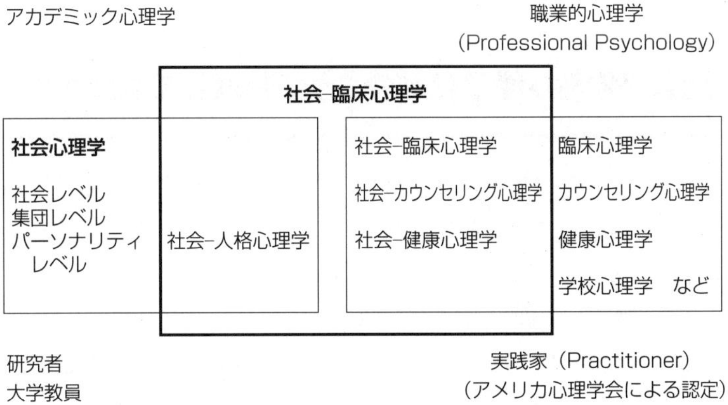

アカデミック心理学		職業的心理学 (Professional Psychology)
	社会−臨床心理学	
社会心理学 社会レベル 集団レベル パーソナリティ レベル	社会−臨床心理学 社会−カウンセリング心理学 社会−健康心理学 社会−人格心理学	臨床心理学 カウンセリング心理学 健康心理学 学校心理学　など
研究者 大学教員		実践家 (Practitioner) (アメリカ心理学会による認定)

図13-1　社会−臨床心理学の領域

ナリティのレベルなどがあるが，そのうちのパーソナリティ・レベルの領域から，「社会-人格心理学」が育ってきた。一方，職業的心理学の中には，臨床心理学，カウンセリング心理学，健康心理学などがあるが，これらの中から，新しく「社会-臨床心理学」とか「社会-カウンセリング心理学」とか「社会-健康心理学」などが育ってきたのである。こうした「社会〜」という領域を総称して，ここでは「社会-臨床心理学」とよんでおくことにしたい。

この本のテーマは，感情的問題や行動的問題について，社会心理学から考えてみることであった。なぜ感情的問題や行動的問題を理解するのに社会心理学は役に立つのだろうか？　その答えは，第一に，感情的問題や行動的問題は，対人関係としての側面をもっているからである。第二に，社会心理学は活気があり，いろいろな理論がそろっているし，研究もさかんであるからである。本章ではこうした点について考えてみたい。

また，本章では社会-臨床心理学を大学院でどのように教えるかについて考えてみたい。著者らは，20年前にもこの問題について考え（Harvey & Weary, 1979），最近もこの問題に取り組んだ（Harvey & Stein, 1995）。社会-臨床心理学はこれほど活気があるのに，大学院での教育は低調である。

さらに，社会-臨床心理学における研究方法の問題点と，新しい研究トピックについて考えてみることにしたい。

1　社会-臨床心理学はどのように発展してきたか？

社会-臨床心理学の始まりは，1921年，異常・社会心理学雑誌（Journal of Abnormal and Social Psychology）の創刊にさかのぼる。この専門誌は，1906年に創刊された異常心理学雑誌（Journal of Abnormal Psychology）がもとになっている。それを，1921年に，モートン・プリンスとフロイド・オールポートが，異常・社会心理学雑誌という名前に変えたのである。「社会」ということばを用いたのは，異常心理学や心理療法において，対人関係が大きな役割をはたしていることを示したかったからである。つまり，異常心理学の研究が進

むにつれて，異常心理には対人関係が大きな役割をはたしていることがわかってきたのである。一方，社会心理学の方でも，異常心理を研究することで，対人行動の基礎研究が進むことがわかってきた（Hill & Weary, 1983）。こうして，社会-臨床心理学の基礎が築かれたのである。なお，その後，異常・社会心理学雑誌は，1965年に，異常心理学雑誌（Journal of Abnormal Psychology）と人格社会心理学雑誌（Journal of Personality and Social Psychology）にわかれることになる。

　もう1つの大きな流れは，サリバンやホーナイの活躍である。1920～30年代には，ハリー・スタック・サリバンやカレン・ホーナイなどの新フロイト主義者たちが活躍し，臨床心理学において対人関係がいかに重要であるかを主張した。それまでのフロイト主義者は，もっぱら個人の内にある無意識だけを考えていたので，個人の外にある対人関係を考えることはなかったのである。1930年～40年代になると，クルト・レヴィンが，アクション・リサーチの理論を考えだし，それを対人関係や集団システムの研究に応用した（Patnoe, 1988）。これは，実験室を飛び出し，現場において実務家と研究者が協力して実践に当たるという考え方であり，社会-臨床心理学に大きな影響を与えた。この考え方に基づいて，ジェローム・フランクは，説得や癒しについて研究した（Frank, 1961）。

　一方，カウンセリング心理学の中にも，社会心理学の考え方が入るようになっていく。1950年代に，オハイオ州立大学のフランシス・ロビンソンがはじめてこれをおこなった。ロビンソンらは，カウンセリングの面接について，社会心理学の用語で記述した（Strong, Welsh, Corcoran, Hoyt, 1992）。つまり，カウンセラーとクライエントの相互作用が，カウンセリングの過程や治療効果に大きく影響することを明らかにしたのである。つぎに，スタンレイ・ストロングは，カウンセリングでの態度変容を調べるために，はじめて社会心理学の理論を応用した。

　1983年には，社会臨床心理学雑誌（Journal of Social and Clinical Psychology）が創刊された。この専門誌は，その名の通り，社会心理学と臨床心理学の境界領域(インターフェイス)を扱っている。この専門誌は，以前の異常社会心理学雑誌の影響を受けている。つまり，いろいろな精神病理の底には対人関係が影響し

ているという考え方である（Harvey, 1983）。社会臨床心理学雑誌ができた当時は，こんな雑誌はいらないという専門家もいた。つまり，すでにある専門誌だけで十分だから，新しい専門誌はむだだという意見である。

　こうした意見はあったものの，社会臨床心理学雑誌は順調に発展した。著名な社会心理学者が，この雑誌の理念に賛同し，編集を引き受け，総説論文や研究論文を投稿しはじめたのである。この専門誌の創刊については，もう1つの心配があった。つまり，社会心理学者と臨床心理学者の人数比が極端にかたよっていることである。社会臨床心理学雑誌の最初の4年間の論文をみると，75％は臨床心理学者のものであり，社会心理学者の論文は25％にすぎなかった。初代編集者であるハーベイは，社会臨床心理学において，社会心理学者は今後減るだろうと予言している（Harvey, 1987）。しかし，幸運なことに，予言ははずれた。スナイダーが次の編集者になると，臨床心理学と社会心理学のバランスがみごとに保たれるようになった。今や，この雑誌の基礎は十分に固まった。学問的地位もあがり，購読者も増え，論文に引用される回数も増えている。

　1990年代になると，社会-臨床心理学の領域の論文が，一流の専門誌にも掲載されるようになっている。一流の専門誌というのは，人格・社会心理学雑誌（Journal of Personality and Social Psychology），人格・社会心理学年報（Personality and Social Psychology Bulletin），人格心理学雑誌（Journal of Personality），異常心理学雑誌（Journal of Abnormal Psychology），カウンセリング心理学雑誌（Journal of Counseling Psychology），カウンセリング心理学者（The Counseling Psychologist）などである。こうした専門誌には，社会-臨床心理学の論文が毎号のように載っている。それら論文をみると，社会心理学と臨床心理学がバラバラにならずによく統合されたものが多い。

　また，社会-臨床心理学についての本も多く出ている。それらを表13-1にまとめておこう。

表13-1 社会-臨床心理学の概論書

著者または編者	発表年	書名
ゴールドスタインら	1966	心理療法と行動変化の心理学
ブレーム	1976	臨床実践に社会心理学を応用する
ストロングとクライボーン	1982	相互作用と変化：カウンセリングと心理療法の社会心理学
ウィアリーとミレルズ	1982	臨床心理学と社会心理学の統合
リアリーとミラー	1986	臨床と不適応の社会心理学（邦訳あり）
マダックスら	1987	臨床カウンセリング心理学における対人過程
スナイダーとフォーサイス	1991	社会臨床心理学ハンドブック

2 感情的問題を理解するのに，社会心理学は必要か？

　抑うつや不安などの感情的問題や，アルコール依存などの行動的問題を理解するのに，社会心理学は必要だろうか？　答えはyesである。2つの点からそう言える。

　第一に，感情的問題や行動的問題は，対人関係としての側面をもっているからである。そもそも，対人関係は人間の心理に大きな影響を与えている。社会心理学はこのような影響を研究する学問である。たとえば，ゴードン・オルポート（1985）は，社会心理学を次のように定義している。「社会心理学とは，思考・感情・行動といった個人の心理過程が，『他者』によってどう影響されるかを明らかにする試みである。この場合の『他者』とは，実際の他者だけではなく，イメージ上の他者や象徴的な他者というものも含む」。このような広い定義は，一見すると漠然としているが，しかし，その広さゆえに，社会心理学は社会科学の女王であるといわれるようになったのである（G. Allport, 1985）。また，フロイド・オルポート，クルト・レヴィン，フリッツ・ハイダーなどの社会心理学のパイオニアたちも，同じく，社会心理学は対人関係が個人に与える影響を研究すると考えている。人間の心理が対人関係によって影響されているのであるから，感情的問題も例外ではない。感情的問題は，対人関係と切っても切れない関係にある。

　対人関係が個人にどのような影響を与えるか，という問いは，社会心理学の問いであると同時に，臨床心理学の問いでもある。臨床心理学者やカウンセラ

ーは，臨床現場において，つねにこのような問いを発している。感情的問題に陥るのは，対人関係のストレスであることが多いし，また，感情的問題から回復するか否かを決めるのも，家族や友人などの親密な対人関係なのである。

このように，感情的問題を理解するには，社会心理学の知識は不可欠である。このことは，アメリカ心理学会（APA）も認めている。つまり，APAから実践家（臨床心理学者・カウンセリング心理学者・学校心理学者など）として認定されるためには，博士課程において社会心理学の授業をとらなければならないのである。実際，大学院での社会心理学のコースをとるか，少なくとも社会的認知や帰属理論などのセミナーを受講しなければならないことになっている。

第二に，社会心理学は活気があり，いろいろな理論がそろっているし，研究もさかんであるからである。社会-臨床心理学には，臨床現場で問題になるいろいろな現象について，社会心理学のメジャーな理論を用いた研究がたくさんみられる。たとえば，態度変容，原因帰属，社会的認知・社会的知覚，自己，自己呈示，偏見，攻撃行動，援助行動，集団行動，個人差などのテーマである。一般に，臨床心理学の理論は実証するのがむずかしいが，社会心理学の理論や方法を使えば，それを実証していくことができるのである。事実，心理学の文献のデータベースであるPsycLitを調べると，ここ20年で最も多かったのは，原因帰属理論を抑うつや不安などの感情的問題や臨床的問題に応用した研究であったという（Jacobson & Weary, 1996）。

3 社会-臨床心理学の研究方法の問題点

社会-臨床心理学の研究方法はきわめて多様である。こうした方法の問題点をリストアップしてみよう。それぞれの領域の研究者は，自分の使っている方法以外を省みない傾向があるが，それは望ましくない。その方法の長所と短所をきちんと理解して使い分ける必要がある。

①実験室研究とフィールド研究の違い：これまで，社会心理学は実験室での研

究が得意であり，臨床心理学はフィールド研究が主であった。しかし，今では，多くの社会心理学者がフィールド研究をおこなうようになったし，臨床心理学者は実験的研究をおこなっている。

②実験的研究と非実験的研究の違い：これまで，社会心理学は実験研究が主であり，臨床心理学は非実験研究が主であった。しかし，今では，社会心理学者も非実験的な研究をおこなうようになった。

③どのような対象について研究するかの違い：社会-臨床心理学の対象はかなり広がっている。これまでの社会心理学は，一般の大学生を対象にした研究が多かった。しかし，今後は，いろいろな年齢や社会経済的地位や経歴などをもつ人を対象にした研究が必要である。一方，臨床心理学では臨床場面のクライエントを対象とした研究が多く，それ以外の人を対象とした研究はほとんど行なわれていない。

④感情的問題研究と治療研究の違い：これまで，社会心理学は感情的問題のメカニズムについての研究が多く，臨床心理学は治療についての研究が多かった。それらを結びつける研究は少なかった（この点については次の文献を参照：Rubin & Mitchell, 1976）。しかし，今では，恋人や家族など親密な人間関係についての研究（Fincham & Bradbury, 1991）など，感情的問題と治療をむすびつける研究もみられるようになった。

⑤横断的方法と縦断的方法の違い：これまでの社会心理学は，大人数を対象とした横断的な方法が得意であり，一方，臨床心理学は少人数を対象とした縦断的な方法が得意であった。しかし，今後は，社会心理学者も縦断的方法をもっと取り入れるべきだろう。

以上あげた問題点は，けっして二者択一的なものではない。どちらがよくてどちらが悪いというものではない。研究の目的によって，使い分ける必要がある。研究方法が多様であるため，研究者は，どの研究方法をとるべきか大いに迷うことがある。しかし，このような迷いは仕方がないことである。研究の方法論については，今後も大いに議論していく必要がある。これからは，社会心理学者と臨床心理の実践家の両方に役立つ研究方法を開発していく必要がある。

4 大学院の教育プログラム：秘められた可能性

　アメリカの社会心理学者で，社会−臨床心理学を研究している者は7000〜10000名くらいであろう（Franzoi, 1996）。ほとんどが大学で教育・研究をおこなっている人たちである。多くの大学は，社会心理学の学部や修士・博士課程をもっていて，学生が集まってくる。社会心理学関係の科目をとる学生の数は，アメリカだけでも何十万人となるだろう。アメリカだけでなく，ヨーロッパ・日本・オーストラリア・ニュージーランドなどでも社会心理学は成長しつつある。

　一方，臨床心理学やカウンセリングをおこなっている実践家は，アメリカだけでも何十万人という数にのぼる（【訳者注】参照）。学生や大学院生にとっても，臨床心理学は最も魅力のある分野となっている。今後，こうした実践家と連携していくことがたいせつになってくる。

　これからは，社会心理学を生かせる実践家や，臨床現場で活躍できる社会心理学者を育てなければならない。そのためには，大学院において，社会−臨床心理学の教育システムを整えなければならない。しかし，一般的に言うと，そのような教育訓練はこれまでは成功してきたとはいいがたい。以下では，いくつかの試みを紹介したい。

1. バンダービルト大学の例

　最も初期のものとしては，バンダービルト大学の試みがある。ここでは，ハーベイとウィアリー（Harvey & Weary, 1979）が，社会心理学と臨床心理学を融合する訓練プログラムをつくって実施した。ハーベイは社会心理学者であり，ウィアリーは社会−臨床心理学者である。ウィアリーは，のちに社会−臨床心理学の本を編集し（Weary & Mirels, 1982），現在はオハイオ州立大学で社会心理学の指導者となっている。

　ハーベイとウィアリーは，バンダービルト大学での経験に基づいて，訓練プログラムの原理を提示した（Harvey & Weary, 1979）。その原理とは，社会心理学と臨床心理学が，お互いを学び合うということである。つまり，臨床心理学が研究の課題を提供し，社会心理学が理論と研究方法を提供する。ハーベイ

とウィアリーによると，多くの学生はすでに社会心理学と臨床心理学の教育を非公式的に受けているわけだから，すでにある教育プログラムを公式に認めるようにすれば，社会-臨床心理学は発展するというのである。

こうした原理は，のちの社会-臨床心理学の基本的な枠組みになった。たとえば，社会・臨床心理学雑誌や，表13-1にあげた本などにもこうした理念が貫かれている。また，こうした考え方がもとになって，全米科学財団やアメリカ心理学会は学際的な研究会議を開くようになり，さらに，アメリカ精神衛生研究所（NIMH）はポスドクのためのプログラムを開くようになったのである。

バンダービルト大学での訓練は，非公式にはうまくいったのだが，公式の訓練プログラムとして実を結ぶことはなかった。というのも，バンダービルト大学の心理学部において，1980年代中ごろから，社会心理学の教育が重要視されなくなったからである。その理由は，神経科学や認知科学の研究費をもらっていた社会心理学の教員が減ったからである。また，このプログラムの中心人物であったバーバラ・ワルストンが急死したことも一因である。こうして，バンダービルト大学では社会心理学がたいせつにされなくなり，社会-臨床心理学の教育研究活動の多くは失われてしまった。つまり，社会-臨床心理学の教育を立ちあげるためには，その費用を捻出できる教員が必要なのである。

リアリーとマダックス（Leary & Maddux, 1987）は，実際の訓練についてではないが，社会-臨床心理学の教育について考察している。リアリーとマダックスは，社会-臨床心理学の多くの研究者を集めて共同的研究をおこなった。そうした体験から，大学院の教育プログラムは，専門家のなわばり意識や党派性によって妨げられてしまうと述べている。そうしたなわばり意識をなくすためには，研究・教育のいろいろな場面で，協力的な学術的な話し合いが効果があるという。

2. アイオワ大学の例

社会心理学者と臨床心理学者が共同でジョイント・トラック訓練をおこなった大学院もある。たとえば，アイオワ大学の心理学部は，1980年代後半から1990年代にかけて，こうした訓練を実験的におこなった。入学選考は，社会心理学と臨床心理学の両方のスタッフからなる入試委員会でおこなわれた。応

募する学生は，社会心理学的研究に興味をもち，それを実践家として応用したいと考える者が多かった。学生は，原則として社会心理学と臨床心理学の両方の必修科目をとる。そして，1年次と2年次は研究論文を書き，最後に博士論文を書く。そして，社会-臨床心理学の学位試験を受ける。一方，大学内でおこなわれる実習科目を受け，さらに，臨床心理士に認定されるための研修に参加しなければならない。

　このようなジョイント・トラック訓練は4〜5年で終わったようである。なぜ長続きしなかったのだろうか？　まず，大学院生にとって，必修科目が多すぎるのにくらべ，その見返りが明らかでなかったからである。また，教員にとっても，ジョイント・トラック訓練は，教育の負担を増やすことになったからである。教育の仕事ばかりが増えて，研究の時間がなくなってしまっては，教官は失望するだけである。社会心理学と臨床心理学の教員は，共同で研究はするが，共同で教育をすることはないようである。というのは，学部側からの要求や，カリキュラム上の制約から，共同の教育ができなくなるからである。

3. テキサス工科大学の例

　テキサス工科大学でも，1980年代に，上と同じようなジョイント・トラック訓練をおこなった（Hendrick, 1995）。ヘンドリックとヘンドリックは，博士課程の教育について，実際的に分析している（Hendrick & Hendrick, 1991）。彼らは，テキサス工科大学において社会-臨床心理学の博士課程の訓練をおこなった。そうして経験から，どのような訓練をおこなうべきか，どのような注意が必要か，具体的に提案している。具体的には，健康心理学が1つのモデルとなると述べている。

4. ボール大学の例

　長続きしている訓練プログラムとしては，インディアナ州立ボール大学の修士課程がある。ここの訓練プログラムはうまくいっている。その理由は，社会心理学をよく知っているカウンセリング心理学者2名が，責任をもって訓練プログラムを運営し，学部にアピールしているからである。ただし，学生の数からいえば小さなプログラムといってよい。学生は，博士課程に進学する者もい

るが，多くの者は，APA認定のカウンセリングコースに進むということである（1997年5月現在，スタイン氏よりの個人的情報）。

この他の大学でも，多くの社会心理学の大学院が，社会心理学と臨床心理学の交流をはかるための訓練プログラムを作っている（Hart, 1991）。また，APA認定のカウンセリングコースでは，多くの社会心理学者が教えている。ここで，臨床心理学・カウンセリング心理学・学校心理学を専攻する学生が，社会心理学のコースをとれば，社会心理学の知識や方法を，実践に生かすようになるだろう。

社会−臨床心理学は，大きな可能性を秘めているのだが，大学院での教育が効果的でないために，なかなか開花しないように思われる。今後，次の世代の社会−臨床心理学が，新たな教育プログラムを作っていくことが望まれる。

5 有望な研究トピック──対人的な喪失体験

次に，社会−臨床心理学で研究すべきトピックとして，将来有望なものをあげておきたい。それは，対人的な喪失体験（interpersonal loss）というテーマである。喪失体験の定義は，「人が情緒的な投資をした相手がいなくなる」というものである。この場合の「相手」とは，実際の人間であっても，イメージ上の人間であってもよい。喪失体験によって，心理的な問題がおこったり，健康をそこねることもある。「喪失体験」は身近なものであり，テレビや新聞が毎日伝えている。しかし，不思議なことに，心理学においては，あまり関心が向けられてこなかった。

このテーマは，社会−臨床心理学にふさわしいテーマである。臨床心理学者は，実践において「喪失」という論理がよく用いる。一方，社会心理学者にとっても，「喪失体験」は，個人レベルから，民族的虐殺のような文化レベルまで，いろいろなレベルの問題を統合できる概念である（Staub, 1996）。喪失体験は，次のような社会現象とかかわりがある。たとえば，偏見とスティグマ（Jones et al., 1984），身体的ハンディキャップが対人関係におよぼす影響

(Lyons, Sullivan, Ritvo & Coyne, 1995），恋愛における拒否と別れ（Vaughn, 1986），友情の崩壊（Matthews, 1986），病気や加齢によるアイデンティティの喪失（Greenberger, 1993），世界や他者が自分にとってポジティブであるという仮定が失われること（Janoff-Bulman, 1992），家庭や職業を失うこと（Morse, 1998），親の虐待や無視をうけた子どもの心理（Coates, 1990）などは，対人的な喪失体験と関係があるだろう。

対人的な喪失体験を研究するのに，社会-臨床心理学ほどふさわしい領域はないだろう。喪失体験というテーマは，社会心理学者と臨床心理学者が共同で研究するには恰好のテーマである（Hendrick, 1983）。これまで，健康心理学の領域では，喪失体験について研究されてきた。それが1つの見本になるだろう。ただし，社会-臨床心理学における喪失研究は，健康心理学における喪失研究よりも範囲が広い。社会-臨床心理学からみた喪失体験とは，健康と直接に関係しているものもあるが，健康とあまり関係のないもの（たとえば，対人関係や幸福感など）も多いからである。

1. 精神病理と喪失体験

社会-臨床心理学者が喪失体験を研究することは重要である。何より，精神病理の原因は，対人的な喪失体験によることが多いからである（Baumeister & Leary, 1995；Harvey, 1996；Leary & Kowalski, 1995）。喪失体験によって，その人から助けを得られなくなったり，アイデンティティを失ったり，自尊心を傷つけられたりする。さらに，実際の喪失体験ではなくても，誰かを失うのではないかと恐れることも問題である。つまり，喪失への予期反応も大きな問題となる。バウマイスターとリアリーは次のように言っている。「われわれに言わせれば，他者との絆が切れるのではないかという脅威から，いろいろな心理的な障害が生じることが多い（Baumeister & Leary, 1995；p. 521)」。子どものころに体験した喪失や，きわめて強烈な喪失によって，社会的な行動が阻害されることもある。このように，喪失体験はかなり複雑なものである。喪失体験がいろいろな精神病理の原因となることについて，これまでは過小評価されてきたといえよう（Styron, 1990）。

2. 日常生活の中の喪失体験

　喪失体験を研究する意義は大きい。喪失はあらゆる人に起こる。誰にとっても避けられない体験である。だから，喪失経験の研究は，あらゆる人に対して有益である。

　さらに，まわりの人にもいつも喪失体験は起こっている。人は，他者の喪失体験に対して，同情を抱き，何とかしてやりたいと思う。それが共感というものである (Bateson, Duncan, Ackerman, Buckley, & Birch, 1981)。他者を助ける場合でも，喪失体験の研究は有益なのである。

　喪失はネガティブな体験であるが，つねにそうであるとは限らない。ヘミングウェイも述べているように，ひとは失意の時に最も強くなる。また，喪失体験をきっかけとして，ひとは自分の経験を理解したいと思うようになる。また，喪失をきっかけとして，他者の苦痛を和らげてやりたいと思うようになるが，これはエリクソン（1963）に言わせれば，「生殖性」という成人期の発達課題である。

　これを示す実例はいろいろあるが，ここでは3つをあげてみよう。

　第一に，ビクトール・フランクルの仕事である。フランクルは，ユダヤ人強制収容所に入れられ，極限的な喪失を体験した。そうした体験から，ロゴセラピーという心理療法を考えた。これは人生への意味を取り戻し，人生への意志を呼びさまし，そうして他者と出会えるようにする療法である。彼の仕事は『意味への探求』(Frankl, 1959) という本にまとめられている。

　第二は，エリザベス・ニールドの仕事をあげることができる。ニールドは英文学の教授であったが，夫がジョギング中に心臓発作で亡くなったことを契機として，教授の地位をなげうってカウンセラーとなった。そして，同じような喪失体験をもつ人の悲しみを救ってきた。1990年にニールドは『7つの選択：愛する人を失ったあなたが新しい生活に踏み出すために』という本を出版し，自分の体験を語っている。

　第三の例として，「パンナム103の遺族の会」をあげることができる。1988年12月，英国スコットランド上空でパンアメリカン航空機103便が爆発して墜落した。乗客・乗員・住民ら270名が死亡した。テロリストによる爆破が原因とみられている。この事件の後，「パンナム103の遺族の会」がつくられた。

この会はいろいろな活動をおこなっている。たとえば，航空機の荷物や乗客の検査をきびしくするように航空会社に働きかけたり，テロリストの捜査をきびしくおこなうようにアメリカ議会に働きかけたりした。このテロ事件が引き金となって，のちにパンアメリカン航空は倒産した。また，パンナム103事件の犠牲者にはシラキューズ大学の学生が何人かいた。そこで，遺族の会は，シラキューズ大学に奨学金を出している。犠牲となった学生の母親は，シラキューズ大学の中に，「暗闇の悲歌」と題する彫刻庭園をつくった。その彫刻は，息子の死の知らせを受けたときの深い悲しみを表現したものである。喪失体験の灰の中から，偉大な強さや無欲さ，美が生まれうるのである。どのようにして悲しみから強さへの転化がおこるのだろうか。このような転化を理解するためには，社会-臨床心理学こそがふさわしい領域なのではなかろうか。

6 社会-臨床心理学のこれから

　これからは，研究者や実践家だけでなく，一般の大衆にとって有益な研究や実践を開発していく必要があるだろう。研究や実践の最終的な目的は大衆に益することだからである。これからの課題を3つにまとめておこう。
　第一は，派閥主義を克服しなければならない。心理学はこれまでずっと派閥主義に悩まされてきた。社会-臨床心理学においても，研究者と実践家の派閥とか，社会心理学と臨床心理学の派閥などがある。これは多くの人が指摘している。派閥がなくなれば，社会-臨床心理学はもっと広く浸透し，豊かなものになるだろう。
　第二の課題は，大学院における教育において，社会心理学と臨床心理学の交流を確立することである。この章で述べた通りである。研究と実践の両方ができる社会-臨床心理学者が教育すれば，研究も実践もより進歩するだろう。いまのところ，社会心理学者は，精神病理や治療について，しろうと的な考え方しかもっていないことが多い。一方，臨床心理学者は，社会心理学の基礎知識をよく知らないし，誤った知識をもっていることもある。

第三の課題は，新しい研究トピックを探しつづけることである。社会-臨床心理学の20年の歩みをふりかえると，基礎的な研究がおこなわれ理論が蓄積してから，精神病理の研究や治療に応用されることが多い。このようにして，態度変容，原因帰属，社会的認知・社会的知覚，自己，自己呈示，偏見，攻撃行動，援助行動，集団行動，個人差などのテーマが臨床に応用された。したがって，これ以外の社会心理学のテーマも，精神病理の研究にうまく応用できる可能性がある。これは，コワルスキーとリアリーが本書の1章で述べた通りである。さらに，われわれは，精神病理の研究にうまく応用できるような新たな基礎的なテーマを開拓していくべきだろう。その例として，この章では「対人的な喪失体験」というテーマをあげたのである。これは社会-臨床心理学にはふさわしいテーマである。これからも，社会心理学と臨床心理学の境界領域(インターフェイス)にふさわしいテーマはたくさんあらわれてくるだろう。

7 結論

社会心理学と臨床心理学の境界領域(インターフェイス)は活気のある領域である。この本で述べたように，いろいろなトピックについて，社会心理学と臨床心理学の共同研究がおこなわれている。社会-臨床心理学は，心理学の中で，最も活発な学際領域の1つであろう。ただし，大学院における社会-臨床心理学の訓練は，20年たってもまだ定着したとはいいがたい。

社会-臨床心理学の未来は明るい。この分野はこれからもずっと伸び続けるだろう。対人関係は，心理的健康や心理的障害に対していろいろな影響を与えている。社会-臨床心理学がこれから扱っていくべきテーマは無尽蔵である。

引用文献

Allport, G. W. (1985). The historical background of social psychology. In G. Lindzey & E. Aronson (Eds.), *Handbook of social psychology* (Vol. 1, 3rd ed., pp. 1-46). New York: Random House.

Bateson, C. D., Duncan, B. D., Ackerman, P., Buckley, T., & Birch, K. (1981). Is empathic emotion a source of altruistic motivation? *Journal of Personality and Social Psychology, 40*, 290-302.

Baumeister, R. F., & Leary, M. R. (1995). The need to belong: Desire for interpersonal attachments as a fundamental human motivation. *Psychological Bulletin, 3*, 497-529.

Brehm, S. S. (1976). *The application of social psychology to clinical practice.* Washington, DC: Hemisphere.

Coates, R. (1990). *A street is not a home.* Buffalo, NY: Prometheus Books.

▶Erikson, E. (1963). *Childhood and society* (2nd ed.). New York: Norton.

Fincham, F. D., & Bradbury, T. N. (1991). Cognition in marriage: A program of research on attribution. In W. H. Jones & D. Perlman (Eds.), *Advances in personal relationships* (Vol. 2, pp. 159-203). London, UK: Kingsley.

Frank, J. D. (1961). *Persuasion and healing.* Baltimore: Johns Hopkins University Press.

▶ Frankl, V. E. (1959). *Man's search for meaning.* New York: Washington Square.

Franzoi, S. L. (1996). *Social psychology.* Madison, WI: Brown & Benchmark.

Goldstein, A. P., Heller, K., & Sechrest, L. B. (1966). *Psychotherapy and the psychology of behavior change.* New York: Wiley.

Greenberger, D. (1993). *Duplex planet.* New York: Faber & Faber.

Hart, K. E. (1991). *A graduate course at the social-clinical-counseling psychology interface.* Unpublished manuscript, Hofstra University.

Harvey, J. H. (1983). The founding of the *Journal of Social and Clinical Psychology. Journal of Social and Clinical Psychology, 1*, 1-3.

Harvey, J. H. (1987). JSCP: An established forum and a season of change. *Journal of Social and Clinical Psychology, 5*, 143-145.

Harvey, J. H. (1996). *Embracing their memory: Loss and the social psychology of storytelling.* Needham Heights, MA: Allyn & Bacon.

Harvey, J. H., & Stein, S. K. (1995). Social and counseling psychology: Progress and obstacles. *The Counseling Psychologist, 23*, 697-702.

Harvey, J. H., & Weary, G. (1979). The integration of social and clinical psychology training programs. *Personality and Social Psychology Bulletin, 5*, 511-515.

Hendrick, S. S. (1983). Ecumenical (social and clinical and x, y, z . . .) psychology. *Journal of Social and Clinical Psychology, 1*, 79-87.

Hendrick, S. S. (1995). Close relationships research: Applications to counseling psychology. *The Counseling Psychologist, 23*, 649-665.

Hendrick, S. S., & Hendrick, C. (1991). Education at the interface. In C. R. Snyder & D. R. Forsyth (Eds.), *Handbook of social and clinical psychology* (pp. 774–787). Elmsford, NY: Pergamon Press.

Hill, M. G., & Weary, G. (1983). Perspectives on the *Journal of Abnormal and Social Psychology*: How it began and was transformed. *Journal of Social and Clinical Psychology, 1*, 4–14.

Jacobson, J. A., & Weary, G. (1996). The application of social psychology to clinical practice: A catalyst for integrative research—Review of S. S. Brehm's *The application of social psychology to clinical practice*. *Contemporary Psychology, 41*, 1173–1176.

Janoff-Bulman, R. (1992). *Shattered assumptions: Towards a new psychology of trauma*. New York: Free Press.

Jones, E. E., Farina, A., Hastorf, A. H., Markus, H., Miller, D. T., & Scott, R. A. (1984). *Social stigma: The psychology of marked relationships*. New York: Freeman.

Leary, M. R., & Kowalski, R. M. (1995). *Social anxiety*. New York: Guilford Press.

Leary, M. R., & Maddux, J. E. (1987). Progress toward a viable interface between social and clinical–counseling psychology. *American Psychologist, 47*, 904–911.

▶ Leary, M. R., & Miller, R. (1986). *Social psychology and dysfunctional behavior: Origins, diagnosis, and treatment*. New York: Springer-Verlag.

Lyons, R. F., Sullivan, M. J. L., Ritvo, P. G., & Coyne, J. C. (1995). *Relationships in chronic illness and disability*. Thousand Oaks, CA: Sage.

Maddux, J. E., Stoltenberg, C. D., & Rosenwein, R. (Eds.). (1987). *Social processes in clinical and counseling psychology*. New York: Springer-Verlag.

Matthews, S. H. (1986). *Friendship through the life course*. Beverly Hills, CA: Sage.

Morse, G. A. (1998). Homelessness and loss: Conceptual and research considerations. In J. H. Harvey (Ed.), *Perspectives on loss: A sourcebook* (pp. 269–280). Washington, DC: Taylor & Francis.

Neeld, E. (1990). *Seven choices: Taking the steps to a new life after losing someone you love*. New York: Delta.

Patnoe, S. (1988). *A narrative history of experimental social psychology: The Lewin tradition*. New York: Springer-Verlag.

Rubin, Z., & Mitchell, C. (1976). Couples research as couples counseling: Some unintended effects of studying close relationships. *American Psychologist, 31*, 17–25.

Snyder, C. R., & Forsyth, D. R. (Eds.). (1991). *Handbook of social and clinical psychology*. Elmsford, NY: Pergamon Press.

Staub, E. (1996). Breaking the cycle of violence: Helping victims of genocidal violence heal. *Journal of Personal and Interpersonal Loss, 1,* 191–197.

Strong, S. R. (1968). Counseling: An interpersonal influence process. *Journal of Counseling Psychology, 15,* 215–224.

Strong, S. R., & Claiborn, C. D. (1982). *Change through interaction: Social psychological processes of counseling and psychotherapy.* New York: Wiley Interscience.

Strong, S. R., Welsh, J. A., Corcoran, J. L., & Hoyt, W. T. (1992). Social psychology and counseling psychology: The history, products, and promise of an interface. *Journal of Counseling Psychology, 39,* 139–157.

Styron, W. (1990). *Darkness inside: A memoir of madness.* New York: Random House.

▶ Sullivan, H. S. (1953). *Conceptions of modern psychiatry.* New York: Norton.

Vaughn, D. (1986). *Uncoupling.* New York: Oxford University Press.

Weary, G., & Mirels, H. L. (Eds.). (1982). *Integrations of clinical and social psychology.* New York: Oxford University Press.

邦訳のある引用文献

※各章末の引用文献で▶マークのついているものは，以下のように邦訳がある．

[1章]
コミュニケーションと説得／J. ホヴランドほか（著）；辻正三，今井省吾（訳）　誠信書房，1960

[2章]
うつ病の認知療法／A. T. ベック，A. J. ラッシュ，B. F. ショー，G. エメリー（著）；坂野雄二監（訳）　岩崎学術出版社，1992

認知の構図　人間は現実をどのようにとらえるか／U. ナイサー（著）；古崎敬，村瀬旻共（訳）　サイエンス社，1978

[3章]
DSM-Ⅳ精神疾患の診断・統計マニュアル／American Psychiatric Association（編）；高橋三郎，大野裕，染矢俊幸（訳）　医学書院，1996

人間この信じやすきもの　迷信・誤信はどうして生まれるか／T. ギロビッチ（著）；守一雄，守秀子（訳）　新曜社，1993

集まりの構造　新しい日常行動論を求めて／E・ゴッフマン（著）；丸木恵祐，本名信行（訳）　誠信書房，1980

社会科学における場の理論／クルト・レヴィン（著）；猪股佐登留（訳）　誠信書房，1979

虚栄の篝火／トム・ウルフ（著）；中野圭二（訳）　文藝春秋，1991

[4章]
認知療法　精神療法の新しい発展／アーロン・T. ベック（著）；大野裕（訳）　岩崎学術出版社，1990

[5章]
DSM-Ⅲ-R 精神障害の診断・統計マニュアル／The American Psychiatric Association（編）；高橋三郎（訳）　医学書院，1988

[6章]
DSM-Ⅳ精神疾患の診断・統計マニュアル／American Psychiatric Association（編）；高橋三郎，大野裕，染矢俊幸（訳）　医学書院，1996

菊と刀　日本文化の型／ルース・ベネディクト（著）；長谷川松治（訳）　社会思想社，1967

フロイト著作集（全8巻）／S．フロイト（著）／人文書院，1971-1974

対人関係の心理学／フリッツ・ハイダー（著）；大橋正夫（訳）　誠信書房，1978

[7章]
パーソナリティ　心理学的解釈／G. W. オールポート（著）；詫摩武俊ほか（訳）　新曜社，1982

人格心理学／G. W. オルポート（著）；今田恵（監訳）；星野命ほか（訳）　誠信書房，1968

自尊心があなたの人生を切り開く／ナサニエル・ブランデン（著）／騎虎書房，1992

自己の分析／ハインツ・コフート（著）；近藤三男，滝川健司，小久保勲共（訳）　みすず書房，1994

存在の発見／ロロ・メイ（著）；伊東博，伊東順子（共訳）　誠信書房，1986
精神・自我・社会／G. H. ミード（著）；河村望（訳）　人間の科学社，1995
それでも人は，楽天的な方がいい　シェリー・E. テイラー著；宮崎茂子（訳）　日本教文社，1998
生物の社会進化／ロバート・トリヴァース（著）；中嶋康裕，福井康雄，原田泰志（訳）　産業図書，1991

[8章]

秘密と公開／シセラ・ボク（著）；大澤正道（訳）　法政大学出版局，1997
人が心を開くとき・閉ざすとき　自己開示の心理学／V・J・ダーレガほか（著）；豊田ゆかり（訳）　金子書房，1999
オープニングアップ　秘密の告白と心身の健康／J. W. ペネベーカー（著）；余語真夫監（訳）　北大路書房，2000

[9章]

行為と演技　日常生活における自己呈示／E. ゴッフマン（著）；石黒毅（訳）　誠信書房，1974

[10章]

自殺論／デュルケーム（著）；宮島喬（訳）　中央公論社，1985
ストレスの心理学　認知的評価と対処の研究／リチャード・S. ラザルス，スーザン・フォルクマン（著）；本明寛ほか監（訳）　実務教育出版，1991
パーソナリティの理論　状況主義的アプローチ／ウォルター・ミッシェル（著）；詫摩武俊監（訳）　誠信書房，1992
社会的ネットワーク　アフリカにおける都市の人類学／J. C. ミッチェル（編）；三雲正博，福島清紀，進本真文（訳），1983
パーソナリティ(1)(2)／マァレー（編）；外林大作（訳）編　誠信書房，1961-1962
現代社会とストレス／ハンス・セリエ（著）；杉靖三郎ほか（訳）　法政大学出版局，1988

[11章]

母子関係の理論（全3冊）／J. ボウルビィ（著）；黒田実郎ほか（訳）　岩崎学術出版社，1991
非言語コミュニケーションの基礎理論／M. L. パターソン（著）　誠信書房，1995
孤独感の心理学／L. A. ペプロー，D. パールマン編；加藤義明監（訳）　誠信書房，1988

[12章]

自殺論／デュルケーム（著）；宮島喬（訳）　中央公論社，1985
社会組織論　拡大する意識の研究／C. H. クーリー（著）；大橋幸，菊池美代志（訳）　青木書店，1970
自己の治癒／ハインツ・コフート（著）；幸順子ほか（共訳）　みすず書房，1995
パーソナリティの力学説／K. レヴィン（著）；相良守次，小川隆（訳）　岩波書店，1957
孤独（新訳）／アンソニー・ストー（著）；三上晋之助（訳）　創元社，1999

[13章]

幼児期と社会（全2冊）／E. H. エリクソン（著）；仁科弥生（訳）　みすず書房，1977-1980
意味への意志／ビクトール・フランクル（著）／ブレーン出版，1979
不適応と臨床の社会心理学／M. R. リアリー，R. S. ミラー（著）；安藤清志ほか（訳）　誠信書房，1989
現代精神医学の概念／H. S. サリヴァン（著）；中井久夫，山口隆（訳）　みすず書房，1982

人名索引

◆A

Abakoumkin, G.　403
Abbey, A.　260
Abelson, R. P.　43, 44
Abrams, D.　412
Abramson, L. Y.　12, 13, 38, 45, 52-54, 108, 350
Ackerman, P.　435
Adams, H. E.　368
Adler, A.　2
Affleck, G.　228
Ahadi, S.　332
Aharoni-Etzioni, A.　259, 264, 269
Ahrens, A. H.　108, 113, 120, 135, 136, 143
Alagna, S. W.　406
Albright, J. S.　111, 129
Albright, L.　334
Alicke, M. D.　59
Allan, S.　207
Allen, M.　268
Alloy, L. B.　12, 52, 53, 108, 111, 113, 119, 120, 143, 350
Allport, F. H.　399, 427
Allport, G. W.　223, 225, 427
Althof, S. E.　165
Altmaire, E. M.　12
Altman, I.　259, 264
Alves, J.　303
Amabile, T. M.　85
Amato, P. R.　370, 379, 385,
American Psychiatric Association　89, 165, 208
American Psychological Association　22
Anan, R. M.　336
Anderson, C. A.　12, 36, 38, 39, 40, 43, 44, 46-51, 53-56
Anderson, C. M.　403
Anderson, K. B.　44
Anderson, S. M.　336, 349
Angleitner, A.　369
Anthony, T.　96
Antill. J. K.　376
Apospori, E.　225
Appleman, A. J.　55
Aquinas, T.　213
Arizmendi. T. G.　264
Arkin, R. M.　55, 286-289
Arkowitz, H.　43

Arnoult, L. H.　54-56
Aronson, E.　367
Aronson, J.　93
Asher, S. J.　361
Ashford, S. J.　117, 127
Aspinwall, L. G.　111, 112, 129, 136, 137, 139-143, 146
Assh, S. D.　372
Attridge, M.　383
Augelli, R. W.　14, 287
Ausubel, D. P.　192
Averill, J. R.　49

◆B

Babcock, L.　79
Back, K. W.　54, 59, 411
Baker, C.　258
Baldwin, B. A.　253
Baldwin, M.　344, 347-349, 364
Bales, R. F.　408
Bander, K. W.　300
Bandura, A.　77
Banks, B. A.　306
Barash, D. P.　233
Barber, M. A.　169
Barclay, L. C.　229
Barger, S. D.　261
Bargh, J.　159
Barker, J.　412
Barkley, R. A　167, 169, 184, 229.
Barlow, D. H.　192, 203, 207
Barnes, R. D.　376
Barnett, D.　335, 362
Barnett, R. C.　336
Baron, J.　88
Barrera, M. Jr　318, 321, 323, 328-332, 345, 406
Barrett, K. C.　202, 203
Bartholomew, K.　363-366
Bartlett, J.　254
Basham, R. B.　323
Batson, C. D.　226, 435
Baucom, D.　56, 59
Baumeister, R. F.　17, 110, 113, 157, 160-164, 166, 171, 173, 176, 178, 181-183, 200, 202, 204, 207, 224, 228, 229, 232, 233, 235, 236, 241, 287, 297, 350, 361, 401, 434

Baumgardner, A. H.   287, 291
Baxter, L. A.   379
Bazerman, M.   80
Bazzini, D. G.   269, 403
Beach, S. R.   56, 57, 362, 372
Beall, S. K.   255, 257
Beauvais, F.   225
Beck, A. T.   53, 59, 107, 108, 111, 329, 350
Beckman, L. J.   74
Bednar, R. L.   225, 226, 231, 240, 242
Bednarski, R.   229
Bedrosian, R. C.   59
Beevers, C. G.   131, 132, 147
Behrens, B. C.   165
Bell-Dolan, D. J.   12, 55
Belsher, G.   332
Belz, D.   55
Benedict, R.   192
Benefield, C. Y.   53
Benner, L. A.   124, 125, 131
Bennett, L. A.   299, 301
Bennett, T. L.   331, 332
Bentley, K.   334
Berenson, G. S.   299
Berg, J. H.   252
Bergen, J.   18
Berger, R.   77, 229
Berglas, S.   224, 286-288, 294
Berkman, L. F.   319, 320, 405
Berkowitz, L.   226
Berley, R. A.   379
Berman, S.   343
Berscheid, E.   76, 383
Berzonsky, M. D.   258
Betancourt, H.   50
Beutler, L. E.   264
Biernat, M.   412
Biglan, A.   299
Birch, K.   435
Birnbaum, G. E.   363
Bishop, G.   300
Blaine, B.   224, 413
Blake, A. W.   256
Blascovich, J.   229
Blatt, S. J.   207
Blazer, D.   319
Blevins, T.   372
Blick, L. C.   300
Bloom, B. L.   361
Bloom, J. H.   255
Blumberg, S. H.   53

Boca, S.   256
Boden, J. M.   173
Bok, S.   265
Bolen, J. G.   226
Boney-McCoy, S.   111, 137-141, 143
Booth, R. J.   255
Borcherding, B.   169
Borden, R.   182, 229
Borkowski, J. G.   59
Botwin, M. D.   373
Bourne, E.   43
Bow-Thomas, C. C.   369
Bowlby, J.   326, 364
Bradbury, T. N.   15, 56, 57, 77, 78, 362, 372, 376, 378, 429
Bradley, G. W.   224
Bragg, M. E.   372
Braginsky, B.   6, 14, 295, 296
Braginsky, D.   6, 295, 296
Brainerd, E. G.   368
Brand, E.   343
Branden, N.   223, 226
Bratslavsky, E.   161
Bratt, A.   9
Brawley, L. R.   75
Brehm, S.   7, 9, 13, 16
Brendle, M.   269
Brennan, K. A.   363
Brennan, P. L.   319
Brennan, R. T.   362
Brewer, M. B.   400
Brewin, C. R.   49
Brickman, P.   110, 115
Briggs, D. C.   226
Britt, T. W.   17, 203, 281, 282
Broadnax, S.   413
Brock, B. A.   78
Brodbeck, C.   55
Brodie, P.   207
Brooks-Gunn, J.   180
Brown, B. B.   413
Brown, D. R.   40
Brown, G.   53
Brown, G. W.   321, 329
Brown, J.   49, 228, 231, 238
Brown, P. J.   56
Brownell, K. D.   305
Brownlee, E. A.   291
Bruch, H.   179
Bryson, J. B.   195, 369
Buckley, T.   435

Budenz, D. 59
Bulik, C. M. 180
Buller, D. B. 379
Bulman, R. J. 110, 115
Bumpass, L. 362
Burdette, M. P. 379, 380
Burge, D. 332, 364
Burger, J. M. 55, 75
Burggraf, S. A. 203, 207, 208
Burgoon, J. K. 379
Burish, T. G. 8
Burleson, B. R. 332
Burman, B. 362
Burnam, J. F. 264
Burns, D. 226
Bush, J. P. 367
Buss, D. M. 369, 373
Butler, A. C. 372
Butler, C. 334
Butler, D. 377
Buunk, B. 112, 114, 134, 364, 367-369, 378, 384
Byer, A. L. 364
Byers, E. S. 372
Bylsma, W. H. 108
Byrne, D. 281

◆C

Cacioppo, J. T. 13, 319, 406
Campbell, D. T. 400
Campbell, J. D. 109, 144
Campbell, S. M. 376
Cantor, N. 12
Cantrell, C. C. 256
Caplan, G. 321-323, 325, 326-328, 345, 351
Caplan, R. D. 404
Carini, B. 400
Carlock, C. J. 226, 236
Carlson, G. A. 170
Carlston, D. E. 345, 346
Carpenter, B. N. 252
Carpenter, E. M. 366
Carr, M. 59
Carrell, S. E. 347
Carrère, S. 384
Carroll, D. 253, 307
Carson, M. 258
Carson, R. C. 6
Carter, S. R. 160
Cartwright, D. 3
Carver, C. S. 158-160, 162, 163, 179, 364
Carver, M. D. 402

Casper, R. C. 180
Cassady, P. B. 332, 336, 345
Cassel, J. 322, 324, 326, 327, 351
Cassel, J. C. 322, 324
Castell, P. T. 78
Catalano, R. 404
Catanzaro, S. J. 370
Cervera, M. 176
Chaiken, S. 305
Chandler, C. 49
Chansky, T. E. 59
Charlton, A. E. 99
Chassin, L. 413
Chastain, R. L. 252, 255, 258, 268
Cheek, J. M. 54
Cheng, P. W. 39, 46
Chiu, C. 43
Chokel, J. L. 139, 237
Christenfeld, N. 369
Christensen, A. 74, 382
Christenson, G. A. 170, 181
Christian, J. L. 372
Chum, G. A. 56
Church, M. 403
Cialdini, R. B. 197, 224
Claiborn, C. D. 13
Clark, D. A. 53
Clark, D. B. 165
Clark, J. V. 93
Clark, K. B. 412
Clark, M. S. 319
Clarke, E. 332
Clarkin, J. 18
Cleary, S. D. 406
Clements, C. 111
Clements, M. 383
Clore, G. L. 99
Coates, D. 260, 261, 271
Coates, R. 434
Coates, T. J. 254, 318
Cobb, S. 322, 324-327, 346, 351
Cogar, M. C. 262
Cohan, C. L. 362
Cohen, L. H. 24
Cohen, S. 318, 319, 321-324, 327, 344, 345, 406
Colder, M. 255
Cole, P. M. 166, 202
Cole, S. W. 336
Colligan, M. J. 411, 412
Collins, A. M. 347
Collins, N. L. 259, 268, 269, 336, 365

Collins, R.   112, 128, 143, 182
Colvin, C. R.   228
Compas, B. E.   318
Conklin, M. P.   13
Cook, D. R.   207
Cookson, H.   225
Cool, B. A.   52
Cooley, C. H.   237, 242, 408
Cooper, C. L.   404
Cooper, J.   161
Cooper, M.   176
Coopersmith, S.   225, 226, 237
Coovert, D. L.   180
Corcoran, J. L.   6, 425
Costanzo, P. R.   25
Costello, C. G.   332
Covington, M. V.   50, 52
Coyne, J. C.   15, 112, 336, 372, 405, 434
Crago, M.   225, 264
Craig, R. J.   301
Craighead, E.   226
Crandall, C. S.   408
Crawford, A. M.   403
Crick, N. R.   46, 57
Crocker, J.   53, 147, 224, 413
Crofton, C.   261
Cronbach, L. J.   333, 338
Cronkite, R. C.   318
Cross, J. A.   226
Cullen, F. T.   302
Cunningham, J. D.   365
Cupach, W. R.   367
Cuthbert, T. M.   210
Cutler, L.   207
Cutlip, W. D.   203
Cutrona, C.   332, 345, 371, 402, 405
Cyr, M.   384

◆D

D'Afflitti, J. P   207
Dakof, G. A.   112
Dalgleish, T.   172
Damhuis, I.   194
Damon, W.   192
Darley, J. M.   118, 410
Davies, R. M.   368
Davila, J.   362, 364, 372
Davis, K. E.   36, 294
Davis, M. H.   273, 403
Davison, K. P.   255
Dawes, R.   97

Dawes, R. M.   226, 229, 240
Dean, A.   322, 323, 331
Deaux, K.   412
DeBord, K. A.   364
DeConinck, J. B.   78
DeGree, C. E.   224, 287
Dembo, M. H.   59
Denman, D. W.   262
DePaulo, B. M.   16, 379, 404
de Rivera, J.   50, 194
Derlega, V. J.   252, 258, 259, 264, 267, 332
DeSteno, D.   194, 195, 197, 199, 368, 369
Deuser, W. E.   44
Deutsch, F. M.   74
DeVellis, B. M.   406
DeVellis, R. F.   121, 406
Devins, G. M.   93
DeWaele, M.   165
Dickinson, L. G.   336
Diener, C. I.   52, 55, 121
Diener, E.   332
Dill, J. C.   56
Dill, K. E.   43, 44
Dillard, J. P.   15
Dimitri, S.   256
Dindia, K.   268
Dion, K. K.   365
Dion, K. L.   365
DiTommaso, E.   402
Dodge, K. A.   44, 46, 53, 57
Dodgson, P. G.   107
Doherty, K.   282
Dooley, D.   404
Dotzenroth, S. E.   55
Douglas, P.   52
Douvan, E.   72
Downey, G.   405
Downs, D. L.   232, 361
Dressler, J.   209
Drew, J. B.   317, 331, 333, 339, 344
Driskell, J. E.   96
DuCharme, M.   126
Duhe, A.   56
Duncan, B. D.   435
Duncan, S. L.   46
Duncan, T.   229
Dunkel-Schetter, C.   260, 331, 332
Durbin, R. G.   377
Durkheim, E.   320, 398
Durkin, K.   307
Dutton, D. G.   58, 365

Dweck, C.   43, 50-52, 55, 59

◆ E
Edwards, J. A.   109
Edwards, J. R.   322
Effrein, E. A.   294
Eidelson, R. J.   367
Eisen, S. V.   46
Eisenberg, N.   192
Eisler, I.   180
Elbin, S.   109
Elkind, D.   98
Ellenberger, H. F.   254
Elliman, N. A.   180
Elliott, J. P.   403, 409
Elliott, R.   16, 24
Elliott, T.   405, 414
Ellis, A.   370
Elms, A. C.   7
Emerson, M. R.   299
Emmons, R. A.   229
Emory, G.   59
Epstein, J. A.   379
Epstein, N.   59
Epstein, S.   17
Erber, R.   256
Erickson, D. J.   23, 43
Erickson, G. A.   39, 413
Erikson, E.   326, 435
Escudero, V.   375
Evans, G. W.   318

◆ F
Fahy, T. A.   180
Falender, V. J.   294
Farrell, A. D.   367
Fazio, R. H.   294
Feeney, J.   365, 384
Fehr, B.   364
Fein, E.   300
Feingold, A.   304
Feldman, C.   262
Felmlee, D. H.   381
Felner, R. D.   345
Felson, R. B.   237
Fenigstein, A.   89
Ferguson, T. J.   194, 201-203
Fernengel, K.   319
Festinger, L.   106, 109, 410
Field, P. B.   226
Fielding, J. E.   298

Finch, J. F.   405
Fincham, F. D.   15, 55-57, 77, 78, 362, 364, 365, 372, 376, 378, 429
Fine, R. N.   302
Finerman, R.   299
Fischer, A. R.   364
Fishbein, M. J.   254, 258, 262, 263
Fisicaro, S.   331
Fiske, S. T.   39, 41, 42
Fitzpatrick, J. A.   377
Fitzpatrick, M. A.   259, 377
Fletcher, C.   207, 211, 212
Fletcher, G. J. O.   43
Flett, G. L.   112, 113, 116, 117
Flicker, L.   192
Florian, V.   365
Floyd, F. J.   383, 384
Folkman, S.   324, 328, 350
Follette, W. C.   383
Fontana, A. F.   6
Ford, C. E.   8, 224
Forde, D. R.   92
Forehand, R.   225
Forsyth, D. R.   3, 4, 9, 10, 16, 19, 21, 24, 26, 74, 77, 229, 398, 399, 409, 413
Foster, G.   204, 210
Frame, C.   225
Franco, N.   362
Frank, J. D.   5, 425
Franke, R.   260
Frankel, A.   287
Frankl, V. E.   435
Franzoi, S. L.   271, 430
Fratianne, A.   46
Frazer, J. G.   42
Frazier, P. A.   364
Freedman, J.   361
Freeman, A.   59
Freemon, J. R.   371
Freud, S.   205, 207, 397, 401, 402, 412
Frey, D.   226, 236
Friday, N.   210
Friedman, L. S.   299
Friend, R. M.   124, 125
Frijda, N.   230
Fritz, J. J.   225
Fromm, E.   2
Fujita, F.   121
Fuller, T. L.   364, 365

◆G

Gallanter, M. 410
Ganellen, R. J. 55
Gansler, D. A. 54
Garber, J. 53, 54
Garland, A. F. 99
Gatenby, S. J. 180
Gaus, V. 125
Gavanski, I 50, 194
Gayton, W. F. 306
Geary, D. C. 369
Gehm, T. L. 192
Geis, G. 376
Geiss, S. K. 369, 380
Gelles, R. J. 284
Gentry, J. 266
Georges, E. 254
Gerald, K. 319
Gergen, K. J. 107
Gergen, M. 78
Gerlsma, C. 364
Gerrard, M. 108, 109, 136-138, 140, 142, 143
Gessner, T. 6
Gibbons, F. X. 108, 109, 111, 114, 125, 126, 128, 136-143, 147
Gilbert, D. T. 39, 85, 290
Gilbert, J. 124, 125
Gilbert, P. 203, 207
Gilovich, T. 12, 74, 80, 82, 86-88, 90, 91, 97, 99
Giordano, C. 122, 123, 130, 137, 142, 175
Giordano-Beech, M. 125, 126
Girodo, M. 55
Glaser, R. 255, 373, 402
Gleicher, F. 109
Gleser, G. C. 333
Goethals, G. R. 118, 119, 410
Goffman, E. 84, 279
Gold, R. S. 299
Goldsmith, R. J. 183
Goldstein, A. P. 5, 15
Goldwyn, S., Jr. 303
Golin, S. 54
Goodman, G. 404, 406, 407
Goodman, G. S. 300
Goodstein, L. D. 259, 268
Goodwin, A. H. 177
Gore, S. 322, 324
Gorey, K. M. 300
Gorsuch, R. L. 410
Gose, K. F. 52
Goss, K. 207

Goswick, R. A. 371
Gotlib, I. H. 172, 372
Gottheil, E. 255
Gottman, J. M. 95, 374, 381, 382, 384
Graham, S. 49
Gramzow, R. 203, 207, 208, 211, 212
Grannemann, B. D. 229
Grant, P. J. 299
Graziano, W. G. 373
Green, M. L. 412
Green, M. W. 180
Greenberg, J. 18, 98, 127, 131, 132, 147, 171, 174, 224, 231, 287
Greenberg, L. S. 18
Greenberger, D. 384, 434
Greenier, K. 269
Greenwald, A. G. 223, 231
Gross, J. J. 166
Gruber, C. 165
Grych, J. H. 56
Grzelak, J. 258
Guerra, N. G. 57
Gurin, G. 181
Gurtman, M. B. 260
Gurung, R. A. R. 332
Gutierrez, E. 374

◆H

Haimes, A. L. 180
Hair, E. C. 373
Halford, W. K. 165
Hamilton, D. L. 400
Hammen, C. 225, 332, 364
Hammon, D. 229
Hampshire, E. 305
Handelsman, M. M. 287
Hanley, J. M. 306
Hanley-Dunn, P. 56
Hanneke, C. R. 58
Hansen, G. L. 367
Harari, H. 9
Harber, K. D. 260, 261
Harder, D. W. 203, 207, 208
Harlow, H. F. 326
Harold, G. T. 362
Harrigan, J. A. 255
Harris, C. R. 369
Harris, M. J. 231
Harris, P. L. 192
Harris, R. N. 287
Harris, S. 76

Harris, T.　321, 329
Harris, V. A.　85
Hart, K. E.　433
Harter, S.　237
Harvey, J. H.　9, 22, 23, 26, 49, 51, 424, 426, 430, 434
Hatfield, E.　384
Hattiangadi, N.　88
Haupt, A. L.　139, 225, 237
Haven, C.　320, 326
Hays, R. B.　318, 404, 405
Hazan, C.　305
Heatherton, T. F　157, 160, 162, 178, 183, 202, 228.
Heavey, C. L.　382
Hedeker, D.　180
Hedl, J. L.　55
Heesacker, M.　13
Heider, F.　195
Heidrich, S. M.　114, 134
Heim, S. C.　57
Heimberg, R. G.　54, 55, 89
Helgeson, V. S.　115, 122, 129, 131
Heller, K.　5, 323, 324, 327, 328, 330-332, 338, 345
Helm, B.　57, 371
Hempel, C. G.　35
Henderson, M. C.　129
Hendrick, C.　4, 9, 432
Hendrick, S. S.　432, 434
Heneman, H. G.　78
Herbert, T. B.　406
Herman, C. P.　178, 179
Herrnstein, R. J.　280
Higgings, E. T.　41, 49, 338, 345
Higgins, R. L.　14, 282, 286
Higgins, T.　25
Hill, C. E.　260, 262
Hill, C. T.　268
Hill, M. G.　25, 5, 109, 425
Hilton, D. J.　39
Hilton, J. L.　400
Hinkley, K.　36, 349
Hirsch, B.　321, 328
Hirt, E. R.　413
Hoard, M. K.　369
Hoberman, H.　323, 327, 345
Hoblitzelle, W.　207
Hodgson, R. J.　174
Hoffman, M. A.　55
Hoffman, M. L.　49, 55, 207

Hogan, R.　229
Hogg, M. A.　400
Hojat, M.　402
Hokanson, J. E.　372
Hokoda, A.　55
Holahan, C. J.　318
Holahan, C. K.　318
Holcroft, C.　220
Holderness, C. C.　180
Holgate, S.　372
Hollabaugh, L. C.　304
Hollander, E.　165
Holliday, H.　258
Holliday, J.　402
Hollon, S. D.　59
Holmes, J. G.　348
Holmes, T. H.　320, 321
Holt, K.　173
Holtzworth-Munroe, A.　38, 58
Hong, Y.　43
Hood, R. W.　410
Hope, D. A.　54
Horneffer, K. J.　378
Horney, K.　2
Horowitz, L. M.　111, 132, 133, 363
Houghton, S.　307
House, J. S.　319, 361
Hovland, J.　6
Hoyle, R. H.　403
Hoyt, W. T.　6, 425
Hsu, L. K. G.　177
Hudson, J. I.　181
Huesmann, L. R.　57
Hughes, C. F.　255
Hull, J. G.　98, 159
Hunter, P. A.　368
Hunter, S. D.　299
Huppe, M.　384
Huston, T. L.　370, 376
Hutton, D. G.　110
Hymer, S. M.　254

◆ I
Ickes, W.　204, 375, 376
Ingerman, C.　147
Ingram, R. E.　14, 98, 287
Insko, C. A.　110, 124, 131, 400
Irving, L. M.　180
Izard, C. E.　53, 230

◆ J

Jacobs, M. K.   404, 406, 407
Jacobson, J. A.   428
Jacobson, M. S.   379
Jacobson, N. S.   383
Jacowitz, K. E.   95
James, W.   39, 222, 223
Janis, I.   6, 96, 226, 403
Jankowski, M. S.   229
Janoff-Bulman, R.   403
Jenkins, T. B.   9
Jensen-Campbell, L. A.   373
Jerusalem, M.   55
Jockin, V.   373
Johnson, D. M.   410
Johnson, M. P.   370
Johnson, P. B.   181
Joiner, T. E.   370
Jones, E. E.   36, 41, 85, 161, 224, 286-288, 291, 294, 433
Jones, F. F.   78
Jones, J. L.   306
Jones, J. T.   365
Jones, W. H.   56, 208, 371, 379, 380, 402
Jordan, J. S.   9
Jordan, N.   9, 209
Joseph, H. J.   317
Josephs, R. A.   182
Jourard, S. M.   252, 255, 257
Jouriles, E.   98

◆ K

Kahn, M.   95
Kahneman, D.   75, 95, 97
Kamarck, T.   345
Kamen, L. P.   77
Kammer, D.   59
Kane, M. T.   59
Kanfer, F. H.   157
Kaplan, B. H.   322, 324, 325, 327, 351
Karoly, P.   157
Karpel, M. A.   267
Karuza, J., Jr.   12
Kashy, D. A.   334, 379
Kato, P. M.   255
Katz, J.   372
Katz, J. L.   180
Katzman, M. A.   225
Kayne, N. T.   12, 53
Keck, P. E.   181
Keelan, J. P. R.   365

Kelley, H. H.   6, 36, 41, 74, 75, 84, 195, 377
Kelley, J. E.   78, 255, 257
Kelly, A. E.   14, 74, 255, 258, 261-264, 268
Keltner, D.   81, 203
Kelvin, P. A.   262
Kendall, P. C.   59
Kennedy, C.   413
Kenny, D.   334, 337
Kerckhoff, A. C.   411
Kernberg, O. F.   98
Kernis, M. H.   229
Kerr, M.   88
Kessler, R. C.   330, 381
Kiecolt-Glaser, J. K.   255, 319, 361, 362, 373, 402, 406
Kim, R. S.   59
Kinder, B. N.   180
King, C. E.   74
Kipnis, D.   78
Kirchman, M. M.   403
Kirkendol, S. E.   379
Kirkpatrick, L. A.   365-367
Kirmeyer, S. L.   332
Kitayama, S.   99
Klein, E. B.   6
Klein, S. B.   172, 173
Klotz, M. L.   59
Kochanska, G.   207
Kohut, H.   229, 401
Kolditz, T. A.   286, 287
Korsch, B. M.   302
Koss, M. P.   16
Kowalski, R. M.   14, 15, 225, 253, 257, 263, 269, 291, 372, 434, 437
Kraemer, H. C.   255
Kraepelin, E.   89
Krames, L.   112, 113
Kraus, L. A.   403
Kraxberger, B. E.   14, 305
Krueger, D. W.   182
Kruger, J.   12, 74, 80, 82
Kruglanski, A. W.   44, 46
Krull, D. S.   36, 38-40, 43
Krupnick, J.   207
Kugler, K.   208
Kuiper, N. A.   107, 111, 113, 116, 120, 127, 130, 131
Kulka, R. A.   72
Kuncei, R.   301
Kunda, Z.   108, 112
Kurdek, L. A.   382

人名索引

◆L

LaBuda, M.　177
Lacey, J. H.　181
Laird, J. D.　254, 258, 262, 263
Lakey, B.　15, 259, 317, 319, 330-337, 339-341, 343-346
Lalljee, M. G.　43-45
Lamke, L. K.　377
Landel, J. L.　203
Landis, K. R.　319
Lane, J. D.　256, 379
Langer, E. J.　9
Laprelle, J.　127
LaRochefoucauld, F.　213
Larson, D. G.　252, 255, 258, 268
Lasch, C.　99
Lassegard, M.　224
Last, U.　259, 264, 269
Layne, C.　382
Lazarus, R. S.　324, 328, 350
Leaper, C.　258
Leary, M. R.　4, 8-10, 14, 17, 19, 21, 24, 26, 54, 139, 203, 225, 229, 232-237, 241, 242, 253, 260, 263, 279, 287, 291, 297, 302, 305, 306, 350, 361, 372, 399, 401, 431, 434, 437,
Le Bon, G.　398
Lee, R. M.　402
Leggett, E.　50, 51
Lehrman, P. R.　210
Leisen, J. C. C.　255
Leith, K. P.　200, 202, 23
Lennox, R. D.　9
Leonard, K. E.　58
Lepore, S. J.　318
Leppin, A.　55
Lerman, D.　49
Lerner, M. J.　299
Leslie, D, R,　300
Lester, D.　293
Leung, F. Y.　180
Levenson, R. W.　374, 381
Levine, H. M.　323
Levine, J. M.　398
Levine, S. B.　165
Levitt, M. J.　362
Lewin, K.　3, 97, 397, 400, 425, 427
Lewis, H. B.　193, 194, 200-203, 207, 208, 211
Lewis, J.　165
Lewis, R. J.　332
Lewis, S. J.　207, 208
Li, S. A.　345

Liang, J.　403
Lichtenstein, E.　299
Lieberman, M. A.　404
Lin, N.　322, 323, 331
Lin, T.　332
Linder, D. E.　161
Lindsay-Hartz, J.　50, 194, 201, 202
Link, B. G.　302
Linville, P. W.　52, 404
Liu, X.　403
Lloyd, A. T.　238
Lloyd, K. M.　383
Lochman, J. E.　57
Locke, K. D.　111, 132
Lockwood, P.　108, 112
Loewenstein, G.　79, 80
Loftus, E. F.　348
Logan, G.　168
Lohr, M. J.　413
Lopez, D. F.　347
Lowenthal, M. F.　320, 326
Lowery, M.　300
Lozy, J. L.　74
Luhtanen, R.　413
Lumley, M. A.　255
Lussier, Y.　56
Lutz, C.　335-337, 347
Lydon, J.　344
Lykken, D. T.　373
Lyons, R. F.　433
Lyubomirsky, S　135-137, 140, 142, 144

◆M

Maddux, J. E.　4, 8, 9, 19, 24, 165, 431
Magnusson, J.　50
Major, B.　108, 112, 413
Malarkey, W. B.　373
Mallinckrodt, B.　336
Malloy, T.　334
Mankowski, E. S.　344
Manstead, A. S. R.　242
Manzella, L. M.　336
Marcotte, M.　170
Marcus, D. K.　372
Margolin, G.　362
Margulis, S. T.　258
Marien, L.　319
Markman, H. J.　383
Marks, G.　271
Marks, I. M.　93
Markus, H.　99, 223

Marlatt, G. A.   163, 182, 183
Marmarosh, C.   405
Marold, D. B.   237
Marriott, M.   168
Marschall, D. E.   192, 200, 203, 207
Marsh, H. W.   107
Marsh, K. L.   109, 118
Marshall, N. L.   362
Martin, M. M.   403
Martin, P. R.   265
Martin, T. C.   362
Martz, J. M.   382
Mascolo, M.   50, 194
Mason, H. R. C.   271
Mason, T. C.   52
Mathes, E. W.   368
Mathes, R. H.   39
Mathews, A.   172
Maton, K. I.   345
Matthews, S. H.   434
Mauch, D.   78
Maxwell, S. E.   56
May, O. P.   264
May, R.   242
McArthur, L. Z.   41
McCabe, K. M.   331, 333-335, 339, 340
McCabe, S. B.   131, 172, 372
McCaskill, J.   339, 340, 341
McCaul, K. D.   93
McClough, J. F.   180
McClusky-Fawcett, K.   180
McConnell, A. R.   400
McCormick, L.   118
McDougall, W.   398
McElroy, S. L.   181
McEwan, K. L.   93
McFarland, C.   135
McFarlin, D. B.   229
McGonagle, K. A.   381
McGraw, K. M.   147
McGue, M.   373
McHale, S.   226
McKay, G.   324
McKenzie, E. C.   251
McKillop, K. J.   14, 255, 258, 261-264, 268
McKnew, D.   207
Mead, G. H.   238
Meara, N.   22
Mecca, A. M.   225, 226
Medlin, S.   46
Medvec, V. H.   86-88, 90, 99

Meehan, M. A.   208
Meer, J.   402
Meerman, R.   179
Mekler, E.   192
Mendell, N. R.   372
Mermelstein, R.   345
Mesquita, B.   256
Metalsky, G. I.   52, 54, 350
Metts, S.   258, 367, 379
Metzner, H. L.   361
Meyer, D.   348
Meyerowitz, B. E.   8
Michel, M. K.   166
Michela, J. L.   36, 125, 372
Michelson, L.   55
Mickelson, K. D.   115, 129, 131, 363
Mikulincer, M.   52, 365
Milardo, R. M.   370
Milgram, S.   399
Milich, R.   169
Millar, M.   136, 198
Miller, D.   293
Miller, D. T.   81, 135, 299
Miller, J. G.   43
Miller, L. C.   44, 45, 259, 268, 269
Miller, N.   411
Miller, N. S.   183
Miller, R.   8, 14, 15, 26, 56, 192, 194, 198, 201, 202, 212, 381
Minsk, E.   88
Mirels, H. L.   8, 9, 16, 430
Mirotznik, J.   302
Mischel, W.   158, 329, 352
Mitchel, J. C.   320
Mitchell, C.   77, 429
Mitchell, J. E.   181
Mitchell, T.   229
Miyake, K.   122, 123, 137
Moineau, S.   332
Moller, A. T.   367
Monahan, J.   328
Moniz, A. J.   231
Montgomery, S. L.   409
Moore, D.   28, 56, 368
Moore, J.   136, 198
Moore, M. A.   17, 20
Moore, R. F.   265
Moos, R. H.   318, 328
Moray, N.   40
Moreland, R. L.   398
Moreno, J. L.   397

Mori, D.　305
Morrow-Bradley, C.　24
Morse, G. A.　423
Morse, S.　107
Moschel-Ravid, O.　176
Moses, A. E.　260
Mowat, R. R.　210
Mruk, C.　225, 226
Muehlenhard, C. L.　304
Mullen, B.　96
Mullen, P. E.　368, 370
Munoz, R. F.　166
Muraven, M.　160-162, 164, 166, 181, 183
Murdock, N. L.　12
Murphy, L. R.　411, 412
Murphy, R.　282
Murray, C. A.　280
Murray, H. A.　325
Murrell, S. A.　318, 406
Mutsaers, W. C.　364
Myers, J.　307
Myers, S.　258

◆N
Naiditch, B.　301
Nanda, H.　333
Nardone, M. E.　372
Nathanson, D. L.　203
Neeld, E.　435
Neese, R. M.　238
Negrete, V. F.　302
Neighbors, B. D.　165
Neimeyer, G. J.　258
Neisser, U.　14, 41
Neuringer-Benefiel, H. E.　226
Newcomb, M. D.　331, 345
Newcomb, T. M.　399
Newman, J. P.　165
Newman, N. K.　265
Newton, T.　373
Nezlek, J.　371, 372
Nichols, K.　93
Niedenthal, P. M.　50, 194, 404
Nisbett, R. E.　12, 42, 97
Nix, G.　174
Nizan, B.　52
Nolen-Hoeksema, S.　173
Noller, P.　95, 374, 384
Norris, F. H.　406
Northcraft, G. B.　117, 127
Norton, R.　262

Novacek, J.　229
Novick, L. R.　39, 46

◆O
O'Connor, B. P.　13
Ogden, J. A.　256
O'Heeron, R. C.　255
O'Leary, K. D.　56, 362, 369, 372, 380
Olson, R. E.　301
Olweus, D.　229
Omelich, C. L.　50, 52
Orbush, T. L.　51
Orr, I.　365
Orvis, B. R.　377
Osborne, L. N.　362
Osejo, E.　176
Oubaid, V.　369
Oxley, D.　404, 405

◆P
Page, M. S.　256
Pakier, A.　406
Palmer, D. J.　53
Panek, W. F.　53, 54
Parker, J. W.　107
Parsons, T.　408
Patnoe, S.　425
Patterson, M. L.　374
Patton, K. M.　203
Paulhus, D. L.　115
Payne, G. C.　194
Pazda, S.　225
Peake, P. K.　158
Peele, S.　183
Pelham, B.　42, 147
Pemberton, M. B.　400
Pennebaker, J. W.　14, 253, 255, 257-261, 263, 411, 412
Pennington, J.　282
Peplau, L. A.　370-372
Perlman, D.　370
Perry, R. P.　50
Pervin, L. A.　182
Peterson, C.　38, 53, 54, 384
Peterson, S. R.　225
Petrie, K. J.　255
Petronio, S.　258
Petty, R. E.　13
Pfefferbaum, B.　53
Phifer, J. F.　318
Philippot, P.　256

Phillips, D.   365
Phoon, W. H.   411
Pickelman, H.   405
Pierce, G. R.   306, 317, 318, 331, 336, 405
Pierce, J. L.   15
Pierce, T.   344
Pines, A.   367
Pinkley, R. L.   127, 129
Pipe, M.   300
Pittman, T. S.   291
Pleck, J. H.   362
Pliner, P.   113, 305
Plummer, D. C.   299
Polivy, J.   178, 179
Pope, A.   226, 236
Pope, H. G.   181
Poppe, L.   336
Porter, F. S.   300
Porterfield, A. L.   95, 374
Post, D. L.   41
Postman, L.   40
Powers, S.   52
Powers, T. A.   291
Powers, W. T.   158
Pratt, J. H.   397
Price, R. H.   404
Prince, M.   2
Prins, K. S.   384
Procidano, M. E.   323, 338
Prohaska, M. L.   131, 137, 138, 141
Pryor, T.   180
Puentes-Nueman, G.   180
Pyszczynski, T.   127, 171, 173, 174, 224, 231, 287, 367

◆Q

Quast, H.   55
Quiggle, N. L.   53
Quinlin, D. M.   207

◆R

Rabinowitz, V. C.   12
Rabkin, J. G.   321, 331
Rachman, S. J.   174
Radecki-bush, C.   367
Rahe, R. H.   320, 321
Raimy, V. C.   4
Rajab, M. H.   370
Rajaratnam, N.   333
Ramsay, T. B.   323
Randall, J.   165

Raniseki, J. M.   301
Rapps, C. S.   53
Raskin, R.   229
Ratner, R. K.   81
Raudenbush, S. W.   362
Read, S. J.   44, 45, 294
Reed, G, F.   174, 176
Regan, A. M.   260, 262
Reid, M. K.   59
Reiher, R. H.   59
Reinhard, K. E.   53
Reis, H.   114, 259, 371, 376, 377
Reis, T. J.   136, 142
Renick, M. J.   383
Renshaw, P. D.   56
Repetti, R. L.   337
Retzinger, S. R.   211
Reznik, I.   336
Rhodewalt, F.   287, 294
Richardson, J. L.   271
Ricker, D.   402
Ridgeway, V.   172
Riger, A. L.   54, 56
Rime, B.   253, 255-257
Ring, K.   6, 296
Risen, C. B.   165
Ritvo, P. G.   434
Roback, H. B.   265
Robbins, C.   316
Robbins, S. B.   402
Roberts, D. C.   42
Roberts, P.   251, 258
Robinson, J.   203
Robinson, R.   81
Rockart, L.   207
Rodin, J.   194, 195, 197, 198, 207, 370
Rodman, J. L.   75
Rogers, L. E.   374
Rogers, P. J.   180
Rogers, S. J.   370, 379, 385
Rohles, W. S.   365
Rohrkemper, M. M.   50
Rook, K. S.   332, 371
Roper, D. W.   172
Rorty, A. O.   204
Rose, J.   56, 402
Rosenberg, K.   192
Rosenberg, M.   413
Rosenblatt, A.   131, 132, 147
Rosenthal, D. A.   298, 299
Rosenwein, R.   8, 9, 24

Ross, L. 42, 81, 85, 97, 135-137, 140, 142, 144, 334, 336, 337
Ross, M. 73-76, 82, 84
Rossen, R. 293
Rotenberg, K. J. 371
Rotter, J. B. 38, 48
Rowlison, R. T. 345
Rowston, W. M. 181
Rubenstein, C. M. 370, 403
Rubin, Z. 429
Ruble, D. N. 25
Rudd, M. D. 370
Rudolph, K. D. 332, 336
Ruiz, M. S. 271
Rumsey, M. 369
Rusbult, C. 46, 381, 382
Rush, A. J. 59
Russell, D. 49, 56, 345, 402, 405
Ryff, C. D. 114, 134

◆S

Sabini, J. 213
Sabourin, S. 56
Sacker, I. M. 305
Saffer, J. B. 266
Safran, J. D. 18
Sagar, H. A. 41, 46
Salamero, M. 176
Salas, E. 96
Salkovskis, P. M. 175
Salovey, P. 12, 18, 194, 195, 197-199, 368-370
Saltzman, A. T. 587
Samter, W. 332
Sanchez-Hucles, J. 332
Sandelands, L. 400
Sanderman, R. 114
Sanders, M. R. 165
Sanders, R. 55
Sandler, I. N. 321, 323, 328, 331
Sanftner, J. L. 207
Sansone, C. 371
Sansone, P. 266
Santos, J. F. 56
Sarason, B. R. 15, 317, 318, 323, 331, 332, 336, 405
Sarason, S. B. 8
Sarason, I. 15, 317, 318, 323, 331, 332, 336, 405
Sargent, M. M. 24
Saunders, K. 365
Savitsky, K. 12, 86, 90-92, 94, 99
Saxon, S. 74

Sayers, S. L. 56
Sayles, M. 405
Scarpello, V. 78
Schachar, R. 168
Schaeffer, D. E. 54
Scharfe, E. 364, 365
Scheff, T. J. 211
Scheier, M. F. 158-160, 162, 163, 179
Scher, S. J. 192, 228
Scherer, K. R. 194, 202
Schilling, E. A. 381
Schlenker, B. R. 14, 54, 74, 258, 263, 279, 281, 282, 291
Schmidt, N. 403
Schneider, D. J. 160, 318
Schneider, M. L. 318
Schoeck, H. 204, 210
Schoeneman, T. J. 237
Schofield, J. W. 41, 46
Schopler, J. 400
Schore, A. N. 203
Schreindorfer, L. S. 225, 235, 242
Schulman, M. 192
Schulman, P. 77, 192
Schultz, N. R. 38, 56
Schumaker, J. B. 165
Schut, H. 403
Schvaneveldt, R. W. 348
Schwab, D. P. 78
Scwartz, P. 383, 384
Schwartz, R. H. 306
Schwartz, R. S. 267
Schwarz, N. 99
Schwarzer, R. 55
Scorsese, M. 293
Scully, D. 229
Sechrest, L. B. 5, 24
Sedikides, C. 56
Seeman, M. 405
Seeman, T. 405
Segrin, C. 15
Self, E. A. 286
Seligman, M. E. P. 12, 38, 53, 54, 77, 108
Selye, H. 320
Semmel, A. 54
Senchak, M. 58, 259, 377
Sermat, V. 403
Setterlund, M. B. 404
Sgroi, S. M. 300
Shackelford, T. K. 373
Shaffer, D. 98

Shaffer, D. R.   269
Shaffer, P.   205, 206
Shakespeare, W.   295
Sharp, L. K.   255
Sharpsteen, D. J.   367, 368
Shavelson, R. J.   333
Shaver, P.   363, 364, 370, 403
Shaw, B. F.   59
Shearin, E. N.   331
Shelton, R.   293
Shepperd, J. A.   9, 14, 281, 287, 289, 292
Sher, K. J.   177
Sherman, S. J.   400
Sherrod, D. R.   319
Sherwin, E.   414
Shettel-Neuber, J.   369
Shields, N. M.   58
Shils, E.   408
Shisslak, C. M.   225
Shoda, Y.   158
Shortt, J. W.   256, 261
Shrauger, J. S.   228, 231, 237
Shuster, P. L.   255
Shweder, R. A.   43
Sicoly, F.   73-76, 83, 84
Sigelman, C. K.   301
Silberstein, L.   207
Sillars, A. L.   377, 378
Silver, M.   213
Silver, M. E.   362
Silver, R. C.   261
Silvera, D. H.   290
Silverman, R. A.   306
Silverman, R. J.   38, 53
Simmel, G.   270
Simon, K. M.   59
Simoni, J. M.   271
Simpson, J. A.   365
Sinclair, L.   348, 349
Singh, P.   78
Sirl, K.   339
Skelton, J. R.   294
Skerlec, L. M.   165
Skinner, M. J.   299
Slavin, L. A.   318
Slovic, P.   97
Slusher, M.   44, 46
Smart, L.   175, 229
Smart, R. G.   225
Smelser, N. J.   225, 229
Smith, A. M. A.   298, 299

Smith, C. E.   319
Smith, E. R.   345, 346
Smith, M. G.   165
Smith, R. H.   110, 124, 131
Smith, T. W.   9, 14, 98, 287
Smoller, B.   287
Snyder, C. R.   3-5, 8-10, 14, 17, 19, 21, 24, 26, 49, 224, 282, 284, 286, 287
Snyder, D. K.   57
Snyder, M. L.   287
Sollie, D. L.   377
Soloman, B.   259, 377
Solomon, B.   259, 377
Solomon, L. K.   41
Solomon, S.   231
Sommer, K.   176, 202
Sorman, P. B.   229, 231
Soucherman, R.   292
South, S. J.   383
Sowards, B. A.   231
Specker, S. M.   170
Speicher, C.   402
Spiegel, D.   255
Spilka, B.   410
Spinner, B.   402
Spinoza, B.   195
Spranca, M.   88
Sprecher, S.   383, 384
St. Clair, L.   400
Stager, S. F.   413
Stanley, M. A.   51
Stanley, S. M.   383
Stark, H. A.   299
Startzomski, A.   365
Staub, E.   433
Steele, C. M.   93, 182
Stegge, H.   194, 203
Steiger, H.   180
Stein, D. J.   165
Stein, M. B.   92
Stein, S. J.   55
Stein, S. K.   424
Steinberg, R.   401
Steinmetz, J. L.   85
Stiles, W. B.   252, 253, 255
Stillwell, A. M.   202
Stillwell, C. D.   78
Stipek, D. J.   52
Stires, L. D.   291
Stokes, J. P.   403
Stoltenberg, C. D.   8, 9, 24

人名索引 | 457

Storms, M. D.　93
Storr, A.　397
Stowe, M. L.　53
Strauman, T. J.　165, 171
Strauss, C.　225
Strenta, A.　287
Striegel-Moore, R.　207
Stroebe, M.　403
Stroebe, W.　403
Strong, S. R.　6, 9, 13, 425
Struening, E. L.　321, 331
Stryker, S.　327
Stuart, C.　183
Stucky, R. J.　14, 282
Stull, D. E.　268
Styron, W.　434
Suarez, L.　55
Suedfeld, P.　402
Sugisawa, H.　403
Suhr, J. A.　332
Sullaway, M.　74
Sullivan, H. S.　423, 425
Sullivan, M. J. L.　434
Sullivan, P. E.　433
Sussman, S.　299
Swallow, S.　107, 111, 113, 116, 119, 120, 127, 130
Swann, W. B., Jr.　17, 42, 111, 113, 117, 294
Sweeney, P. D.　54
Swindle, R. W.　318, 324, 327, 330, 345
Syme, S. L.　319-321, 405
Szapocznik, J.　271

◆T
Tafoya, D.　262
Tajfel, H.　412, 414
Tambor, E. S.　232, 234, 235, 237
Tangney, J. P.　18, 50, 192-194, 200-204, 206-208, 211, 212
Tannock, R.　168
Taylor, D. A.　259
Taylor, K. L.　121, 125, 131
Taylor, S. E.　39, 41, 42, 111, 112, 114, 121, 122, 134, 136, 137, 139-143, 226, 228, 231, 238
Tchividjian, L. R.　14, 305
Teasdale, J.　12, 38, 108
Teglasi, H.　55
Templeton, J. L.　203
Tennant-Clark, C. M.　225
Tennen, H.　228
Terdal, S. J.　232

Tesser, A.　16, 137, 142, 197, 198
Testa, M.　108
Teti, L. O.　166
Tetlock, P. E.　242
Thissen, D.　180
Thoits, P. A.　327
Thomas, M. G.　255
Thompson, B. J.　262
Thompson, C. L.　264
Thompson, J. K.　180
Thompson, L.　80
Thompson, L. L.　147
Thompson, S. C.　74, 75, 78, 84
Thompson, T. R.　368
Tice, D. M.　110, 157, 160, 161, 164, 181, 228, 224, 229, 287, 294
Tiebout, J.　261
Tochluk, S.　362
Tomkins, S.　203
Tooke, W. S.　204
Toro, J.　176
Townsley, R. M.　56, 57
Trabasso, T. R.　39
Traupmann, J.　384
Triandis, H. C.　99
Trinder, H.　175
Triplett, N.　399
Trivers, R.　50, 238
Trope, Y.　39
Trudeau, J. T.　258, 263
Tunnessen, W. W.　306
Turk, D. C.　12
Turner, H.　318
Turner, J. C.　412, 414
Tversky, A.　75, 95, 97
Twenge, J. M.　375

◆U
Uchino, B. N.　319, 406
Uleman, J. S.　39
Umberson, D.　319
Urban, H. B.　399
U. S. Bureau of the Census　362
Utne, M. K.　384

◆V
Valentiner, D. P.　318
Valins, S.　12
Vanable, P. A.　89
Vandereycken, W.　179
VanderZee, K. I.　112, 114, 121, 146

VanHout, M. 257
Van Lange, P. A. M. 381, 382
Vannatta, K. 318
Van Ryn, M. 404
Van Yperen, N. W. 112, 384
Van Zyl, P. D. 367, 404
Vasconcellos, J. 225
Vaughn, D. 434
Vaux, A. 225, 318
Vega, W. A. 225
Veroff, J. 72
Vescio, T. K. 412
Vinokur, A. D. 404
Vizelberg, I. A. 299
Vogel, W. H. 402
von Hippel, W. 400
Von Sturmer, G. 256
Vredenburg, K. 112, 113

◆W

Wagner, B. M. 318
Wagner, P. E. 192, 203, 204, 207, 208, 211
Walker, J. R. 92
Walker, M. 92
Wallace, J. F. 165
Wallbott, H. G. 194, 202
Waller, N. G. 364
Wallston, B. S. 406
Wallston, K. A. 8
Walsh, G. W. 225
Walster, E. 76
Walster, G. W. 76
Waltz, J. A. 336
Ward, A. 81
Ward, C. 43
Ward, D. S. 303
Warheit, G. J. 225
Warren, M. P. 180
Wasner, G. H. 384
Watson, C. 174
Watts, F. N. 172
Wayment, H. A. 114, 121, 134
Weary, G. 2, 5, 8, 9, 16, 22, 23, 26, 49, 51, 109, 117, 118, 134, 291, 424, 425, 428, 430
Webb, N. M. 333
Weber, A. L. 51
Weber, J. G. 400
Weeks, D. G. 372
Wegner, D. M. 160, 172, 173, 175, 256, 379
Weinberg, T. S. 260
Weiner, B. 35, 36, 38-40, 47-51

Weiss, B. 59
Weiss, J. 207
Weiss, R. S. 402
Weisz, J. R. 59
Wellenkamp, J. 270, 271
Wells, M. G. 225
Welsh, J. A. 425
Welsh, R. 6, 169
Wenzlaff, R. M. 131, 133, 137, 138, 141, 147, 172, 173
West, L. W. 269
Wethington, E. 330
Wheeler, L. 114, 122, 123, 137, 371
Wherry, M. B. 404
White, G. L. 368, 370
White, J. G. 15
White, S. W. 361
White, T. L. 160
Whitehurst, R. N. 210
Wicker, F. W. 194, 202, 211
Wiederman, M. W. 180
Wiggins, J. 352
Williams, C. A. 298
Williams, J. P. 291
Williamson, D. A. 172
Wills, T. A. 16, 109, 110, 115, 121, 143, 145, 146, 318, 321, 344, 345, 404, 406, 410
Wilson, S. R. 124, 125, 131
Wilson, T. D. 52
Winstead, B. A. 332
Winston, T. 254, 261, 271
Wittmer, J. 287
Wolchik, S. A. 225
Wolf, T. 85
Wood, J. V. 107, 111-115, 119-126, 128-130, 136, 137, 142, 146, 147
Wortman, C. B. 260, 261
Wright, D. M. 364
Wright, J. 56
Wright, S. S. 412
Wrong, D. H. 402
Wyer, M. M. 379
Wyer, R. S., Jr. 344, 345

◆Y

Yalom, I. D. 252, 257-259, 267
Yang, B. 56
Yao, R. 404
Yeakley, F. R. 410
Young, J. E. 59
Young, L. E. 369

Young, R. D.　98, 413
Yurko, K.　402

◆Z

Zabin, L. S.　299
Zahn-Waxler, C.　202, 203
Zebrowitz, L. A.　207
Zelli, A.　42
Zevon, M. A.　57

Zigler, E.　99
Zillmann, D.　413
Zimmer, M. A.　305
Zimmerman, R. R.　326
Zimmerman, R. S.　225
Zohar, A. H.　177
Zuroff, D. C.　291

事項索引

◆あ
哀願　290
愛着　326
アクション・リサーチ　425
アクセシビリティ　46
アタッチメントスタイル　363-366
アメリカ心理学会　428, 431
アルコール依存症　98, 284
安定性　38

◆い
言い訳　282
逸脱促進パターン　164
因果関係　35
印象管理　279

◆う
裏切り　379, 380

◆え
栄光浴　197

◆お
横断的方法　429
置き換え説　401

◆か
改訂学習性無力理論　52
害低減モデル　182
概念アクセシビリティ　345
カウンセリング　430
カウンセリング心理学　424, 425
学業成績　51
過食症　305
過程の制約　43
下方比較　108
関係自尊心　368
関係的な機能不全　362, 383, 384
関係についての満足　56
関係能力　253
感情　17, 49
感情抑制　166

◆き
菊と刀　192
基準　159

帰属　12, 35
帰属過程　36
帰属スタイル　51
帰属理論　36
吃音　73, 93
気分障害　170
逆説過程理論　175
脅威処理理論　231
鏡映評価　237
境界制御　264
共感　200, 435
競争軸　204
強迫観念　92
強迫性障害　174
衡平　383

◆く
グループダイナミックス　397

◆け
健康心理学　424
現実点検　45
幻想の最適な境界線　228

◆こ
行為者―観察者バイアス　377
後悔　73, 88
攻撃　15, 57
攻撃行動　209
向社会的行動　16
公的　192
行動　50
衡平理論　76, 78, 384
効力感　77
告白　254, 255
故殺　209
個人　398
個人的な機能不全　362, 373, 379, 380
孤独感　370, 371, 402
好ましさ　279
コミュニティ心理学　328

◆さ
PsycLit　428
サポート希求　330
サポート提供者の効果　337

三角形の原理　195

◆し
自我関与　46
自我防衛機制　224, 235
自己　17
自己愛　98
自己愛性人格障害　208
自己悪化症候群　92, 93
自己意識　89, 97
思考　47
思考抑制の研究　172
自己開示　14, 251
自己欺瞞　228
自己高揚　109
自己制御　157
自己中心性　73, 79, 82, 86, 89, 98, 99
自己中心性バイアス　74, 83, 90, 98, 99
自己中心的　200
自己注目スタイル理論　171
自己呈示　14
自己認識　110
自己卑下　111
自己評価維持理論　197
自己評価の視点　109
自己標的のバイアス　89
自己防衛　110
自己防衛／自己高揚の失敗　111
自己奉仕的な原因帰属　224, 235
自己奉仕的バイアス　48
自殺　98
思春期やせ症　305
自助グループ　406
自尊心　49, 74, 99, 222, 223, 227, 413
自尊心維持動機　222, 223, 227, 234
実験室研究　428
実行されたサポート　323
嫉妬　367, 368, 369, 370
私的　192
私的自己意識　271
自滅的なバイアス　48
邪悪な目　210
社会恐怖　73, 88, 89, 98
社会-人格心理学　424
社会生物学的アプローチ　203
社会的アイデンティティ　412
社会的影響　13
社会的孤立　402
社会的浸透の過程　259
社会的相互作用　399
社会的促進　399

社会的知覚　12
社会的ネットワーク研究　320
社会的比較　106, 195
社会的引きこもり　98
社会―認知的な視点　344
社会理論　42
社会-臨床心理学　424, 428, 431, 436
終結への欲求　44
集団　397
集団過程　16
集団規範　409
集団効果　96
縦断的方法　429
集団ヒステリー　411
象徴的相互作用　326
上方比較　108
所在　38
所属欲求仮説　401
白熊効果　174
進化　231
進化社会心理学　369
神経性大食症　177
神経性無食欲症　177
身体の健康　254
身体の魅力　304
心的外傷体験　251
侵入の思考　256
新フロイト主義者　425
親密さ　326
心理の健康　254
心理的幸福感　222, 226, 227
心理的両性性　376
心理療法　236, 239

◆す
水平比較　110
ステレオタイプ脅威　93
ストレス　404
ストレス緩衝　322
ストレンジャー・オン・ザ・バス効果　268
スピーチ不安　73, 92, 93
スポットライト効果　73, 84, 86-89, 94, 95, 98, 99

◆せ
生活ストレス研究　321
制御不足　161
制御ミス　161
成功期待　48
精神の安定　205
責任　73, 77, 78, 80-82, 84, 99
責任のトライアングルモデル　282

摂食障害　177
セルフハンディキャップ　224, 235, 282
セルフ・モニタリング　271
戦略的な失敗　290

◆そ
相互依存性理論　381, 382, 383
相互依存文化　43
相互作用的な機能不全　362, 373-375, 379
喪失体験　434
躁病エピソード　170
ソーシャル・サポート　405
ソシオメーター理論　223, 232, 239, 241
ソシオメトリー　397

◆た
第一次集団　408
大うつ病エピソード　171
対処（コーピング）　322
対人関係　15
対人的な喪失体験　433
対人不安　93, 253
対人不安障害　89
態度　13
第二次集団　408
他者高揚　289
他者志向的　200

◆ち
知覚されたサポート　317, 323
知覚者とサポート提供者の交互作用　333
知覚者の効果　335
注意アロケーション理論　182
注意欠陥多動性障害　167
注目可能性　39

◆つ
通過儀礼　302

◆て
Tグループ　397
DSM-Ⅳ　208

◆と
動機づけ　45
動機づけられた推論　74
洞察　258
統制可能性　38
統制感　77, 78
道徳的な機能　203
透明性の錯覚　73, 90-92, 94, 96-99

特定の終結への欲求　44
独立的文化　43
トラジャ族　270

◆な
ナイーブな現実主義　81
悩みの開示のジレンマ　261
ナルシシズム　229

◆は
「場依存」対「非場依存」　207
破禁自棄効果　163
恥―怒りの螺旋　211
反映　197
反すう　256

◆ひ
比較　197
非言語的コミュニケーション　373
皮膚伝導水準　261
秘密　256
平等性　383

◆ふ
不安　54
フィールド研究　428
不作為バイアス　88
物質関連障害　181
不適応な同調　298
不眠症　93
文化　99

◆へ
偏執症　73, 88, 89, 98

◆ほ
ボールダー・モデル　4
ポジティブ幻想　227

◆ま
マスキング　262

◆み
未来を見とおす能力　163

◆め
メタ理論　19
メンタルヘルス　397

◆も
妄想人格障害　208

妄想性障害　208
黙認　162
モニタリング　159
問題の解決　45
問題の定式化　44

◆ゆ
有能さ　279
油断誘導　292

◆よ
抑圧された情報のアクセシビリティ高進　256
抑うつ　52, 72, 98, 371-373
抑うつの認知理論　53

抑制　255
欲求　325

◆り
力量　159
力量モデル　164
リスク　260
利用可能性　74, 77, 80, 82, 83
臨床心理学　424, 430

◆る
類似性仮説　106
類似性手がかり　42

■監訳者あとがき

　編者が「まえがき」で述べているように，欧米では社会心理学と臨床心理学のインターフェイスにあたる領域で，1980年前後から多くの書籍が出版され，専門誌も刊行されている。中でも，1986年に本書の編者リアリー教授と本書第9章を担当しているミラー教授が著わした "Social psychology and dysfunctional behavior" は，この領域に含まれるトピックスの紹介だけでなく，その歴史や展望についても手際よくまとめられており，まさにテキストとして使うには格好の書であった（日本では『不適応と臨床の社会心理学』［誠信書房，1989］という書名で翻訳出版されている）。以後，これも「まえがき」に述べられている通り，この領域の研究は活発に行なわれてきたのだが，最新の研究をカバーしながら，レベルや分量の面で大学院生や専門の学部学生が使用するのに適したテキストは少なかった。事情は日本でも同じで，社会心理学と臨床心理学のインターフェイスにかかわる問題，たとえば抑うつ，帰属，自己，対人関係，ソーシャルサポート，社会的比較などに関しては，欧米に比べれば数は少ないものの，関心をもつ研究者は少なくない。また，個々のトピックを扱った良書はたくさん出版されているのだが，この領域全般を見渡すような構成になっているものはほとんどなかった。そこで，本書を訳出してこの領域での研究を刺激しよう，というのが今回の翻訳の趣旨である。本書は，臨床社会心理学の全分野に目配りしつつ，各章においては最新の研究をもカバーしており，まさに力作揃いである。「二代目のテキスト」の役割を十分にはたしてくれることだろう。

　『不適応と臨床の社会心理学』の翻訳は3名の共同作業だったが，今回は2名の監訳者のもと，本書が扱っている領域を得意とする研究者の方々11名に，それぞれ1章ずつ分担していただくことにした。主として社会心理学の領域を中心に活動している人たちであるが，こうした協同作業自体がインターフェイスの研究を活発化させる一助になると考えたからである。さらに，こうしたインターフェイスの領域では，個々の研究者が自分の関心にしたがって研究を進めることはもちろんたいせつだが，それと同時に，社会心理学と臨床心理学者，カウンセリングを実践している人々が，実際に顔を合わせる（inter-faceの）機会をもつことも重要だと思う。また，本書は社会心理学と臨床心理学のインターフェイスの問題を扱っているが，社会心理学自体，他の多くの専門領域と接している。より大きな枠組みで考えれば，対人的な要因を強調すると同時に，認知心理学，発達心理学など実証的な研究で得られた知見や理論を臨床実践の中にどのように活かしていくのか，という問題につらなることになるだろう。その意味で，監訳者らはこれまでも何回か，日本社会心理学会や日本心理学会の大会

において，社会心理学と臨床心理学のインターフェイス，あるいはより広く，実証的研究と臨床実践の関係を考えるワークショップ，シンポジウム等を主催してきたが，これからもこうした学会での活動を展開する必要があるし，また共同研究を企画するのも意義あることと思われる。こうした共同作業を通じて，インターフェイス領域の研究が盛んに行なわれていることをアピールし，同時に，今後の方向性や問題点を浮き彫りにすることができるはずである。今回の翻訳を，そうした活動の一里塚として位置づけたいと思っている。

　本書には，臨床心理学やカウンセリング心理学の側からみても，臨床場面で問題となる現象を扱った研究や理論が豊富に紹介されている。こうした研究の成果は，臨床実践に直接役立てることができるものである。実際，こうした研究成果について理解を深めておくことで，クライエントに対する接し方もずいぶんと違ってくるだろう。ただし，こうした知識が実際のカウンセリングや治療にどのように活かされるのかという点については，必ずしも楽観できる状況にはない。特に大学院教育に関しては，本書でも述べられているように，欧米の大学でも成功しているとはいえないようである。日本においてはまだ端緒についたばかりだが，臨床心理士の指定校制度が実施されることになり，臨床心理士認定協会が指定するカリキュラムにしたがって単位を取得することになりつつある。今後，臨床心理士を養成する場において，臨床社会心理学のような科目が積極的に取り入れられることが必要であろう。

　また，本書にあげられた研究をモデルとして，臨床場面での現象を実証研究の土台にのせることも容易になるだろう。わが国の臨床心理学研究は事例研究が主である。たしかに臨床実践は「事例に始まり事例に終わる」のであるが，ただ1事例の研究にとどまる限りは，そこで得られた知見が一般性をもつのかがわからない。事例を越えた一般性をもちうる理論を作ることがこれからの課題といえるだろう。そのような状況において，本書は臨床研究の良質なモデルを提供してくれるはずである。

　最後に，今回の翻訳作業は，翻訳を分担した先生方はもとより北大路書房の石黒憲一・薄木敏之両氏のご尽力で予想以上に早く出版する運びとなった。関係各位に感謝の意を表わしたい。

2001年9月

安藤　清志

丹野　義彦

訳者一覧（翻訳順）

安藤清志	監訳者	〔1章〕
坂本正浩	学習院大学大学院	〔2章〕
伊藤忠弘	帝京大学	〔3章〕
山上真貴子	お茶の水女子大学	〔4章〕
渡辺浪二	フェリス女学院大学	〔5章〕
野和田武夫	医療法人社団正朋会	〔6章〕
小島弥生	埼玉学園大学	〔7章〕
小口孝司	千葉大学	〔8章〕
勝谷紀子	日本学術振興会・日本大学	〔9章〕
福岡欣治	静岡文化芸術大学	〔10章〕
和田　実	名城大学	〔11章〕
友田貴子	埼玉工業大学	〔12章〕
丹野義彦	監訳者	〔13章〕

【編著者紹介】

ロビンM．コワルスキ

　ウエスタン・キャロライナ大学（ノース・キャロライナ州カラウイー）助教授。ノース・キャロライナ大学グリーンズボロ校から社会心理学博士の学位を得ている。関心領域は，対人不安，健康と病気における社会心理学的要因，ジェンダー，攻撃，嫌悪的な対人行動（特に不平とからかい）。編著に『嫌悪的な対人行動』，共編著に『対人不安』がある。不平に関する研究は国際的にも注目され，NBCの『トゥデイ・ショー』にも登場した。

マークR．リアリー

　ウエイク・フォレスト大学（ノース・キャロライナ州ウインストン－セイラム）教授。フロリダ大学で社会心理学博士の学位を得た後，デニソン大学およびテキサス大学オースティン校を経て現職。関心領域は社会的動機と感情で，特に自己呈示，対人不安，自尊心を含む過程に関する業績が多い。主要著書，共著書に『社会心理学と不適応行動（邦題：不適応と臨床の社会心理学］）』，『自己呈示』，『対人不安』，『自己：アイデンティティ，自尊心，自己制御』がある。

【監訳者紹介】

安藤清志（あんどう・きよし）

1950年　東京都に生まれる
1979年　東京大学大学院人文科学研究科博士課程単位取得退学
現　在　東洋大学社会学部教授（文学博士）

■主著
社会心理学パースペクティブ1～3（共編著）
　　誠信書房　1989-1990年
社会の中の人間理解（共編著）　ナカニシヤ出版
　　1992年
見せる自分／見せない自分―自己呈示の社会心
　　理学　サイエンス社　1994年
社会心理学（現代心理学入門4）（共著）　岩波
　　書店　1995年
「マインド・コントロール」と心理学（現代のエ
　　スプリNo.369）（共編著）　至文堂　1998年
現代社会心理学（共編著）　東京大学出版会
　　1998年
自己の社会心理（共編著）　誠信書房　1998年

丹野義彦（たんの・よしひこ）

1954年　宮城県に生まれる
1981年　東京大学大学院人文科学研究科修了
1985年　群馬大学大学院医学系研究科修了
現　在　東京大学総合文化研究科助教授（医学博士，臨床心理士）

■主著
自己形成の心理学（共著）　川島書店　1987年
知の技法（共著）　東京大学出版会　1994年
認知臨床心理学入門（監訳）　東京大学出版会
　　1996年
自分のこころからよむ臨床心理学入門（共著）
　　東京大学出版会　2000年
講座臨床心理学全6巻（共編）　東京大学出版会
　　2001年
エビデンス臨床心理学―認知行動理論の最前線
　　日本評論社　2001年

臨床社会心理学の進歩
―実りあるインターフェイスをめざして―

2001年10月20日　初版第１刷発行	定価はカバーに表示
2006年10月20日　初版第３刷発行	してあります。

編著者　R. M. コワルスキ
　　　　M. R. リアリー
監訳者　安藤　清志
　　　　丹野　義彦
発行所　㈱北大路書房
　　　　〒603-8303　京都市北区紫野十二坊町12-8
　　　　　電　話　(075) 431-0361㈹
　　　　　ＦＡＸ　(075) 431-9393
　　　　　振　替　01050-4-2083

ⓒ2001　制作　ラインアート日向　印刷／製本　亜細亜印刷㈱
検印省略　落丁・乱丁本はお取り替えいたします。

ISBN4-7628-2232-9　　　　　Printed in Japan